혼합정체와 법의 정신 Ⅰ

The Mixed Constitution and the Spirit of Law

자유는 공짜가 아니다 : Freedom is not free

이 저서는 2014년도 정부재원(교육과학기술부 학술연구조성비)으로 한국 연구재단의 지원을 받아 연구되었음(NRF2014S1A6A4026298)

혼합정체와 법의 정신 Ⅰ

The Mixed Constitution and the Spirit of Law

발행일 2016년 10월 31일 **발행인** 오덕성 **지은이** 송영진

펴낸곳 충남대학교출판문화원 **주소** 대전광역시 유성구 대학로 99

전화 042-821-6045 **홈페이지** www.cnupress.co.kr **E-mail** cnupress@cnu.ac.kr

ISBN 978-89-7599-599-6 94160

ISBN 978-89-7599-598-9(세트) 94160

정가 19,000원

The Mixed Constitution and
the Spirit of Law

민주 공화국의 기원

혼합정체와 법의 정신 ①

송영진

충남대학교출판문화원

Contents

서 언

정치에서 도덕과 윤리를 말하는 것은 플라톤 이래의 전통이다. 달리 말하자면 서구의 모든 철학이 플라톤의 주석에 불과하다는 A. N. 화이트헤드의 말이 정치철학에 대해서도 타당함을 서구 역사의 고비 고비마다에서 중요한 몇몇의 정치철학자들을 살펴봄으로써 진실임을 알게 하고자 이 저서를 구상했다. 그런데 플라톤이 말하는 윤리는 개인주의적 사고의 산물이 아니다. 그는 『국가-정체』편에서 오르페우스 종교와 소크라테스 선의지에 따르는 신에서 기원하는 영혼불멸 사상에 기초하여 이 지상에서의 유기체적인 공동체 사회를 구상했지, 근대의 자유로운 개인적 의식을 지닌 개인들의 계약에 의한 공동체의 구성과 더불어 공동체에서의 독립이 항상 전제되어 있는 개인적 자율의 윤리가 전제된 국가가 아니다. 즉 주어+술어형식의 언어를 사용하는 인간(homo sapiens sapiens)으로 구성된 인류의 지혜가 탄생시킨 현대에서 일반화된 정치 형태인 자유 민주주의(민주 공화국)의 정치체제는 아니다.

그럼에도 불구하고 플라톤의 정치철학에는 이의 기초가 된 오르페우스 종교에 전제된 인간영혼의 개체적인 불멸성에 기초한 개인의 평등에 의한 윤회론적 사상과, 현대의 생물학에서 진리가 된 진화론으로 나타나는 자유사상이 혼합되어 존재하고 있어서, 그의 정치철학 속에는 양자 사이의 조화와 갈등이 숨어 있다. 그래서 플라톤의 정치철학은 한편으로는 국가 전체를 통합하려는 정신과 이를 구성하는 개인들의 인격적 가치로서 자유와 평등을 딜레마적 형태로 전제하고 있으며, 다른 한편으로는 사회 구성의 원리로서 우정-친애(philia)를 전제하고 있었기에 현대 자유민주주의(민주 공화국) 정치사상의 맹아가 숨어 있었다고 보아야 한다. 물론 현대에서 정리된 이러한 개인주의적인 인간관과 가치관을 떠나서라도 현대에서도 플라톤의 정치철학을 탐구하는 이유는 플라톤이 국가의 기초와 설립을 이성적으로 구상하고 이를 현실에서 실험하고 있는 실험정신이 내포한 창조적 정신을 함축하고 있기 때문이다.

현대의 인권을 기초로 한 자유 민주주의는 현실적으로 근대에서 영국의 산업혁명을 기점으로 하여 부르주아(자본가)가 형성되기 시작하면서 이들의 상인정신에 의한 이익의 극대화가 정치적으로는 권력에의 참여 형식으로 나타난 것이다. 즉, 서구 근대에서 부르주아의 권력에의 참여에 대한 욕구는 인권의 보장을 기초로 하는 것으로서 정치체제의 형식으로 공화정의 정신에 따르는 민주주의가 나타났으며, 다른 한편, 이들의 이익 극대화의 상인 정신은 자유시장의 공정한 거래 정신과 결합하여 영국에서 공리주의적인 도덕법의 형식으로 발전한다. 그런데 인권과 공리주의적 정신 안에는 가치갈등이 함축되어 있으며, 이러한 가치갈등은 이성적으로 정리될 수 있는 내용이 들어 있기에, 영국 철학자들은 이러한 인권과 공리주의적 정신의 혼합 속에서 사회 계약론을 발전시켰다. 그 결과 인권 사상과 공리주의적 정신의 혼합에서 성립하는 조화나 절충이 이성적으로는 아리스토텔레스가 말하는 중용, 혹은 '공정(fair)에 따른 정의(justice)'의 형식으로 나타났다.

사실 플라톤-아리스토텔레스가 말한 정의론 중심의 정치철학은 한편으로는 권력 중심의 정치체제 논쟁으로 나타났고, 정치체제 논쟁에서 권력의 배분문제와 관련하여 다양한 정치체제가 나타나는데, 이들 체제 논쟁은 역사적으로는 모두 군사적 권력 개념에서 기원하면서도 이 저작이 주장하듯이 현실적으로는 경제적 현실과 관련하여 민주주의 체제로 발전하는 과도기에 나타난 것들이다. 말하자면 군사적인 문제가 경제적 풍요론(abondancisme)에 의해 모두 해소되거나 해결된다면, 인류 역사는 자유 민주주의에로 귀결될 수밖에 없다는 것이다. 즉 민주주의 정치체제의 맹아는 플라톤의 정치철학 속에, 특히 플라톤이 고안해낸 모든 정치체제의 혼합론 속에 숨어 있었던 것이다. 사실 플라톤의 혼합정(mixed constitution)의 정신은 그의 『법률』편에서 최초로 나타나는데, 이것은 민주주의의 정의론과 많은 점에서 흡사하다는 것에서 나아가 이성적으로 동일시할 수 있다는 것을 상징적으로 나타낸다. 이러한 혼합정의 정신이 근대에서 몽테스키외의 권력의 분립론으로 나타나는 것을 우리는 그의 저서 『법의 정신』에서 확인할 수 있다.

근대에서 정치철학적 논쟁은 권력이나 부의 세습이 단절된 상황에서, 그래서 한나 아렌트(Hanna Arendt)가 말하는 항상 새롭게 시작하는 개인의 이성적 관점에서 전통을 고려하면서, 생산과 소비에 관련된 정의론으로 나타날 수 있었다. 사실 20세기 이후의 현대에서의 정치체제 논쟁은 칼 마르크스(Karl Marx)의 사상과 관련하여 모두 경제적 현실과 관계한다. 이러한 사태는 윤리학에서 도덕법주의와 공리주의로 양분되어 대변되는 윤리사상이 근대에서 칸트에 의해서 이성의 형식으로 종합되었고, 현대에서는 존 롤스에서 이들을 혼합한 정의론으로 나타난다. 역으로 윤리사상에서 도덕법 주의는 전통적으로 형성된 다양한 정치사회체제와 관련되어 나타난 것으로서 이를 형식적으로 정리한 것이 칸트의 윤리사상이다. 반면에 공리주의는 영국의 경제적 제국주의 하에서 나타난 것으로서 자유를 기초로 하는 이기적인 개인들의 현실적 이성에 의해 타산적으로 발전한 윤리설임이 밝혀진다. 이러한 윤리설들에 내재해 있는 현실적 이성의 정의론과 관련된 칸트적인 의미에서의 구성적 기능을 존 롤스(John Rawls)가 그의 『정의론』에서 드러내고 있다.

20세기 지구상에 횡행한 공산주의는 노동 가치설에 기초한 정의를 실현한다는 구실 아래 권력에 대한 전통적 관념이나 세습을 무시할 뿐만 아니라 이를 파괴하고 자유의 평등을 새롭게 구축한다는 이상을 지향하는 폭력 혁명을 통하여 인류의 이상인 자유의 평등함의 가치를 우월하게 간주하게 만들었으나, 역설적으로 한나 아렌트가 『전체주의의 기원』에서 고발하고 있듯이 이들이 주장하는 휴머니즘은 인류 역사와 전통이 함축한 현실적인 경험인 자유시장이 전제하는 상업적 지혜와 이를 반성적으로 비판하여 형성한 지혜를 파괴하는 폭력과 이데올로기에 기초를 두고 있는 '실험적 이성의 전체주의적 운동'에 불과하다. 특히 마르크스가 가치의 기원이 노동에 있다는 플라톤 이래 전통적인 철학자들의 관점에서 탈피하지 못하고, 노동이 인간 지능과 밀접하게 관련되어 있다는 점을 간과함으로써 인류의 지능발달에 거대한 장애를 초래한 것이다. 인간의 노동은 모두가 도구의 제작과 관련된 지적인 것인데도 불구하고, 신체에 기초한 단순 노동이라는 개념에 기초한 노동가치설을 주장함으로써 오류를 범한다.

마르크스는 군사 문화에 숨어있는 봉건적 의식을 지닌 제국주의적 권력에 도전하기 위해 노동자들의 힘을 결집하여 폭력으로 혁명을 달성하고 현실적인 자유를 가능하게 하는 경제적인 문제를 해결하는 민주주의를 실현하기 위해 공산주의 체제를 주장했지만, 인간의 공동체적 삶에서 상업이 전제하는 경험적 지혜와 합리성을 결여한 노동자를 중심으로 한 공산체제는 인간의 지능발달에 따르는 인간 심리나 인간 노동에 대한 지적인 몰이해 때문에, 한나 아렌트나 칼 포퍼(Karl Popper)가 말한 비판적 합리주의와는 거리가 먼, 이념(ideology)에 폐쇄된 전체주의적 사고방식이 함축되어 있다. 즉, 공산주의는 구소련의 해체가 웅변하듯이 정치적으로 자유로운 인간이 사실은 이성을 가지면서 자연스럽게 탄생한 비판적인 이성의 개인주의적 의식과, 먹고 사는 경제적인 문제 때문에 군사문화 속에서도 가능했던 상인 정신의 경제 우선주의적 사고에 의해 성립된 현대의 계몽된 '시민 의식'에는 부적합한 것으로 판정이 났다.

마찬가지로 최소 국가주의를 부르짖으면서 한때 자유주의로 불리던 상인 정신을 기초로 한 부르주아의 자본주의적 정신의 공리주의에도 이기심에서 기원하는 낭만적 정신과 이에서 기원하는 계급적인 봉건적 의식의 잔재 때문에 개인주의적인 합리적 자유주의 정신에서 기원한 자유민주주의 체제에는 부적합한 것으로 드러났다. 사실 자유주의에 기초한 부르주아의 자본주의가 말하는 국가의 통제가 없는 시장의 자유방임 상태란 있을 수 없다. 자유지상주의를 주장한 자본주의적 정신이나, 자유의 평등을 주장한 공산주의가 사실은 모두 한편은 인간의 이기심의 무절제한 욕망이나, 다른 한편은 자유의 평등이란 이상을 향한 폭력을 옹호하는 이성의 편향된 관념을 전제했기에 자기 붕괴의 결과로 지구상에서 사라진 21세기 현대의 민주주의는 사르토리(G. Sartori)가 『민주주의 이론의 재조명』 말하듯이 공화정의 정신과 개인의 경제적 정신의 합작으로 이루어진 현실적인 자유를 바탕으로 하는 자유민주주의이다.

근대 민주주의의 기초에는 프랑스 혁명에서 삼색기로 표현된 자유, 평등, 박애의 이념이 전제되어 있다. 그리고 평등, 박애의 이념은 중세에서는 신 앞에서의 인간의 동일성(무한한 전지, 전능, 전선한 신 앞에서의 인간의 유한성에서 기원하는)과 사랑을 말하는 기독교에서 기원하거나, 기독교가 인류 정신을 지배하기 이전에 이미 그리스 철학자들의 인간중심적인 신화에 기초한 그리스적 이성에서 기원하며, 이에서 파생된 스토아주의 자들에서는 자연적 이성이 지니는 개인주의의 휴머니즘에 기초한 것이다.

공화주의적 정신과 개인의 자유주의적 정신의 혼합으로 형성된 21세기 현대사회는 시민들이 시장 조직으로 구성된 도시에서 일상생활을 하면서도 지능발달의 총아가 된 도구인 컴퓨터를 기반으로 하는 인공지능(AI)의 지식사회로 발전하고 있다. 이러한 지식사회로의 비약을 가능하게 한 것은 인간이 주어+술어 형식의 언어를 사용하면서 나타난 모순율에 따른 분석과 종합을 수행할 수 있는 지성이 지니는 이성의 기능 때문이며, 이러한 인간 이성이 함축한 사회적 원리인 민주주의가 함축한 자유는 현실적인 재화의 제한된 여건에 기초한 이성이 전제하는 자유이며, 이러한 자유는 개인들의 공통된 기본적인 평등한 권리에 기초한 민주 공화정의 이념으로서 나타난다. 그리고 이러한 민주 공화정의 이념은 링컨이 말한 '인민의, 인민에 의한, 인민을 위한' 정치 체제이다. 인간의 자유의 평등한 기본권에 기초한 민주주의는 이성이 지향하는 행복과 함께 하는 정의라는 윤리성에 기초를 두고 이루어져 있다.[1] 역으로 현대에서 자유 민주주의에 전제되는 이러한 이성적 윤리의 기초에 전제되는 인권은 생존과 관련된 인류의 보편적 가치이다.

이 책의 주요 구도는 바로 서구에서 고대 플라톤에서 유래하고 중세의 기독교 정신과 함께 근대에서 드러난 현실적 이성의 구성적 정의론을 절차적 정의로 규명한 존 롤스의 정의론이 현실적으로는 몽테스키외의 법의 정신을 현대적으로 재현한 것으로서 인류의 이상인 역사적 현실로 구현된 자유 민주주의(민주 공화정)를 이해하기 위한 도구로 이용한 것이다. 이 저서는 서구 역사 과정에서 성립한 철학자들의 정치철학 논쟁에서 나타난 정체들의 발전사를 정의론 중심으로 살펴보는 가운데 자유 민주주의의 뿌리와 그 발전사를 바라보려고 한 것이다. 그럼에도 불구하고 영국에서 발전한 경험론과 자유 시장을 전제한 개인소유의 재산권을 인정한 토마스 홉스나 존 로크 등의 공리주의나 실용론적인 합리적 사고를 토대로 한 민주주의 발전사를 다루지 않고 행간에서만 비평적 관점으로 수록하였으며, 주로 대륙에서 이성을 중심으로 발전한 민주주의의 역사를 살펴보고자 할 때 도움을 줄 수 있을 정도에서 서술되었다. 이러한 저서가 나오기까지 주제의 선정 과정에는 물론 참고 자료나 서지사항의 정리, 그리고 교정에 이르기까지 충남대 자유전공학부 교수

---

1   G. 사르토리(G. Sartori), 이행 역, 『민주주의 이론의 재조명』(서울: 인간사랑, 1999), 108-109쪽들.

서 영식 박사에게 큰 도움을 받았음을 고백하지 않을 수 없다. 또한 이 책이 나올 수 있었던 것은 재정적으로 한국연구재단의 후원과 충남대학교출판문화원 편집부의 노고가 없었으면 불가능했다. 심심한 사의를 표명한다.

2016년 4월, 충남대학교 명예교수 연구실에서

여석(礪石) 송 영진

서 론

　고대 헬라스(Hellas: 그리스)세계는 인도-유러피언족의 일족인 도리아인들이 아카디아(Arcadia) 반도에 침략함으로써 성립한 도시 국가들의 연합형태로 이루어진 세계이다. 이들은 지정학적 영향으로 도시국가들을 건설하지 않을 수 없었고, 농사를 지을 수 없었기 때문에 군사조직을 통해 식민지를 개척함으로써, 그리고 식민지와의 상호 공존을 상업-경제적 거래에 의존하여 존립할 수밖에 없었다. 그 결과 고대 그리스 세계는 헬라스(Hellas) 세계로 불리는 도시국가들의 정치-경제적 연합체로서 출발하였다고 볼 수 있는데, 이 가운데 아테네 도시국가의 정치발전사는 인구 증가에 따른 정치권력의 속성상 겪을 수밖에 없는 왕정에서 참주정체(독재정체), 그리고 귀족정체, 귀족정체에서 과두정체, 과두정체에서 민주정체로 짧은 시기에 왕래하는 현실적 과정을 겪었다. 아테네에서 인류 최초로 이루어진 민주정은 노예제를 전제한 것이기는 하지만, 노예를 제외한 전 시민들이 나라 정책 결정 과정(의사결정)에 직접 참여하는 정치적 자유가 실현된 정체였다.

다른 한편, 아테네는 페르시아와의 전쟁 이후 델로스 동맹의 맹주로서 여러 도시국가를 자신의 동맹국으로 간주하면서도 지배-피지배의 관계상 많은 식민지들을 거느리고 있었기 때문에 정치-경제학적으로 제국주의적 통치형식을 지니지 않을 수 없었다. 노예제를 전제한 고대 아테네의 민주정체는 사실 군대를 전제한 정치현실에서 필연적으로 제국주의적인 속성을 지니지 않을 수 없었다. 이러한 제국주의적 속성은 정치적으로는 부를 중심으로 한 귀족들의 권력 다툼으로 나타나고, 포퓰리즘(populism)에 따르는 데마고고스(demagogos)들의 정치적 선동과 더불어 과두정과 민주정에서 권력의 속성상 겪을 수밖에 없는 정치적 갈등과 혼란 속에서 시민들의 부익부 빈익빈의 현상을 조장함으로 인해서, 종국적으로는 과두정과 민주정이 교차하는 사이 아테네는 허약해지고 부패하여 마케도니아 왕 필립에게 멸망하였다.[1] 이러한 아테네의 혼란스럽고 불안정한 현실적인 정치적 상황에서 생애를 살아온 소크라테스-플라톤은 과두정과 민주주의 정체가 겪을 수밖에 없는 혼란과 불안정성, 이에 따르는 국가의 취약성과 참주(turannos)들이나 제국주의가 지니는 비윤리적인 점을 미리 간취하고, 플라톤은 이상국가라고도 번역되기도 하고 공화국(republic)이라고도 번역되는 『국가-정체』편에서 국가의 존립은 정치적으로 외국에 침략당하지 않을 만큼 강성하고 통일되어 있어야 하고, 경제적으로는 자족(autarkeia)해야 하며, 이러한 국가가 지녀야 하는 평화와 안정화의 조건은 정치적으로 강력한 통일을 실현하는 군주-왕정체제가 '정의'를 실현하는 현자인 철학자가 왕이 됨으로써 가능하다고 말한다.

그런데 플라톤이 말하는 정의 개념 속에는 이성적으로 생각된 존재론적 개념뿐만 아니라 우주적 진리 개념을 함축하고 있는데, 이 모든 것을 플라톤은 그 당시 피타고라스학파를 통해서 전해진 오르페우스종교에서 주어지는 개

---

1   F. W. 월 뱅크(Walbank, F. W.), 김경현 역, 『헬레니즘의 세계』(아카넷, 2002), 5장과 9장 참조.

인주의적인 인생관으로 표명한다. 즉, 오르페우스종교에 따르면 인간은 불멸하는 영혼을 지니고 있고, 이 영혼은 윤리적으로 선하게 정화되어야 자신의 본래 고향인 신적 세계로 초월할 수 있다. 플라톤의 『국가-정체』편에 나타난 이러한 종교에 기초한 정치철학은 오르페우스종교가 이상으로 하는 인생관을 도시국가 안에서 실현하는 일인데, 이 지상에서 윤리적으로 선하게 되는 것의 한 축은 정치적으로는 정의로운 삶을 사는 것이고 이러한 정의를 실현하는 것이 신적 세계로 초월하는 조건이 된다. 결국 플라톤이 『국가-정체』편을 통하여 말하는 정치철학은 존재론적으로 인간 개개인의 영혼불멸을 지향하는 것으로서 정치적으로나 경제적으로 정의를 중심으로 한 덕이 윤리적 관점(영혼에 대한 배려)으로 표명된다는 것이다. 이 때문에 이러한 정의 개념을 기초로 한 그의 정치철학은 한편으로는 종교와 윤리에, 다른 한편으로는 왕을 중심으로 한 권력정치의 갈등의 현실이 철학자의 이성적인 지혜에 따르는 정의로움에 조정되어야 하기 때문에, 이성에서는 서로 조화될 수 없는 종교와 윤리, 그리고 현실적 권력과 정의라는 딜레마(dilemma-quadrilemma)를 함축한 철인-왕정체제가 이상적인 것으로 나타난다.

『국가-정체』편의 오르페우스종교적 관점과 정의를 중심으로 구상한 현실적인 왕정체제의 결합은 사실 플라톤의 개인주의적이고 지극히 사적인 영혼구원의 문제를 정의를 중심으로 한 현실 정치권력의 갈등과 결합함으로써 조화(harmonia)를 이상으로 하는 선미(kalokagathos)의 보편적 차원으로 승화한 것이다. 그래서 그의 철인-왕정 체제는 역설적으로 종교적이면서도 이와 이율배반의 관계에 있는 현실적인 사회적 권력에 기초한 공적 윤리관을 함축한 정치체제론이다. 달리 말하자면, 플라톤의 『국가-정체』에 나타난 정의를 중심으로 한 철인-왕정 체제는 '인간은 사회적 동물'[2]이라는 관점을 전제한 개인적

---

2 '인간은 이성적 동물'이라는 말과 함께 '인간은 사회적 동물'이란 말은 원래 아리스토텔레스가 말한 '인간은 폴리스(도시국가)적 동물(politikon zo-on)'이라는 말을 근대 철학자들이 국가와 사회로 분화시켜 번역한데서 기원한다. 그런데 한나 아렌트는 헤브라이즘에서 기원하는 공동체주의에 기초한 자신의 정치철학에서 아리스토텔레스의 인간에 대한 정의를 '인간은 정치적 동물'이라는 말로 해석한다. 아리스토텔레스는 인간의 본질이 이성이라 보았

영혼의 이상인 불멸성(지상의 국가에서도 이룰 수 있는 평화와 안정으로 표명될 수 있는 완전한 통일성을 상징하는 것)을 인류적 차원으로 승화하여 실현하고자 한 것이다. 따라서 플라톤의 『국가-정체』편에 나타난 정치철학에는 인간 영혼이 지니는 사적-개인주의적 측면과 사회적-공적 측면이 오르페우스 종교를 통해 승화된 것으로 은폐되어 있지만 서로 화해할 수 없는 이중-사중의 갈등이 함축되어 있는데[3], 이 딜레마의 한 축인 영혼에 관한 종교적이면서도 사적인 관점을 제거한다면, 플라톤의 정치철학은 인간이 사회적 동물이라는 인간 실존의 다원적이고도 복수성이 함축된 현실적 관점에서 공적으로 정의에 기초한 국가를 건립하는 일로 나타나는데, 그것이 바로 『법률』편에 나타나는 '법의 통치(법에 의한 통치가 아닌, 통치의 주체가 법인)' 체제로서의 민주정과 왕정을 조화롭게 혼합한 혼합정이다.

사실 혼합정이 의미하는 왕정과 민주정의 결합은 권력의 속성상 원리적으로 불가능하다. 왜냐하면 왕정은 대내외적으로 권력의 통일성을 요구하고 민주정은 시민 모두가 자유를 지향하는 정체로서 권력이 평등하게 배분되는 정체이기 때문이다. 존재론적으로는 자유로운 개인들로 구성된 한 사회나 국가가 이 지상에서 이루어지는 생존경쟁을 극복하고 평화와 안정을 이루기 위해서 서로 완전한 조화의 통일성을 이루어야 하는데, 생존경쟁에서의 우월성을 지향하는 정치권력은 그 속성상 인치의 입장에서 일인과 다수가 함께 지닐수는 없는 것이기 때문이다. 이 때문에 플라톤의 혼합정체론의 정신은 구체

고, 이에 반해 아렌트는 인간의 본질은 있을 수 없으며 단지 인간 실존의 조건 자체가 인간을 이성적으로 정의할 경우, 다원성과 복수성을 지니기에 필연적으로 공동체를 이룰 수밖에 없다고 생각하여 아리스토텔레스의 정치철학을 유다이즘의 공동체 정신으로 정리한다. 사실 정치철학이란 레오 스트라우스(L. Strauss)가 『정치철학이란 무엇인가?』(양승태 역(아카넷, 2002)에서 잘 구분하고 있듯이 정치과학으로서의 정치학과 구별된 것으로 현실의 권력 정치와 소크라테스의 (윤리)철학의 결합으로 형성된 말인데, 정치철학에서 논의되는 모든 국가체제들은 도덕법주의, 공리주의, 공동체주의의 형식을 단순하게 혹은 복합적으로 지향하는 것으로 나타난다.

3 인간 영혼의 불멸성을 지향하는 신적 측면은 개인주의적인 측면으로서 자유를 지향하는 측면으로 나타나고, 인간 영혼의 생물학적 측면이 지니는 현실주의적인 측면은 영혼의 실존성을 표현하는 것으로서 이성적으로는 사회성을 지향하는 것으로서의 평등을 전제하는 것으로 나타난다. 정치학적으로 문제되는 자유와 평등의 관계는 플라톤에서는 인간의 정체성을 형성하는 영혼의 성격에서 기인한다. 그런데 현대에서 밝혀진 인간 영혼의 정체성은 사실 인간이 주어+술어로 형성된 언어를 통하여 사유를 하게 되면서 탄생한 '(자아)의식'에 기초하고 있다. 결국 이러한 자아의식의 핵이라고 생각된 이성이 지니는 딜레마는 플라톤에서는 영혼의 신적 측면과 인간의 생물학적인 측면의 실존적 차이로 나타난다. 부르노 스넬(Bruno Snell), 김재홍 역, 『정신의 탄생』(까치, 1994)이나 줄리언 제인스(Julian Jaynes), 김득룡 외 역, 『의식의 기원』(한길사, 2005) 참조.

적으로는 『국가-정체』편의 철학자-왕정과 아테네의 현실적 민주정의 비판을 기초로 하는 이율배반의 정체들의 혼합에서 성립하는 것인데, 『국가-정체』 편에 나타난 정의에 기초한 국가 건립은 형이상학적(존재론적)으로는 변화하는 자연환경의 현실적 여건에서 인간의 지적 능력의 한계나 자유롭다고 생각되는 인간 욕망의 자의성과 무제약성 때문에 대내외적으로 개인적 영혼을 정화하고 도덕적인 선과 사회적 정의를 실현해야 하는 일이 종교적으로 표명되고 있는데 반해, 『법률』편에서는 혼합정체를 말하면서 권력을 분할하고, 인치가 아닌 신법을 모방한 법치를 제안하는 일로 변모되어 나타난다. 플라톤의 정치철학과 정치체제에서 나타난 서로 화해할 수 없는 권력 주체의 하나와 여럿의 존재론적인 문제는[4] 『티마이오스』편에서는 하나의 통일된 조화로운 우주(cosmos)구성의 존재론의 변증법으로 나타나는데, 그것이 하늘을 배경으로 한 영혼의 확대판인 국가는 『국가-정체』편에서는 철학자-왕정으로, 『법률』편에서는 이성적으로 신법을 모방한 법치에 의해 가능한 것으로 플라톤이 최초로 말한 것이다. 결국 혼합정은 권력의 분립과 이를 법률로서 고정하는 것이 필연적인 법의 정신을 전제하는 것이다.

플라톤의 정치철학에 나타난 이러한 권력정치의 딜레마가 사실은 『국가-정체』편이나 『법률』편에서는 인간실존의 딜레마 형식으로도 표명되었으면서도 다른 한편으로는 종교적으로 승화되어 표명된 것인데, 여기에서 가장 중요한 것이 진리와 정의를 기초로 한 이성의 인식론적 관점이다. 그리고 플

---

4 플라톤의 존재론에서 문제되는 불변하는 파르메니데스적 존재와 변화(운동)하는 현실의 관계문제는 피타고라스 학파의 관점에 따라 수학적으로 하나와 여럿의 관계로 상징되는데, 하나는 기능적으로는 하나의 현실적 존재의 불변하는 동일성을, 여럿은 생성 소멸하는 변화의 측면을 반영하는 어휘이며, 이 양자관계 맺음에서 현실적 존재의 본질(logos)이 드러난다는 사태를 『소피스트』편에서 현실적 존재에 대한 정의내리기로 표명한다. 즉 플라톤은 진리탐구의 학문을 정의내리기에 따르는 변증법(dialektike)이라고 말하고 있다(253c). 즉 철학자의 변증법은 "형상에 따라 나누되 같은 것을 다른 것으로, 다른 것을 같은 것으로 취하지 않는 인식"이고 "①각각이 서로 분리되어 있을 때 이 다(多)를 모든 방향으로 전개된 채 관통하는 하나의 이데아를 알 수 있고, 서로 다른 많은 것을 하나의 이데아에 의해 밖에서 포괄하는 것이며 ②다시 대(多)를 전체를 통하여 하나의 이데아 안에 묶여 여러 이데아들은 완전히 분리되어 있음을 아는 것이다."(253d)라고 하였다. 이것(①)은 실재와 접하는 사유 안에서의(254a) 형상들의 결합과 분리의(253e) 기술이며, 존재론적으로는 내포(內包)와 외연 관계에 의한 논리이다. 이 내포에 의한 존재론에서는 형상들의 분리와 결합만으로는 사유 그리고 명제의 진위결정에 충분하지가 않고 다시 ②의 하나의 이데아에 의해 이 경험의 세계의 여럿을 존재론적으로 표현하고 사유해야 한다.

라톤의 이성에 따르는 인식론적 관점은 『국가-정체』편에서는 인치의 관점에서 신적 세계에서의 법률인 이데아론에 따른 변증법을 말하고, 『법률』편에서는 현실적인 권력정치에서 인치에 따르는 결함을 권력의 분할과 법치의 관점에서 표명한 것이다. 그러나 그가 말한 이데아론의 변증법은 소크라테스의 무지의 지의 정신에 따라 『파이돈』편에 나타난 것처럼 가설적인 것이고, 『법률』편에 나타난 법이라는 것도 절대적이고 불변하는 신법을 모방한 것에 불과한 것으로서 인간이 제정한 것이기에 불안정한 것이 사실이다. 그럼에도 불구하고 인치의 관점에서 혼합정이 '현실적으로' 가능한 것으로 판정한 것은 아리스토텔레스이다.

아리스토텔레스는 『정치학』에서 인간의 제한된 능력에 따른 다양한 현실에 대한 적응은 '다수자의 지혜가 소수자의 지혜보다 낫다.'고 하는 관점에서 귀족정체를 옹호하면서도, 다른 한편 모든 시민의 자유, 즉, 정치에의 참여를 평등하게 인정하는 데에서, 달리 말하자면, '인간은 정치적 동물'이라고 말하는 데에서 민주정과 권력의 위계로 표명된 왕정의 혼합 개념으로서 혼합정을 표명한다. 그의 혼합정 사상은 한편으로 능력에 따르는 계급을 인정하면서도 다른 한편으로는 철학적으로 이성에 기초하여 아테네 민주정의 현실을 인정함으로써, 이 양자를 조화롭게 구성하려는 것이다. 그리고 이러한 혼합정의 정신은 국가 간이나 권력 간에 전쟁이 아닌 타협과 조화에서 한 국가 안에 안정과 평화가 있을 수 있음을 말하는 것이다. 아리스토텔레스가 말하는 이러한 혼합정의 정신은 사실 정치적 관점에 경제적(사회적)인 관점이 덧붙여져야 가능한 것인데, 아리스토텔레스는 그 당시 고대 여러 도시국가들의 경제 생활권이었던 헬레스 세계, 즉 현실적으로 국가 간에는 연합의 형태로 나타나는 것에서 혼합정의 정신을 간접적으로 인식한 것이다.

왕정이란 종교나 신화적 측면을 제거하고 현실적인 측면에서 바라본다면, 먹고사는 문제와 관련된 전쟁을 수행하는 데에서 발생한 군사계급-체제에서 기원하는 정치 체제이다. 플라톤의 국가 관념에서 국가의 존재는 경제문제와 관련하여 자급자족으로 해결하였기에, 전쟁은 침략전쟁이 아닌 방어 개념에 국한된다. 이러한 자급자족의 개념은 사실 헬라스 연합 세계에서 '상업'이 가능하게 한 것인데도 플라톤의 정치철학에서는 이러한 현실에 대한 자각은 없었다. 그의 정치철학에서 나타난 정치의 문제는 정의를 실현하려는 권력의 문제일 뿐이며, 한편으로는 권력의 정의로운 배분과 다른 한편으로는 왕정이든 귀족정이든 이에 따르는 정치체제에 맞는 합당한 권력 행사의 문제와 맞물리게 되어 있을 뿐이다. 사실 신분제나 계급의 기원이 된 노예제란 인류의 지혜가 현대와 같이 먹고사는 문제에 관한 과학기술을 발전시킬 수 없었을 때에는 필수적인 것이었다. 이 때문에 아리스토텔레스는 플라톤의 혼합정의 이념을 경제문제와 관련시키며, 노예제를 인정하고 현실적으로 구체화 한 것이 어느 정체에나 들어 있다고 말하는 폴리테이아(politeia)[5] 체제로서의 '법이 있는 혼합정체'이다.

아리스토텔레스의 혼합정체의 이념으로서의 폴리테이아 체제는 '부'를 기준으로 분류한 정치체제로서 현대적으로 해석하면 중산층의 사고가 지배적 이념으로 나타나는 정치체제이다. 아리스토텔레스는 그의 혼합정체론에서 부가 정치적 권력의 본질임을 간파하였다. 그러나 이러한 부가 어떻게 마련되고 창출되는지에 관한 성찰은 없음에도 불구하고, 이러한 부가 어떻게 교환되고 분배되어 사용되어야 하는지에 관한 상업과 경제학적 성찰은 있었다고 보아야 한다. 그래서 W. D. 로스(W. D. Ross)의 말대로, 그가 플라톤이 말한 이론적인 혼합정의 정치철학에 공헌한 것이 상인 정신에 기초한 경제학적인 것이었는데, 그럼에도 불구하고 그는 이러한 정치적 권력을 플라톤과 같이 군사적 전쟁능력과 이의 관리 능력에 따른 것으로 인정하는, 그래서 권력의 분배도 이러한 능력에 따르는 것을 자연적으로 간주하는 권력정치 일변도의 당

---

5 '폴리테이아(politeia)'라는 개념은 정치적 동물로서 살아가는 인간이 도시국가를 이루고 살아가는 양식을 지칭하는 것으로서 습관이나 관습은 물론 덕이나 법, 등을 의미하는 다양한 의미에서 발달하여 시민권이나 정치체제를 지칭하는 의미를 지니게 된 것이다. 자클린 보르드(Jacqline Bords)(나정원 역, 『폴리테이아』(아르케, 2000))는 이 개념을 법률에 의한 통치(arch)개념과 연관시키고 있다.

시 전통적인 귀족주의적 사고에 지배되고 있었다고 보아야한다.

　플라톤의 정치철학은, 소크라테스의 지혜 추구의 정신을, 정의를 중심으로 하는 정치 중심의 사고로 변화시켰으면서도 오르페우스 종교적인 관점 때문에 『국가-정체』편에서는 실존의 현실을 경시한 것처럼 나타난다. 그러나 이러한 현실 경시의 사상을 『법률』편에서 교정하여 종교적 개념으로까지 승화된 이데아(이데아 사상은 현대에서 보면 유클리드 기하학에 관계하는 사상인데)사상을 '현상구제(sosein ta phenomena)'의 선의지에 기초한 능동자(신) 사상에 입각하여 현실적인 법제정의 정신으로 변화시켰다. 아리스토텔레스의 철학과 형이상학은 플라톤의 후기 철학에 나타난 이러한 선의지에 기초한 능동자(신) 사상과 현실을 중시하는 태도인 생물학적 탐구의 조화 사상인 형상-질료설에서 시작하였으나, 이러한 현실에서의 실존적 지혜를 플라톤의 이론적인(theoria) 이성의 이상적인 체계(기하학적 체계)의 현실 개척이나 창조하는 기술적인 지혜와 같은 초월적인 지혜로 강조하다보니, 역설적으로 신적 관조(theoria)를 중시하는 초월적 관점으로 변모되어버린다. 결국 그의 인생관은 플라톤의 초기사상과도 같이, 그리고 플라톤의 초기사상이 모방한 피타고라스학파가 말하듯이 경기장에서 경기하는 자와 관람하는 자, 그리고 상인이라는 세 종류의 인간상을 구분하고, 상인을 가장 천시함으로써, 그가 『정치학』에서 중시한 권력의 현실적인 경제학적 관점은 희석되고 만다.[6]

　이러한 플라톤-아리스토텔레스의 혼합정체의 이념이 역사에서 현실로 나타난 것을 폴리비우스(pollibius)는 로마 공화정에서 인식하게 된다. 즉 폴리비우스는 그의 『역사』에서 왕정을 중심으로 한 귀족들(aristoi)의 정체에서 왕을 통치력(행정적인 통령)의 영역으로 제한하고, 국가의 공적인 일(국사)에 관한 논의를 원로원에 맡긴 귀족정의 형태를 띤 로마 공화정에서 현실화되어 나타난 것으

6　이러한 아리스토텔레스의 철학적 관점은 오르페우스 종교의 황홀경(extasis) 사상을 카타르시스(katharsis) 사상으로 전환한 피타고라스-플라톤 때문이라고 할 수 있다. 송영진, 『도덕 현상과 윤리의 변증법』(충남대 출판부, 2008), 제 1장 참조.

로 인식한다. 이러한 귀족을 중심으로 한 공화정은 키케로의『국가론』에서 정식화 되지만, 그 기원은 왕 홀로의 철학자가 지닌 우주적 지혜를 지혜의 현실화에 따르는 인간의 지적, 실천적 능력의 제한성 때문에 현실적으로는 다수의 능력과 지혜의 협조를 필요로 하는 현실인식에 기초한 아리스토텔레스의『정치학』에서 나타난 혼합정체 사상에 있었던 것이다.

사실 로마라는 도시국가는 현실적으로 설립 당시부터 군사체제를 지닌 것으로서 왕정이 자문관을 지닌 형태에서 출발하였으나 왕의 통치의 방식이 자문관의 지혜에 의존하였기에 일인 통치의 전제정체가 아니었다. 이러한 왕정은 곧바로 다수의 지혜를 모아 국가 전체의 일(res publica: 공공의 일)을 협의하는 협의체 형식, 즉 원로원을 중심으로 한 공화정의 기초가 된다.[7] 공화정은 혼합정의 관점에서는 통치자 일인과 다수의 지혜의 협의에 의한 통치가 되지만, 왕이 없이 국가를 관리할 수 있는 최선자(aristoi)로서의 다수(귀족)가 국가의 일을 협의하는 체제로 현실화된 것을 일컫는다. 결국 로마의 공화정은 기능적으로는 통치와 협의체가 통령과 원로원으로 분화되어 나타나기도 하고, 통령 자체도 여러 사람(이두나 삼두체제)이 될 수도 있게 된 것이다. 그리고 로마의 공화정이 혼합정의 양상을 띠는 것은 민주주의적 요소로 민회가 있었기 때문이라고 말할 수 있다. 그러나 이러한 민회도 사실 귀족들의 지배하에 있었기 때문에, 그리고 인민이 모든 민족에게 개방적인 군사 조직을 통하여 정치계로 입문하는 방식 이외에는 정치에 참여하는 기회가 달리 없었기에, 더 나아가 로마가 발전하고 전통이 관습화된 시점에서는 권력의 세습이 일상화되었기 때문에 진정한 민주주의적 요소는 없었다고 보아야 한다.

아리스토텔레스의 혼합정의 정신을 근대에서 이어받은 것이 마키아벨리이다. 마키아벨리가 군주의 덕을 주로 논하는『군주론』과 로마의 공화정을 최

---

7 역사상 최초의 혼합정체와 원로원은 라케다이모니아(스파르타)에 있었고, 스파르타의 정체와 법률을 제정한 뤼크르고스의 지혜에서 기원한다. 플루타르코스, 천병희 번역,「그리스를 만든 영웅들」(도서출판 숲, 2006). '뤼크르고스전' 참조.

고의 정치체제로 찬양한 『로마사 논고』라는 전혀 색다른 저술 때문에, 그가 군주정체론자인가 아니면 공화주의자인가하는 문제가 제기되어 왔는데, 그가 양 저서에서 '인민의 의지'를 중요시한다는 관점에서 보면, 그를 혼합정체론자로 해석하는 것이 그의 정치사상을 고대와의 단절이 아닌 점진적 발전의 연속성에서 볼 수 있게 하는 장점이 있다. 이러한 연속성은 혼합정체를 인류가 역사적으로 경험한 여러 정체들의 장점만을 중첩시켜 형성한 것으로 간주함으로써 더욱 강화되는데, 이는 근대의 산업혁명에 따르는 새로운 시대적 이념으로서 민주주의를 고대 공화정과 연결시키는 매개자로서 마키아벨리의 창조성과 함께 그의 정치사상을 현대에서 계승 발전시킬 수 있는 계기가 된다는 것이다.

마키아벨리는 그의 양 저서를 통한 정치철학에서 그 당시 르네상스의 발흥으로 새로이 일어난 근대의 정치세력으로서 도시를 중심으로 한 시민-노동자들의 경제적 정신을 '민의'라는 시민정신으로 파악하며, 권력의 속성을 민의를 반영한 군주정과 귀족들의 공화정, 이 양자의 변증법적 갈등으로 표명한다. 즉 그는 이탈리아 당시의 다양한 도시 국가체제들을, 기독교 휴머니즘을 표방하는 교황권의 약화로 인해 마치 도시국가들의 연합으로 이루어진 고대 그리스 세계처럼 통일되지 못하고, 왕가와 귀족가문들을 중심으로 한 권력다툼으로 인해 부패하고 불안정했던 국내 정치체제들로 표현하고 있다. 마키아벨리의 이러한 전통을 중시한 보수적인 정치철학은 하나의 통일된 이탈리아의 국가 체제를 소망하는 것으로 나타나는데, 이러한 마키아벨리의 소망은 이탈리아가 고대 로마 공화정을 중심으로 발전한 제국주의처럼 강력한 세계국가에 대한 선망이 있었기 때문이라고 볼 수도 있고, 그 당시 프랑스에서 근대 산업혁명과 더불어 나타난 군주정이 상업정신을 통해 제국주의화하는 과정에서 이탈리아를 침략한 것과도 연관되는 것으로 생각할 수 있다. 어쨌든 마키아벨리는 플라톤-아리스토텔레스-폴리비우스로 이어지는 혼합정체 사상을 통해 이탈리아 도시 국가들의 연합체로서 새로운 정치체제의 건설을 지향하고자 했던 것으로 해석할 수 있다.

근대에서 프랑스 혁명을 기점으로 나타나는 국가 정체로서 공화정의 이면에 숨어있는 민주주의는 근대 산업 혁명 이후에 나타나는 것이다. 왜냐하면 근대과학의 발전과 더불어 나타난 산업혁명은 인류에게 먹고 사는 문제를 해결해 줄 수 있는 노동을 기계가 대신한다는, 그래서 인류를 노동이라는 노예 상태로부터 해방시켜줄 수 있다는 희망이 철학자들에게는 무의식적으로나마 있었기 때문이다. 이 때문에 근대 정치철학들은 국가의 근본 문제를 경제학적인 관점에서 고찰하기 시작한다. 사실 경제학이 정치학에서 분리되어 아담 스미스에 의해 최초로 성립하는데, 이러한 경제문제가 정치문제에서 '자유의 실질적인 실행에 필수적인 것'으로 인식됨으로 해서이다.

고대의 정치철학에서 경시되었던 경제의 문제는 근대에 나타난 자유 시장을 전제한 부르주아지 상인정신에 의해 근대 정치철학의 핵으로 들어오는데, 이 점은 토마스 홉스나 개인소유의 정당성 문제와 관계하여 존 로크의 정치철학에서 분명하게 나타난다.[8] 사실 인간의 생산 활동인 노동은 동물들과 달리 도구를 사용하는 지적인 것이다. 즉 노동은 기술과 밀접한 관계가 있다. 그리고 인간의 노동은 기술발전에 따라 변모하면서 점차 현대에서 컴퓨터라는 도구를 기초로 하여 개발된 인공지능의 '지식사회'처럼 지적 정신적인 노동으로 변모한다. 그런데 근대 산업시대에서는 자동 운동기계에 대한 이상과 같이 인간이 자동차로 상징되는 기관인 자동기계(고대에서 제우스의 삼각의자나 나는 양탄자처럼)를 발명함으로써 노동에서 해방될 수 있으리라고 생각하였다. 이 때문에 고대 플라톤이나 아리스토텔레스가 전쟁과 관련된 군인정신에 의하여 정치철학을 수행한 것과 달리 근대 홉스나 로크와 같은 영국 철학자들은 상인

---

8 근대 부르주아의 상업정신을 대표하는 토마스 홉스의 정치철학과 존 로크의 정치철학의 관계는 홉스가 후에 플라톤에 경도된 것과 관계한 점에서, 그리고 그 당시 나타난 근대 뉴턴역학(원자론적 관점)과의 관계를 표방한 점에서 보면, 고대 정치철학에서의 플라톤과 아리스토텔레스의 정치철학의 관계에 있다. 종교적으로는 고대는 오르페우스 종교-소크라테스 선의지의 일신론과 관계해서는 존 로크의 중세 기독교가 표방한 휴머니즘으로 나타난다. C. B. 맥퍼슨(C. B. Macpherson), 황경식 · 강유원 공역, 『홉스와 로크의 사회철학』 (박영사, 1990), 참조.

정신에 전제되어 있는 경제적인 것과 관련하여 정치철학을 수행했다고 보아야 한다. 그리고 그들의 정의론의 중심에는 가치 생산과 관계하여 현실적으로는 생산에 관계하는 노동문제가 전제되어 있다.

그러나 근대 민주주의 정체의 국가에서도 현실적으로는 재화의 생산에 관계하는 과학기술의 발전과 더불어 있는 개발의 능력의 차이에서 오는 빈부격차가 필연적이다. 결국, 근대 이후에 나타나는 민주주의에로의 과도기에 있는 공화정의 이념은 전쟁에 따른 노예계급이 없는 것이 특징이며, 인민의 의지가 상업정신으로 반영되는 민주주의와 결부되나, 지식기술의 개발 정도에 따르는 새로운 빈부격차에 따르는 계급(자본가와 노동자)이 필연적으로 나타난다. 그래서 근대의 노예가 없는 공화정의 이념은 군인정신과 인간의 노동 개념을 매개로 하여 상인 정신이 혼합된 것으로서 탄생초기에는 왕정이나 귀족정에 저항하는 개념으로서 영국에서 부르주아지(상공인을 중심으로 한 중산층)가 기초가 되어 권력에 도전하는 형태로 나타났었다.

그런데 이러한 부르주아 계층이 법적으로 보장받고 이에서 더 나아가 권력을 획득한 자유 시장을 전제하는 공화정 체제에서도 부르주아 계급들의 재력을 기초로 한 권력이 군사문화에 기초한 봉건적 의식이 지니는 세습화의 전통을 그대로 답습하여 부의 상속을 고대 귀족 계급처럼 고정하려고 한다. 권력에 도전할 때와 권력을 획득한 후의 정신상태가 서로 다르며, 정치권력을 획득하면서 보수화되는 것이다. 한나 아렌트가 말했듯이, 일을 시작하는 정신과 이를 완성하려는 정신이 다르게 변화한다는 것이다. 이러한 정신은 바로 인간의 이기심에 기초한 낭만적 정신 때문이라는 것을 플라톤이나 아리스토텔레스는 물론 모든 정치철학자들이 지적한 인간 본성의 한 부분인 이기적인 동물성에서 확인할 수 있다.

근대 공화정의 이상은 자본주의가 발달하면서 제국주의 형식을 띤 전체주의가 군주정에서 민주정체로 변화하는 과도기에 나타나는데, 이러한 정체변화의 철학적 기초를 마련하는 것이 홉스와 마키아벨리의 사상에서 나타난 전통적인 현실적 권력과 상인정신에 기초한 공화정의 혼합정이다. 이러한 혼합정체의 정신은 몽테스키외의 『법의 정신』에서도 잘 나타난다. 결국 근대의 민주주의의 이념은 노예가 없는 국가를 구성하는 모든 인민의 의지가 사실 군인 정신과 상인정신의 혼합물인 루소가 말한 일반의지(전체의지가 아니다.)로 표현한 자유와 평등, 그리고 박애(형제애) 정신을 기초로 한 합리적 정신이다. 그럼에도 불구하고 이러한 근대 민주주의의 이상 속에는 민주주의의 완성에 대한 절대주의적인 이상이나 전체주의적인 이상이 항상 내재해 있으며, 그것은 플라톤의 『국가-정체』편에 나타난 이상 국가 개념에 내재해 있는 것과 동일한 보수적인 것으로서 전통에 대한 향수가 함축되어 있다. 즉 권력에의 의지가 완성을 지향해야 하는 것으로 변모되어 고정되기를 바라는 것이다.

그러나 현실적인 권력을 구성하는 혼합정의 이념 속에는 현실은 항상 변화한다는 인식이 들어 있어야 한다. 그럼에도 불구하고 권력에의 의지나 이를 현실적인 것으로 만드는 부에의 의지는 끊임없는 증대 운동 가운데에서도 이를 고정하려는 정태성이나 완전성의 이념 때문에 현실적인 중용[9]이나 합리적 정신이 망각되면, 전체주의가 나타날 소지가 숨어있다. 반면에 이러한 중용에 따르는 합리적 정신에서 탄생한 현대 민주주의 개념에서는 복지국가를 지향하는 정신이 첨부될 수 있다. 이러한 복지 정신은 노예제를 극복할 수 있는 형태로서 과학기술에 의한 경제문제를 해결할 수 있다는 풍요론의 신념을 통하여 경제의 민주화를 지향함으로써 나타난 것이다. 결국 다수가 통치에 참여한다는 공화정의 이념이란 플라톤이 말한 이상체제인 왕정과 인간이 사회적 동물인 한, 그리고 이성을 지닌 한 모두가 정치적인 존재(politikon zo-on)라는 아리스토텔레스의 현실인식의 매개물로서 인류의 지능 발달에 따라 발전한 정치체제의 형식인 것이다. 즉 현대 자유 민주주의 정

---

9 아리스토텔레스의 '중용'은 그의 목적론적 체계에서는 어느 정도 고정될 수 있으나, 현대에서 중용 개념은 창조성이 함축된 것으로서 흔들리는 파도가 있는 바다 위의 빙판에서 몸의 중심과 균형을 취해야만 하는 태도로 표명될 수 있다.

신에는 정치적으로는 공화정의 정신과 경제적으로는 복지개념이 루소가 말한 '일반의지' 속에 함축되어 있고, 이것이 어떠한 정치체제이든 모든 정치체제가 실현해야할 진정한 현실적 휴머니즘으로 나타나는 것이다. 즉 정치체제와 권력의 문제에서 전제가 된 경제문제가 근대에서는 과학기술의 발달에 의해, 그리고 자본주의가 탄생한 후 자본주의적 정신에 의해 역설적으로 사회주의화된 풍요론이 이상적인 것으로 전망되면서, 과거의 정치체제논쟁은 모두 종결되고 자유 민주주의(민주 공화정)에로의 희망이 나타난 것이다. 즉 이상으로서의 민주주의가 경제적 영역에로 확대된다면 그것은 더 이상 이상에 불과한 것이 아니라 현실화될 수 있다는 희망이 나타났기 때문이다. 결국 근대에서 경제문제 때문에 나타난 권력 배분의 문제가 정치체제의 논쟁으로 나타났다면 경제문제가 해결되면 체제논쟁을 종식시킬 수 있다는 것을 철학자들이 감지한 것이다. 이 점을 우리는 근대의 알렉시스 토크빌(Alexsis de Tocqueville)의 『미국의 민주주의』에 대한 분석과 현대의 존 롤스(John Rawls)의 『정의론』을 통하여 알아볼 것이다.

플라톤의
정치철학과 법의 정신

: 플라톤의 정치철학과 법의 정신

1. 정치술에 대한 정의와 윤리의 관계

• • •

플라톤은 『국가-정체』 편 1권과 『정치가』에서 정치가를 '정치술'을 가진 자로 정의한다. 그리고 정치술이란 정의를 실현하는 기술이다. 정의 개념은 추상적이고 일반적인 개념으로서 현대 철학자들에게는 선험적 개념으로 인식될 수 있으나, 이러한 개념 형성 이전에는 경험적인 구체적 용어인 '옳다(dikaios)'거나 이와 결합된 관습에서 기원하는 법(nomos)과 같은 개념에서 발달한 것이다. 첫 번째 의미도 우리가 '정의로운 것'이란 말에 자연스럽게 부여하는 의미는 아니다. 이 점은 원래 그리스어 'dikaios'가 일반적으로 관습이나 규칙(dike)을 준수하는 사람을 의미했다는 사실에 의해 부분적으로 설명될 수 있다. 특히 'adikein'은 아테네 법에서 법을 어기는 것을 표현하기 위해 쓰인 단어였다. 민사소송에서 피고는 한 개인에게 해를 끼친 죄로 고소당하지만, 형사소송에서 죄인은 도시국가에 해를 끼친 죄로 고소당한다. 그러나 플라톤에 의해서 올바름은 진리와 결부된 후에 그리스어에서 정의는 '올바름의 전체'와 동일시되는 경향이 있다.

그 당시 일상 언어를 통하여 철학을 한 아리스토텔레스는 법이 인간 삶의 전 영역을 통제해야 하고, 도덕성이 아니라- 왜냐하면 도덕적인 것은 인간성에서 타자를 고려하거나 자기반성을 함축하는 것으로서 소극적인 것이기에 사람들이 '고귀한 것을 위해' 행동하는 적극성을 보장해 줄 수 없기 때문이다. - 모든 탁월성들에 적합한 행위들을 강요해야 한다고 생각한다. 만일 특정 국가의 법이 이러한 것을 부분적으로만 실행하고 있다면, 그것은 법이 갖춰야 할 모습이 거칠고 쉽게 흐릿해진 결과일 뿐이다. 이런 의미에서의 정의, 즉 법에 복종한다는 의미는 이렇게 해서 탁월성과 외연이 같지만, 강제성을 함축한다는 의미에서 두 용어의 의미는 같지 않다.

일반적으로 '정의'라는 말은 플라톤의 정치철학에서는 도덕적, 종교적인 의미와 결부되어 있고, 이러한 도덕성은 영혼의 탁월성(arete)과 결부되어 논의되고 있다. 따라서 플라톤에 있어서 정의 개념은 모든 개인적인 도덕적 탁월성을 포함하고 있는데 반해, '탁월성'이란 말이 주목시키지 못하는 법의 '사회적인 성격'에 관계하게 되는 것은 아리스토텔레스에서 기원한다. 사실 앞으로 살펴보겠지만 아리스토텔레스에 있어서도 국가사회란 개인적인 덕을 앙양하는 적극적인 의미를 함축하고 있으나 서구의 고전 연구가들은 자신들이 형성한 근대적인 사회적 개념을 통하여 고전을 연구하기에 무의식적으로 개인적인 덕과 사회적인 덕을 나누며, 이 때문에 서구에서는 개인에게 관습과 도덕적 개념을 함축하는 포괄적인 정의(justice) 개념 대신, 사회적 의미만을 떼어낸 법과 관련된 공정(fair-foul)이라는 말을 사용하기도 한다.

『국가-정체』편 1권에서 아테네 시민인 폴레마르코스에 의해 표명된 정의란 '진실을 말하는 정직과 남한테서 빌린 것을 갚는 것(331d)', '각자에게 합당한 것(갚을 것)을 갚는 것', '친구에게는 이득을 주고 적에게는 손해를 입히는 것

(332d~336a)'으로 말해지는 국가주의적 정의관과, 이방인 소피스트 트라시마코스를 통해 언급된 정의관 '더 강한 자의 편익(338c)'으로 말해지는 정의관 속에는 공히 복수법(talio법)적인 내용이 숨어 있다. 그리고 『국가-정체』 2권에서의 정의는 '부정을 저지르고도 처벌받지 않는 최선의 경우와 이를 당하고도 보복할 수 없는 최악의 경우' 이 둘의 중간에 있는 것(358e~359a)으로 말해지는데, 이 중간 것이 사실은 자연법이나 실정법으로 말해지는 정의를 의미한다. 이 가운데에서 강한 자의 편익이나 부정을 저지르고 당하지 않는 것이 정의라는 것은 '힘이 정의'라는 『고르기아스』편의 칼리클레스의 정의관으로서 적극적인 의미가 있고, 진실을 말하는 정직과 남에게서 빌린 것을 갚는 것이라는 말에 함축된 것은 부정을 당하지만 부정을 행하지는 않는다는 도덕적인 소극성을 지닌 소크라테스의 정의관이 함축되어 있다. 이러한 정의론에 따르면, 정의란 그 자체로서 추구되어야 할 무엇(존재론적으로는 무법에 대립한 도덕법)이라기보다는 그것이 가져다주는 결과나, 약자의 피해를 최소화하기 위한 것이라고 해석될 수 있다. 이 때문에 그 자체로서 추구되어야할 정의를 찾아보기 위해 『국가-정체』 2권에서 대화의 주인공 소크라테스는 개인의 정의를 탐구하기 전에 폴리스의 정의를 찾아보자고 한다. 왜냐하면 개인이 소문자라면, 국가는 대문자와 같으므로 큰 글씨를 쉽게 읽을 수 있기 때문이다.

『국가-정체』편에서 국가주의적 정의관을 검토하기 전에 먼저 소크라테스는 소피스트 트라시마코스의 '강한 자의 편익'이 무엇을 의미하는가를 분명히 하고자 한다. 왜냐하면 소크라테스의 산파술의 방법론이 파르메니데스의 존재론의 방법론적 변형이고, 이것이 현대에서는 칼 포퍼가 말하는 '반증가능성의 원리'로 나타난 합리성으로 무장한 과학적 탐구의 방법이기 때문이다.[1] 사실 인간이 다른 동물과 달리 만물의 영장이 될 수 있었던 것은 힘만이 강하기 때문이 아니라 지능, 즉 사유하는 능력, 그 가운데에서도 이성을 지녔

---

[1] 송영진, 『그리스 자연철학과 현대과학』, II권(충남대 출판문화원, 2014), 참조.

기 때문이라는 사실에 있다. 그리고 이러한 지능이 현실에서는 도구를 제작하는 능력(homo faber)으로 나타나며, 현대의 과학기술은 바로 이러한 인간의 이성적 능력의 물질에의 현실화에 따르는 것이기 때문이다. 대화편에서는 이러한 인간의 지혜가 목양술이나 의술, 요리술, 등으로 변형되어 나타나 언급되는 이유이다. 그러나 물질이 아닌 생명체나 인간에 관한 기술(techne)은 과연 가능한가? 왜냐하면 소피스트들은 정치술을 가르쳐 준다고 선전하면서 아테네 청년들을 유혹하여 돈을 벌었기 때문이다. 그리고 플라톤의 전기 대화편인 『메논』편이나 다른 대화편에서도 인간의 덕과 관련된 정치술이 과연 가르쳐질 수 있는가를 탐구한 바 있다. 인간의 행위가 모두 현실에서 (인간성에 대한) 지혜와 관련되어 기술로 나타난다면, 인간들 사이에 정의를 실현하는 정치술도 이러한 일종의 기술이기 때문이다. 결국 기술의 문제는 우선 물질이나 인간에 대한 지식을 전제한다. 마찬가지로 국가를 다스리는 정치술의 문제는 국가란 무엇인가를 먼저 탐구하게 한다. 이리하여 플라톤은 이성적으로 정의에 기초한 국가의 기원과 그 과정에 관한 논의를 전개하는데 이러한 논의 속에서 나타나는 플라톤의 정의관은 '각자에게 합당한 것(갚을 것)을 갚는 것'으로 나타난다.

플라톤의 정의관에 해당되는 '각자에게 합당한 것(갚을 것)을 갚는 것'의 언명 속에 함축된 것은 선을 행한 것이든 악을 행한 것이든 각자 그에게 '능력에 따르는 응분의 것'을 주는 것이라는 의미가 함축되어 있다. 사실 서로에게 선한 것을 행하는 인간관계에서는 문제는 발생하지 않는다. 그러나 이러한 인간관계에서 악이라고 생각되는 것이 발생하면서 이를 시정하기 위해서 옳음이나 정의 개념이 발생한다. 그런데 인간관계에 있어서 친구 관계와 적의 관계가 있다. 친구 관계에서 악이 발생하는 것에 대해서는 정의를 실현하는 방식이 두 가지가 있다. 하나는 그가 한 만큼 갚아주는 것이고, 다른 하나는 그가 악을 행을 행하지 못하게 하는 수준에서 시정적인 벌을 주는 것이다. 전자가 복수법의 형태로 말해지는 것이고, 후자가 그를 행위 하지 못하도록 자유를 억제하거나 그 자유를 교정하기 위해 그의 자유를 치료하는 것이다. 물론 여기에서 용서해주는 방법도 있을 수 있다. 그러나 용서가 그의 자유를 개선하지 못한다면 아무런 의미가 없다. 여기에서는 법에 관련된 윤리의 문제가 발생한다.

다른 한편, 적과의 관계에서 악이 발생할 경우는 어떻게 대처하는가? 대부분 복수법의 형태를 지니면서도 감정적으로는 그 이상의 악으로 되갚아 준다. 즉 친구 사이에서는 개선의 방법이 역으로 개악의 방식으로 더 악을 갚아 주는 방식으로 반응한다. 전자가 복수법을 토대로 개선 쪽으로, 후자는 복수법을 토대로 개악의 방식으로 작동한다. 결국 아테네인들에게 "각자에게 갚을 것을 갚는다."는 의미의 정의는 이러한 여러 가지 경우의 조합의 형태로 분화되어 나타나지만, 그 이면에는 이렇게 현실적으로는 복수법의 형식으로 표현되는 것이 기초적인 것으로 전제되어 있다.[2] 그리고 이러한 복수법의 형식의 선순환의 형식은, 악에 대해 선을 지향하는 것(정의: 진리인 지식)으로 갚는다는 것으로서(소크라테스의 지덕합일설로 나타난다.) 모두가 잘되는 화합과 조화의 사회를 형성하며 인류를 전쟁에서 벗어나 평화와 안정된 가운데에서 발전시키고 부흥케 하며, 이러한 소크라테스의 지덕합일설에서 기초한다면 법은 윤리적인 형태를 취한다. 반면에 '힘이 정의'라고 표명된 권력이나 힘을 지향하는 칼리클레스의 정의관은 사람들을 화해하지 못하게 하고 사회를 이루지 못하는 것으로서 이기적인 개인주의로 발전하는 것이며, 복수법의 악순환의 형태로서 인류를 다시 끊임없는 전쟁 상태로 돌입케 하며 발전이 없이 윤회하거나 소

---

2 군사체제인 스파르타와 달리 자유(eleutheria)와 정치에 참여하는 공정한 기회인 평등(isonomia)를 실현한 민주적인 아테네인들의 정의관은 그들이 영웅으로 떠받들던 페르시아와의 전쟁의 영웅 밀티아데스와 테미스토클레스 그리고 그의 아들 키몬과 함께 특히 아테네 민주주의를 제국주의화 한 영웅으로 떠받들리고 있었던 페리클레스의 추도 연설에 나타나 있다. "우리는 친구들에게 베푼 선의와 적들에게 가한 고통의 흔적을 사방에 영원히 남겨놓았습니다." Thucydides, *History of the Peloponnesian War*, Rex tr. by Warner (Harmondsworth, England, 1954), II., 41, 148.

멸하게 하는 것으로 나타난다.[3]

인류는 지능을 가졌기에 그리고 지능이 선의지에 기초하기만 한다면, 악이 발생했을 경우, 이 악에 대해 징벌하는 것은 개인적으로나 국가적으로 다시는 그러한 행위를 하지 못하게 하거나 행위를 선 쪽으로 행하도록 하는 습관이나 사고를 개선하기 위해서이다. 그리고 이러한 일은 습관이나 사고를 진리에 따르도록 하는 것이다. 소크라테스에 따르면, 이러한 진리에 대한 인식은 영혼의 자기인식이고, 인간의 영혼은 신적인 존재로서 신에서 유래한다. 그런데 소크라테스가 말하는 신은 그리스 신화에서 말해지는 자연신들과는 달리 무조건적으로 선하다. "신은 나쁜 짓을 하지 않는 존재이다. 신은 선하기에 많은 사람들이 말하듯이 선과 악 모든 것의 원인이 아니다. 인간들에 있어서는 좋은 것들이 나쁜 것보다 훨씬 적기에 인간들에게 있어서 소수의 것들에 원인일 뿐이다. ...그래서 신은 올바르고 좋은 일을 했으며, 인간들이 신

---

3 힘이(강자가) 정의라는 칼리클레스의 정의관은 전쟁을 전제하는 정의관이다. 인류에게 전쟁은 먹고살기 위한 것으로서 위계적 질서로 통일된 군대조직에 의한 집단적 행위이다. 이 집단적 행위에서 승자는 패자를 노예로 만들며, 먹고 사는 일 때문에 전쟁에 참여한 가난한 백성이나 대중이나 인민은 삶에 안정을 취하거나 이에서 더 나아가 군대의 통수권을 지닌 장군이나 영웅으로 표현되는 두목이나 지도자는 영광으로 표현되는 삶을 살 수 있다. 왕이나 귀족이 바로 그러한 신적 위엄과 영광이나 명예를 가치로 하는 존재이다. 이들은 패자가 되는 것을 수치로 여기며 노예가 되느니 차라리 죽음으로 대신한다. 반면에 먹을 것이 없어서 혹은 가난 때문에 이러한 전쟁을 원하는 백성이나 대중이나 인민은 전쟁에서 패하면 죽음 대신 삶을 지속하기 위해서 더 극단적인 노예상태로 전락한다. 그런데 진리나 지혜가 인간을 구원하리라는 소크라테스적 관점을 제외하면 강자가 정의라는 정의 개념 속에는 전쟁에 참여하는 왕이나 귀족의 심리상태와 백성이나 대중 혹은 인민의 심리상태는 사회적 계급 속에 위치하는 각자의 개인적인 관점에서 보면 공적인 것(집단 전체의 관점)이나 사적인 감정(개인주의적 관점)에서 부와 관계하는 영광과 수치나 삶과 죽음의 변증법이 서로 같아지는 측면이 있으면서도 서로 다른 이율배반에 처해있다. 소크라테스적 지혜의 관점을 포괄하려는 헤겔은 『정신현상학』에서 이러한 점을 주인과 노예의 변증법으로 나타내고 있다. 그런데 전쟁을 통한 부와 영광의 획득은 '전쟁의 비참함'을 망각하기에 수사와 허구가 숨어 있고, 이러한 수사와 허구에 가난한 백성이나 대중이나 인민은 속기 때문에 플라톤 이래의 정치철학자들은 어리석다고 판정한다. 그러나 전쟁의 비참함을 겪는 백성이나 대중이나 인민들은 평화를 바라는 관점에서는 민주주의적 지혜를 발휘하기 때문에 근대 이후의 철학자들은 소수(왕이나 귀족)보다는 다수(백성이나 대중이나 인민)들의 지혜를 높이 평가한다. 결국 이러한 전쟁이나 평화를 지향하는 심리 상태를 지혜롭다고 하는 것은 문제가 있다. 진정한 지혜는 백성 혹은 인민이나 대중 속에 숨어 있는 평화를 지향하는 마음과 인류에게 보편타당성을 지닌 것으로서 현대에서는 과학과 함께하는 철학이라는 것으로 알려져 있고 이것이 소크라테스-플라톤이 취하는 지덕합일설의 관점이다.

에게서 응징을 당한 것은 이롭게 되는 것으로 말해야 한다."(380a-b).[4] 이 때문에 소크라테스에 있어서 진정한 지식은 영혼의 본성의 기원이 되는 신을 아는 것이며, 그 신은 자체로 선하다.

　인간관계를 자아 중심으로 파악하는 경우에 타자와의 관계에서 자기중심적으로 선악을 판별하는 것을 이기심이라 부르고, 타자 중심적으로 판단하는 것을 이타적이라 부를 수 있다. 그런데 자아 중심적인 사유에서 타자는 사물과 타인으로 나타난다. 그리고 플라톤 철학에서 인간이 타자와 관계 맺는 방식으로 사물에 대해서는 기술(techne)이라고 부르고, 타인과 관계 맺는 방식은 법이나 예라고 말한다. 기술은 타자에 대한 지식(인식)이 전제되면서도 이를 생존을 위한 자기 이익을 위해 이용하는 것이다. 타자(사물)가 자신보다 못하기 때문이라는 인식이 있기 때문이다. 여기에서 소유와 지배의 관계나 수단과 목적의 관계가 나타난다. 반면에 타인과의 관계에서는 타인에 대한 인식(지식)을 전제하면서 이 타인이 자신보다 못하다는 판단에서부터 동등하거나 자신보다 낮다는 판단이 작용할 수 있다. 못하다고 생각될 때에는 수단과 목적 관계에서 도구와 수단(노예)으로 이용하는 경우가 발생하고, 자신과 동등하다고 생각되면, 동등하게 대우하거나, 자신보다 낮다고 생각되면 이에 봉사하는 다양한 인간관계가 발생한다. 여기에서 소크라테스와 플라톤이 말하는 인간관계에서의 정의를 나타내는 법은 자아와 타자가 동등하다고 여겨지는 수준에서 발생한다.[5] 결국 자아중심의 개인주의적 관점에서 이기적인 경우와 이타적인 경우로 나뉘는데 법으로 말해지는 정의는 이들 사이의 중간에 있는 것이다.

4　신은 가장 선한 좋은 상태에 있다. 그래서 신은 보다 더 아름답거나 좋은 것으로 변화할 수 없다. 그것이 다른 것에 의해서 변화된다면, 그것은 나쁜 것으로 되는 수밖에 없다. 이 때문에 신은 본래의 모습을 바꾸지 않는다. "신은 자신이 단순하며, 자신의 본모습(이데아)에서 벗어나지 않는 것으로 여겨진다."(380d). 마찬가지로 신은 거짓을 가장 미워한다. 결국 신성과 거룩한 것은 모든 면에서 거짓이 없다(382e). 즉 신은 파르메니데스 존재론에 따라 일자로 표명된 진리 자체이다. 그래서 신성을 지닌 영혼은 악이 발생한다면, 이 악에 선한 것으로, 특히 소크라테스에 따르면 지혜로 갚아주는 일이다. 소크라테스의 지덕합일설은 그리스 신화에 나오는 인간적인 자연주의적 신들과 다른 이러한 신성에 기초해 있다.

5　『파이돈』 편의 플라톤의 영혼관에 나타나듯이 인간의 영혼은 신과 같이 불멸하는 속성을 지닌 점에서 선의지에 기초해 있지만 그 의지의 지향에 따르는 단지 선악의 관점에서 차이가 날 뿐, 모두가 평등하다.

그런데 문제는 행위의 동기를 이러한 이기심과 이타심으로 분류하는 경우, 법은 이 중간에 있는 것으로 판정되나, 법과 다른 도덕이나 윤리란 어떻게 이해되어야 하는가? 도덕이나 윤리란 여기에 관여된 인간의 삶이나 영혼을 모두 존재론적으로 긍정하고 이를 개선하는 방향으로 작동하는 것으로 일단 정의할 수 있다. 왜냐하면 인간관계에서는 능력의 차이가 전제되어 인간들을 수단시 할 수도 있고 목적시 할 수도 있기 때문이다. 또한 보다 형이상학적으로는 인간 능력이 기원하는 '인간 존재'란 어떠한 존재인지가 고대에서는 신과의 관계에서 물어질 수 있고, 이에 대한 답변에 따라 인간의 인생에서의 목적이란 무엇인지가 말해질 수 있기 때문이다.

고대 신화적 단계에서 인간이란 신에서 기원하는 영혼을 지닌 존재로 파악되었다. 특히 소크라테스-플라톤이 그리스 사회에 끌어들인 오르페우스 (Orphic) 종교에 따르면, 인간 영혼이란 신에서 분유된 불멸성에 참여하는 존재로서 이 지상에서의 삶이란 이러한 불멸성에 참여하려고 노력하는 존재가 이루는 것이다. 이러한 영혼의 능력이 정신적으로는 선미(kalokagathia)를 지향하고, 지상의 삶에서는 육체적으로는 섹스를 통한 종의 지속현상으로 나타난다는 것이 플라톤의『심포지엄』에서 나타난다. 인생의 목적이 신적 불멸성에의 참여를 위한 노력이라는 것이다. 이성을 지닌 인간의 지상에서의 삶은 바로 이러한 노력을 수행하는 영혼을 그것이 나의 것이든 타인의 것이든 긍정하고 배려하는 삶(영혼의 돌봄)으로 나타나는 것이다.[6] 결국 오르페우스 종교에서는 인

---

6 『국가-정체』편 1권에서 정치술에 함축된 정의를 규정하려는 노력에서 정치술이 함축하는 기술은 기술이 목표로 하는 대상을 배려하기(therapheuein) 위한 것이냐 아니면 이를 이용하는 것이냐에 대한 것에 따라 기술이라는 것이 중립적인 위치에 있다는 것이 밝혀진다. 즉 기술은 기술이 되는 대상의 성격이나 기술을 사용하는 인간의 의도에 따라 그 성격이 달라진다. 그런데 정치술을 인간을 대상으로 하는 기술이다. 정치술이 인간을 대상으로 한 다할지라도 인간의 능력의 차이 때문에 노예나 사물로 대하는 경우에서부터 목적으로 신성시할 수 있는 다양한 경우가 나타난다. 그리고 기술에는 타자에 대한 지식이나 인식을 함축하고 있는데, 이것이 자연에 대해서는 사물들의 운동 법칙의 인식을 토대로 이루어지고 인간의 이익에 유용하게 사용되기 위해서 일방적으로 수단시 되는데 반해, 인간 사회에서는 인간을 자기 목적에 이용 가능하기 않기 때문에, 다른 한편으로는 인간의 능력이 힘의 양적 측면에서는 차이가 나나 질적으로는 대등하기 때문에 대등한 관계에서 출발해야 한다는 것이 소크라테스의 입장이다. 근대에서 과학적 합리성이 노동과 결부되면서 이성이 도구화되는 가운데 법 개념까지도 도구화 되는데, 하버마스에 따르면, 인간간의 관계는 언어적 차원에서 강제 없는 합의 등의 윤리적 규범 등을 만드는 커뮤니케이션(대화)의 상호 행위로 해석학적 학문과 관련된다.

간 사이에서 발생하는 법은 대등한 것에서 출발하면서 인간 영혼을 수단시하지 않고 자체 목적으로 삼기에 영혼을 무지나 죄에서 정화하고 개선하는 방향(선에로의 고양)으로 작동하는 것이 법률과는 다른 선이자 윤리가 된다.

그런데 정치술에도 사물에 대한 기술이 자연법에 기초하고 있는 것처럼 '인간에 대한 법'에 기초하여 이루어져야 한다. 인간은 사물처럼 수단시 할 수 없는 것이며 적어도 대등한 관점에서 다루어야 한다. 현대에서 인간들의 영혼은 대등하고 평등하며 칸트가 말한 것처럼 인간을 수단시 말라는 것이 도덕법의 기초이다. 더 나아가 현대 생물학은 진화론을 말하면서 모든 생명체의 기원이 하나의 생명체에서 기원한다고 말하는 점에서 생명체들이 모두 동질이며 대등하다는 관점이 성립한다. 이러한 생명체에 대한 인식은 플라톤의 『프로타고라스』편에 나타나는 '판도라 신화'에 표명되어 있다. 즉 제우스는 자신이 만든 모든 생명체들, 특히 동물들의 종들이 이 지상에서 멸종되지 않을 만한 재주들을 각각 모두에게 주라는 명령을 프로메테우스에게 하는 데에서 나타난다. 이 점은 생명체들에게 신들의 불멸성에는 이르지 못한다 하더라도 종의 영원성에 참여하는 능력을 부여한 것으로 해석할 수 있다. 이러한 삶을 긍정하고 생명체에 대한 대등한 인식 이전에 인간만은 이성에 의해 모두 평등하다고 인정되는 바에 의해 인간의 법정신은 여기에서 윤리적으로 변형되는 지점에 있다.

사실 모든 생명체는 살아가는 데 있어서 적합한 어떤 본능을 지닌다. 이 본능은 베르그송에 따르면, 생물체에서는 운동-감각(sensori-moteur)기관의 다양한 형식으로 나타나는데, 인간의 분석력에 의해 운동기관은 힘을 전제하는 기관으로, 감각기관은 인식력 즉 지능을 상징하는 다양한 능력으로 나타난다. 결국 생명체의 능력이란 무생물에게 없는 자발성의 능력이다. 그리고 이러한 능력은 신의 무한한 능력이 아닌 한계를 지닌 가능성의 능력이다. 이러한 가능성의 능력은 인간에서는 다른 동물과 달리 아리스토텔레스가 말한 '지혜와 함께하는 자유의지의 능력'으로 나타난다. 이 자유의지의 능력은 한편으로 지혜에 따라 질적 차이를 지니는데, 다른 한편으로는 양적 측면에서 전체와 부분의 공간 논리에 지배된다. 더 나아가 이러한 자유의 능력은 다른 한편으로 무한한 능력과의 관계에서는 한계를 가진다는 측면에서 질적으로 동등하다. 즉 기독교에 의해서 발전된 신개념에 따르면, 인간은 무한한 능력의 신 앞에서 모두가 유한한 능력을 지닐 뿐이므로 따라서 동등한 성격을 지닌다. 여기에서 동등 개념은 동일개념이 아닌, 평등 개념과 같은 개념으로서 무한과의 관계에서 한계를 지닌 동일한 성질을 지닌 것으로 말해진다.[7]

그러나 우리가 그리스 신화를 살펴보면 신들은 능력에 있어서 무한한 존재가 아니다. 그들은 불멸하다는 점에서만 인간과 다를 뿐 인간처럼 유한한 능력을 가졌다. 유한한 능력의 존재가 어떻게 불멸일 수 있을까? 이 때문에 그리스 신들은 인간처럼 최고의 능력자가 되기 위해서 싸우고 노력하는데, 이에서 필연적으로 능력의 면에서 오이디푸스 콤플렉스를 지닐 수밖에 없다.[8] 그리고 제우스신은 막내이면서 전 우주의 지배자로 군림하게 되는 것이 우라노스(Ouranos)나 크로노스(Kronos)와 같은 조상신들의 오이디푸스 콤플렉스를 극

7　그리스 신들의 유한한 능력은 현대에서 보면 신의 특징인 무한한 능력을 지향하지만, 이 양자에 걸쳐 있는 것으로 묘사될 수밖에 없고, 이 때문에 능력의 과정성을 전제하지 않고 완전성을 지닌 것으로 말하면 아이러니가 발생한다. 즉 콘포드(F. M. Cornford)(남경희 역,『종교에서 철학으로』(이화여대 출판부, 19850, 17쪽)의 말대로 어느 신도 전능하지 않으므로 그들의 능력을 정상적으로 올바르게 한정하는 어떤 운명적 한계가 있기 때문이다. 이 한계를 넘어서는 것이 가능하긴 하나 이는 즉각적으로 네메시스(인과응보의 복수)신을 도발하는 위험을 무릅쓰고서이다. 그리고 그리스 다신론에서 이러한 질서의 시혜자이자 자신도 이 질서에 복종하는 능력을 지닌 신으로서는 제우스가 유일하다. 플라톤 철학에서 신적이라고 묘사되는『국가·정체』편의 선의 이데아나 미의 이데아도 그러하다. 현대에서 이성은 한편으로 모순율에 따르면서도 그 자신은 우연성과는 모순되는 '가능적인' 자유에 기초하고 있다고 말해진다. 그런데 이러한 자유의 능력은 한편으로 차이를 지니는데 이러한 차이는 양적 측면에서 전체와 부분의 공간 논리에 지배된다. 즉 이성의 모순율은 전체-부분의 논리에 지배된다. 그러나 이러한 자유의 능력은 다른 한편으로 무한과의 관계에서는 질적으로 동등하다. 즉 동일 개념이 아닌 평등 개념은 무한과의 관계에서 한계를 지닌 한 동등한 것으로 말해진다. 결국 동등이란 전체-부분의 논리를 벗어난 무한과 관계하는 한에서 전체성이 아닌 보편성에 관계하는 개념이며, 동일과 다르다. 결국 법에 보편성을 마련하려는 것은 인간적 한계를 벗어나는 (정의 개념이 아닌 선악으로 판별되는) 윤리적인 것이며, 인간의 능력 개념에 함축된 자발성에 동일과 차이의 변증법은 이 양자의 결합에서 성립할 수 있는 (최소 4개에 기초한 2의 제곱으로 성립하는) 다양한 경우가 성립하는데, 평등의 원칙보다 차이의 원칙을 우선시 하는 경우가 왕정과 이에서 파생되는 봉건주의이고 귀족정이다. 반면에 존 롤스처럼 평등의 원칙을 차이의 원칙보다 우선시하는 것이 민주주의 이념이다. 그런데 현실적 자유는 경제력(재산)에 기초한다. 이 때문에 근대 민주주의는 산업화가 진행되면서 가능하게 된다. 따라서 인류 역사가 순환되거나 반복이 아닌 왕정에서 민주정체에로의 진보의 역사라면, 그 중간 단계는 모두 혼합정의 형태로 나타난다.

8　송영진,『그리스 자연철학과 현대 과학』, I, 그리스 역사와 신화, 58쪽.

복하고 아테네 여신을 탄생시키면서부터임을 알 수 있다.[9] 즉 제우스신은 자신의 숙모벌인 메티스(Metis) 신과 술래잡기 하면서 벌인 놀이에서 작은 것(신의 인간에로의 하강)으로 변화하는 것을 통하여 메티스 신을 잡아먹어버린다. 메티스는 이미 아테네를 임신하고 있었기 때문에 아테네는 제우스의 몸에서 그것도 머리에서 무장한 채 탄생(부활)한다. 이 신화가 상징하는 것은 제우스가 지혜나 법을 먹어치우는 것에 함축된 의미의 해석이다. 메티스는 지혜나 법을 상징하는 것인데 제우스신이 메티스 신을 삼켰다는 것은 자신이 법을 체화한 것을 의미하는 것이다. 이 아테네 탄생신화에 함축된 의미는 제우스가 자신이 발하는 법을 자신도 지키는 데에서 이루어지면서부터임을 상징하고 있다. 즉 이는 제우스도 법 앞에서 평등하다는 것을 의미하는 것이다. 이는 신이나 인간의 삶에서 최고의 불멸성을 획득하는 것이 제우스의 법에 지배를 받는 것임을 상징하며, 이는 제우스의 법이 신들 전체성을 넘어서 모든 존재의 보편성을 지향하는 데에서 성립함을 알 수 있다.[10]

인류의 지능발달의 단계에서 종교적인 시기에서 성립하는 법은 신이 준 것이다. 그러나 그리스 신화에 나타나 있듯이 신화의 초기 시대에는 신들 사이에도 약육강식의 강자만이 살아남는 시기가 있었다. 즉 우라노스나 크로노스와 같은 고대 신들은 이성의 관점에서 보면 복수법이 함축하듯이 오이디푸스

---

9 헤시오도스의 『신통기』에서 제우스신의 부친인 크로노스나 조부인 우라노스는 모두 근친상간을 넘어 살부를 하는 오이디푸스 콤플렉스의 죄 의식을 지닌다. 마찬가지로 제우스도 근친상간은 물론 오이디푸스 콤플렉스를 운명처럼 지니고 있으며, 그가 아들을 낳을 경우, 같은 운명에 처할 수밖에 없었다. 그러나 제우스는 이를 회피하기 위해 사랑하는 첫 부인인 숙모벌인 메티스(Metis: 지혜를 상징하나 후에 철학자들의 이성의 로고스를 상징하기에 법을 상징하기도 함) 여신을 자신 안에 삼켜버린다. 그 결과 헤파이스토스의 도움으로 머리를 쪼개고 딸 아테나 여신이 탄생한다. 이러한 신화는 앞에서 언급했듯이 전능자가 지혜(Metis), 즉 지혜로서의 법을 자신 안에 삼킴으로써, 즉 법을 자신이 제정하고 이를 지키는(따르는) 지혜로써 결국 오이디푸스 콤플렉스를 피한 것이 된다. 송영진, 『그리스 자연철학과 현대과학』 I 권, 108-109쪽들 참조.

10 일상 언어 논리학에서는 모든 것이 전체와 부분에 관계하는 전체성의 논리가 작동한다. 그러나 이러한 전체성의 논리는 모든 것이 알려졌다고 하는 완전성의 것을 전제하면 폐쇄적인 것이다. 그런데 인간 지능은 한편으로는 창조적 성격을 지녔다 하더라도 한계를 지녔다. 이를 개방적인 것으로 만드는 것은 유한-무한(일자-타자)의 변증법이다. 즉 생명현상이나 시간성에서 기원하는 능력이 무한성을 지닌 것으로 표상되고 무한성이라는 말 자체가 상징하듯이 인간의 지능적 인식능력이 한계나 무지를 전제하는 것이다. 서구에서는 그리스 신화에서 나타난 신의 유한성이 중세 기독교를 통하여 무한한 능력을 가진 것으로 발전하는데 여기에서 신성의 속성으로 전지, 전능, 전선으로 표현되나 여기에서 전체의 의미는 전체성이 아닌 보편성(kata holon : 카톨릭(katholic)교의 이념)을 가진 것으로 여겨진다.

콤플렉스(자기모순)를 지닐 수밖에 없는 순환하는 것이었다. 그러던 것이 제우스 시대에 이르러 아테네 신의 탄생 신화를 계기로 하여 진화론적 사고가 나타나 순환론과 조화를 이루어 제우스가 최고의 신으로서 가부장의 위계질서를 이루게 된다. 그런데 그리스 신화에 나타난 이러한 가부장제도는 진화론적 사고가 들어 있기에 봉건사회의 신화와는 다른 점이 존재한다. 반면에 봉건 사회에서는 왕이 법을 발하면서 이 법을 넘어서는 무치권이나 무오권을 지닌다. 그리고 이것이 신적인 절대적인 권력을 의미한다. 그래서 봉건사회에서는 이 법이 계급을 고정시키기에 그리고 개인은 봉건적 질서에 종속되기 때문에 개인에게는 진정한 독립이나 자유가 없다. 즉 왕 이외에 다중은 절대적인 질서나 계급에 종속된다. 그러나 법 앞에서 평등을 말하는 그리스 신화는 신들이 평등하다는 것이 전제되어 있는 다신론이다. 여기에서 신들의 절대권은 약화되어 있고 따라서 개인주의적인 사고가 나타날 수 있다. 더 나아가 국가가 파괴된 고대 그리스 식민지에서 나타난 자연 철학자에서는 국가가 부여하는 신화에서 해방된 사고를 할 수 있었고, 이 때문에 이들에게는 신 대신 자연이 나타나 인간의 운명을 지배한다. 결국 개인을 지배하는 자연(physis)과 법(nomos)은 식민지 철학자들에 의해서 대립된 개념으로 전자가 불멸하고 불변하는 것으로 파악되었고, 후자는 인간이 사회를 이루면서 만들어낸 인위적인 것으로 인식되었다. 그러나 이러한 자연과 법 개념이 철학자들의 모순율에 따르는 이성에 의해 포착되어 신법이나 스토아학파의 자연법이 되고, 이에 반해 인간들이 집단적인 힘을 통해 당파적으로 만들어 낸 현실적인 힘에 기초한 법은 인위적인 것으로서 파악되었는데, 근대에서는 산업혁명이 일어나면서 이러한 자연과 인위적인 것이 전도되어 홉스적인 의미에서 국가는 자유로운 인민들의 계약에 의한 것이라는 개념이 성립한다.

홉스적인 자연 상태의 법은 그리스 초기에는 개인주의적인 의식을 지닌 식민지 철학자들인 소피스트들에 의해 자연법으로 인식되고, 이 법에 따르면 약육강식의 것으로서 힘이 정의라고 파악되었으며, 이 자연법이 근대에서는 인간들이 계약에 의해 만들어낸 것이라 생각되었던 노모스와 동일한 것으로 간주된 것이다. 즉 인류의 법 개념의 진화는 자연법이 동물적인 약육강식에서 종교적으로는 하늘이 부여한 법으로 승화되는데 이 중간 단계에 이성이 파악한 것으로서의 자연법과 계약법이 존재한다. 이 때문에 트라시마코스의 공정관은 인간에게는 최고의 능력으로부터 제한되어 있다는 의미만 함축된다면, 즉 신 앞에서 만인이 똑같은 존재의 제한된 능력, 즉 권리가 동등하다는 것(이성이 전제하는 평등)만 전제된다면 소크라테스의 것과 공통적인 속성을 지닐 수 있는 것이다. 왜냐하면 소크라테스의 것과 달리 트라시마코스의 인간은 능력의 다재다능함과 '실질적 자유'에 기초를 둔 근대의 자연주의적 인간관이자 이러한 자연적인 인간들의 계약에 의해 국가가 설립되는 한 트라시마코스의 공정관은 정치적이고 사회적인 공정관이 될 수 있기 때문이다. 이 때문에 트라시마코스의 자연 이해나 공정관도 인간의 능력에 한계를 인정하고 이를 절제하며 지혜롭게 사용한다면 조화와 평화를 지향하는 소크라테스의 이성과 같아질 수 있다.[11] 마찬가지로 인간 사회의 윤리적 성격을 지향하는 법 문제와 관련하여 자연에는 자연법이 있다고 생각하는데, 이것은 근대 이후에 물리법칙과 생물체의 법칙으로 분화되어 나타나는 것으로서, 『국가-정체』편에서는 트라시마코스가 말하는 자연법이다. 즉 동물세계에서 강한 자가 살아남는다는 것이 법칙으로 인식되어 있고, 이러한 사태는 인간사회에서도 적용된다는 것이다. 즉 트라시마코스에 의하면 자연에서는 '힘이 정의'이고, 인간사회에서도 힘이 강한 자가 약한 자를 지배하는 것이 정의이며, 그래서 자연적으로나 관습적으로나 법이라는 것도 강한 자가 자신들에게 유리하도록 제

---

11 사실 근대적 의미의 정의와 공정 개념은 홉스에게서 나타나듯이 트라시마커스의 공정관이 이성적으로 조정된 것이다. 이것은 역설적으로 절대적으로 무한한 능력의 신을 전제해야 하고 인간은 이러한 신적 경지에 결코 이를 수 없음을 인정하는 것이다.

정하는 것이라는 인식이 성립한다.[12] 즉 '올바른 것이란 더 강한 자의 편익' 이외의 다른 것이 아니다. 사실 자연 상태는 약육강식이 항상 존재하는 것처럼 보이며 그래서 살아남기 위해서 항상 전쟁상태에 있는 것처럼 보인다.[13] 이러한 사태는 인간들 개인 간에는 물론, 종족과 종족 사이, 그리고 나라와 나라 사이에도 항상 존재하는 것 같다. 즉 전쟁은 나라 안이나 나라 밖에 항상 존재한다. 물론 나라밖은 이중적으로 전쟁상태에 있게 된다. 하나는 다른 나라와의 것이며, 다른 하나는 자연과의 관계에서 나타난다.

사실 이러한 전쟁은 개인의 정신 안에도 있고 개인과 개인 사이에서의 전쟁에서도 마찬가지이다. 그리고 나라 밖의 전쟁을 제외한다면, 나라마다 체제가 다르다 해도, 나라 안에서의 생존 경쟁과 권력이나 부에 대한 투쟁에서 나라마다 힘을 행사하는 쪽이 지배하는 것이다. 그리고 힘을 행사하는 쪽이 질서를 유지하기 위해 법을 마련하는데, 결국 나라마다 정체가 다르다 해도

---

12 인간의 자유의지의 능력과 관계해서 성립하는 사회나 국가에서 '힘이 정의'란 것이 자연법이라는 말 속에는 폭력을 정당화하는 이중적 의미가 숨어 있다. 하나의 경우는 폭력이 강요하는 것을 수용하는 노예의 논리이며, 다른 하나는 폭력이란 근본적으로 법이 없는 자기 파괴적인 모순된 것이라는 것이다. 전자의 경우에는 헤겔이 말하였듯이 능동·수동의 논리에서 성립하는 주인과 노예의 변증법이 법적인 것으로 성립할 수 있다. 왜냐하면 이 경우에 강자의 힘에 수반된 의지를 수용하는 것이 노예이고, 이때의 노예의 능력은 수용성(물론 수용성에도 한계가 있어서 이 한계를 넘는 요구에 대해서는 반항하거나 폭동으로 나타난다.)으로 변모한다. 그렇지만 이러한 노예의 수용성은 삶에의 의지를 지니고 있고 이러한 삶에의 의지가 기술이나 지식을 지향할 경우에는 헤겔이 말하듯이 역설적으로 주인의 삶은 노예의 지식이나 기술에 의존할 수밖에 없기 때문에 주인과 노예의 관계가 역전될 수 있다. 반면에 후자의 경우에는 폭력이 자기 모순된 힘이기 때문에 법이라고 부를 수 없다. 즉 폭력에는 근본적으로는 법이란 있을 수 없다는 의미가 함축되어 있다. 고대 정치 철학에서 지배-피지배의 관계는 이러한 인간의 능동성에서 나오는 힘을 중시하였기에 소수임에도 불구하고 귀족들이 수많은 백성들을 지배할 수 있었는데 이는 인간이 종교적 동물이었고 권력은 신으로부터 주어진 것이라고 믿었기 때문에 일어난 현상이다. 그러나 칼리클레스가 의미하는 '강한 자'의 의미는 정체에 따라서 주권을 가진 자의 의미를 지니기에 왕이나 귀족이 될 수도 있지만 국민 전체가 지닐 수도 있다. 근대에서는 과학기술이 발전하면서 다수의 백성의 힘이 노동으로부터 해방되면서 그 의지가 지배계급을 지배하기 때문에 이 관계가 역전되어 민주주의가 나타나는 계기가 된다. 정치철학에서 인간의 자유의지로 표명되는 인간 능력의 이러한 변증법적 상황은 콘포드가 정확히 지적하였듯이 가능성의 능력이다. 고대 그리스철학에서는 인간 영혼의 가능성의 능력으로서 능동성에서 성립하는 것을 정신(로고스)으로, 수동성에서 성립하는 것을 영혼이나 심리(파토스)로 구분하였는데, 이러한 로고스와 파토스에서 성립하는 능동·수동의 관계가 근대에서는 역전되어 정서가 인간 정신을 지배하는 것으로 말해지고, 이에서 더 나아가 철학에서 심리학을 독립시킨 현대에서는 프로이드가 이성을 무의식(망각된 본능)이 지배한다고까지 말한다.

13 플라톤의 일자-타자의 변증법에서 일자는 통일과 조화, 타자성은 분열과 전쟁을 의미한다. 플라톤의 일자-타자의 변증법은 유기체의 논리로 승화되는데, 이러한 유기체 논리는 현대생물학에도 그대로 적용된다. 현대 생물학에서는 생물체가 5계로 분류되고, 표면적으로는 모든 계의 내부와 외부에 생존경쟁이 있는 것처럼 보이지만 전체적으로 살피면 5계가 서로 협동하고 조화되어 살고 있는 것으로 나타난다. 이러한 협동과 조화는 각각의 계 내부에도 존재한다. 린 마굴리스 & 도리언 세이건, 홍욱희 역, 『섹스란 무엇인가?』(지호, 1955-1999), 2장 참조.

각 정권은 자기의 편익을 목적으로 하여 법을 제정한다. 즉 민주 정체에서는 민주적인 법률을, 참주체제에서는 참주에게 유리한 법률을, 그밖에 다른 정체에서도 다 이런 식으로 법률을 제정한다는 것이다(338a-e). 결국 자연과 마찬가지로 인간 사회의 법이라는 것도 그 법률에 지배되는 전체를 능력의 차이가 나는 부분들로 나누고, 그 부분들 가운데에 강한 자가 나머지 약한 자들을 지배하면서 그 파당에 유리하게 질서를 유지하고 평화를 유지하기 위하여 법을 제정한다는 것이다. 결국 법을 정함에 있어서 생존 경쟁이나 전쟁을 전제하기에 파당적인 법을 마련할 수밖에 없다는 것이다. 이러한 법 개념에 따르는 정의는 아리스토텔레스가 말하듯이 인간의 노예의식이나 제도를 전제하며, 따라서 법은 전쟁을 전제하는 잠정적인 평화 상태를 유지하기 위하여 제정되는 것에 불과하게 된다.

그러나 소크라테스에 따르면 이러한 법이나 정의에 대한 관념은 정의 개념이 복수법에 기원하기 때문에 힘의 균형이 언제든지 파괴될 수 있고 이러한 법률 아래에서는 국가 사회는 물론 한 개체의 존재의 영원한 안정이나 발전을 요구하는 평화를 기대할 수 없게 된다. 사실 자연에서는 인간도 다른 동물들과 마찬가지로 먹고 살기 위해 생존 경쟁하는 측면이 없지 않아 있다. 그러나 하나의 존재나 생명체는 하나의 통일적인 측면이 있고, 이러한 통일성은 전쟁과 같은 폭력에 기초한 자기 모순성을 배제하는 질서에 따르는 힘의 협조나 조화의 원리가 작동하는 데에서 이루어지고 있고, 이에서 더 나아가 한 가족이나 이를 기초로 성립하는 사회나 국가를 구성하는 존재들은 분업과 협동으로 그 '구성원 전체의 이익'을 위해 존재한다. 그리고 한 사회나 국가는 하나의 생명체로서 자연으로부터 생산된 재화를 기초로 하여 존재한다. 재화의 생산은 현대에서는 과학기술의 발달로 생산을 비약적으로 발전시켰으며, 다른 한편 국가 구성에서부터 분업의 효과로 발생하는 잉여 부분은 이를 교환하는 시스템을 발전시켰을 경우, 인간은 재화의 평등한 분배로 인한 자족 가운데 더 이상 먹고 사는 일에서 생존 경쟁을 할 필요가 없게 된다. 이러한 교환 시스템은 상업으로 가능한데 이러한 상업이 인간사회에서만 이루어지는 것은 명확관화하며, 자연적으로 발생하는 시장은 북한에서의 장마당과 같은 시장이다.[14]

인간의 사회를 구성하는 생존 방식은 인간이 이성적으로 사유하면서 나타나는 자유 의지에 기초하지만, 소크라테스의 지덕합일설과 선한 신을 전제하는 플라톤의 이데아적 이념에 따르면, 현대에서는 자연에 대한 인식과 이를 토대로 한 과학기술의 발전과 상업으로 인간의 사회적 구성이념이 가능하게 되었다. 여기에서 과학 기술은 수단으로서 인간의 삶에 유익이 되는 것을 목적으로 하고 있다. 또한 상업에 의한 재화의 교환은 원초적으로 상호 호혜의 원칙이 작용하고 있다.[15] 그래서 한 사회나 국가에서의 생산 기술의 발전과 시장의 발달은 인간의 사회적 삶을 생존 경쟁 없이 평화를 유지하게 하는 수단이 되고 있다. 더 나아가, 이러한 국가나 사회 구성 원리인 '구성원들 전체'의 이익을 위한 것이라는 국가 구성의 공화적 이념과 법은 최소한 상호 호혜의 원칙에 기초하고 있으며, 현대에서는 같은 종들 사이에서도 상호 협조와 공존의 이념으로 발전하였다. 역사적으로 볼 때, 이러한 국가 구성의 원리와 법의 정신에 입각한 정치는 도덕적으로 공리주의에서 기원하며, 근대 이후는 산업혁명으로 나타나 국가 체제를 자본주의적인 산업구조로 발달시켰으며, 현대는 국제적으로는 국가 간의 무역에 의한 전쟁을 없애야 한다는 이념이 국제 연합의 이념을 실현할 수 있을 정도로 발전할 수 있었다.

그러나 과학기술이 발전하지 못하고 상업이나 국제 무역이 발전하지 못한 사회를 살고 있었던 소크라테스-플라톤에 따르면, 자연 상태와는 다른 개인들이나 인간사회들끼리의 전쟁을 종식시킬만한 지혜와 능력이 인간들에게

---

14 윤평중, 『시장의 철학』, (나남, 2016), 제 3장 참조.

15 물론 현대 민주주의 사회와 자본주의 사회에서는 이러한 플라톤이 생각한 전쟁 없이 자급자족하는 사회와 같은 이상 사회에서의 과학기술이나 상술은 자급자족을 넘어선 과잉 생산과 이러한 생산된 재화를 소비하기 위한 과잉된 욕망을 산출하는 체제로서 변모하여 부르주아지 자신들의 과잉된 '이익'을 창출하는 수단이 되고 있다는데 문제가 있다.

서 나와야 하는데, 그것이 바로 인간의 자연에 대한 질서 인식에서 이를 수단으로 하는 기술을 발전시켜 생산적인 일을 함께하고, 정의를 기초로 하는 법 의식에서의 상호 공존과, 이에서 더 나아가 상호 호혜에 의한 평화를 목적으로 하는 우정이나 친애의 윤리가 나와야 한다. 사실 자연의 질서는 한편으로는 전쟁상태에 있는 것처럼 보이나, 다른 한편, 자연에 평화, 그것도 영원한 평화가 있기 위해서는 자연에서 작동하는 능동자가 존재하여야 하며, 이것이 소크라테스-플라톤에 따르면 신이다. 플라톤에 따르면 신은 무조건 선하여야 한다. 질서가 신에서 기원하고 이에 대한 올바른 인식과 자연에 대한 지혜는 자연에서는 인류의 영원한 생명의 지속을 가능하게 하고, 죽은 후에는 불멸하는 존재로서 영혼은 신적인 것으로 재탄생하는 것으로 나타난다. 결국 소크라테스가 지향하는 법의 이념인 정의는 종교와 관련하여 도덕법주의로 나타나는 선험적인 것으로서 변모하며, 이러한 '옳은 것이 유익하고 좋은 것 (354a)'이라는 정의 개념에 대한 선험적 규정은 전쟁 상태에 있는 자연 상태에 대한 경험적 관점에서는 합당한 것이 될 수 없다. 그럼에도 불구하고 플라톤의 대화편들에 나타나는 소크라테스-플라톤의 윤리관은 도덕법 주의를 지향하나 현실적으로는 현대에서 분화되어 발전하고 있는 공리주의 사상과 딜레마를 이루면서도 조화를 이루면서 공존하고 있는 것이다.[16]

『국가-정체』편에서 경험과 관계하는 지혜의 문제가 우선 2권에서는 기술

---

16 일반적으로 말하면, 도덕법 주의는 인류 전체의 안녕을 위한 것으로서 개인의 사적인 관심은 희생될 수 있다. 경건주의가 바로 이러한 사태를 나타낸다. 반면에 공리주의는 이기심에 기초하는 것으로서 자유주의적 정신으로 나타나는 것이므로 윤리적인 것이 될 수 없으나 인류 전체의 행복을 지향한다는 점에서 도덕법과 조화할 수 있는 측면이 있다. 정치철학적으로는 힘(권력)이 정의라는 칼리클레스의 정의론은 힘(권력)의 한계 때문에 공리주의적 성격으로 변모되어야 할 것이다. 한편 현대의 윤리설에서 도덕법 주의와 공리주의가 국가 사회의 체제와 관련에서는 인류학의 발전의 여파로 나타난 문화상대주의와 더불은 공동체주의로 나타난다. 그리고 이러한 공동체주의에서는 플라톤이 말한 우애(philia)나 사랑(agape), 유가에서의 인(charity)이나 불가에서의 자비(sympathy)가 인간 사회를 이루는데 기초가 됨으로 이러한 타자에 대한 사랑을 강조한다. 그런데 이러한 타자에 대한 사랑은 행위자의 동기와 밀접한 관련이 있다. 도덕법주의나 공리주의가 이성 중심적인 주지주의적 윤리설들로서 정당화에 중심을 둔 윤리설들이라면, 공동체주의와 함께 나타난 덕-윤리나 배려윤리는 윤리적 행위의 동기화에 중심을 둔 윤리설들이다. 이러한 현대에 분화된 여러 윤리설들은 플라톤에서는 미분화된 채로 논의되고 있고, 특히 영혼의 능동 수동의 기능적 관점에서 논해지는 것으로서 남성적인 덕-윤리와 여성적인 배려윤리는 아리스토텔레스의 윤리학에서 나타난다. 황경식, 『덕-윤리의 현대적 의의』(아카넷, 2012), 1장과 2장 참조.

로 나타나고 있다는 것을 앞에서 언급했다. 기술의 문제는 그 기술이 대하는 대상에 유익한 것인가 아니면 기술을 사용하는 주체에 유용한 것인가의 논쟁에서 '상식적인 것'과 어긋나는 듯한 주장이 소크라테스에게서 이루어진다. 즉 소크라테스에 따르면 목양술이나 의사의 기술은 양이나 건강하지 못한 '약자의 선이나 유익을 위한 것'이라는 것이다. 그러나 여기에서 목양술에 대한 규정은 트라시마코스에 의한 반발을 사게 된다. 왜냐하면 목양술은 최종적으로는 양을 위한 것이 아닌 목양하는 사람의 유익이나 돈벌이를 위해서 있는 것이기 때문이다. 그래서 가령 소크라테스는 정치술에 비유한 키잡이의 기술을 가진 선장술을 말하는데, 이 선장술은 선장이 선원들의 통솔자인데, 그렇다면 선장술은 누구를 위한 것이 되는가? 여기에서는 키잡이의 기술은 키를 위한 기술이 아니라 선장 자신을 포함한 선원들 각각과 전체에 유익이 되는 것이다. 즉 여기에서 키잡이의 기술은 선장의 능력 범위 안에 있는 부하들인 선원들뿐만 아니라 자신을 위한 것도 되어 전체적으로는 인간에 대한 기술을 상징한다. 마찬가지로 정치가가 인간을 다스리는 기술은 자신을 포함하는 그의 능력 범위에 드는 동등한 사람에서부터 그 부하까지이다. 결국 이 정치술을 법의 제정과 관련하여 말한다면 정치가가 법을 제정하는 것은 자신과 동등하거나 자신보다 못한 사람을 동등하게 취급할 수 있는 것으로서 제정하며, 더 나아가 그 결과가 자신이나 자신보다 못한 사람을 보다 유익하고 좋은 쪽으로 지향하게 하기 위해서 정하는 것이다. 이것이 소크라테스의 지덕합일설에서 기원하는 플라톤의 도덕법주의에 기초한 정치에서의 법제정의 이념과 덕치주의이다.

그러나 먹고 살기가 궁핍한 시절에는 이러한 자신이 속한 국가나 종의 전체가 아닌 자신과 가까이 있는 종의 일부나 국가 구성원의 일부만을 위하여 그 중에서도 자신만을 위하여 정치를 하는 참주와 같은 정치가가 나타나는데, 이러한 참주의 정신 속에는 사실상 보편적 법에 대한 정신이 없이, 자의에 따라서 정치를 하며 법을 제정한다 하더라도 강자가 자신만을 위해서 약자에게 불리하게 법을 정하는데, 이러한 참주체제에서의 법은 법의 지배를 받는 자의 희생을 대가로 하여 자신의 능력을 배양시키는 쪽으로 정하는 일이 된다. 이러한 관점에 서 있는 트라시마코스는 인생을 생존 경쟁의 장으로 보는 관점에서는 능력의 우월과 관계하여 부정의를 수행하는 자가 현실에서는 능력이 많은 자요 성공하여 행복한 자(참주)라는 것이라는 것이 다음의 인용문에서 다 나타난다.

"그건 선생께서 양을 치는 이들이나 소를 치는 이들이 양이나 소한테 좋은 것을 생각하며 이것들을 살찌게 하고 돌보는 것이 주인한테 그리고 자신들한테 좋은 것 아닌 다른 어떤 것을 염두에 두어서라고 생각하시니까 하는 말입니다. 더더구나 선생께선 나라들에 있어서 통치자들이, 즉 참된 뜻에 있어서 통치를 하는 이들이 다스림을 받는 이들에 대해서 마음 쓰는 것이, 이를테면 어떤 사람이 양들을 대할 때와는, 그래도 어떻게든 다른 데가 있다고 생각하시며, 따라서 통치자들은 자신들이 이득을 보게 될 것과는 그래도 다른 어떤 것을 밤낮으로 생각하고 있다고 믿고 계시기 때문입니다. 그래서 선생께선 올바른 것(정의로운 것 : to dikaion) 및 올바름(올바른 상태, 正義: dikaiosyne), 그리고 올바르지 못한 것(불의의 것: to adikon) 및 올바르지 못함(올바르지 못한 상태, 不義: adikia)에 관해서도 이처럼 캄캄한 터여서, 이런 사실조차도 모르고 계실 정도입니다. 말하자면, 올바름 및 올바른 것이란 실은 '남에게 좋은 것'(allotrion agathon), 즉 더 강한 자 및 통치자의 편익이되, 복종하며 섬기는 자의 경우에 있어서는 '자신에게 해가 되는 것'(oikeiablab)인 반면에, '올바르지 못함'은 그 반대의 것이어서, 참으로 순진하고 올바른 사람들을 조종하거니와, 다스림을 받는 사람들은 저 강한 자에게 편익되는 것을 행하여, 그를 섬기며 그를 행복하게 만들지, 결코 자신들을 행복하게 만들지는 못 한다는 사실을 말씀입니다.

그러하니, 지극히도 순진하신 소크라테스 선생이시여, 이에 대해서는 이렇게, 즉 올바른 이는 올바르지 못한 자보다 어떤 경우에나 '덜 가진다.'고 생각하셔야만 합니다. 첫째로, 상호간의 계약 관계에 있어서, 그런 사람들끼리 협력 관계를 맺었다가 이 협력 관계를 해지할 경우에, 올바른 이가 올바르지 못한 자보다 '더 많이 차지하는' 걸 선생께서 목격하실 경우는 전혀 없을 것이나, '덜 차지하는' 걸 목격하실 경우는 있을 것입니다. 다음으로, 나라와 관계되는 일들에 있어서, 세금을 낼 일이 있을 때에도, 올바른 사람은 같은 재산을 근거로 해서도 더 많이 내지만, 올바르지 못한 사람은 덜 내거니와, 또한 나라에서 받을 것이 있을 때에는 한쪽은 아무 이득도 못 보지만, 다른 쪽은 많은 이득을 봅니다. 더 나아가, 이들이 저마다 어떤 관직을 맡고 있을 때에도, 올바른 사람의 경우에는, 비록 아무런 다른 손실이 없을지라도, 적어도 제 집안일을 소홀히 함으로써 집안 형편을 한결 더 어렵게 만들지언정, 그의 올바름 때문에 국고에서 이득을 보는 것이라곤 전혀 없죠, 게다가 친척들이나 친지들을 부당하게 도와주려고 하는 일이 전혀 없고 보면, 이들한테서 미움마저 사는 일이 있을 수도 있죠. 하지만, 올바르지 못한 사람의 경우에는 모든 것이 이와 정반대일 수가 있습니다. 그런데 제가 말하는 사람은 방금 말한 사람, 즉 남들을 크게 '능가할' 수 있는 사람입니다. 그러니 만약 선생께서 올바르기보다도 올바르지 못함이 개인적으로는 자신에게 얼마나 더 이로운지를 진정으로 판정하고 싶으시다면, 그를 생각해 보세요.

그러나 선생께서 무엇보다도 제일 쉽게 이를 이해하시게 되는 것은, 가장 완벽한 상태의 올바르지 못함에 생각이 미치실 경우일 것입니다. 그건 올바르지 못한 짓을 한 자를 가장 행복하도록 만들지만, 반면에 그걸 당한 자들이나 올바르지 못한 짓이라곤 아예 하려고 하지 않는 자들을 가장 비참하게끔 만드는 그런 것입니다. 이건 참주 정치인데, 이는 남의 것을, 그것이 신성한 것이건 세속의 것이건 간에 또는 개인의 것이건 공공의 것이건 간에, 몰래 그리고 강제로 빼앗기를 조금씩 하는 게 아니라, 단번에 깡그리 하죠. 이런 올바르지 못한 행위들 중의 일부를 어떤 사람이 몰래 해내지 못할 때, 그는 처벌을 받고 최대의 비난을 받습니다. 신전 절도범이나 납치범, 가택침입 강도나 사기꾼, 또는 도둑이라 불리는 사람들은 이와 같은 못된 짓들과 관련하여 부분적으로 올바르지 못한 짓을 한 사람들이기 때문입니다. 그러나 어떤 사람이 시민들의 재물에 더하여 그들 자신마저 납치하여 노예로 만들게 될 땐, 이들 부끄러운 호칭 대신에 행복한 사람이라거나 축복받은 사람이라 불리지요, 비단 제 나라의 시민들한테서만이 아니라, 이 사람이 전면적인 불의를 저질렀다는 소식을 들은 다른 모든 사람들한테서도 말씀입니다. 올바르지 못함(불의)을 비난하는 사람들이 막상 그걸 비난하는 것은 스스로 올바르지 못한 짓을 행하는 것이 두려워서가 아니라 그 피해를 당하는 것이 두려워서니까요. 소크라테스 선생, 이처럼 올바르지 못한 짓이 큰 규모로 저질러지는 경우에는, 그것은 올바름보다도 더 강하고 자유로우며 전횡적인 것입니다. 그러니, 제가 처음부터 말씀드렸듯이, 올바른 것은 더 강한 자의 편익이지만, 올바르지 못한 것은 자신을 위한 이득이며 편익입니다."(『국가정체』, 343b 344c).

이러한 참주체제가 형성되는 기원은 인간의 이기심에서 기원하는데, 이러한 참주가 형성되는 과정을 기게스 반지 신화가 말해준다. 즉 기게스의 반지 신화는, 현존하는 왕정체제에서 자신을 보이지 않게 하는 기게스 반지의 덕으로 목동이 왕궁으로 가서 왕을 죽이고 왕이 되어 왕비를 차지하고, 국가를 자신의 것으로 만들어 가까운 친족에서부터 자신에 도움을 주는 사람들로 나라를 구성하여 온갖 호사로운 삶을 사는 것을 그리고 있다. 이러한 사회나 국가 내에서 법이 있다면 그것은 지배자 집단에 유리한 법으로 되어 있으며, 그것도 백성들이나 지켜야 하는 것으로서, 참주는 이러한 법을 초월하여 있으며 이 때문에 법을 넘어설 수 있는 능력이 많은 자로 여겨질 수 있다. 결국 이러한 참주(왕정) 체제하의 법은 구성원 전체가 지키는 법이 아니며 불법을 행하면서도 벌을 받지 않는 사람은 능력이 우월한 자로 추앙받는다. 이러한 능력의 우월성은 생존 경쟁에서의 우월성을 상징함으로, 한 사회나 국가 내부에서 이루어지는 이러한 참주로서의 왕의 표상은 국가 간에는 정복자의 예로도 표상될 수 있다. 즉 두 나라가 있을 때 힘이 우월한 나라가 약한 나라를 침범하여 온갖 재화를 약한 나라로부터 빼앗아 자신의 백성들과 추종자들에게 공의 정도에 따라 분배하면서 훌륭한 군주로 군림하는 것이다.

사실 기게스 반지의 목동이 살고 있었던 나라는 왕정의 치하에 있었다. 이러한 왕정은 그 발생 초기에는 목동이 지닌 삶의 원리인 이기심에 기초해서 '언어를 사용하는' 인간들에 의해 형성된 나라이다. 즉 이러한 왕정체제는 홉스가 말하듯이 '만인의 만인에 대한 투쟁 상태(homo homini lupus)'에 있는 인간 욕망의 무정부 상태인 자연 상태에서 기원하는 것이다. 이러한 자연 상태는 인류 역사에서 존재했던 것이 아니라 플라톤을 효시로 하여 철학자들이 이성적으로 생각해낸 개인주의적이고 이기적인 의식이 만인에게 존재하는 사회로서, C. B. 맥퍼슨이 잘 지적하고 있듯이 근대와 현대의 생존 경쟁이 치열한 부르주아지의 잉여이익에 대한 무한 추구를 주장하는 자본주의적 시장 경제에 의해 성립한 자유 민주주의 체제에서나 생각해볼 수 있는 상태이다.[17] 이러한 자연 상태에서는 먹고 살기 위한, 즉 생존을 위한 투쟁 때문에 온갖 지혜와 힘을 다하여 상대방을 이겨야 한다. 그러기에 여기에서는 이러한 온갖 지혜와 힘을 다하여 타자나 타 집단을 수단방법을 가리지 않고 이기는 것만이 '영혼에 능력이 있다'고 평가 된다. 말하자면 인류의 역사에 있었던 수많은 전쟁에서 승리한 사람을 영웅이라고 평가하는 것이, 사실은 이런 전쟁 상태에 있는 개인이나 집단들의 영혼의 능력의 우열에 따른 평가의 결과이다. 이러한 능력에 따라 생존이 가능한 사회는 자연스럽게 인류 역사에서는 왕정이나 봉건적인 체제로 변모하는데, 이러한 사회에서는 법에 따르는 유일신을 전제하지 않고, 신을 전제한다 하더라도 다신을 인정하며, 궁극적으로는 신의 존재를 믿지 않고, 능력에 따라 계급이 형성되며, 법이란 최상의 능력자인 왕에서나 왕을 수장으로 한 집단 전체의 이익을 위해서 나오는 것이 된다. 이 법은 왕권을 유지하는 형식으로 나타나기에 능력이 우월한 자나 집단은 이 법에서 초월하여 있고, 이 법은 약자만이 노예상태에서 지켜야 하는 것이다. 이러한 사회에서는 왕권과 왕의, 혹은 집단의 의지에 따라 법이 변하기에 객관적이고 보편적인 법이란 있을 수 없는 사회이다. 이런 사회에서는 보편성이 결여된 법이 지배하거나 무법천지의 세상이며 약자는 오직 노예 상태를 전제하는 동물적 본능에 따라 살아야만 한다.

> "사람들은 분명히 이렇게들 말하고 있으니까요. 본디는 올바르지 못한 짓을 저지르는 것이 좋은(agathon) 것이요, 올바르지 못한 짓을 당하는 것은 나쁜(kakon) 것이지만, 그걸 당함으로써 입는 나쁨이 그걸 지름으로써 얻는 좋음보다도 월등하게 커서, 결국 사람들이 서로들 올바르지 못한 짓을 저지르기도 하고 또 당하기도 하며, 그 양쪽 다를 겪어 보게 되었을 때, 한쪽은 피하되 다른 한쪽을 취하기가 불가능한 사람들로서는 서로 간에 올바르지 못한 짓을 저지르거나 당하지 않도록 약정을 하는 것이 이익이 되겠다는 생각을 하게 된다고 말씀입니다. 또한 바로 이것이 연유가 되어, 사람들은 자신들의

---

17 C. B. 맥퍼슨(C.B. Macpherson), II. 3절, '사회의 모형들' 참조 바람.

법률(nomoi)과 약정(계약: synthēkē)을 제정하기 시작했으며, 이 법(nomos)에 의한 지시를 합법적(nomimon)이며 올바르다(dikaion)고 한다는 겁니다. 그러니까 이것이 실로 올바름의 기원(genesis)이며 본질(ousia)이란 거죠. 그건 올바르지 못한 짓을 저지르고도 처벌을 받지 않는 최선의 경우와 그걸 당하고도 그 보복을 할 수 없는 최악의 경우, 이 두 경우의 중간에 있는 것이라는 겁니다. 올바른 것이 이들 양쪽 것 사이에서 있는 것이면서도 만족스런 것으로 대접받는 것은 결코 좋은 것으로서가 아니라 올바르지 못한 짓을 저지를 수 없는 허약함 때문에 존중되는 것으로서일 뿐입니다. 능히 그걸 저지를 수 있는 자는 그리고 진짜 사내는 올바르지 못한 짓을 저지르지도 당하지도 않도록 하자는 약정을 결코 누구와도 하게 되지는 않을 테니까요. 그야 미친 짓거리를 하게 되는 것이기 때문이죠. 그러니까, 소크라테스 선생님, 올바름의 본성 (physis)은 바로 이것이며 또 이와 같은 것이거니와, 그게 이런 성질의 것들인 것은 그런 데서 연유하게 되었다는 게 그 주장입니다."(『국가·정체』, 358e-359b)

이러한 사회는 생존 경쟁이 우심하기 때문에 사람들은 항상 불안한 상태에 있다. 여기에서 왕정이나 봉건주의가 성립하며 이러한 왕정이나 봉건주의 치하에서는 수치문화가 발생한다. 반면에 개인의 자유를 인정하는 개인주의 사상의 기원이 된 그리스 문명 아래에서도 플라톤은 국가에 전체적인 통일성을 마련하는 것이 주요한 과제이었기에 이성적 지혜에 따르는 철학자-왕정 체제를 이상으로 삼았고, 근대의 홉스는 『리바이어던(Leviathan)』에서 말하듯이 계약에 의한 절대 군주정을 말하였다. 그런데 이러한 이성적으로 고려된 왕정이나 군주정 치하에서 '왕이 아닌 자는 왕과 같이 올바르지 못한 짓을 저지르고도 처벌을 받지 않는 경우와 그걸 당하고도 보복을 할 수 없는 최악의 경우가 있는데', 이 두 경우의 중간에 있는 것이 법이라는 것이다. 즉 이러한 사회에서의 법은 남의 나라를 침략하든 방어하든 그것이 공적으로 나타나는데 이 공적이라는 것이 능력을 나타낸 것이 되어 군대사회처럼 공적에 따라 계급을 이루는 사회가 된다. 반면에 이러한 능력이 지니는 자유의 침해와 보상이 사유하는 인간의 이성에서 법의 형태로 나타난 것이 복수법이라는 것이다. 이처럼 인간의 살려고 하는 본능이나 이기심에 기초한 현실적인 삶의 능력의 차이를 전제하면서도 이 능력이 질적으로 동등하다는 것에 기초한 것이 이성적인 인간들의 계약에 의한 실정법의 현실로 나타나는데, 이러한 인간성의 질적 동등함, 즉 보편성을 지향하는 평등성에 기초한 법이나 윤리학이 영국에서 벤담 이래로 그리고 밀에 의해서 '경제 원리'와 더불어 사회주의적인 형태로 발전한 공리주의이다. 즉 영국 공리주의는 신의 존재를 인정하지 않고, 인간의 이기심에 기초에 있는 쾌나 행복에 대한 욕구를 사회적으로 조정한 결과로 나타나는 것이다. 이러한 공리주의의 원칙은 벤담에 의해 '최대 다수의 최대 행복'[18]의 형태로 나타나지만 그 근저에 있는 생명의 원리는 『국가-정체』에서는 다음과 같은 이성에 조정되어 있다.

> "그리고 올바름을 실천하는 사람들일지라도, 그걸 그들이 실천하는 것은 올바르지 못한 짓을 저지를 수 없는 무능 때문에 마지못해서 하는 것이라는 점은, 우리가 머리속으로 다음과 같은 상정을 해 보면, 가장 잘 알아볼 수 있을 겁니다. 각자에게, 즉 올바른 사람에게도 올바르지 못한 사람에게도 각자가 하고 싶은 것은 무엇이나 할 수 있는 자유를 부여한 다음에, 각자의 욕망이 각자를 어디로 이끌고 가는지를, 그들을 따라가며, 관찰해 볼 수 있을 것입니다. 그러면 우리는 올바른 사람도 그 탐욕(제 몫 이상을 차지하려는 마음: pheonexia) 때문에 올바르지 못한 사람과 똑같은 방향으로 가고 있는 것을 현행 중에 포착하게 될 겁니다. 이는 모든 천성이 좋은 것으로서 본디 좋게 마련인 방향(자신에게 유익함)이지만, 법에 의해서 강제로 평등에 대한 존중 쪽으로 천성이 유도됩니다."(『국가정체』, 359b-c).

결국 공리주의적 원리도 사실은 도덕법주의의 원리와 마찬가지도 생명의 원리에 조정되어 있다. 역으로 현실적인 인간들의 사회적 존재로서의 생존의 원리는 도덕법 주의에 따르든 공리주의적 원리에 따르든 도덕법 주의와 공리주의는 상대방을 서로를 조정해주고 있으며 종국적으로는 생명의 원리에 대

---

18 공리주의가 윤리적 성격을 띠는 것은 그의 원리인 '최대 다수의 최대 행복' 개념 속에 최대라는 말이 보편성을 지향하는 의미로 사용되기 때문이다. 여기에는 주어진 재화(시간이나 공간을 포함하여 인간의 욕망에 부응하는 효용성을 가진다는 의미의 생에 유익한 수단적인 것)를 통해 최대 효과를 보려는 경제성의 원리가 들어 있다.

한 절대적인 인식이 없는 상태에서는 이 양자의 혼합이나 절충, 혹은 이 양자의 조화(cosmos)속에서 이루어지고 있는 것이다.[19] 마찬가지로 법과 정의를 다루는 정치철학에서도 가치 개념인 윤리학이나 미학에서처럼 이러한 조화나 절충의 미학이 마치 수학에서 실수체계를 가시화한 만델브로트의 문양처럼 혹은 유기체처럼 분화 발전되고 있는 것이다. 이러한 사태를 우리는 플라톤의『국가-정체』편과『정치가』, 그리고『법률』편을 통해서 확인할 것이다.[20]

---

[19] 동기주의적인 관점에 서 있는 도덕법주의는 사랑이나 인이라는 덕을 첨부하는가 안 하는가에 따라 율법주의적 윤리(경건주의)와 덕-윤리로 분화되고, 덕 윤리는 이에서 더 나아가 영herbe의 능동-수동의 관점에서 여성주의 윤리인 배려윤리로 분화된다. 반면 결과주의적 관점에 서 있는 공리주의는 도덕법 주의와 관련하여 규칙공리주의로 분화되며, 덕 윤리와 관계하여 배려윤리와 대척적 관점에 서 있다. 한편 도덕-윤리와 법의 차이는 전자가 내면적인 동기까지도 고려하는 반면 법은 행위와 결과만을 중요시하는 관점에 서 있다. 이 때문에 공리주의와 밀접한 관련성을 지닌다. 피터 싱어(Peter Singer)/헬가 커스(Helga Kuhse),『생명윤리학』, 1(인간사랑, 1998-2005), 참조. 한편 현대의 생명윤리학은 다윈진화론의 관점을 DNA의 수준에서 논하기에 고대 원자론적 사고를 역사적 관점과 변증법적으로 융합-종합하는 의미를 지닌다.

[20] 플라톤의 정치철학을 형성하고 있는 주요 대화편으로는 저술 시기의 분류에 따라『국가정체』와『정치가』, 그리고『법률』편이 있다. 그래서 플라톤 연구가들은 이 저술의 관계를 1) 플라톤 정치철학의 점진적인 완성 또는 발전 과정으로 해석하는 입장, 2)『국가정체』에 대한 수정관계로 보는 입장, 3)『법률』을『국가정체』의 이상적 청사진을 역사와 현실적인 입장에서 실현하는 관계로 보는 입장, 4) 수정과 실행관계도 아닌 신적인 수준과 인간적 수준 사이의 대비로 보는 입장 등이 있다. 사실 유럽 전통에서는『국가정체』편이 정치철학에 많은 문제를 던져주고 있기 때문에 플라톤의 정치사상의 핵으로 간주하는데 이는 잘못된 것이다. 왜냐하면『국가정체』는 중기 대화편으로서 오르페우스 종교의 영육 이원론에 기초하고 있으며, 물질을 악의 근원으로 보는 헬레니즘 시기의 영지주의적 관점이 강하게 나타나고 있기 때문이다. 그러나 현대의 과학적 관점에서 보면『국가정체』편의 이상론은 가설적이고 실험적인 의미를 지닌다.

플라톤 사상이 D. 로스가 말하듯이 이데아론에 있다고 생각하는 것은 중기 대화편에만 해당한다. 플라톤의 사상을 이데아 중심으로 하는 해석은 다른 한편으로는 플라톤의 대화편을 각각 분리된 것으로 파악하는 것에서 유래한다. 사실 나의 스승인 박홍규도 이러한 유럽적 전통을 계승한 듯이 플라톤의 대화록들을 독립적인 것으로 파악하라고 말하였으나 이러한 단점을 베르그송의 유기체철학을 통하여 극복하고 있다고 볼 수 있다. 한편 승계호도 플라톤의 대화록들을 연결주의 관점에서 파악하려고 하였음에도 불구하고 승계호에서는 '영혼의 상승'에 관한 언급이 없다. Seung, T. K., Platon rediscovered (Rowman & Littlefield Publishers Inc., 1996)과 승계호 외,『서양철학과 주제학』(아카넷, 2008), 송영진,「승계호의「플라톤 재발견」', 422-479쪽들 참조. 플라톤의 초-중-후기로 분류되는 전 대화록들은 사실 현대적으로는 대학교 커리큘럼에 해당하며, 궁극적으로는 지적 상승이나 영혼의 신적 영혼에의 상승을 목표로 하고 있다. 이러한 영혼의 상승의 변증법은 중기 대화편인『심포지엄』에서 이미 나타나고 있다. 레오 스트라우스는『국가정체』와『정치가』, 그리고『법률』편에 대한 해석을 연결주의 관점에서 파악하여『국가정체』에서는 정치가 에로스와 관계없는 것으로 파악하는 반면,『정치가』와『법률』에서는 에로스와 관련시켜 파악하고『심포지엄』에서처럼 영혼의 상승개념으로 플라톤의 정치철학을 해석하고 있다. 스트라우스, L. (Strauss Leo) · 크랍시 J. (Cropsey, Joseph)편, 김영우 외 역,『서양 정치철학사』 I (인간사랑, 1992), 스트라우스, L.의 '플라톤', 참조. 결국 플라톤의 전 대화편의 완성(자신의 사상의 표현)은 유럽적 전통에서 '미완성으로' 이해하는『법률』편에서 이루어진다는 것이 본 저작의 핵심이자 주장이다. 이 때문에 본고에서는 김비환의『플라톤의 정치철학과 변증법적 법치주의』(성균관대 출판부, 2011)나 박성우의『영혼 돌봄의 정치』(인간사랑, 2014)와 같이 이 모든 해석을 통합하는 관점에서 구조적으로 탐구할 것이다.

그런데 김비환은 이러한 통합적인 관점을 선순환의 관점으로 해석하는데 이는 당시의 소크라테스의 '새로운 종교를 끌어들였다'는 죄목으로 그리스 신화-종교와는 다른 오르페우스 종교와도 맞는 관점이기는 하나 종교적 관점의 차별성이 드러나지 않고 있다. 플라톤은『국가 정체』편에서 오르페우스 종교를 끌어들여 선의 이데아에 대한 해석을 종교적으로 승화하는 점이나『파르메니데스』편에서 신 존재의 기능상의 역설 때문에『법률』편에서 신 존재 증명을 수행하면서 신은 무조건 선하다고 전제하는데 이는 바로 소크라테스의 새로운 신 개념에 해당하법과 관련된 현실적인 정의의 문제는 공리주의에서는 질서 없는 힘으로서의 폭력을 사용하는 전쟁을 전제하는데 반해, 소크라테스-플라톤이 말하는 덕과 관련된 정의는 이러한 폭력에 따른 전쟁을 제거하려는 노력에서 친애(agape)나 사랑(philia)을 기초로 한 윤리의 문제로 전환된다.[21] 사실 윤리의 문제는 기본적으로는 인간관계를 형성하는 국가나 사회에서 전체 구성원에 관계된 정의의 문제로 나타나기도 한다. 왜냐하면 한 사회나 국가는 분업과 함께 상호협조를 전제하는 통일체이기 때문이다. 이러한 하나의 통일체로서의 국가에서 방위자(수호자) 계급과 이의 수장으로 나타나는 왕은 그 나라의 경제 현

는 것이다. 결국 플라톤의 정치체제의 분류에서는 일자-타자의 변증법에서 성립하는 존재관이 설정되어 있고 일자 쪽에는 철학자-왕정이 타자 쪽에는 참주가 존재하는데, 『법률』편과 관련하여 해석하면 전자는 공화정으로, 후자는 제국주의로 나타나는 것이다. 다른 한편 박성우의 저서는 스트라우스의 견해와 비교되는 것으로서 종교적 관점까지도 아우르는 좋은 연구서이나 『법률』편에 대한 연구가 없는 것이 큰 결함이다. 이 저서는 이러한 통합적 관점을 플라톤 전 사상과 관련하여 구조적으로 해석하려는 것이다. 『고르기아스』편과 『국가정체』편, 그리고 『법률』편에 나타나는 개인주의적인 영혼의 자유(eleuteria)를 기초로 하는 플라톤 정의론의 일자-타자의 변증법의 유기체적인 구조적 형식은 다음과 같다.

종교	* 그리스 신화의 자연주의 신들	선악판단은 인간적 상대주의	* 소크라테스-플라톤의 보편신	선악판단의 객관성(절대성)을 지향함
생의 목적	* 행복		* 선의지(돌봄)	
윤리관	* 공리주의		* 도덕법 주의	
정의론	* 공적주의		* 평등과 같은 보편성의 원리	
사회적 주체	* 정치가	권력 중심의 원리: 힘이 정의다	* 철학자	이성의 원리: 정의가 정의다.
학문 기술론	* 체육	* 화장술	* 입법술	궤변술
학문 기술론	* 의학	* 요리술	* 사법술	수사학
판단 기준	* 쾌락 지향적		* 사리 중심적	
사고 형식	* 신체 중심적		* 영혼 중심적	
삶의 양태	* 동물적 삶		* 식물적 (우렁이) 삶	

21 플라톤에 있어서 우정(philia)의 개념은 『심포지엄』에서는 우리가 일반적으로 말하는 '사랑' 개념의 변증법적 발달의 최고의 단계를 나타낸다. 즉 사랑은 유아적 욕망(epithumia)에서 단계적으로 청년기에서의 성인 남녀 간의 에로스(eros), 장년기의 자식에 대한 내리 사랑인 스토르게(storge), 그리고 최종적으로는 공적 영역에서의 우정(philia)이다. 그런데 플라톤의 우정(philia) 개념 속에는 자손에 헌신하는 친애(familiarity)나 노년기에 나타나는 자애(agape)가 함축되어 있는데 이는 아리스토텔레스에서도 마찬가지이다. 친애나 자애는 가정에서의 부부간의 사랑이나 부모와 자식 간의 (헌신적인) 내리사랑으로 나타나는데 이를 종교적으로 승화한 것이 기독교이다. 즉 기독교에서 말하는 '하나님의 인간사랑'이라고 명명되는 아가페(agape)란 예수에서 인류의 대속으로 나타나는 사랑을 의미한 것으로 나타나는 것이지만 그 기원은 남남녀 남녀가 하나님의 뜻에 따라 이룬 '가정 공동체'의 친애(familiarity)에서 공동체에 대한 사랑으로 승화된 것이다.

실에 맞게 기초적인 욕망의 절제, 용기, 지혜, 정의라는 덕을 지녀야 한다. 절제는 근본적으로는 부에 대한 것인데 부 앞에서는 이들이 사치와 향락에 의해 지혜와 기술발전을 도모하지 않고 분열하기 때문이고, 가난은 기술발전을 할 수 없게 만들기 때문이다. 더 나아가 방위자 계급들이 절제하는 보다 중요한 이유는 나라 사람들의 마음을 이기심이 없이 전체를 위한 공공의 정신을 지니도록 하여 하나로 만들기 때문이다. 이러한 절제와 지혜를 가능하게 하는 것이 교육과 양육에 의해서이다. 그래서 아내나 소유나 혼인, 출산 등 이 모든 것을 속담에 따라, "친구들의 것들은 공동의 것으로 만들어야 한다."는 것이다.(423e). 플라톤의 정의 개념이 우정(philia)에 기초하면서도 전쟁을 부정하는 개념이라는 것은 한 국가가 여러 나라들을 향해 전쟁하는 경우에도 부를 (스파르타처럼) 남의 나라에 주어버리는 '외교술'을 말하는 것에서 잘 나타나며, 바로 방위자 계급의 이러한 절제정신(희생정신)을 잘 보여주고 있고, 그래서 국가가 충분하고 하나인 것이 되도록 모든 방법을 다해서 수호해야 된다.

하나의 공동체를 이루는 사회에서의 정의는 그래서 '각자가 맡은 응분의 역할을 수행하는 것'에서 성립하고, 이러한 각자 맡은 바의 역할을 수행하는 공동체가 지향하는 목적을 이루기 위해서이다. 박성우에 따르면, 국가-영혼의 유추를 통하여 찾아낸 최선의 국가, 로고폴리스(logopolis)에서의 정의는 각 계급이 자기의 일을 하는 것이다. 결국 공동체의 공동선을 위해 각자 주어진 역할을 다해야 한다는 공화주의적 덕을 강조하는 것이다. 그러나 이러한 공화주의적 덕은 구성원들 각각의 영혼을 선을 지향하는 정의의 덕의 상태에 있게 하는 것이 아니다. 왜냐하면, 공화주의적 의미에서의 덕이란 사회적으로 정의를 실현하는 기술로서 이야기될 수밖에 없는데 이것이 전체적인 덕으로서의 정의와의 관계에서 유기적으로 관련되지 않으면 곧바로 악에 관계할 수 있는 가치중립적인 것이나 중간적인 의미를 지니기 때문이다. 즉 박성우의 표현대로 사회적으로 주어진 역할을 다하는 것만으로는 이들의 영혼들이 정의롭다고 단정할 수 없기 때문이다. 이 때문에 공화주의적 정의는 다른 엄

밀한 의미로 규정되는 '영혼의 정의'가 전제되어야만 하는 것이다.[22]

더 나아가 이러한 공동체의 목적은 공동체 '구성원 전체'의 생존을 지속하게 하는 것이면서도 잘 살게 하는 것이다. 이러한 '잘 산다'는 개념은 플라톤에서는 신체적으로는 욕망을 절제하면서도 건강하게 사는 것이요, 정신적으로는 신적 영원성에 참여하는 평화와 자유의 삶으로서 행복(eu-daimonia)이라 불렸다. 이 때문에 플라톤은 국가를 하나의 유기체로 보고 있다. 사실 그는 『티마이오스』 편에서는 오르페우스종교의 영육이원론의 관점에서 국가란 개인 영혼의 하늘을 배경으로 하는 확대된 영혼으로 파악하고 있다. 결국 영혼의 개념을 현대에서는 유기체로 보듯이 국가란 하늘을 배경으로 하는 유기체인 것이다. 문제는 그의 영혼관이 오르페우스 종교의 이원론으로 되어 있기에, 영혼을 돌본다는 것은 신적인 자유의 상태로, 즉 신적 영원성에 참여하는 것으로 되돌리도록 하는 것으로서 이러한 정신에는 자기모순이 없어야 한다는 것이다. 이러한 자유로운 신적 정신에 모순이 없는 삶은 세계나 우주의 조화를 인식하고 이를 깨달아 실천하는데 있으며, 이러한 삶을 다른 영혼과 함께 하기 위해서 다른 영혼에 대해 (소크라테스의 동굴의 비유에서 나타나듯이 타인도 이를 각성하거나 행하도록 가르치고) 배려하는 것이 철학자나 정치가의 목적이 되어야 할 것이다. 이러한 인생에 대한 종교적 목적 때문에 플라톤은 신체적인 면에서는 기초적인 욕망 이외의 과잉 욕망을 절제 하는 것으로 나타나고, 현대에서처럼 영혼의 존재 대신 생명의 원리에 따라 현상으로 나타난 유기체를 돌보는 것이며, 이러한 생명체의 생존을 위하는 그래서 생명을 불멸성이나 영원성을 지향하면서 잘 살아 가게 돌보는 것이 인생의 목적이라는 것이다.[23]

결국 정치술이란 플라톤에 따르면, 물질에 대한 기술과는 다른, 인간들에 대한 기술로서 나타난다. 물질에 대한 기술은 인간의 삶을 위한 수단-목적 관

22　박성우, 214쪽.
23　플라톤이 말하는 물질욕에 대한 절제는 현대 민주주의와 자본주의에 의한 모든 사람의 복지(well-being)와 과잉된 욕망의 실현을 목표로 하는 국가 체제에서는 금욕에 가까운 것으로 보인다.

계에 종속되는데 반해, 인간들에 대한 기술로서의 정치술은 저러한 자연적 기술을 알고는 있지만, 직접 수행하지 않으면서도, 국가나 사회를 정의롭게 구성하고, 이러한 국가를 형성하는 인간들을 자연의 우연성에 대응하는 자발성의 자의성 때문에 올바르게 혹은 정의롭게 관리하고, 현실적으로는 보편적인 법률을 정립하는 정신으로서 나타난다. 정치가의 이러한 국가를 구성하는 지식이나 법률을 제정하는 정신의 기술은 '정의'라고 불리는 것으로서 정신의 덕으로 나타난다. 왜냐하면 정치술은 영혼의 자신에 의한 자신을 위한 기술이기 때문이며, 이 영혼이 발하는 '법'이 있다면 그 법에 자신의 영혼도 이에 지배받아야 함으로 인해, 이러한 기술은 목적-수단의 관계에 있을 수 없는 것이기 때문이다. 그리스 신화에서 아테네신의 탄생과 더불어 제우스가 만유의 최고의 신이 되는 것은 마치 자신이 발하는 법에 자신도 복종하면서부터라는 것을 말하는 것과도 같다. 플라톤의 이러한 신정정치의 이념은 기독교가 말하는 사제들의 정치가 아니며, 『국가-정체』에서는 우주적 지혜를 추구하면서 교육을 중시하는 이성을 지닌 철학자, 『정치가』에서는 우주를 지배하고 통합하는 신을 닮으려는 정치가, 이 때문에 자신의 영혼뿐만 아니라 모든 사람의 영혼을 배려하는 영혼의 돌봄의 정치가, 그리고 최후로는 『법률』편에서 우주적 지혜에 따라 현실의 삶을 살아가려는 인간성의 이기심을 통어하는 법을 제정하는 입법가로 나타난다.

　결국 진정한 정치가의 덕으로서의 정의는, 그가 『국가-정체』편에서 그리는 이상 국가에서는 일인의 철학자가 왕이 되어야 한다고 말한 것처럼, 자연사실이나 인간 존재에 대한 모든 진리 탐구의 노력과 그 성과가 전제되어 있다. 그리고 『정치가』에서의 정의는 크로노스의 신정정치(『국가정체』편의 오르페우스 종교에 해당하는)와 관련하여 국가의 구성과 관계하여 직조술을 말하면서 제왕술이 피지배자를 양육하고 짝지어주는 것까지를 포함하는 것으로서 총체적으로 모든 영혼은 배려하는 인치가 법과의 관계에서 최고인 것으로 말한다. 그러나 이 양자를 종합하는 『법률』편에서는 "신이 인간 이성을 지배함으로써 인간 존재를 진정으로 다스리는 체제"(법률713a-c)인데, 여기에서는 "우리는 모든 수단을 동원해서라도 크로노스 시대의 전설적인 생활을 모방해야 하며, 여기에서 우리의 공적, 사적인 생활을 일치시키기 위하여 우리 속에 존재하는 모든 불멸의 원칙들을 준수해야 하고, 이 원칙들은 이성으로 판단할 것이 아니라 법으로 간주하면서, 이 원칙들에 입각하여 우리의 가정과 정치 공동체를 운영해야만 한다."(713e~714a)고 말한다. 즉 플라톤은 『법률』편에서 정체변화와 생존을 위한 인간 욕망의 소용돌이에서 벗어나기 위한 정의의 구현체인 최선의 국가를 실현하기 위해서는 국가를 주관하는 자가 철학자-왕이 아닌 법률가로, 정치체제는 혼합정체로 되어야 한다는 것이다. 신적인 의지를 이성적으로 모방하는 철학은 이제 왕만을 위한 것이 아니라 모든 시민들을 설득하는 법제정의 정신으로 나타난다. 이 때문에 이러한 법제정의 정신은 정의로운 법을 제정하는 것은 물론 이를 실현케 하는데 필수적인 공교육(시민교육)의 중요성을 강조하는 정신으로도 나타난다.

결국 플라톤이 이상적인 것으로 말하는 국가 체제의 원리는 소크라테스가 말한 '정의가 정의이다'라는 원리가 한편으로는 도덕법을 지향하지만, 다른 한편으로 현실적으로는 그 이면에 칼리클레스와 논리적으로 딜레마를 이루는 상태에서 논쟁하고 있는 '힘이 정의이다'라는 원리에 의해 뒷받침을 받고 있다는 것이다. 여기에서 칼리클레스의 '힘이 정의'라는 말은 '정의로운 힘'으로서 힘이 법이 없는 폭력이 아니라 진리와 정의에 따르는 법에 제약된 힘으로 변모되어 나타난다는 데 있다. 마치 『티마이오스』편에서 우주신 데미우르고스가 이데아 세계를 보고 우연-필연성이 지배되는 장소(chora)인 물질계를 이데아 세계를 모방하도록 강제와 설득함으로써 하나의 가장 좋은 우주를 제작하듯이. 여기에서 우주신은 이데아의 지배를 받고 있다.[24] 요약하여 말하자면,

---

24 플라톤의 정치철학의 변증법은 일자-타자의 변증법으로 말해지는데, 이러한 일자-타자의 변증법은, 송영진, 『플라톤의 변증법』, (철학과 현실사, 2010)와 『도덕 현상과 윤리의 변증법』, (충남대학교 출판부, 2009), 271 쪽, 참조.

플라톤의 정치철학은 『파르메니데스』 편에 나타나는 일자·타자의 변증법에 지배받는 것으로서, 일자 쪽에는 '정의가 정의'라는 주장을 하는 소크라테스의 선한 신과 이를 지향하는 철학자의 지혜가 결합된 왕정이 존재하고, 타자 쪽에는 '힘이 정의'라는 원리에 따르는 칼리클레스의 이기심에 따르는 인간의 욕망과 폭력이 결합된 참주정이나 제국주의가 존재한다. 이 양자를 조정하는 것이 『법률』 편에서 혼합정을 정치체제로 하는, 그래서 『국가·정체』 편에서 분할되어서는 안 될 것처럼 말한 인치의 정치적 권력을 분할하고 이를 통일적으로 규제하는 법치의 정신으로 나타난다.

1) 국가의 기원과 발전된 조직

플라톤은 『국가·정체』의 중심 주제인 정의(正義)와 불의(不義)가 무엇인지를 파악하기 위해서 이론적으로 나라를 수립해 보게 되는데(369a), 플라톤에 따르면 국가란 하늘을 배경으로 하는 개인 영혼의 확대판이고 나라의 기원과 발전에 대한 대화는 '가장 정의롭고 아름다운 나라'를 이해하는 중요한 단초를 제공한다. 그러면서도 이러한 영혼의 확대판이 어떻게 발생하는지에 관해 다음과 같은 이야기를 하고 있다.

> "그런데 내가 생각하기로는 나라가 생기는 것은 우리 각자가 자족하지 못하고 여러 가지 것이 필요하게 되기 때문일세. 아니면 자네는 나라를 수립시키는 기원(archē)으로서 다른 무엇을 생각하는가? 다른 어떤 기원도 없습니다. … 그러니까 바로 이런 경위로 해서, 즉 한 사람이 한 가지 필요 때문에 다른 사람을 맞아들이고, 또 다른 필요 때문에 또 다른 사람을 맞아들이는 식으로 하는데, 사람들에겐 많은 것이 필요하니까, 많은 사람이 동반자 및 협력자들로서 한 거주지에 모이게 되었고, 이 '공동 생활체'에다 우리가 '나라'(도시 국가: polis)라는 이름을 붙여 주었네. … 한 사람이 다른 사람과 서로 나누어 주거나 받거나 할 경우, 그들이 정작 그러는 것은 그게 자기를 위해서 더 좋다고 생각해서겠지?"(『국가·정체』, 369b-c)

나라의 기원에 대한 이 짧은 대화 내용은 나라가 생겨난 이유와 그 기본적 성격에 대한 플라톤의 생각을 잘 보여주고 있다. 우선 나라가 생겨난 이유는 무엇보다도 상호간의 '필요' 때문이다. 인간은 본성적으로 영육 간에 많은 욕구를 갖고 있지만, 혼자 힘으로는 이 모든 욕구를 충족시킬 수 없고, 그 욕구들을 충족시키기 위해 다른 사람들을 필요로 한다는 것이 명백한 사실로서 전제되고 있다. 그래서 사람들은 상호간의 필요로 인해 모여 살게 되었기 때문에, 나라의 구성원들은 경쟁자들이 아니라 '동반자 및 협력자'로 간주된다. 이처럼 나라의 구성원들이 본성상 경쟁보다 협력을 필요로 한다는 사실은 나라의 기본적 성격을 규정하는 중요한 점이다. 단적으로 말해서, 나라는 무엇보다도 인간들 상호간의 이기심에 따른 경쟁보다는 협력체계(koinonia)이다.

더 나아가 사람들이 상호간에 필요로 한 것을 주고받는 까닭은 그것이 '더 좋다고 생각'하기 때문이라는 언급은, 나라는 본래 공동체의 구성원에게 이익이 되고 좋은 것을 추구하는 목적을 지니고 있음을 의미한다. 인간은 이런 목적을 달성하기 위해 인위적으로 공동체를 구성해서 살게 되었지만, 나라의 성립은 근본적으로는 생에 필수적인 재화를 자급자족할 수 없는 인간의 능력의 한계 때문이다. 이러한 플라톤의 인간의 욕구에 기초한 국가관은 현대의 생물 진화론적인 역사관과 동일한 측면과 차이가 나는 측면이 함께 있다. 동일한 측면은 인간의 사회가 일차적으로는 인간의 살아남기 위한 욕구(필요)로서 의식주를 꼽는 것에서이고, 다른 한편은 이러한 욕구에서 성립한 사회가 다른 생물체들과의 생존경쟁에서 살아남기 위해서 분업과 이에 따른 유기적 조직과 체제를 갖추는 데 있음은 말할 필요가 없다. 차이점은 이러한 자연발생적으로 나타난 사회에서 분업화된 사회가 인간들 사이에서도 생존경쟁에 따른 사회적 협조의 기능을 변증법적으로 더 세분화되고 전문화하여 다양한 문화와 가치를 지니게 되어, 현대와 같은 거대한 국가를 형성하게 되는데 따라, 기본적이고 원초적인 욕구의 체계가 분화되고 인간의 의식 속에서 독자성을 지닐 정도로 발전되어, 그래서 각 조직 속에는 또다시 각 조직이 생겨나 이러한 조직들이 다시 유기체의 조직을 지니는 마치 만델브로트의 문양처럼 분화 발전하는데 있다. 문제는 이러한 욕구의 과다와 과잉이다.

플라톤이 구상하고 있는 '가장 아름다운 나라'는 기본적으로 필수적인 욕구가 자족되는 수준에서 사람들에게 가장 좋은 것으로 간주된 것이다. 그는 이 나라가 어떤 모습을 갖추어야 하는지를 밝히기 위해, 나라의 발전을 세 단계로 고찰한다. 첫 번째 단계는 사람이 살기 위해서 최소한도로 필요한 것에 대한 생존 욕구가 충족되는 나라인 '최소한도의 나라'이다. 여기에서 소크라테스가 최소한도로 필요한 것에 대한 욕구를 말하는 것은 인간의 인생에서의 목적이 신체적인 것에 있는 것이 아니고 오르페우스교에 따르는 영혼의 구제에 있는 것이기 때문이다.

'최소한도의 나라'는 의식주와 관련해서 기본적으로 필요한 것들을 제공해 줄 수 있는 사람들로 구성된다. 그래서 농부, 집 짓는 사람, 직물을 짜는 사람, 제화공 등 넷 또는 다섯 사람 정도로 이루어진다. 플라톤의 이러한 국가 구성원의 조직에는 현대에서 가장 중요하게 판단하고 있는 재화의 교환과 분배를 담당하는 상인이 빠져 있다. 이러한 상인 계급에 대한 몰지각은 플라톤 정치철학의 핵을 이루고 있는 정의 개념, 그 가운데에서도 분배적 정의에 대한 개념이 없다. 플라톤이 나라를 구성함에 있어서 무엇보다도 강조하는 것은 인간의 기본적인 생존의 욕구에 필수적인 재화의 산출에 대한 능력의 한계 때문에 나타나는 분업과 조직의 원칙뿐이다. 이런 원칙을 채택하는 이유는 능력에 한계가 있는 각각의 사람이 서로 다른 기질과 성향을 '타고나서' 저마다 분업화된 서로 다른 일에 적합한 능력을 갖고 있기 때문이다.

사실상 어떤 사람이 자신의 성향에 적합한 일을 배분받아서 그 일을 충실히 해 낼 때 가장 좋은 성과를 낼 것이라는 것은 너무나 분명하다. 그래서 이 나라에는 목공들과 대장장이들, 이런 부류의 많은 장인들, 그리고 더 나아가 『국가-정체』편에서는 빠져 있지만 무역상이나 소매상들도 필요하게 되어 나라가 확대된다. 이처럼 나라가 확대되지만, 이 나라의 구성원들은 적정한 크기를 이루고 상호간의 생존에 필수적인 재화를 자급자족하는 것을 충분한 것으로 여기며, 건강하게 생존하는 것을 넘어선 욕망의 과잉이나 사치와 같은 것을 절제하는 데에서 이루어지는 것이다. 이러한 절제는 생산직에 종사하는 시민은 물론 정치에 참여하여 권력을 가지는 국가의 수호자들이나 지도자(왕)들에게서도 똑같이 요구된다. 특히『국가-정체』에서 후자에 대해서는 절제가 공통의 군사적 훈련은 물론 공동식사나 처자의 공유에 의해서까지 희생에 가까울 정도로 강조되는데, 그 이유는 첫째로는 정치에 참여하는 방위자 계급이나 관리자들을 물론, 왕(국가의 지도자)에 이르기까지 그 권력의 크기에 비례하여, 그리고 그 권력이 자신의 능력의 우월성에서 기인하는 것으로 착각하고 현실에서의 왕(플라톤은 참주로서 묘사한다)들처럼 살려고 할 것이기 때문이다. 더 나아가 플라톤이 국가의 방위자 계급이나 관리자들은 물론 왕에게는 결혼까지 금지시키는 이유는 이들의 공동체 의식을 키우며 궁극적으로는 오르페우스 종교에 따라 모든 영혼은 불멸성을 지니기에 모두가 질적으로 동등하여 신적인 세계로 초월시키기 위해서이다. 즉 오르페우스 종교의 관념에 따라 인간은 신체 이외에 영혼을 지녔기 때문에 영혼의 욕구를 만족시키기 위해서 신들을 경배하면서 건강과 평화로움 속에 일생을 보내게 될 것이라고 묘사된다. 특히『법률』편에서는 이러한 절제가 법률가에게는 신들에게 가깝게 하는 요인이라고까지 말한다.

그러나 이 나라에는 아담 스미스가 말했듯이 생산에 있어 분업의 효과 때문에 인간이 살아갈만한 욕구 충족 이상으로 재화를 탄생시킨다. 물론 기술이 발달하지 못한 원시사회나 고대 사회에서는 자원의 제약이 필연적이고 이에 맞추어 인구의 증가가 제약되었으나 기술이 발전하고 분업화된 조직이 탄생하면서 생산은 비약적으로 발전하여 이를 교환하는 시장과 도시가 나타나기 마련이다. 이러한 시장과 도시는 사실 분배적 정의가 실현되는 현장이어야 한다. 그래서 이러한 도시에는 교환과 분배에 관련된 정의를 기초로 하는 정치체제가 자리 잡게 된다. 이러한 교환과 분배의 정의 문제는 현대에서는 상업과 관련하는 경제문제에서 중요시되는데 반해 플라톤의 『법률』편에서는 권력의 교환과 분배문제로 나타날 뿐이다.

정치란 그것이 생산적인 것이 있다면 바로 이러한 사회적 정의를 실현하는 기술인 것이다. 인간의 기본적인 생존의 욕구를 만족시키기 위한 생산 활동은 인간이 사회적 동물이라는 관점에서 보면, 원시 공동체에서는 물론, 근대 기계화된 산업사회에서는 기계(system) 개념이 상징하듯이 공동생산이 본질적이다. 이 때문에 인간은 사회적 동물이라는 관점을 폴리스적, 혹은 정치적 동물이라는 관점으로 정의하면, 문제는 정치란 공동 생산한 재화를 정의롭게 분배하고 소비케 하여 국가 구성원들로 하여금 내분이 없고 통일된 힘을 발휘할 수 있는 건강하고 강성한 나라를 실현하는 것이다. 이를 위해서는 이성을 지닌 인간들이 내분을 일으키지 않고 합의할 수 있는 정의를 실현하는 것이 제일 중요하다.

그러나 국가가 폴리스 수준이 아니라 근대 국가의 수준으로 발전하면, 분업의 효과나 기계가 노동을 대치한 산업사회에서는 필요 이상의 재화가 넘쳐난다. 단지 기계를 발명할 정도의 지적 발달이 이루어지지 않았던 고대에서는 이러한 삶에 필요한 재화나 그 이상의 재화는 남의 것을 약탈하는 전쟁을 통하여 얻어졌다. 그래서 이러한 군사적 이념을 토대로 발생한 왕정 체제의 나라에서는 정치가들은 물론 사람들은 필요 이상의 사치와 이에 부응하는 욕망의 개발에 따른 필요한 군대 조직과 직업들이 나타난다. 『국가-정체』편에서 소크라테스는 그 당시 페르시아와의 전쟁에서 델로스 동맹의 맹주로 활약한 아테네의 현실이 페르시아가 지니고 있던 식민지까지 개척하면서 근대 제국주의적인 형태의 정체를 발전시키는데, 이러한 제국주의적 형태를 반영하는 나라를 '돼지들의 나라'로 평가하면서, 사람들은 필요 불가결한 것들 말고도 온갖 사치품에 대한 욕구를 갖고 있음을 지적한다(369d-372d).

플라톤은 두 번째 단계인 '호사스러운 나라'가 어떻게 성립되는지를 고찰한다. 이런 나라에는 '필수적인 것들' 말고도 온갖 사치스러운 것들이 추가적으로 필요하게 된다. 그 결과로 모든 부류의 사냥꾼과 모방가(예술가: mimētēs), 인간 욕구에 대한 더 많은 봉사자들, 그리고 의사들이 훨씬 더 많이 필요하게 될 것이고, 또한 이런 나라의 사람들이 '필요 불가결한 것들의 한도를 벗어나, 재화의 끝없는 소유에 자신들을 내맡겨 버리게 될 때' 영토 확장의 필요성이 대두하게 되어 나라들끼리 전쟁을 하게 될 것이다. 이리하여 나라의 수호자들이 침략을 위한 군사적 목적으로 더욱 더 필요하게 된다(372e-374e). 플라톤의 이른바 '이상 국가'인 '가장 아름다운 나라'는 이러한 병들고 사치스러운 나라를 정화시킴으로써 성립한다. 지상에서 건강하게 사는 복지(wellbeing) 개념이 도를 넘을 경우, 대내외적으로 경쟁과 전쟁을 유발하는 쾌락추구의 타락으로 인해 개인은 물론 국가도 멸망에 이르게 된다는 것이다.

2) 가장 아름다운 나라

훌륭한 나라는 기본적으로 '호사스러운 나라'가 정화되고, 나라의 기능을 가장 잘 발휘할 수 있는 적합한 통치체제를 갖출 때 성립한다. 이러한 나라는 욕구 때문에 남의 나라를 침략하는 나라가 아니고, 전쟁은 자기 보위에만 필요한 형태의 완전히 자급자족(autarkeia)하는 나라이다. 이러한 나라는 도시-국가의 형태로서 큰 나라가 되어서도 안 된다. 이러한 이상 국가를 위해서 우선 나라의 정화 작업은 수호자의 교육과 관련된 제반 제도를 개혁하는 과정을 통해 이루어진다. 플라톤은 건전한 양육과 교육이 나라를 훌륭하게 성립시키는 가장 중요한 요소로 보는데, 특히 수호자들의 교육 문제가 중시된다. 나라의 구성원들은 어린아이 때부터 헬라스의 전통적인 교육방식인 시가(詩歌: mousikē)와 체육교육을 받는데, 이러한 교육은 모두 건전하고 정의로운 마음의 형성을 목표로 한다. 그는 특히 시가교육의 중요성과 그 개혁을 강조하고 있고, 이 과정에서 당시 시인들에 대한 비판이 이루어진다.

플라톤이 『국가-정체』 2-3권과 10권에서 행하고 있는 시인 비판은 이른바

'시인 추방론'으로 잘 알려져 있다. 비판의 주된 표적은 호메로스의 서사시인 『일리아스』와 『오뒷세이아』이다. 그가 이 작품들을 특히 문제 삼는 이유는, 이것들이 당시 젊은이들의 중요한 교육의 기본 자료였을 뿐만 아니라 국가의 종교적 제전은 물론 정치나 도덕이 이 책에 나타난 영웅의 무용담에 기초한 명예와 가족윤리를 토대로 하여 이루어졌기 때문이다. 플라톤은 이 책에 나타난 신들의 행태나 전쟁 영웅들의 비윤리적인 의식이나 행위가 아이들의 심성에 나쁜 영향을 미치기 때문에 호머를 모방한 시들을 배척해야 함을 강조하면서, 이를 위해 감독 또는 검열의 필요성을 제기하기도 하였다.

그러나 플라톤은 당시 시인들의 작품을 비판하고 있지만, 시가교육 자체는 매우 중요시하고 있다. 그는 시가교육이 어린이들이 좋고 아름다운 것에로 이끌리는 품성을 형성하도록 가르쳐야 함을 강조한다. 그것이 목표로 하고 있는 것은 미적인 가치와 도덕적 탁월성의 조화이다.[25] 그리고 체육 교육도 단순히 신체를 단련하는 것이 아니라 혼의 격정적인 면을 조절하여 성격이 정의로운 질서에 따르고 조화롭고 올바르게 양육하기 위한 것이다. 시가와 체육 교육은 궁극적으로 정의와 조화로운 혼을 형성하기 위해 제공된 것이다. 어린아이들은 이런 교육을 통해 지나친 욕망을 삼가고 절제하며, 정의와 지혜를 실천하는 용감한 성향을 지닌 인간으로 성장하게 된다. 이런 방식으로 그 당시 양육 관습과 교육 제도를 개혁하려는 것이 플라톤이 말하는 나라의 정화이다.

이와 더불어, '훌륭한 나라'가 되기 위한 또 하나의 중요한 조건은 4 주덕(플

---

25 미적 가치와 도덕적 탁월성에 대한 추구는 현실적으로는 동일한 측면과 서로 다른 측면이 공존한다. 도덕적 탁월성은 인간의 자유의지 즉 숙고에 따르는 자유의지에서 기원하는 것으로서 자율에 의한 방종한 자유의 제약에서 성립함으로써 칸트가 말하듯이 의무감에 따라야 한다는 측면에서 강제에의 요인이 있다. 다른 한편, 미는 인간 의식의 무관심적 관심(disinterested interest)에서 나타나는 현상이기 때문에 관심이 표명하는 욕망에 가까운, 따라서 사유도 칸트가 말하듯이 상상력에 기초한 것으로서 방종한 자유에 가까운 것이다. 이 때문에 플라톤은 미적가치와 도덕적 탁월성을 함께 생각하는 조화의 정치를 말한다고 해석해야 한다. 반면에 플라톤의 『국가·정체』 편에서 말하는 철학자·왕 정체가 방종에 가까운 예술적 미적 가치를 등한시하고 신체적으로는 건강하고 정신적으로는 도덕적이어야 하는 것만을 강조한다고 보면, 플라톤의 이상국가의 이념은 칼 포퍼가 『열린 사회와 그 적들』에서 말한 경건주의나 닫힌 사회, 혹은 한나 아렌트가 『전체주의의 기원』에서 말하는 우생학적 이데올로기에 의한 통치체제인 전체주의로 변모한다.

라톤이 『법률』편에서 강조한 경건이 생략되어 있다)의 지덕체를 지닌 '가장 훌륭한 사람'이 통치자가 되어야만 한다는 것이다. 그래서 그는 수호자들 가운데 통치자를 선발하는 과정을 매우 중시한다. 가장 훌륭한 사람들을 통치자로 선발하기 위해서는, 우선 이들이 나라 구성원 전체를 위한 최선의 것들을 해야만 한다는 소신을 홀려서도 강제에 의해서도 잊거나 내팽개치는 일이 없는지를 지켜보아야만 될 것이다. 또한 갖가지의 힘든 일과 고통 그리고 경쟁을 그들에게 부과하여, 그들의 소신을 지키는지를 보아야 한다. 그리고 젊은이들이 모든 경우에 있어서 정의와 지혜의 덕을 갖춘 단정하고 조화로운 사람으로 드러나는지를 시험해 보아야 한다. 이런 시험들을 통과한 사람을 통치자로 임명해야 하는데, 이들은 폴리스-국가의 '참으로 완벽한 수호자들'로 칭해진다.

그런데 왕뿐만 아니라 왕을 돕는 수호자 계층은 높은 도덕적, 지적 자질이 요구되고 바른 교육을 받았다 할지라도, 권력 오용의 가능성을 배제할 수 없다. 권력의 오용은 기게스 반지 신화가 상징하듯이 인간의 끝없는 이기적인 욕심에서 기원하며, 지배받는 자들에게는 폭력을 행사하는 것이 된다. 그래서 교육에 있어서나 정치에 있어서 권력자의 질서가 없는 자의적 의지, 즉 법이 없는 '폭력'을 가장 경계하는 플라톤은 교육과 정치에서 설득을 우선시하며, 스스로에게는 절제의 정신과 정의의 정신을 강제하도록 수호자들에게 일체 사유 재산을 금지하고, 공동 식사를 토대로 한 공동생활을 하도록 하는 장치를 마련하고 있다(416d-417b). 더 나아가 플라톤은 처자식이나 혼인, 출산 등의 공유를 언급하고 있다. 플라톤이 이렇게 엄격하게 수호자 계층에게 재산의 사적 소유나 사적인 가정생활을 허용하지 않는 이유는, 그가 인간의 이기심에서 유래하는 재물의 소유와 자손의 번창에 대한 욕망과 이를 위해 사용하는 정치권력의 남용의 위험성을 누구보다도 분명히 인식하고 있었기 때문이다.[26]

---

26 플라톤이 말하는 이러한 정치가들의 사유욕의 금지는 그의 개인주의적 영혼의 완성 사상과 결부 되어 있으나 현실적으로는 가부장제를 지배하는 봉건적 의식을 국가의 정치영역에 연장하는 것에 대한 비판적 의미를 나타내며, 그렇다고 플라톤이 정치인들에게 가정을 소유하는 것 자체를 파괴하려는 정도에서 주장하는 것이 아님을 『심포지엄(향연)』 속에서 밝히고 있다. 그럼에도 불구하고 레오 스트라우스는 『국가-정체』 편에서는 『심포지엄』

그가 구상하고 있는 나라가 훌륭하게 성립되기 위해서는, 무엇보다도 수호자 계층이 '나라 전체의 일(res publica)'에만 관심을 쏟도록 하는 것이 제일 중요하기 때문에, 이들에게 사적 생활을 허용하지 않는 것은 당연한 귀결이다.

그러나 이러한 처자식 공유의 문제는 근본적으로는 그들의 종교-신화에서도 강조해온 전통적으로 있어온 가족관계와 이에 따른 윤리를 파괴하는 혁명적인 것이다. 그 스스로도 이것이 혁명적이라 생각함이 그가 파도(457b~d)에 해당하는 것이라고 말하는 데에서 잘 드러난다. 사실 이러한 혁명적인 사고는 그 스스로가 제1의 파도라고 말한 방위자나 수호자 계급을 교육하는 데에서도 남녀평등을 주장하는 점에서도 나타난 것이다. 플라톤은 국가의 직분이 타고난 기질이나 능력에 따라 배분되어야 한다고 말하면서도 지배자의 교육이나 결혼문제에 관해서는 평등이나 공유를 주장하는 것은 너무 인위적인 것으로서 인간의 자연적 본성과 이성이 상호 이율배반적인 것으로 제시되어 있다. 이러한 이율배반적인 것은 플라톤의 정의 관념이 한편으로는 개인의 자유에, 다른 한편으로는 자연의 전체적으로 결정론적인 지혜에 따르는 국가 구성의 화합이나 통일성에 관계하기 때문이다.

사실 인간의 제한된 능력으로서 이에서 기원하는 자유 개념은 현실적으로는 컨포드가 말하는 현실의 우연성과 필연성이 혼합된 혼란(chaos)이나, 한나 아렌트가 말하는 현실적인 운동이 함축한 무규정성(apeiron)에 대응하는 '가능성에서 성립하는 자유'로서 '다양성'이라는 성격을 그 본질 아닌 본질로서 지니고 있다. 그런데 플라톤의 이성이 생각하는 자유는 오르페우스 종교에서 기원하는 것으로서 모든 영혼은 불멸이라는 본질적으로는 동등하지만 정념에 따르는 그 행동 양식의 다양함으로 인해 윤리적인 선악에 따라 이생과 전생을 윤회하는 것으로서 결정론적으로 작동하는 것이다. 즉 영혼이 지니는

에 나타난 에로스론이 없다고 말한다. 사실 플라톤의 『국가정체』에서의 정의론은 레오 스트라우스의 말대로 이론적으로 말에서만 성립하는 이상 국가이기 때문이다. 스트라우스, L. (Strauss Leo) · 크립시 J. (Kropsey, Joseph) 편, 김영수 외 역, 『서양 정치철학사』, Ⅰ, 99-102쪽을. 플라톤의 가정에 대한 비판적 의식은 정치적으로는 '권력의 세습' 단절 사상과 밀접한 관계에 있다.

자유는 그 자체가 질적으로는 동등하다고 여겨질 수 있으나, 다른 한편으로는 양적 차이가 물리적(물질적) 자연에 본질적인 결정론에 종속하는 것으로 나타난다. 이러한 영혼의 자발성이 지니는 다양성은 사실 현실적으로는 이중 목적을 지닌다. 자유는 한편으로 행복을 위한 수단으로 여겨지기도 하고, 다른 한편으로는 수단이 아니라 현실의 모든 것에서 해방되는 목적 그 자체(오르페우스 종교에서 말하는 영혼의 지상에서의 초월적 해탈)이기 때문이다.[27] 그런데 수단으로 여겨진 자유는 사실 그 기능상 한계가 있는 것으로서의 (무한한 신에 대비된) 인간적 능력을 의미함으로 지식을 전제해야하는 것이다. 능력을 기초로 하는 플라톤의 정의 개념이 지식이나 미적 조화나 선과 관계하여 복잡해지는 이유가 여기에 있다. 여기에서 더 나아가 플라톤에 있어서 자유의 목적은 바로 영혼의 행복이 아니라 오르페우스 종교에서 말하는 영혼의 구원이다. 즉 플라톤에 있어서 나라의 수립 목적은 오르페우스종교에 따르는 개인의 영혼의 구원과 관련된다. 즉 현대 기독교에서 말하는 것과 같은 종교적 목적이 있다. 그러나 플라톤의 이러한 종교에 기초한 자유에 대한 사상은 신의 존재를 의문시하는 현대에서는 현실을 외면하는 초월적이고 추상적인 것으로서 잘못된 것으로 해석될 수 있는 것이다. 왜냐하면 지상에서의 자유는 영혼의 구원이 목적이 아니라 수단적 자유, 구체적으로 말하면 아리스토텔레스가 말하는 지상에서의 행복에 있기 때문이다.

플라톤이 말하는 정의로운 국가는 부정이나 모순이 없는 통일된 국가이며, 그러면서도 정의로운 국가는 어느 한 집단이 아니라 시민 전체가 신적 행복에 참여해지도록 하는 것임이 다시 강조된다. 앞에서 보았듯이, 나라는 개인 상호 간의 욕구를 만족시키기 위한 '필요'로 인해 성립된 것이기 때문에, 구

---

27 행복을 의미하는 그리스어 'eudaimonia'는 eu(well)과 신과 인간의 중간에 있는 고대에서는 영웅으로 근대에서는 천재로 번역될 수 있는 정령(daimonia)의 합성어로서 이미 이원론적 요소를 지닌 것이면서도 과정적인 존재이다. 따라서 이 행복 개념에는 지상에서 인간이 향유할 수 있는 현대어 wellbeing 개념과 천상에서 신들이 누리는 정신적인 행복 개념이 복합되어 있어서 플라톤의 변증법적인 사유의 원천이 된다. 이 변증법적 사유에서 지상과 천상의 것을 섞는 '혼합(섞바꿈: mixis)' 개념이 조화나 중용 혹은 수학적으로는 여러 가지 중앙값으로 나타난다.

성원들 각자가 자신의 일에 충실할 때에만 나라 전체의 신적 행복에의 참여가 가능하다. 그는 농부가 농부답지 못하게 일을 하고 도공이 도공답지 못하게 일을 한다면, 더욱이 수호자들이 수호자답지 못하게 세속적인 행복을 즐긴다면 나라 자체가 성립할 수 없다고 본다. 플라톤이 제시하고 있는 '훌륭한 나라'의 가장 중요한 특징은 마치 영혼이 정신적으로는 통일되어 단일하고, 물질과 관계하는 감정이나 여러 신체적인 것들은 조화되어 있는 아름다운 나라로서 그것이 '한 나라'(mia polis)라는 것이다. 플라톤은 이상 국가를 생각함에 있어서 나라의 구성원들 간의 의견이나 힘의 분열을 나라에 가장 위험한 요소로 보았다. 그는 『국가-정체』 5권에서 나라가 단결하여 '하나가 되는 것'을 '최대 선'으로, 분열되어 여럿이 되는 것을 '최대 악'으로 규정하고 있다(462a-b). 그가 국가의 최고지도자로서 왕정을 이상으로 생각하는 것도 이러한 이유이다.

플라톤의 국가관은 개인의 영혼에 유비되었기 때문에 레오 스트라우스가 말하고 있듯이 오르페우스 종교에서 기원하는 영육 분리의 형이상학에 기초하고 있다.

"도시[국가]와 개인의 영혼 간에 어떤 유사점이 있으며, 이러한 영혼은 인간 신체로부터 유추한 것에 기반을 가지고 있다. 도시와 개인 또는 개인의 영혼 간에 어떤 유사점이 존재하는 한 도시는 적어도 자연물과 유사한 것이 된다. 그러나 이러한 유추는 완벽하지 않다. 도시와 개인 모두 정의로워질 수는 있을 것 같지만, 둘 다 행복할 수 있을지는 확실치 않다. 사람에 있어서 정의와 행복의 분리는 정의가 외부적인 이익의 매력 유무에 관계없이 유익한 것이어야 한다는 글라우콘의 소크라테스에 대한 요구에서 준비된다. 그 것은 정의란 공공선에 대한 전면적인 혁신을 요구한다는 상식에 의해서도 알 수 있다.

정의로운 도시건설은 다음의 세단계로 이루어진다. 1) 건강한 도시, 즉 돼지들의 도시, 2) 정화된 도시, 즉 군대 같은 도시, 3) 그리고 아름다운 도시, 즉 철인에 의해 통치되는 도시가 그것이다. ... 도시[국가]의 건설에 앞서서 도시는 인간의 필요에 그 기원을 둔다는 언급이 나오는데, 즉 인간은 정의롭다든지 불의하든지 간에 많은 것을 필요로 하며, 적어도 이러한 이유로 해서 다른 사람을 필요로 하는 곳이다. '건강한 도시'는 일차적으로 신체적 욕구를 적절히 만족시키는 곳이다. 그 적절한 만족을 위해서 각자는 오직 하나의 기술만을 하는 곳이다."[28]

레오 스트라우스는 도시국가와 개인의 영혼을 유비하는 플라톤의 관점을 자신의 관점에서 요약하고 있으나 이는 플라톤의 변증법적 정신에 맞지 않는다. 왜냐하면 돼지들의 도시에 대비되는 것이 건강한 도시이고, 건강한 도시는 부정이 없는 정화된 도시로서 군대와 같은 도시이며, 군대와 같은 도시가 곧바로 아름다운 도시가 아니기 때문이다. 사실 플라톤에 따르면 아름다운 도시는 철학자에 의해서 통치되는 도시인 반면, 이러한 통치의 목표는 영혼의 행복(eu-daimonia)을 목적으로 하는 것이나, 이러한 행복은 지상에서의 유익함을 목표로 하는 것이거나 사치를 목표로 하는 것이 아니라 도덕적 선을 목표로 하는 것이기 때문이다. 사실 레오 스트라우스는 소크라테스의 지덕합일설에 대한 해석도 다음과 같이 근대적인 의미로 해석한다.

" '기술이 정의이다.' 이 명제는 '앎이 덕이다'라는 소크라테스의 주장을 반영한다. 소크라테스와 트라시마코스의 토론에서 나온 이 주장은 다음과 같은 것이다. 즉 정의로운 도시국가란 모든 사람들이 진정한 의미의 기술가가 되는 결합체이며, 그곳에 사는 남녀 시민들이 그가 잘 할 수 있고 전념할 수 있는 (즉 자신의 이익에 마음을 두지 않고 오직 다른 사람의 이익 내지는 공공선에만 관심을 두면서) 오직 하나의 직업만을 가지는 한마디로 기술의 도시이다. 이러한 결론은 『국가·정체』 전체를 관류한다. 모범형으로서 건설된 도시는 '한사람에 하나의 직업이라는 원칙을 그 기초로 한다. 그곳의 군인들은 그 도시 독립의 기술자이며, 그곳의 철인들은 공공선을 담당하는 기술자들이다. 뿐만 아니라 하늘의 기술자가 있는데, 즉 신이 그러하다. 그는 영원한 이데아의 기술자인 것이다. 이 도시에서 남녀 차별이 그 중요성을 상실하게 되고 남녀평등이 자리 잡게 되는데, 왜냐하면 그곳에서의 시민됨(citizenship)이란 곧 기술자

---

28   스트라우스, L. (Strauss Leo) · 크랍시 J. (Kropsey, Joseph)편, 스트라우스, L. '플라톤', 81-82쪽들.

됨(craftsmanship)의 의미하며, 기술이 자리 잡은 곳은 신체가 아니라 정신이기 때문이다."[29]

레오 스트라우스가 해석한 이러한 플라톤의 국가관은 자유의 다양성을 인정하지 않고 자유가 지니는 단일한 목적, 즉 영혼의 구원을 지향하기 때문에 종교적으로 강화되는데, 행복 개념이 함축하는 다양성을 인정하지 않으면, 칼 포퍼나 한나 아렌트와 같은 철학자들에 의해 경건주의를 부르짖는 종교나 군사적 통일체로서 현실적인 단일한 목적을 위한 국가의 전체적 통일성만을 주장하는 것으로 이해될 수 있는 전체주의적인 성격을 지닌 것으로 간주될 수 있다. 이러한 해석에 따르면, 인간들이 행위를 할 때 갖는 다양한 의견들은 진정한 진리(플라톤에서는 다양성을 인정하지 않는 오르페우스적인 영육 이원론의 진리)에 기초해서만 그리고 사회적인 활동에서는 영혼 구원의 단일한 정의에 기초할 때 최대의 효율을 발휘할 수 있다는 것을 플라톤이 주장한 것이 된다. 플라톤에 따르면, 현실에서는 인간들은 진리 인식 능력은 물론(오르페우스 종교가 말하는 도그마에 대한 상기력) 선악에 대한 판단이 신과 비교해보면 제한되어 있고, 정의보다는 이기심에 기초하고 있기에 프로타고라스가 말하는 가치 상대주의가 난무하는 세계이다. 이러한 진리 상대주의 속에서 상호 경쟁과 오해에서 기원하는 갈등이 필연적이고 갈등(의 긍정적인 측면을 보지 못하고)을 악으로만 보는 그는 이를 정화하는 것이 국가적 수준에서 이루어져야 한다고 주장한다. 그래서 그는 소크라테스와 같이 항상 진리를 탐구하려는 태도와 그것도 오르페우스 종교에서 말하는 인간 영혼에 관한 우주적 진리를 인식한 철학자를[30] 최우선시하며, 이를 실천할 능력과 힘이 있는 왕 개념을 통합한 하나의 영적 지도자로서의

---

29 스트라우스, L., 75쪽.
30 플라톤이 제시하는 우주적 지혜를 지닌 철학자는 철학자의 이상이 달성된 것을 상징할 뿐 현실에서의 철학자는 무지의 아이러니를 지니고 실천하는 소크라테스와 같은 사람일 뿐이다. 이 때문에 이상과 현실 사이에서 인간의 이성이 제한되어 있다는 것을 통찰한 (『아폴로기아』 의)소크라테스는 이성을 통해서 항상 신적 진리를 탐구해야만 한다고 하면서 선과 미에 대한 인간 정신의 '무지의 자각 정신'을 가르쳤다.

철학자-왕 개념을 만들어냈다.

우주적 지혜를 지닌 철학자가 권력을 지닌 왕이 되어야 하는 문제는 제3의 파도이다. 그리고 이러한 현명한 왕의 지배 아래 있는 '하나의 나라'는 구성원들 상호간의 협력관계를 이상적인 상태로 발전시킬 때, 모든 국민이 영원히 전쟁이 없는 안정된 나라에서 정신적으로 신적 상태로 고양될 수 있는 행복한 나라가 될 수 있다고 보았다. 이처럼 그의 국가관과 정의관 속에는 세속적인 행복과 오르페우스적인 영혼의 본질로서 지적된 세속에서의 해탈인 자유가 현대철학자들의 이성이 생각하는 것과 달리 복합되어 혼합되어 있고 이율배반을 일으키나, 플라톤에 따르면 소크라테스는 이러한 이율배반을 문답법적인 대화법의 변증법으로 신적 영혼에로의 고양으로 나타내는 것이다.[31] 우리는 이러한 점을 그가 정의론으로 통합하는 4주덕(절제, 용기, 지혜, 정의)이라고 부른 것을 살펴봄으로써 확인할 수 있다.[32]

3) 아름다운 나라의 기초: 정의와 진리의 동일시.

플라톤이 나라의 기원과 발전에 대해 논한 이유는 나라에 있어서 '올바름', 즉 정의가 무엇인지를 파악하기 위해서였다. 플라톤은 '완벽하게 훌륭한 나라'는, 마치 한 개인이 모든 일에서 사적인 욕망을 절제하면서 자기방어나 옳은 일을 위해서 용기 있으면서도 지혜롭게 처신하는 것이 올바른 사람이듯

---

31 송영진, 『플라톤의 변증법』 참조. 한편 플라톤의 철학에서 이원론적인 것에만 주의를 기울이면, 플라톤 철학을 현실에 충실하지 않는 관념론적인 것으로서 이율배반적으로 해석할 수 있는 소지를 지니고 있다. 사실 이론적인 이율배반에서는 모순이 해소되지 않기 때문에 갈등이 필연적이고 피할 수 없는 것이 되어 악한 것이 된다. 그러나 이러한 갈등을 악으로만 보지 않는 현대 철학자들은 복잡다단한 현실에서의 갈등을 인정하고 이러한 갈등을 해소하려는 인간의 노력에서 현실적인 이성이 성립한다는 것을 통찰한다. 이 점은 인간의 자유와 관련되어 현대의 자유주의적인 정치철학자들은 플라톤이 말하는 종교적 수준에서가 아니라 자유 자체가 현실에서 초월하는 것을 목적으로 하지 않으며, 자유 자체가 목적으로서 현실에서는 다양하며, 국가는 국가의 구성원인 개인의 자유를 보호하는 것이 목적이라고까지 말한다.

32 사실 『국가정체』 편에서 나타나는 4주덕에는 소크라테스와 마찬가지로 플라톤이 『법률』 편에서 가장 중요시한 '경건'이라는 덕이 생략되어 있다. 소크라테스-플라톤이 의미하는 경건에는 신적 선을 지향하는 정신이 존재하기에 정의 개념을 중심으로 생각하는 『국가정체』 편에서는 4주덕을 통괄하는 정의가 '태양에 비유되는 선의 이데아'에 종속되어야 할 것으로 상징적으로 표현되고 있다.

이, 국가를 구성하는 각 부분의 사람들이 자기 분야에서 책임 맡은 일을 올바로 수행하면서 전체적으로는 하나로 조화되어 건강한 나라가 되는 것이라고 말하고 있다. 그리고 『국가-정체』 4권에서 정의로운 국가란 어느 특정 부류의 사람들만이 행복한 것이 아니라 국가의 모든 사람 전체가 최대한으로 행복해지는 나라이다. 이러한 나라에서 정의를 가장 잘 찾아볼 수 있고 이것이 진정 행복한 나라라고 할 수 있다. 그런데 이러한 나라가 되기 위해서는 저마다 타고난 성향에 따라 한 가지 일에 각자가 배치되어야만 한다. 이는 각자가 한 가지 일에 종사함으로써 여럿이 아닌 한 사람이 되도록 하고, 나아가 나라 전체가 여럿이 한 나라가 되도록 하기 위해서이다(423d). 플라톤은 이러한 나라를 성립시키기 위해 필수적인 요소를 거론하면서 나라를 구성하는 사람들의 4가지 덕목을 제시하는데 이것이 유명한 플라톤의 4주덕이다.[33] 4주덕은 한 영혼이 지니고 있는, 지혜, 용기, 절제를 규정한 뒤 전체적인 정의와 올바름의 성격을 구명하고 있기 때문에, 우선 이들 덕에 대한 규정을 알아보자.

첫째로, 한 나라가 지혜롭다고 말하는 것은 '이 나라의 부분적인 것들 중의 어떤 것에 관련해서가 아니라 이 나라 전체와 관련해서 어떤 방식으로 이 나라가 대내적으로 그리고 다른 나라들과 가장 잘 지낼 수 있을 것인지를 숙의 결정해 주게 될 그런 지식'(428c-d)을 갖추고 있기 때문이다. 이런 지식은 '완벽한 수호자들'이라고 불렸던 통치자들에게 있는 것이며, 소수일 수밖에 없는 이들의 지식에 의해 나라가 지혜롭게 되는 것이다. 플라톤이 말하는 이러한 지혜는 오르페우스 종교와 관련성이 없는 국가의 기능과의 관련성에서만 언급된다 하더라도 이러한 지혜가 어떠한 지혜인지는 구체적으로 수많은 논란을 불러일으킬 수 있는 것으로서 형식적으로만 이야기 된 것이다.

---

33 전통적으로 플라톤의 4주덕은 철학자의 지성(이성)적으로 파악된 덕에 불과하며, 종교와 관계하는 '경건'의 덕이 생략되어 있다. 그러나 플라톤의 『국가-정체』편에서 최고의 덕은 선의 이데아에 관계하여야 하고, 이러한 선의 이데아는 플라톤의 대화록 어디에서도 나타나지 않기에 비의적인 해석을 해야 한다는 고전학자들의 주장과 관련하여, 우리는 『법률』편 10권에서 신 존재 증명을 하면서, 신은 무조건적으로 선하다고 강조하는 것을 상기할 필요가 있다. 따라서 이 저서에서는 신적인 선의 이데아와 관계하는 종교와 관계하는 측면에서 인간의 덕인 '경건'을 생략할 수 없다.

사실 플라톤이 말하는 지혜에는 동굴의 비유나 선분의 비유에서 나타나는 것으로서 감관-지각적 경험에서부터 이러한 경험을 분석-종합함에 의해서 지능적(오성)으로 재구성한 지식으로서 로고스가 있는 경험은 물론, 이성적으로 추론된 지식을 넘어 영혼의 자기직관으로서 인식(에피스테메)이 있다. 그런데 이러한 지식이 덕으로서 나타나기 위해서는 우선 인간에게서는 이성적으로 생각된 정의와 결부되어야 한다. 특히 정치적인 덕은 『메논』편에서는 본성적으로 타고나는 것도 아니고, 가르쳐질 수 있는 지식이 아닌 것으로서 말해지며, 오직 영혼의 자기 상기에 의한 수학-기하학적 인식에 토대를 둔 것으로서만 가능함을 말한다. 여기에서는 경험과 이성을 매개하는 영혼의 기능이 현대에서처럼 경험과 이성이 완전히 분리되어 정리되지 못하고, 역설적으로 혼합(혼란)된 형태로 제시되고 있지만, 플라톤이 말하는 덕으로서의 지혜는 한편으로는 학습의 정도에 따른 개발에 따라 결정론적으로 작용하면서도, 다른 한편으로는 학습이 관습이 아닌 자기반성적인 경우에는 영혼의 고양으로 나타나기에 이성적으로 교육 불가능한 형태로 제시된다. 즉 플라톤에서 영혼의 지혜나 덕의 교육은 자율적인 상기에 따른 것으로서 이성적으로 교육은 불가능한 것으로 제시되고 있다.[34]

둘째로, 한 나라가 용기 있다고 말하는 것은 여느 시민들 때문이 아니라 군인으로 복무하는 부류가 용기를 지니고 있기 때문이다. 이들이 입법자가 교육을 통해 지시한 두려워할 것들에 대한 소신을, 즉 고통에 처하여서도, 즐거움에 처하여서도, 그리고 욕망에 처하여서도, 공포에 처하여서도 이를 버리지 않고 끝끝내 보전하는 능력을 지니고 있을 때이다. 한마디로 용기는 "두려워할 것들과 두려워하지 않을 것들에 관한 '바르고 준법적인 소신(doxa: 판단)'의

---

[34] '아는 사람은 배울 필요가 없고, 모르는 사람은 배우려고 하지 않는다.'는 플라톤의 유명한 교육 역설(『메논』)에서도 가르치려는 사람과 배우려는 사람의 동기 속에 들어 있는 의지가 교육할 수 있는 것과 할 수 없는 것이 현대의 교육론에서 말하는 것과 이성적인 것과 관련하여 조금씩 섞바뀌어 혼합된 채로 제기되고 있다. 즉 플라톤이나 현대철학자들은 욕망에서 기원하는 비이성적인 것은 자연적으로 주어지는 것인데 반해, 이성적인 것이 가르쳐 질 수 있으나 그 본질은 상기에 의해서 가능하다고 하는 점에서 가르쳐질 수 없는 것인데 반해, 현대에서는 이성적인 것은 모두 가르쳐질 수 있다고 하는 점에서 서로 다른 관점에 서있다.

지속적인 보전과 그런 능력"(430b)으로 규정되는데, 이것은 '시민적 용기'로도 일컬어진다. 플라톤의 이러한 용기에 관한 언급도 한편으로는 전쟁과 관련되기도 하고, 법이나 지혜와 관련되기도 하며, 특히 욕망과 관련해서는 다음에 이야기될 절제로 해석될 수 있는 것이다. 사실, 초기 대화편에 따르면 용기는 지혜와 밀접한 관련이 있어서 수많은 논란을 일으킬 수 있다. 왜냐하면 『법률』편에서는 전쟁에 관계하는 용기가 법에 따르는 온유와 화목한 기질과의 대립된 형태로 제시되고 있기 때문이다.

셋째로, 절제는 개인적으로는 이성에 따른 쾌락과 욕망의 억제인데, 사회적으로 절제는 일종의 질서요, "어떤 것에 있어서 한결 나은 부분이 한결 못한 부분을 지배할 경우 이를 가리켜 절제 있다."(431b)고 말하는 것이다. 더 나아가 절제는 나라의 어떤 한 계층에 있는 것이 아니라 나라 전역에 걸쳐 시민들 전체에 있어야 하는 것으로서 '성향 상 한결 나은 쪽과 한결 못한 쪽 사이에 어느 쪽이 지배를 할 것인지에 대한 합의'(432a-b)로서의 일종의 규범이나 법(nomos)에 따르는 것이다. 즉 절제는 권력에 지배받는 시민에게는 복종으로, 권력을 행사하는 지도자층에게는 남용을 제약하는 정신적, 이성적 원리로서 작동하며, 외면적으로는 법과 관습에 밀접한 관계에 있고 이 때문에 대중적인 절제는 관습적으로 작동하기도 한다.

플라톤은 마지막으로 '정의'를 규정하고자 하는데, 이 규정은 나라 수립의 기본 원칙인 "각자는 자기 나라와 관련된 일들 중에서 자기의 성향이 천성으로 가장 적합한 그런 한 가지에 종사해야 된다."는 원칙과 관련된다. 그리고 영혼의 본성은 지도자 교육의 단계[35]에 적응하는 정도에서 결정된다. 나라의 각 직분은 한편으로는 타고난 본성에 따르되, 다른 한편으로는 교육에 의해 개발된 정도에 따라 결정된다는 것으로서 이 양자 사이에는 이율배반이

---

35 소년기에는 음악과 종교 교육을, 청년기에는 체육과 인문학·기하학을, 장년기에는 변증술과 철학을 교육해야 한다는 것.

작동한다. 결국 플라톤의 정의 개념은 앞에서 언급한 모든 덕과 관련되어 있으며, 특히 지식은 물론 동굴의 비유에서 나타난 선의 이데아와 관련된 지혜에까지도 연결되고 있으면서도, 다른 한편으로 이것은 오르페우스 종교와 관련된 경우 영혼의 윤회설과 맞물려 전체적으로는 사회적 계급의 결정론적 성격을 드러낸다. 즉 '올바름'은 나라의 세 계층인 생산자, 전사, 통치자 각자가 '제 일을 하는 것(to ta hautou prattein: 433b)'에서 성립한다. 다시 말해 그는 '정의'를 나라의 세 계층이 '자신에게 맞는 자신의 일을 함(oikeiopragia)'으로, 그리고 이들 계층 간의 참견이나 기능의 교환이나 바꿈을 '올바르지 못함'(불의)이라고 규정하고 있다(434b-c).

결국 플라톤이 『국가-정체』에서 말하는 덕들에 관해서 우리가 여기서 유의해야 할 것은 이러한 구체적으로 언급된 계층의 사람들이 가지고 있는 덕들의 상호 위계적 구조이다. 즉 다스릴 자격이 있는 사람과 다스림을 받을 사람들이 그에 적합한 위치에서 각자 소임을 다할 때 나라가 올바르게 된다는 것이다. 특히 이와 관련해서 우리는 '올바름'과 다른 덕들의 관계에 대한 다음과 같은 언급을 주목할 필요가 있다. 즉 올바름은 절제와 용기 그리고 지혜(슬기), 이들 "세 가지 모두가 이 나라 안에 생기도록 하는 그런 힘을 주고, 일단 이것들이 이 나라 안에 생긴 다음에는, 그것이 이 나라 안에 있는 한은, 그것들의 보전을 가능케 해 주는 그런 것이다."(433b). 이런 언급에 따를 때, 이러한 '올바름'은 전체적인 정의로서 부분적인 다른 덕들과는 다른 차원에 있는 것이다. 즉 정의는 단순히 덕들 가운데 하나가 아니라 다른 세 가지 덕을 생기도록 해 주고, 또한 생긴 다음에는 그 보전을 가능하게 해주는 힘을 갖고 있는 것이다. 여기서 정의는 다른 덕들과의 유기적 관계를 맺게 하는 기능이자 능력(dynamis)이다. 이 때문에 플라톤의 부분적인 정의가 아닌 전체적인 정의의 이러한 기능은 다른 덕들과 하나와 여럿의 변증법적 관계로 관련되어 있다고 말할 수 있다.[36]

---

36   하나와 여럿의 변증법적 관계는 서론 주석 4 참조.

정의는 나라를 구성하는 세 계층이 자신에게 적합한 일을 하도록 하는 덕이기 때문에, 이로 인해 통치자 자격이 있는 사람이 통치자로서 나라를 다스리게 되어 나라는 지혜롭게 되고, 용감한 사람들이 군인으로 복무해서 용기 있는 나라가 되고, 생산자 계층은 자신에게 적합한 일을 하면서 통치와 관련된 문제에 대해서는 합의를 함으로써 나라를 절제 있게 만들게 된다. 이처럼 정의는 나라의 조직이나 구성과 관련된 각 부분에서도 나타나는 덕이란 점에서 다른 개별적인 덕들과 다른 차원에 있다. 그러면서도 선이나 악과의 관계에서는 중간적인 것으로 파악되어야 하는 이율배반을 함축하고 있다.[37] 결국 플라톤이 말하는 정의는 온갖 사물들로 이루어진 우주와 신에 대한 지식은 물론, 인간 자신의 영혼에 대한 자기 반성적인 지식을 전제하는 가치 개념으로서 작동하며, 역으로 진리란 대응설, 정합설, 유용성 등의 다양한 의미의 기준들을 전제하는 것으로서 정의에도 일치한다는 말이 성립한다. 그리고 이러한 '정의'가 나라를 지배할 때, 나라는 그 기능을 가장 잘 할 수 있기 때문에 '가장 아름다운 나라'가 된다. 플라톤의 이러한 정의의 원리는 『국가-정체』편은 물론 『정치가』와 『법률』에 이르기까지 플라톤의 정치철학의 중심핵을 이루고 있다.

2. 정의와 철인정치론

＊ ● ●

플라톤은 『국가-정체』편에서 인간이 추구할 수 있는 가장 훌륭한 나라를 이론상 수립해 보고, 이를 '가장 아름다운 나라'(kallipolis: 527c)로 부르고 있다. '가장 아름다운 나라'는 기본적으로 나라 구성원들에게 각자의 성향에 적합

---

37 정의 개념의 선과 악에서의 중간적 성격 때문에 아리스토텔레스는 정의를 중용으로 정의한다. 그러면서도 중용이 범용으로 이해될까 두려워 아리스토텔레스는 자신의 경험적 구체성에 목적론적인 관점을 도입한다.

한 업무가 배분되고 전체가 조화를 이루고 있는 '올바른(정의로운) 나라'이지만, 수호자 계층의 사유 재산 금지, 남녀평등, 처자공유 등과 같은 매우 혁명적인 제도를 포함하고 있다. 『국가-정체』편에서 소크라테스의 대화 상대자 중의 한 사람인 글라우콘은 소크라테스가 수립해 본 나라가 모든 것이 훌륭한 나라일 수 있다는 점에 동의할 수 있지만, 이 정체(政體: politeia)가 과연 생길 수 있는 것인지, 그리고 생길 수 있다면 도대체 어떤 방식으로 그것이 가능한지 하는 문제가 제기될 수 있음을 지적한다(471c). 이에 대해 소크라테스는 우선 '훌륭한 나라'의 수립이 그 실현가능성을 입증하기 위해서가 아니라 '본'(paradeigma)을 위한 것임을 강조한다. '가장 아름다운 인간'이 어떤 것인지를 그린 화가가 이런 인물이 실제로 생길 수 있음을 보여줄 수 없다고 해서 덜 훌륭한 화가라고 볼 수 없듯이, 논의를 통해 수립해 본 '훌륭한 나라'의 본은 그 자체로 가치가 있다는 것이다(472b-e). 따라서 그는 이런 나라가 완전히 실제로 실현될 수 있음을 보여주고자 하지 않는다. 그는 단지 최소한의 어떤 변혁을 통해서 현존하는 나라를 '가장 아름다운 나라'로 최대한 만들 수 있는지 하는 문제를 고찰하고자 한다(473b).[38] 그는 가능한 하나의 방안으로서 진리탐구와 함께 선의지를 지닌 철학자가 왕이 되거나 현재 최고 권력을 잡고 있는 자들이

---

[38] 『국가정체』편에서 훌륭한 본으로서의 철학자-왕정 체제는 다음과 같은 두 가지 이유 때문에 '실험적인 것'에 불과하다. 첫째, 플라톤의 이데아 사상이 가설적인 것(『파에돈』, 99-106)이듯이 그의 사유가 파르메니데스의 존재론의 철학적 방법론에 기초하고 있기 때문이다. 즉 파르메니데스의 존재론에서 존재론의 요소로서 존재와 허무만이 고려되고 있고, 현실적 생성소멸의 원인으로 생각된 타자성으로 묘사된 무규정성(apeiron)이 모순된 것으로서 허무로 처리되고 있기 때문이다. 이러한 파르메니데스의 존재론을 이성이 방법론적으로 현실에 도입하면 현실에 있는 운동요인으로서의 무규정성(aperon)은 제논의 운동 역설에서 나타나듯이 존재와 운동의 완벽한 딜레마적 형식으로 정리된다. 여기에서 현실적인 이성은 이러한 딜레마를 해결하려는 노력 가운데에서 '현실에 대한 진리'를 확보하는 지혜를 얻게 된다. 이러한 지혜는 고대 그리스에서 자연철학은 원자론으로, 윤리학은 플라톤의 이데아론으로 정리되어 나타날 수 있었고, 근대에서는 이를 기초로 한 제분과 과학의 발전은 물론 현대에서 진리를 발견하거나 창조하는 첨단 과학은 이러한 노력의 결실로 탄생한 것이다. 둘째, 플라톤은 진선미와 유용성, 그리고 이를 통합한다고 생각된 존재의 신비성을 함축한 성(聖)의 모든 가치론을 정의 개념을 중심으로 정리하려고 했기 때문이다. 왜냐하면 정의 개념은 한편으로 진리 개념과 동일시 할 수 있으면서도 형식적으로는 엄밀 정확한 측정을 가능하게 하는 당시의 수학-기하학과 관계하기 때문이다. 송영진, 『그리스 자연철학과 현대과학』(충남대 출판문화원, 2014), Ⅰ, Ⅱ권 참조. 결국 플라톤의 『국가정체』편에 나타난 아름다운 나라를 실현하려는 실험적 정신은 생성 소멸하는 자연현상이나 인간성을 고려하는 현실적인 이성적 사고에 의해 파르메니데스가 우주론처럼 『법률』편에서 혼합정의 정신으로 나타난다. 달리 말하자면, 소크라테스의 재판사건으로 야기된 플라톤의 국가에 대한 철학적 사고는 『법률』편에서 종합되어 정리되고 있다고 말할 수 있다.

진실로 철학(philosophia)을 하게 되지 않는 한, 인류에 있어서 악과 불행은 종식될 수 없고 논의를 통해 구상된 이상적인 나라는 햇빛을 볼 수 없다는 '철인-왕정'을 주장하고 있다(473c-e).

플라톤의 철인-왕 정치론에는 한편으로는 철학자만이 진리탐구에 자신의 온 생애를 바치고, 그리고 자신의 진리탐구의 결과에 기초하여 다른 영혼을 돌보는 자로 전제되어 있다. 그리고 다른 한편으로 왕이 의미하는 바는 정치가란 나라 전체의 국민을 위해 나라의 조직과 구성 그리고 이를 운용하는 법률의 제작에 이르기까지 진리에 맞게 정의롭게 조직하는 일에 있어서 신적인 능력을 지닌 자와도 같다. 그러한 능력을 지니는 일은 실천의 문제이기 때문에 이러한 능력은 앞에서 말한 절제, 용기, 지혜, 그리고 마지막으로 정의의 덕을 지닌 영혼이어야 한다. 이처럼 철학자와 왕-정치가가 종합된 플라톤의 철인 왕 정치론은 철학자들이 통치의 문제에 있어서 비철학자들이 할 수 없는 어떤 일을 잘 해낼 수 있고, 또한 그에 적합한 성향을 갖고 있음을 함축한다. 따라서 철인정치론의 성격을 정확히 이해하기 위해서는 무엇보다도 철학자에 대한 플라톤의 규정을 명확히 밝히는 것이 중요하다. 그리고 그가 규정하고 있는 철학자가 과연 현실적인 통치에 있어서 그 역할을 제대로 할 수 있는지 하는 문제를 따져 보아야 할 것이다.

1) 동굴의 비유에 나타난 철학자에 대한 정의(定義)

소크라테스는 철학자를 무엇보다도 '모든 지혜를 욕구하는 자', 즉 모든 배움을 좋아하는 사람으로 규정한다(474c-475c). 그러자 글라우콘은 '구경을 좋아하는 사람들'과 '지혜를 사랑하는 사람들(philosophoi)'을 구분할 수 없게 된다는 문제를 제기한다. 왜냐하면 '구경을 좋아하는 사람들'은 축제 행사라면 어떤 곳에서 벌어지든 간에 빠지지 않고 보고 듣기를 좋아하는 사람들인데, 이들도 배움을 좋아하는 사람들로 보이기 때문이다. 이에 소크라테스는 철학자들을 '진리를 사랑하는 사람들'로 한정한다(474c-475e). 이처럼 철학자들은 '진리'를 그것도 스스로 추구한다는 점에서 '구경을 좋아하는 사람들'과 본질적 차이가 있다는 점이 지적되지만, 진리 인식이 어떤 의미를 지니는지는 더 해명되어야 한다. 플라톤은 그의 형상 이론에 근거해서 이를 밝히고자 한다.

'구경을 좋아하는 사람들'로 일컬어지는 비철학자들의 근본적 특징은 이들이 개별적인 사물들에게로만 시선을 향하고 있다는 점에 있다. 예를 들어 '아름다움'에 대해 이들은 "아름다운 소리나 빛깔 및 모양을 그리고 이와 같은 것들로 만들어진 온갖 걸 반길 뿐, 이들의 사고는 아름다움 자체(auto to kalon)의 본성을 [알아]볼 수도 반길 수도 없을 것"(476b)이라고 특징지어진다. 이들은 '아름다움은 무엇인가'란 물음에 대해 개별적으로 아름다운 것들을 보여주는 것으로 충분하다고 생각하는 사람들이다. 그러나 플라톤은 이런 방식으로는 '아름다움'의 본성을 파악할 수 없다고 본다. '구경을 좋아하는 사람들'이 아름다운 것들을 찾아다니고 그것들을 보고자 할 때, 이들은 이미 그것들을 '아름다운 것'에 대한 자신의 기준에서 판단해야 한다. 다시 말해, 이들은 감성적인 수준에서의 개별적인 것들의 아름다움과 추함을 구분하고 있을 뿐 경험의 개별자들 속에 내재하는 공통적 속성으로서 보편적인 합의를 볼 수 있는 아름다움의 기준, 즉 아름다운 것들이 갖고 있는 본질(eidos)로서의 '아름다움 자체'를 지니고 있지는 않다.

'아름다움 자체'는 '아름다움의 형상(eidos)'을 말하는 것인데, 개별적인 아름다운 것들은 다수이지만 '아름다움의 형상'은 이들에 공통적으로 들어 있는 본질(eidos)로서 '하나의 것'이다(476a). 만일 우리가 다수의 아름다운 것들만이 있다고 주장하면, 참으로 '아름다움이 무엇인지'는 말할 수 없게 된다. 왜냐하면 우리는 아름다운 것들을 이와 대립되는 추한 것들과 대비해서 아름답다고 이야기하는데, 아름다움과 추함을 대립시키기 위해서는 아름다움은 하나이어야만 하기 때문이다. 그리고 플라톤은 개별적인 것들은 형상에 '관여하고 있는 것들'(ta metechonta)로 말하는데, 이 둘을 구분하지 못하고 있는 사람은 '꿈을 꾸는 상태로' 살고 있는 자와 마찬가지라고 언급된다(476d). 그 까닭은 우리가 꿈꾸는 상태에서는 어떤 영상들을 그것들이 어떤 것의 영상이라는 사실을 인지하지 못한 채 경험하기 때문이다. 그리고 이런 논의를 근거로 '인식'(gnōmē)은 형상과 개별자들을 구분할 수 있는 사고 능력인 반면에, 둘을 구분하지 못하고 개별자들에로만 주의를 기울이는 사람은 '억견'이나 '의견'(doxa)만을 갖고 있는 것으로 간주된다(476d).

플라톤의 세상 지식에 대한 견해는 유명한 '동굴의 비유'에서 잘 드러나고 있다.[39] 철학자들은 사물들의 본질인 이데아들을 파악할 뿐만 아니라 이 이데아들로 이루어진 사물들의 전 세계(하나의 우주)의 실상과 이러한 실상이 '좋음의 이데아'에 의해 밝히 드러나고 지배되고 있음을 상징하는 '태양'을 그 자체로 보는 데까지 이른 사람으로 묘사한다(516b).[40] 그런데 이러한 플라톤의 이데아들에 의해 표현된 우주는 지성만이 이해하는 것으로서 우리의 감관-지각에 나타나는 우주 현상에 대한 체험을 통해서는 이러한 우주의 질서를 이해할 수 없다. 즉 이러한 우주질서는 감관-지각(aisthesis)의 단순한 경험에서 발현하는 것이 아니라 자연의 역학적 현상을 분석-종합하고 이를 수학-기하학적 표현으로 일반화하는 사유만이, 즉 근대 이후 자연 과학자들만이 이해할 수 있는 객관적 지식이다.[41]

---

39 동굴의 비유는 인식론적인 것으로서 인간 지식의 4단계를 말하는 것이다. 즉 감관-지각적 단계에서 상상과 추측의 1차적 단계와 신체적 경험의 반복을 통한 믿음이나 확신의 2차적 단계가 있으며, 사유(지성)의 수준에서는 수학-기하학적 지식이나 자연학적 지식과 같은 3차적 단계인 추론적 지식(가설-연역적 지식: dianoia)이 있으며, 마지막 단계가 보편적 법칙이나 일자인 이데아나 형상을 직관하는 지적 직관으로서 인식(에피스테메)이 그것이다. (510 a-d).

40 『파이돈』편에서 소크라테스는 사물의 진상을 드러내는 태양을 직접 눈으로 볼 수 없어서 물이나 그을린 거울을 통해 간접적으로 보듯이, 소크라테스 자신은 언어를 통해 존재론적인 진리를 탐구한다고 한다. 그리고 이러한 존재론은 파르메니데스의 존재론적 사고를 의미한다. 여기에서 철학자들의 탐구방법이 감관-지각적 경험에서의 귀납적 일반화는 물론 언어를 통해서 진리를 탐구한다는 것은 분석과 종합을 자아존재를 중심으로 존재론적으로 수행하는 모순율에 따르는 이성(logos)을 통하는 것임이 밝혀진다.

41 『메논』편에서 기하학에 비유된 플라톤의 에피스테메는 『테아이테토스』(180d-187a)에 나타난 헤라클레이토스의 만물 유전(운동)론에 따르는 감관-지각의 현상론에 파르메니데스의 사유의 존재론적 방법을 적용한 것이『파이돈』편에서 나타나는 가설-연역적 방법과 결합하여 현대에서는 과학적 방법론에 의해 형성된 지식으로 나타나는 것이라는 것이 필자의 주장이다. 플라톤은 『테아이테토스』편에서 이러한 과학적 지식을 '로고스가 있는 옳은 경험적 지식(orthos doxa meta logou)'이라고 말한다. 송영진, 『그리스 자연철학과 현대과학』, II, 78-84쪽들. 칸트는 과학적 지식이 플라톤이 말한 '로고스가 있는 옳은 경험적 지식(orthos doxa meta logou)'을 '선험적 종합판

물론 플라톤의 이데아적 지식은 오르페우스 종교에 따르면, 신들의 세계와 이에 대응하는 그들의 기능을 상징적으로 나타내는 절대적인 질서를 의미하고, 종국적으로는 인간 영혼이 지향해야 하는 본향을 상징하며, 동굴의 비유에서 나타나듯이 인간의 몽환과 대비되는 인간의 현실이 인간의 생성 소멸하는 현실 세계에 대비된 한 차원 높은 신적인 이데아의 세계로서 나타나며, 이러한 이데아의 세계는 진리와 정의의 세계로서 궁극적으로는 선의 이데아인 태양에 의해 밝아진 세계로 상징되고 있다. 말하자면 인간의 지성은 이러한 이데아적 세계를 지향해야 한다는 것을 상징적으로 나타낸다. 결국 철학자란 신적 지식을 갈구하는 자로서 현실에서 초월하고자 하는 자로서 나타난다. 그러나 『국가정체』편에 나타나는 철학자는 동굴로 다시 내려와 수인들을 그들의 몽환상태에서, 즉 억견이나 욕망에 의해 어두운 가감각적 경험의 현실에서 풀려나도록 (산파술적 대화로) 도움을 주거나 강제하는 진정한 정치가(교육자)로 나타난다. 여기에 철학자의 진리탐구의 에로스와 교육자나 진정한 정치가의 에로스가 작동한다.[42] 그 결과 소크라테스의 재판 사건에서 나타나듯이 국가에서 실현되어야할 정의와 철학자가 추구하는 진리는 일치하면서도 인간의 욕망에서 기원하는 권력에의 의지와 서로 대립된 관계에 있는 것으로 파악된다. 문제는 철학자의 진리 탐구가 국가 사회의 형성이나 기원에 대한 역사적 탐구와는 다른 것이며, 다른 한편, 이미 형성된 국가나 사회의 권력과의 관계에서 진리를 탐구하는 정신이 자유롭지 못하게 되는 상황에서 철학자의 태도

단'의 형식을 지닌 것이라고 말하나 이러한 선험적 종합판단 속에는 사실 시간과 공간의 관계문제는 물론 영국 경험론자들이 말한 양과 질의 관계나, 데카르트가 제기한 심신관계의 문제가 함축되어 있으며, 이러한 철학적 문제들은 베르그송이 『물질과 기억』에서, 그리고 아인슈타인의 상대성이론과 양자역학에 의해 어느 정도 해결된다.

42 진리 때문에 초월의식을 지닌 철학자가 다시 동굴로 내려오는 이유를 플라톤은 '자신보다 못한 사람이 정치를 할까봐' '어쩔 수 없이 하는 것으로' 소극적으로만 묘사하고 있는데(김영균, '플라톤의 철인 정치론', 『동서철학 연구』, 한국 동서철학회, 제 58호, 2010. 12. 참조), 이 때문에 레오 스트라우스는 『국가정체』편에는 에로스론이 없다고 한다(주석25, 참조). 그러나 이러한 평가는 철학자가 진리를 사랑하되 영혼의 의사(치료사)로서의 의식을 감안하지 않은 것이다.

는 어떠해야 하는가하는 것은 문제가 될 수 있다.[43] 이러한 문제를 제기하는 것은 이성의 비판적 능력을 정당화하는 수단으로 사용할 수 있는 데도 불구하고 이성적 비판은 양날을 가졌기 때문에 이를 극대화하는 것은 소피스트적 측면을 노정하는 것이다. 그 결과 고전을 깊게 연구하지 않은 서양의 일부 철학자들마저도 철학자와 국가 권력과의 관계를 플라톤의 오르페우스 종교에서 기원하는 형이상학적 이원론의 관점에서 부정적으로 보고 있다.

그런데 플라톤의 동굴의 비유에 나타난 감관-지각적인 몽환적 환상과 지성에 의한 이데아적 인식은 근대 이후 관찰 지각적인 현실적인 경험과 이에 대한 존재론적 분석과 종합의 결과로 나타나는 보편적 법칙에 대한 과학적 지식으로 간주된다. 말하자면, 근대에서는 감관-지각적 경험은 플라톤이 말한 억견(포퍼가 말하는 추측적 지식)을 상징하는 것이 아니라 확실성의 관점에서 진리의 기초를 형성하는 기능을 하는 가치론적인 관점에서 현실적인 것으로 받아들여지며, 플라톤의 이데아적 지식은 유클리드 기하학적 지식과 같은 것으로서 현대에서 보면 자연과학적 지식을 상징하고 가치중립적인 것으로 간주된다. 그런데 플라톤의 관점에서 보면, 이러한 과학적 지식도 근대 과학자들이 말하는 몰가치적인 의미로까지 해석되는 가치중립적인 것이 아니다. 현대의 현상학적 관점에서 보면 과거 객관적이라 불린 지식도 사실은 간주관적인 것으로서 인류원리가 작동하는 것이며 우주에 대한 절대적이자 체계적이고 보편적인 것이 아닌 상대적이고 추측으로 구성된 단편적 지식일 뿐이다.[44] 플라톤

---

43 이에 대한 해답은 『크리톤』 편에 나타난다. 이러한 소크라테스-플라톤의 '문제의식'을 극대화하는 것은 이성의 비판능력을 극대화하기 위한 것으로서 서양의 지적 전통은 이러한 비판력을 극대화함으로써 창조적 지성을 발휘케 하려는 것이다. 따라서 창조적 정신에 수반되어야 할 성과가 없는 경우는 소피스트의 것으로 전락한다. 플라톤의 대화록에 나타난 소크라테스-플라톤은 어떠한 절대적인 진리를 발견했다는 주장을 한 것이 없이 '인생에서 계속적인 탐구'를 그 당시 천문학이나 종교적 사실에 유비함으로써 신화(mythos: 그럴 듯한 이야기)적으로 만들음으로써 비의적인 것으로 만들었기에 과학이 발달한 현대에서 보면 그 당시의 시대적 정신에서 벗어나지 못한 것으로 고전철학자들이나 현대의 철학자들마저 그렇게 해석한다.

44 과학자들의 지식이란 관찰-지각적 경험의 직접적 소여(data)에 기초하나 이 기초에는 apriori 한 인류원리가 놓여 있으며, 더 나아가 과학적 이론이란 칸트에 따르면 인간 이성에 의해 구성된 것으로서 가설적인 한에서 상대성을 지닌 것으로서 칼 포퍼가 말한 대로 추측의 일반적 성격을 지닌다. 사실 자연과학의 기초가 되는 현대 물리학의 우주론에서 우주원리와 인류원리가 나타나나 우주원리는 인류원리에 통합될 수 있다. 송영진, 『그리스 자연철학과 현대과학』, II권, 2장, '현대의 과학철학 논쟁', 참조. 따라서 과학적 사실이 가치중립적인 것이라는 개념 속에

의 이데아론이 전제하는 지식은 존재와 허무의 배중률에서 성립하는 것으로서 존재론적으로 파르메니데스에서 기원하는 절대적인 것이자, 우주 전체에 대한 지식과 더불어 선악판단을 가능하게 하는 영혼의 운명에 대한 오르페우스 종교적인 것과의 종합에서 성립하는 것이다.[45] 따라서 플라톤 정치철학에서 양 지식은 현실에서 서로 분리된 것이 아니라 만델브로트의 문양처럼 서로 조정되고 통합되어 조화되는 변증법적인 관련성을 지닌다. 그래서 사실관계는 옳다거나 그르다거나의 양단간에 배중률로써 판단되고, 이 사실이 인간의 욕망과 관련되어서는 유익하다거나 좋다고 판단된다. 다른 한편, 옳다 그르다는 가치론적으로는 정의와 관련된다. 말하자면 정의의 문제는 사실과 가치에 이중적으로 관련된다는 것이다.

그런데 근대 과학은 가치와 사실을 구분하며 사실은 가치중립적인 것으로 말하나, 경험적 사실은 감관-지각에 의해 포착된 직관적 성격을 지닌다. 그럼에도 불구하고 자연과학은 가치중립적인 사실만을 탐구하고, 좋다와 나쁘다는 윤리학에서 탐구된다고 말해진다. 이러한 사태는 근대 뉴턴역학에서 운동법칙이 사실은 논리-수학적 정량화에 기초하고 있기 때문에 야기된 것으로

는 중립을 허용치 않는 가치결여적이거나 몰가치적인 의미가 함축되지는 않는다. 즉 가치중립적이라는 사실의 의미는 현상학에서 가치판단을 잠시 괄호에 묶는다(epoche)는 의미에서 가치판단을 잠시 중지한다는 의미의 잠정적 사태(가정)를 전제하는 것으로서 곧바로 가치와 관계 맺을 수밖에 없는 사태를 지칭한다.

45 플라톤의 사상의 핵이 이데아론에 있다고 하는 관점은 형상-질료의 형이상학을 주창한 아리스토텔레스의 전문가인 W. D. 로스의 저서, 『플라톤의 이데아론』(W. D. Ross, 김진성 역, 『플라톤의 이데아론』(누멘, 2011) 때문이다. 그러나 플라톤의 이데아 사상은 원자론자들의 사상처럼 파르메니데스의 철학에서 기원하는 것이다. 파르메니데스의 일자 존재론은 존재와 허무의 존재론적 모순율(ex nihilo nihil fit)에서 배중률로써 허무를 제거하고 운동하는 존재를 아페이론(apeiron)과의 관계에서 일원론으로 표명하는 전통을 형성하였으며, 이러한 파르메니데스 존재론을 정의내리기(chorismos)의 방법론으로 변형하여 이용하는 소크라테스-플라톤은 변화하는 현실(현상)에 대한 존재론적 표현(정의)은 아이디얼 한 수와 공간에 관한 기하학으로 표현한다. 즉 플라톤의 이데아론은 파르메니데스의 존재론적 전통과 수가 만물의 원인이라고 한 피타고라스학파의 사상을 결합한 것으로서 그의 이데아 개념은 피타고라스학파의 수학-기하학 개념에서 유래하는 것이다. 현대의 기호논리학적 관점에서 보면, 플라톤의 이데아론은 인간의 이성적 사고가 인류에 보편적이고 절대적인 하나의 공리체계로 형성되어 있다고 이해된 유클리드 수학-기하학적인 개념일 뿐이다. 플라톤은 이러한 피타고라스학파의 관념을 그의 우주론이나 주어+술어 형식의 언어를 사용하는 인간의 지성에 적용한 것이다. 송영진, 『그리스 자연철학과 현대과학』, I 권, '피타고라스 학파'와 W. D. 로스의 『플라톤의 이데아론』, 12-16장 참조. 플라톤의 후기 대화편에서는 변화하는 현실을 설명하기 위해서 수학-기하학적 개념에 기초한 변증법을 사용하는데, 플라톤의 변증법에서 이데아 개념들은 불변하고 고정된 개념이라기보다는 하나의 전체적인 공리체계 내에서 '기능적' 개념으로 변화하는 데에서 성립한다.

서 근대에 철학에서 분리되어나간 모든 학문들, 특히 정치 사회과학들은 물론 심리학까지도 사실만을 탐구한다고 말해진다. 그러나 뉴턴 역학의 기초에 있는 운동법칙이 논리적인 것으로서 물리적 세계에서 타당한지는 현대에서는 아인슈타인의 상대성이론과 양자역학의 현상학적 관점 때문에 문제를 일으킨다. 논리법칙은 당위법칙이기 때문이다. 근대 철학자들의 이러한 가치와 사실을 분리되는 것으로 간주하는 경향 때문에 현대에서도 윤리학에서는 사실판단에서 가치판단을 추론하는 것을 자연주의적 오류(naturalistic fallacy)라 말하고[46], 정치철학에서는 국가와 사회를 구분하나, 이러한 구분 자체는 잘못된 것으로 레오 스트라우스는 비판하고 있다. 근대의 철학자나 과학자들은 이러한 사태를 망각한 채, 논리적 사태를 현실적 사실로 인정하고 당위와 관계없는 것으로 고정한다. 그럼에도 불구하고 윤리란 사실과 한편으로는 상관성이 있으면서도, 사실과 관련성 없이 사회나 인간관계에서만 제기될 수도 있는 가치문제로 간주하게 된다. 그러나 플라톤에서 정의의 문제는 현대적 관점에서 보면 한편으로 자연과학적 사실과 다른 한편으로는 사회적 윤리와 밀접한 관련성을 지닌다. 이러한 관점에서 보면 플라톤의 정의는 한편으로 우주론적 질서에 대한 사실을 바탕으로 모든 인간의 영혼이 이 지상에서는 옳게 사는 방법을 의미하고, 다른 한편으로 천상에서는 신들과 같이 행복하게 살아가는 데에 필요한 윤리와 필연적으로 관련성을 맺어야 하는, 현대에서 보면 이율배반적인 것으로서 지상적인 것과 천상적인 것이 각각에서 서로 반쯤 섞갈려 있다.

2) 철학자의 지혜(phronesis): '진리 인식'과 선의 이데아에 따르는 정의의 덕

앞서 우리는 플라톤이 철학자들은 실재에 대한 인식(현대에서는 과학적 인식)을 토

---

46 폴 테일러 (Paul Taylor), 김영진 역, 『윤리학』 (서광사, 1987), 8장 '가치와 사실' 장 참조.

대로 실천적인 문제들을 올바르게 처리할 수 있는 뚜렷한 기준(진리로서의 정의는 물론, 정의로서의 선함이나 본)을 갖고 있어야 한다는 점을 강조하고 있음을 살펴보았다. 즉 플라톤은 철학자들이 이러한 인식적 성향만이 아니라 타자를 배려하는 도덕적 품성과 실천적 경험까지 겸비하고 있을 때 사람들은 그들을 수호자로 임명할 것에 반대하지 않을 것임을 확신한다(484d). 철학자는 정의감에 따른 진실함, 용기, 절제 등의 자신을 위한 품성뿐만 아니라 타자를 배려하는 도덕적 품성(아리스토텔레스의 후덕함이나 종교에서의 자비심)과 탁월한 기억력과 같은 지적 자질까지 지니고 있는 존재로 규정된다(485a-487a). 현대에서 보면, 철학자는 과학적 지식을 지니고 있으면서도 다 함께 잘 살아가는데 필요한 정의를 실현할 선의지를 지닌 사람이다. 철학자가 왕이 되어야 한다는 플라톤의 주장이 설득력을 갖기 위해서는 이러한 측면은 매우 중요하다.

일반 대중들은 정치권력을 가진 자들이 보편적인 선의지나 진리에 기초한 정의감 없이 자신의 사적 이익을 위해 권력을 사용하거나 남용하지 않을까 우려할 수밖에 없다. 그러나 만약 우주적 지혜를 지닌 철학자가 올바른 정의감과 높은 도덕적 자질을 갖고 있음을 보여줄 수 있다면, 이런 우려를 불식시킬 수 있을 것이다. 사실상 플라톤에 따르면, 신의 세계를 상기하는 철학자는 이 세상에서의 초월을 의지하지 통치하기를 원하지 않는다는 점을 『국가-정체』편 곳곳에서 강조하고 있다. 그는 이미 1권에서 훌륭한 사람들이 통치를 하게 되는 것은 돈이나 명예 때문이 아니라 '자신보다 못한 사람한테 통치를 당하는 것'을 두려워해서, 그리고 '자신들보다 덜 훌륭하거나 또는 자기들과 같은 수준의 사람들에게 그걸 떠맡길 수가 없게 되어서' '부득이한 일'로서 하는 것임을 밝힌 바 있다(347b-d). 이러한 소극적으로 표명된 철학자의 부득이한 선택의 의지 속에는 세속에의 욕망보다 강한 초월에의 의지가 함축되어 있다. 그러나 초월에의 강한 의지가 현실적으로 적극적인 것으로 나타날 수 있는데 그것이 바로 플라톤의 초기 대화편에서 소크라테스의 무지의 지를 아테네 시민들에게 깨우치는 '교육자로서의 일생'으로 나타나고, 후기철학 특히 『법률』편에서는 마그네시아라는 식민지에 국가를 건설하는데 필요한 조직과 체제를 '강론하는(대화가 아니다)' 법률제정가로서 (소크라테스가 사형을 받지 않고 탈출하였다면 갈 수 있었던 국가로서 그 당시 크레타 섬의 미케네 도시국가에 온) '아테네에서 온 이방인'으로 나타난다. 철학자의 이러한 불가피성은 사실 그가 가진 진리와 관계하는 정의 자체에 대한 인식 때문이고, 정의 자체에 대한 인식은 현실적으로는 지혜나 용기와 절제라는 주덕의 원인이기 때문이다. 특히 플라톤에 있어서 철학자의 이러한 불가피성은 역설적으로 욕망의 절제와 관계하는 것은 물론 신적 세계에로의 초월의지를 포기하는 희생과 용기 외에 타 영혼에 대한 사랑(agape)을 함축하고 있다. 즉 플라톤이 말하는 덕이란 바로 이러한 타인의 영혼에 대한 배려(therapeuein)에서 기인하는 희생과 설득과 함께 작용하는 강제성을 포기하는 용기와 영혼이나 영혼이 지닐 수 있는 진정한 신적 지혜에 대한 사랑을 인간 사랑으로 전도하는 것을 전제하는 복잡한 것이다. 그래서 만일 그의 정의 개념 속에서 진리 개념이나 덕과 관련된 사랑 개념을 제거한다면, 바로 철학자가 수행하는 모든 행위는 타인과의 관계에서 예수나 석가와 같은 종교가에서부터 소크라테스와 같은 교육자는 물론 군주에서 참주(현대에서는 군사 통치에서 전체주의에)로까지 변화하는 비진리성과 강제성의 정도 차이(현대 초기의 히틀러의 나치즘이나 공산주의의 스탈린주의에서 나타나는 전체주의에서는 지도자의 자의성에서 기원하는 국민에 대한 이데올로기와 선전, 그리고 테러로 나타난다.)를 함축하는 것이다. 왜냐하면 그가 『카르미데스』편에서 "겸손이란 덕이 이해할 수 없다."고 말하는 데에서 나타난 인생관을 표명하고 있듯이 생명이란 활동적인 것이고 그래서 생명이 전제하는 인생은 적극적이고 활동적인 것이기 때문에 그에게는 동양의 봉건적인 질서에 순응하는 수동적이고 '순응주의적 정신'이 없기 때문이다.

더 나아가 그는 '장차 통치하게 될 사람들이 통치하기를 가장 덜 열망하는 그런 나라가 가장 잘 그리고 제일 반목하는 일이 없이 경영될 게 필연적'(520d)이라고 밝히고 있는데, 이는 통치에 가장 적합한 사람은 역설적으로 그런 나라에서는 불필요하다는 것을 의미한다. 그 이유는 철학자들이란 불멸하는 신들의 세계로 나아가기를 열망하고 이데아적 지식을 추구하는 사람들이기 때문에 감관-지각에 관계하는 욕망과 세속적인 일에는 관심이 없기 때문이다. 이처럼 세속을 초월하려는 사람에게는 권력에의 의지가 없으며 세속적인 일과 관련하는 권력과 관련해서 물질에 대한 소유욕이 가장 위험한 것임을, 즉 권력의 사유화의 불의를 명확히 플라톤은 인식하고 있었다고 말할 수 있다. 그가 수호자들에게 일체 사유 재산을 금지하고, 공동생활을 하도록 하는 장치를 마련하고 있을 뿐만 아니라(416d-417b), 이들에게는 자신의 자식들도 알아볼 수 없도록 하고 있는 것은 바로 이런 이유에서이다(461d-e).

사실 플라톤은 윤리의 기초로서 정의를 내세우는데 이는 수학적으로 동등성의 의미를 지니고 있기에 '옳다 그르다'를 이론적으로도 측정하고 계산할 수 있기 때문이다. 또한 플라톤에 있어서 정의라는 덕은 법과 관계하는 것으로서 근대적 의미에서 사회적 이성으로서 이 세상을 함께 살아가는 의지가 표명된 것으로서 이미 사회적 의미를 함축한 것이다. 즉 플라톤이 말한 최고의 덕으로서의 정의는 엄밀 정확한 기하학적인 에피스테메의 대상으로서 이데아에 관한 신적 지혜이나, 이를 우연성이 지배하는 현실에 실현하기 위해서는 철학자의 희생과 수고가 필요하다. 이러한 철학자의 정의 실현에 대한 의지는『국가-정체』편의 동굴의 비유에서 나타나듯이 동굴 속으로 다시 들어오는, 하강하는 선의지로 나타난다. 즉 이기심이라는 욕망에 사로잡힌 그래서 감관-지각에 나타난 현상을 실재로 착각하는 무지한 동굴에 갇힌 수인과 같은 인간에 대한 사랑 때문에 이들을 각성케 하는 교육자이자 혹은 수인의 상태를 강제로라도 해방시키려는 (군사적 용기를 지닌) 왕의 의지를 가진 자로서 나타난다. 플라톤에 있어서 정의는 이러한 실천적인 덕을 통괄하는 이성을 지닌 인간의 사회적인 덕들을 통합하는 개념이다. 이러한 사실을 플라톤은 배의 비유와 동굴의 비유를 통하여 비유적으로 말하고 있다.

3. 정의론과 정치체제론

• • •

정치철학에서 정의 개념과 더불어 정치체제론의 기원이 된 플라톤의 『국가·정체』에서 통치자의 수가 중요하다. 왜냐하면 플라톤은 국가를 살아있는 유기체로 보았고, 유기체에서는 하나의 질서와 통일성이 중요하기 때문이다. 그래서 그는 일인 왕정을 최고의 이상적인 정치체제로 보았다. 이 때 왕은 철학적인, 즉 우주적 지혜를 지닌 자이다. 플라톤에 있어서 우주적 지혜는 이중성은 지닌다. 하나는 이 세계로부터 신들의 세계로 초월적인 의지의 수단으로서의 의미와 다른 하나는 현실세계와 우주에서의 질서와 선함과 아름다움으로서의 통치를 실현하는 기술의 의미를 지닌다. 전자는 이원론으로서 영혼불멸설과 다신적인 그리스신화를 넘어 오르페우스 종교적 신화를 반영하고, 후자는 유일신이자 제작신인 데미우르고스의 유일한 창조물인 우주의 조화와 통일에 관한 우주제작과 통치술이다.

그런데 플라톤의 『국가·정체』편에서 국가는 바로 이 우주를 닮아야 한다. 그리고 철학자·왕은 한편으로는 오르페우스 종교의 윤회론을 믿고 있었기에 초월에의 의지가 있는 반면, 다른 한편으로는 이 세상에 영혼들을 구제하려는 그래서 선의지를 지닌 철학자로서 통치술로 다스려야 하는 윤리적 소명감이 있으나, 강제보다는 지혜의 설득으로 해야 하기 때문에, 교육을 중시한다. 즉 그의 정치철학은 한편으로는 정의로운 국가의 실현을 목표로 하고 있으며 지덕합일설을 위주로 하는 도덕 정치이다. 그리고 이러한 도덕정치는 오르페우스 종교와 결합되어 있다. 이처럼 플라톤의 『국가·정체』편은 이상적인 것(종교적인 것)과 윤리적인 것과 정치적인 것이 한데 어울려, 수학적으로는 마치 기독교 기독론의 삼위일체론처럼 하나와 여럿의 변증법으로 표현되고 있다.

다른 한편, 플라톤의 이상적인 국가관은 칼리클레스의 '힘이 정의'란 말에 함축되어 있듯이, 먹고 사는 문제 때문에 약육강식이 존재하고, 유한한 능력에 비해 인간의 이기심이 지니는 무한성에 의해 전쟁과 악이 횡행하는 세계

위에 설립되어야 하는 것이다. 이상적 국가와 현실적 국가의 괴리를 플라톤은 『국가-정체』에서 이러한 복합적인 정의관에 의해 질서 지우려고 한다. 그러나 플라톤의 정의관으로써 이러한 종교적이면서도 윤리적인 선이 가능할까? 플라톤의 이러한 정의관에 기초한 정치철학의 윤리적 관점은 근대철학자들은 도덕법주의와 공리주의로 양분되어 탐구되고, 대륙에서는 임마누엘 칸트에서 도덕법주의로, 영국에서는 존 슈트아트 밀에서 공리주의로 발전되어왔다. 그러나 플라톤은 그의 정의론을 덕에 의한 통치술로 변형시킨다. 그리고 이러한 정치적 덕은 유기체적인 공동체에서 실현되는 것으로 파악되기에 이른다. 정의란 좋은 것이고 유익한 것이기 때문이다.

플라톤의 정치체제론은 이러한 정의관에 기초하여 생성소멸이 있는 변화하는 현실계에서 실현될 수 있는 여러 가지 국가 형태 내지 정치형태를 상징한다. 그리고 이러한 정치 형태는 한편으로 피타고라스학파에서 기원하는 하나와 여럿의 변증법이 도사리고 있으며, 지도자(한 인격)의 영혼의 삶의 형태(인격)를 반영하는 것으로 되어 있다. 다른 한편, 그의 정치체제론은 그리스 신화에 나오는 인간의 기질의 형태, 즉 금의 인간, 은의 인간, 동의 인간, 철의 인간의 행태를 모방한 것으로 되어 있다(547a). 우선 이상적인 왕정은 앞에서 언급한 일인 철학자-왕의 정체이다. 이러한 정체는 엄밀한 의미에서 변화하는 현실에서는 불가능하다는 것이 하나와 여럿의 변증법에 따라 암시된다. 물론 현실에서 이와 유사한 왕정이 있을 수 있고 또 다양한 변형의 왕정이 성립한다.

반면에 철학자를 포함한 인간의 능력의 유한성을 생각하면, 그래서 최초로 변화하는 현실에서 성립할 수 있는 가장 아름다운 정체는 플라톤에 따르면, 최선자들(aristoi)의 정체(aristokratia)(544e), 즉 이성이 지배하는 철학자와 왕들의 협의에 따르는 정체이며, 키케로가 말하는 귀족 정체라고 말할 수 있다. 이들은 그리스 신화에 나오는 황금이나 은의 인간들처럼 신들을 공경하고 진리를 좋아하고 정의롭다고 생각된 삶의 질서에 따른다. 다음으로 청동의 인간들은 진리에 대한 사랑으로 이를 추구하는 것이 아니라 이를 모방하며 명예를 좋아하고 승리하기를 좋아하는 즉 명예지상정체(timokratia)인데, 동의 인간은 그리스 신화에서처럼 진리와 힘에 이중적으로 분화되는 주체로서 이 주체는 용기와 기개를 가진 방위 수호자 정체이다. 다음으로 부에 대한 현실적인 욕망을 지닌 철의 인간들이 지배하는 국가가 상징하는 것은 과두 정체(oligartia)이며, 현실에서 권력이 부에 의해 가능하다는 것을 간파한 부에 대한 욕구를 지닌 부자들의 정치이다. 철의 인간도 이중으로 분화되는데 세속적인 부를 추구하는 자의적 자유를 모방하는 족속들, 즉 방종을 진정한 자유로 착각하고 통치하는 이성이 없는 민중들의 정체는 민주정체(demokratia)이고, 마지막으로 이러한 무지한 인민들의 힘을 결집하여 자신의 욕구에 대한 광적인 추구를 하는 자가 참주(tyranus)이다. 신화에서는 금, 은, 동, 철, 4가지 기질로 분류된 것이 여기서는 5가지로 분류되어 있는데, 사실은 명예지상정체가 귀족정체이나 과두정체에 닮은 정도 차이 때문이며, 이것은 진리를 사랑하는 정신과 현실을 살아가는 데 필수적인 재물(富)을 사랑하는 두 정신 사이의 정도 차이에 따른 것에 불과함으로 편의상 여러 가지로 분류할 수도 있기 때문이다. 그리고 이러한 "정체들이 바뀌는 것은 관직을 장악하고 있는 집단 자체 내에서 모두가 비롯되는 것이고, 이는 그 집단 안에서 내분이 생길 때라는 것이 말 일세. 반면에 이 집단이 한 마음 한 뜻일 때에는 그것이 아주 소수로 이루어진 것이라 할지라도 변혁될 수가 없겠지."(545a-c)라는 말 속에도 정체에 대한 하나와 여럿의 변증법이 숨어 있다.

『국가-정체』에서 나타난 인치에 따른 정체의 분류와는 다른, 최선자들의 협의와 이를 고정시킨 법치가 가미된 것으로서 『정치가』에 나타나는 정체는 인치의 형태인 철인-왕 통치가 최고의 정체이고, 이것으로부터 모사된 여섯 가지 정체가 제시된다. 여기에서 정체의 분류의 기준은 단순한 주권자의 수가 아니고, 정체가 시민의 동의에 기초한 자발성에 기초하는가, 현실적인 자유의 근거가 된다고 생각된 경제력에 의한 것인가, 그리고 이러한 자유는 진리에 기초한 보편적인 법칙에 준하는가에 따른 분류이다. 일인 통치는 군주정체(monarchia)로서 시민의 자발성과 법치에 기초한 반면, 법이 없고 폭력에 기초한 참주정치로 나뉘며, 통치자가 소수인 정치는 귀족이 법에 의해 통치하는 형태(aristochratia)와 법이 없이 부유한 사람들이 통치하는 과두정체(oligarchia), 민중정치는 법치적인 민주정체와 무법적인 민주정체로 나뉜다(291c-303d). 여기에서는『국가-정체』에 나타난 명예정치가 등장하지 않는 반면 군주정체가 나타나며, 철학자가 통치하던 귀족정체(aristochratia)가 부유한 자가 통치하는 것으로 변경되어 있다. 법에 의한 통치행위에 있어서 군주정체가 가장 우월한 정체이고 그 다음이 귀족정체이며, 마지막이 민주정이다. 법이 없는 통치형태에서 민주정이 가장 견딜만하고 그 다음이 과두정체이며, 마지막으로 가장 견딜 수 없는 것이 참주정이다. 왜냐하면 참주정체에서는 참주의 자의와 폭력에 의한 정치가 이루어지기 때문이다.

1) 혼합정체론: 혼합의 원리와 혼합정의 이념

인간은 사회적 동물이다. 그리고 이러한 인간의 사회의 기초는 가족이다. 이러한 가족이 여럿이 모여서 종족이나 부족을 이루고 하나의 공동체를 형성한다. 공동체에서는 한편으로 서로 협동하고 상부상조하면서도 다른 한편으로는 생존 경쟁하는 측면이 가족 이상의 각 단위마다 존재한다. 이러한 상호 협동과 경쟁은 단위가 커지면서 치열해진다. 그러나 자급자족의 형태를 갖추기 전에는 사회는 분업화되었기 때문에 유기체적인 공동체의 모습으로 상부상조하는 경향이 생존 경쟁하는 측면보다 크다. 그러나 필요에 따라 부족들이 모여 한 국가가 형성되는 차원에서는 생존 경쟁하는 측면이 강해진다. 이러한 국가는 지구상에서 여럿이 존재함으로 인구가 많아짐에 따라 먹고 살기 위해 전쟁까지도 수행하면서 생존 경쟁한다. 그리고 이러한 국가는 자신의 존립을 위한 조직된 힘을 가지고 있으며, 보다 큰 힘을 지향하면서 이를 경영하는 것을 정치라 부른다. 그리고 그 목적은 국가 내의 모든 인민의 행복한 삶

(eudaimonia)을 위해서라는 것이다.

인간이 지상에서 만물의 영장이 될 수 있었던 것은 한편으로는 작고 약한 동물들이 떼거리를 이루어 살듯이 사회를 이루어 집단적인 힘을 발휘할 수 있었기 때문이다. 그런데 이러한 집단적인 힘만으로는 지상에서의 동물적인 삶만을 유지할 수 있었을 뿐이었을 것이다. 인간이 만물의 왕이 되고 영장이 될 수 있었던 것은 도구를 제작하고 이를 이용하고 분업사회를 지혜롭게 조직함으로써이다. 인간의 지상에서의 삶을 다른 동물들처럼 단순히 생존을 유지하는데 있지 않고 행복하게 잘 살려는데 있다. 동양(동아시아)의 행복(幸福) 개념은 '幸'이라는 한자어가 '夭'와 '半' 즉 '反'의 합성어로 되어 있어서 장수의 의미가 있다. 즉 『카르미데스』편에서 소크라테스가 말하는 속인의 인생관처럼 이 지상에서 잘 먹고 자손을 많이 낳고 장수하며 사는 것이 동양인에게 행복이다. 그런데 이러한 행복은 문제가 있다. 하나는 먹고 사는데 있어서 자원의 제약이고 다른 하나는 자손이 번창하여 인구의 증가에 따른 자원의 제약 때문에 약탈을 위한 전쟁이 현실로 나타난다는 것이다. 서양에서 이러한 행복 개념으로서는 웰-빙(well-being), 즉 복지 개념이 있다. 문제는 인간이 동물과의 관계에서 힘 있는 왕으로서만 사는 것이 아니라, 인간들 사이에서 누구나 현대 민주주의 개념으로 말하자면 인간답게 행복하게 살고자 하는데 있다.

정치는 일정한 조직에 의한 권력을 가지고 수행된다. 외적으로는 방위를 수행하여야 함으로 조직된 힘이 막강하게 발휘되어야 함으로 군대 조직이 된다. 반면에 내치는 이러한 힘을 전제로 하여, 국가의 시민에게 권리와 의무 형태로 유기적으로 분배되고 조직된 힘에 의해 수행된다. 여기에 권력의 통일과 분배의 유기적 통합의 필요성 때문에 법과 정체의 문제가 발생한다. 플라톤에 따르면, 인간은 권력을 지니면 기게스 반지가 상징하듯이 왕으로 상징되는 무한한 욕망에 의해 타락할 수밖에 없는 지혜와 능력이 '유한한 존재'이다. 그러나 다른 한편, 플라톤의 오르페우스 종교의 영혼관에 따르면, 인간의 삶을 행복은 개개 영혼들의 불멸하는 신성화에 있다. 그리스어에는 행복을 의미하는 에우다이모니아(eu-daimonia)라는 말이 있는데 이는 말 그대로 인간 영혼(psyche)의 신격(daimonia)화에 있다. 오르페우스 종교에서는 인간은 신들이 사는 세계에로 가는 것이 최고의 목적이다. 인간의 영혼은 신성을 지니기에 지상에서의 살고자 하는 욕망에 부응하는 재화, 즉 부에 대한 욕망과 사치가 인간 영혼이 지니는 본래적 목표를 망각하게 하고, 그래서 참주와 같이 자신의 쾌락을 극대화하기 위해 가장 나쁜 짓을 하게 되며, 결국에는 타락하여 모든 사람들에 대해 스스로 지옥의 전쟁 상태에 있게 되는 삶을 살 수밖에 없다. 이러한 나쁜 삶을 살지 않는 것이 오르페우스 종교에서 의미하는 신의 존재를 알고 철학자처럼 그리고 만일 권력을 가졌으면, 다른 사람과 공존하는 인간다운 평화의 삶을 모두 함께 살줄 알게끔 국가를 경영하는 삶이 지상에서의 최선의 삶이다.[47]

인간은 모두 영혼을 지녔기에 인간이 왕처럼 산다는 것은 재물에 대한 대내외적인 욕망을 절제하고 이기는 용기와 신적 존재에 대한 진리에 따르는 신적인 지혜를 추구하는 용기와 각 사람들 간에 성립하는 정의에 따르는 용기를 지님으로써 건강하게 살아가는 것이 최선의 삶이다. 그런데 진리를 탐구하면서 종교적 삶을 영위하는 철학자가 권력을 추구하고 한 사람의 왕이 되는 왕정 제체가 이룩되는 길은 험난하고 한 영혼이나 국가 내에 수많은 고난을 상징하는 딜레마를 함축하는 것이다. 따라서 이러한 딜레마를 해소하기 위한 방법으로 하나와 여럿이 변증법적으로 조합되는 영혼의 상태처럼 조화되어야 하고, 국가의 정치체제는 현실에서는 혼합정의 체제에서 가능한 것이다. 따라서 플라톤이 말하는 혼합정체는 한편으로는 이러한 막강한 힘의 남용으로 발생하는 권력을 분립함으로써 전제화와 폭력화를 방지하고 지상에

---

47 플라톤은 『필레보스』 편 22d와 27d에서 즐거움의 삶 속에는 분별이 없고 분별의 삶 속에는 즐거움이 없을 경우를 가정하고 전자는 일종의 해파리나 조개류의 몸을 가진 바다생물들의 삶과 다름 바 없으며, 후자의 삶은 분별과 지성, 지식 그리고 온갖 기억을 가지고 즐거움이나 괴로움에도 조금도 관여하지 않는 삶으로서 "모든 삶 중에서 가장 신적인 삶"이라고 말하고, 이 양자의 혼합(mixis)에서 참으로 좋은 삶(to ontos agathon), 즉 행복한 삶이 이루어진다고 말하고 있다.

서의 모든 사람의 행복과 삶의 안정을 위해 진리에 따르는 분배적 정의를 필요로 한다.

플라톤의 혼합정 이념에는 오르페우스 종교에서 기원하는 플라톤의 영육 이원론과 영혼 불멸설에 따르는 윤회론이 함축하는 다신론적 측면을 넘어서는 측면이 있다. 그것이 『법률』편 10권의 신의 존재 증명에서 나타난다. 오르페우스 이원론은 플라톤 정치철학에서는 서로 화해 할 수 없는 신적 지혜의 능력과 인간의 이성 능력이 조화할 수 없는 양극성(배중률의 기초)으로 작용한다.[48] 이 때문에 영육이 하나로 통합되어있는 인간의 현실세계에 대한 묘사에서는 이 양극성이 신을 지향하는 정신에 의해 하나로 통합되어야 하는데, 여기에서 작용하는 것이 전체-부분의 논리가 하나와 여럿의 변증법으로 승화되어 성립한다. 수학적으로 표명된 플라톤의 하나와 여럿의 변증법에서 존재와 진리는 하나에 가깝고 여럿은 비존재와 허위에 관계한다. 그러나 하나와 여럿의 변증법은 『국가-정체』편에서 나타난 바대로 권력에 의한 위계와 질서를 의미하기도 하는데, 플라톤의 정치체제론에서 왕도 이기적인 개인이기에 왕정이 전제군주정이나 전체주의를 지향하는 것으로 나타날 수 있다. 이러한 폐단을 막고자 하는 것이 이성적 진리에 의한 철학자의 우주적 지혜이다. 그러나 이러한 철학자-왕의 체제는 현실에서는 불가능하다는 것이 『국가-정체』편에서 표명되어 있고 『법률』편에서는 그럼에도 불구하고 이러한 이상을 현실화하는 방법이 제우스의 법의 지배 형식으로 나타난다. 즉 『법률』편에서는 하나와 여럿의 변증법을 조정하는 신적 지혜를 본받아 인간의 현실을 구성하려는 것이 법률 제정의 정신으로 나타난다. 그리고 이러한 하나와 여럿의 변증법은 하나와 여럿의 변증법을 구성하고 형성하는데 전제가 된 동일성-타자성(차이)의 변증법으로 대치된다. 이러한 동일-타자의 변증법은 플라톤의 존재론에서는 우주 구성의 변증법으로 나타나기도 하고 유기체의 논리로도 나타

---

48 『파르메니데스』, 134a-135e. 송영진, 『도덕 현상과 윤리의 변증법』, 230-233쪽들.

난다. 현대에서 보면 동일-타자(차이)의 변증법은 경험적 사실을 분석 종합하는 이성의 원리이기도 하다. 이러한 동일-타자의 변증법은 파르메니데스의 존재론을 이루고 있는 존재와 무의 배중률을 전제하는 것이다. 파르메니데스의 존재론에서 허무는 존재하지 않는다. 이 때문에 파르메니데스와 같이 허무의 존재를 인정하지 않는 플라톤도 『소피스테스』편에서 허무(비존재)라는 말은 사실 여럿이 전제하는 차이성에서 기원하는 것을 말한다. 즉 허무에 대한 인간의 말 속에는 타자들 일반을 지칭하는 타자성이 함축되어 있다는 것이다. 즉 하나-여럿의 변증법에서 이를 보완하는 것으로서 동일-타자의 변증법이 나타난다.[49]

플라톤의 동일-차이(타재)의 변증법은 『티마이오스』편에서 우주 구성의 존재론적 원리로 나타나는데 우주신 데미우르고스가 동일의 원과 타자의 원을 혼합하되 일자의 원 안에 타자의 원이 귀속하는 것으로서 단 하나의 아름다운 우주(kosmos)를 만들어 내는데, 여기에서 이 양자의 존재론의 원리는 다음과 같다. 즉 동일성은 "불가분적이고 언제나 같은 상태로 있는 생성을 갖지 않는 존재(ousia)의 원리"이다. 타자성은 "언제나 생성되는 것으로서 결코 존재하지 않는다고 말해지는 가분적인 것으로서, 다른 것과 다르고 자기 자신에 마저 다른 사생아적 존재(notos logos)의 원리"이다. 이들은 서로를 받아들이지 않기에 강제와 설득을 통하여 이 양자에 있는 셋째 종류의 존재를 결합해 내는데 이 결합의 방법이 '혼합(mixis)'이다(34c). 그리고 이러한 혼합이 지향하는 것이 조화(harmonia: kosmos)로서의 '선과 미(kalokagathia)'이다.[50] 이러한 혼합의 원리

---

49 소피스트 248a-e와 266-268a-e.
50 이러한 조화(harmonia) 사상은 이오니아의 '전쟁은 만물의 근원'이라는 헤라클레이토스의 사상에 반하는 피타고라스학파에서 기원하는 것으로서, 후에 같은 이탈리아지방에 있었던 엘레아학파의 존재론에 계승되어 소크라테스-플라톤에 정착된다. 그런데 바로 이러한 조화사상의 이면에 상호 진리를 위한 비판과 경쟁(갈등)을 긍정적으로 보는 마키아벨리즘이 탄생할 소지가 있다. 『군주론』 10장에서 마키아벨리는 군주가 자신의 지위(권력)를 건재하게 유지하기 위해서 귀족들과 인민들의 상호 투쟁을 유도하면서도 이를 이용하는 사자와 여우의 간지를 발휘해야 할 것을 말하고 있기 때문이다. 역설적으로 혼합정이 현실적으로 신앙과 합리적 이성을 전제하지 않으면 유지되기 어렵고 파괴되기 쉬운 측면을 노정하는 것이다.

는 우주(kosmos)를 행복한 신(34a)으로 만들어 낸 것이며, 행복한 신으로서의 이 우주는 그밖에 자신이 생성한 생명체나 생명체의 혼을 구성하는 원리이기도 하다. 이 때문에 동일-타자의 변증법에서 진정한 유기체의 논리가 나타난다. 이러한 플라톤의 변증법을 종합하면 하나와 여럿의 논리 이면에 전제된 것이 전체와 부분의 공간 논리이다. 그리고 이러한 하나와 여럿이 유기체의 논리로 변모하는 데에는 동일-타자의 변증법이 보완적으로 말해진다. 그런데 문제는 이러한 유기체 논리는 전체-부분의 변증법이 역으로 규정되어 '부분 속에 전체가 가능적으로 들어 있다'는 논리로 나타나는 것이다.[51]

유기체의 변증법은 하나와 여럿의 변증법을 신적 능력이 지닌 실천적 지혜(phronesis)의 변증법으로 대치하는 것으로 나타나는데, 여기에서 중요한 것이 신이 하나이냐 여럿이냐의 문제이다. 그런데 플라톤은 초-중기에서는 그리스 신화와 오르페우스 종교의 영향으로 신이 여럿인 것으로 말해지나, 이데아론과 결합된 신 개념에 따라 후기 철학, 특히 『법률』편에 가면 점차 선한 신이 하나이어야 한다는 것으로 변모된다. 여기에 대응하는 것이 고대에서는 신플라톤 사상으로 받아들여지는 플로티누스 신비주의로 나타나며, 이 플로티누스 신비주의가 아우구스티누스를 통하여 기독교에 영향을 주어, 기독교의 삼위일체론에서 말하는 신과 인간의 능력 사이의 유한-무한의 변증법이다. 말하자면 플라톤의 후기 철학에서는 선의 이데아가 하나로 묘사되듯이 초기 오르페우스 종교에서 나타난 다신론적 개념이 점차 유일신의 모습을 띠고 나타난다. 여기에서 동일-차이의 변증법은 기독론의 유한-무한의 변증법으로 변모되는 것이다.

이러한 플라톤의 하나와 여럿의 변증법적 논리의 변화에 맞추어 『티마이오스』편에서 하나와 여럿의 논리를 보완하는 동일자와 타자의 논리에 따르

---

51 전체와 부분의 논리가 현대 생물학에서 유기체의 논리로 변형되어 나타나는 것을 우리는 에른스트 마이어(Ernst Mayer)의 『생물학(This is Biology)』(최재천 역, (Cambridge, 몸과 마음, 1997-2002), 1장에서 볼 수 있다. 그리고 유기체논리를 가장 잘 설명하는 것은 한국의 철학자 박홍규(『베르그송의 창조적 진화 강독』(민음사, 2007), 28쪽)이다.

는 존재론에서 존재에 동일자와 타자의 혼합을 주도한 우주신 데미우르고스는 『정치가』와 『법률』편에서는 크로노스(Kronos)로 대치되고 있다. 결국 플라톤의 혼합정의 이념은 크로노스 신의 우주와 통치를 인간이 이성적으로 모방하려는 데에서 기원한다. 혼합정의 이념은 개인영혼이 신적 상태를 지향하면서도 이 지상에서 살아가는데 필요한 재화를 생산해야 하는 현실에서의 '전쟁이 없는 안정된 평화와 정의의 질서를 목표로 하는 법질서'에 따르는 개념으로서 개인영혼이 확대된 법질서를 전제하는 국가의 정체 개념이 혼합정의 개념으로 나타나는 것이다. 이 때문에 인간적 현실에서의 정치체제는 권력을 지니는 지배자의 수가 단순한 하나의 정치체제로 정리되기보다는 여러 정체를 혼합할 필요성 때문이다. 그리고 이러한 혼합정의 이념은 궁극적으로는 권력을 분할하고 이를 고정하기 위해 보편적 법률을 제정하고 현대에서는 이를 성문화 하는 정신으로 나타난다. 플라톤이 정체를 혼합하는 방식은 관직을 '분할해 확정하고 이들을 선발하면서' 권력을 분배하고, 이들 사이에 권력의 남용과 집중에 따른 부정이 없게 하기 위한 유한-무한의 변증법에 따르는 정의관에 따라 견제와 균형에 의한 '조화의 통일성'을 지향하는 신적 통합의 변증법이 작용하고 있다.

『법률』편에서 플라톤은 공정의 이데아나 선의 이데아를 말하지 않고 이데아에 대한 언급이 별로 나타나지 않고 있다. 즉 『법률』편에서 국가의 체제를 결정하는 법률이 신에 의해 제정되어 있다고 하면서 국가체제를 그리스 신화에 기초한 인류역사를 통하여 구성하고 있다. 이는 법률이 이데아를 신적 능력에 의해 모방한 것을 의미하며, 『국가-정체』편의 주지주의적 경향과 다른 생성·소멸하는 존재자들의 현실에 대한 진정한 인식 때문으로써 인간의 역사적 현실에서 국가를 '현실적으로' 설립하려는 플라톤의 정신으로 나타난다. 이 때문에 『법률』편 10권에서는 이데아들보다는 이들을 통합하는 '하나의 이데아'인 '선의 이데아에 따르는 신의 존재증명'이 언급된다. 역설적으로 『법률』편 1권 서두에서는 신에 의한 법률의 제정을 대화 주인공들이 인정하고 있어도, 신의 의도에 대한 해석이 서로 다를 수 있음으로 인해서 스파르타의 메길리우스와 크레타의 클레이니아스는 자신들의 국가에서의 서로 다른 법률과 국가체제를 신의 의지에 의해 형성된 것처럼 이야기하게 된다. 결국 신의 성격에 따르는 법은 역으로 말하면 시대와 환경에 제약받는 대중들의 삶에의 의지가 표현된 관습이나 대중 종교에 의해 형성된 신과 그의 의지에 따르는 종교적 율법에 따라 여러 가지로 해석되어야 함을 함축한다. 『국가-정체』에서 배의 비유에 나타난 이데아는 『법률』편에서는 법으로 변화하며, 역으로 좋은 법이란 선한 신의 의지에 따르는 것이 된다.

그런데 신법일 경우는 인간적인 경험의 말로 해석해야 하는데 이 때문에 법의 해석에는 해석자의 시대와 장소에 따라 다양한 토속적인 전통적 세계관이나 인생관이 개입한다. 이러한 사태를 반영하듯이 『법률』편에 나타난 아테네에서 온 손님(사형당하지 않고 탈출한다면 왔을 수 있다고 생각된 미케네 도시국가에 온 소크라테스)과 메길리우스, 그리고 클레이니아스의 서로 다른 법 해석의 가장 큰 차이를 나타내는 것이 국가 구성의 원리인 정의와 법이 전쟁을 전제하는 것인가 평화를 위한 것인가이다.[52] 전자는 신의 의지를, 생존경쟁을 자연의 원리나 법으로 보는 것이고, 후자는 사회적 구성 원리인 만물을 생육하는 사랑이나 우정의 원리에 기초한 것으로 보는 것이다. 그러면 이 양자의 어느 편이 신의 의지인가? 『법률』편에 따르면 크로노스 신에 비유된 신은 정의롭고 진리이면서 무조건적으로 선하다. 그러나 이러한 신의 진선미가 통합된 의지는 인간에게는 이성에 의해 분석되고 다시 통합되어야 하기에 이성적으로 해석되어야만 하는 것이다. 그것이 『정치가』(272b)편에서 크로노스 시대를 모방하는 인간 이성이 지배하는 시대로서의 제우스 시대, 즉 신의 지배와 인간의 지배 사이에

---

52 『법률』편, 제 1권 참조. 플라톤의 법률에 관한 대화편으로는 『법률』편 이외에 『크리톤』편과 『정치가』편이 있다. 그리고 『국가-정체』편과 『법률』편의 관계는 J. A. 콜라이아코(James A. Colaiacork)가 『소크라테스 재판』(김승욱 역, (작가정신, 2005)에서 표명한 『소크라테스의 변명』과 『크리톤』편의 변증법적 갈등으로 표현될 수 있다. 그리고 이러한 정의론을 둘러싼 갈등은 소크라테스의 종교적 관점에서만 해소될 수 있다. 이러한 관점에서 보면 소크라테스-플라톤의 국가관은 전체적으로 『크리톤』편이나 『법률』편에 나타난 것이다.

존재하는 제우스시대로 나타난다.

플라톤에 따르면, 인간이 살아가는 데에서 인간 영혼이 치러내는 전쟁에는 대내적인 것과 대외적인 것이 있듯이 국가에서도 그러하다. 대외적인 전쟁에서는 다른 나라들을 어떻게든 이기도록 그렇게 조직되고 다스려져야 하지만, 대내적인 전쟁을 수행할 경우 다음과 같은 세 가지 방법이 있다. 1) 누구든지 그들 중 나쁜 형제들을 다 처치하되 더 선량한 저들끼리 다스리도록 하는 방법, 2) 선량한 사람들이 다스리도록 하되 한결 못된 자들은 살려두고서 다스림을 받도록 하는 방법, 3) 불화 상태에 있는 한 친족을 넘겨받아서 그 누구도 처치하지 않고 화해시킨 후, 그들에게 법률을 제정해주고서 이후 남은 시간 동안은 서로 친구가 되도록 지켜주게끔 해줄 수 있는 사람이 있다면, 이 사람에게 판결을 맡기는 방법이다(627e). 특히 마지막 방법은 소크라테스의 지덕합일설이 함축한 악을 선으로 갚아주는 방식이다.[53] 이러한 법관은 전쟁을 주목

---

53 현대 정치철학의 플라토니스트로 불리는 레오 스트라우스와 그의 정치 철학의 이념에 따르는 현대 미국의 보수주의자들인 네오콘들(the neo-coservertive: 시카고학파)은 이러한 소크라테스의 지덕합일설을 미국의 칼리클레스의 강자의 정의와 결합하여 플라톤 사상을 재해석한다. 사실 폴리스는 국가와 사회가 분리되기 이전의 공동체이다. 폴리스는 정치뿐만 아니라 경제, 문화, 도덕적 삶까지 깊숙이 간여한다. 예를 들어서 아테네 시민 A가 도덕적으로 문제가 있다고 판단되면, 시민 B는 A를 기소할 수 있다. 그러면 각 지역(demos)을 대표하는 배심원 수백 명이 참여하는 재판이 열리고 A와 B는 주로 소피스트들이 가르치는 변론술을 펼쳐서 배심원을 설득해야 한다. 법조문에 안 나오는 죄는 죄도 아니라는 죄형 법정주의 같은 것은 있을 리 없다. A가 배심원을 설득하지 못하면 처벌 받을 수가 있다. 이러한 억울한 일을 당한 사람이 플라톤에 따르면 바로 소크라테스이다. 그는 국가가 정한 신을 믿지 않고 젊은이를 타락시켰다는 죄목으로 사형당했다. 현대의 개인주의를 기반으로 하는 자유주의 국가에서는 상상도 할 수 없는 일이다. 자유주의 시각에서 보면 폴리스는 일종의 집단주의 개념이라 할 수 있다. 레오 스트라우스는 이러한 집단주의 방종상태에서의 자유를 인정하는 대중이나 군중의 민주주의(아리스토텔레스가 말하는 중우정치)에 성립하는데, 이에 반발하는 데에서 플라톤의 『국가정체』의 귀족주의적인 정치철학이 탄생한다고 해석한다. 사실 레오 스트라우스에 따르면, 정의와 진리를 일치시키려는 플라톤의 정치철학은 근본적으로 진리를 추구하는 철학자와 권력을 추구하는 왕의 결합으로 나타나는데, 현실적으로 정치와 철학은 근본적으로 화해할 수 없는 성격을 지닌 것이다. 그런데도 이를 화해시키려는 아리스토텔레스에 따르면, '인간은 폴리스적 동물'이라는 개념이다. 이는 단순히 인간이 폴리스를 떠나서 살 수 없다는 뜻만이 아니라 더 적극적인 뜻을 가지고 있다. 인간은 폴리스를 통해서만 진정한 인간으로 완성될 수 있다는 뜻이다. 폴리스의 형상, 즉 레짐(regime)은 시민들의 행·불행의 삶에 결정적인 영향을 미친다. 이 때문에 레오 스트라우스는 근대 이후 부르주아 사회에서 사회적인 귀중한 가치로 여기는 개인주의적인 자유와 관용보다는 전통적인 귀족주의적 관점에서 국가의 선(행복)과 정의(사회질서)를 더 중요시한다. 레오 스트라우스(Leo Strauss)는 소피스트들, 특히 프로타고라스의 진리 상대주의와 진리 상대주의가 궁극적으로는 고르기아스의 허무주의에 도달하는 것을 방지하려는 소크라테스의 오르페우스 종교에 기초한 지덕합일설을 토대로 하는 플라톤의 정치철학을 ('진리' 개념을 괄호로 묶는다면) 정의는 힘이라는 칼리클레스의 원리와 결합함으로써 플라톤이나 아리스토텔레스의 현실적인 고전적 귀족정치의 토대로 보기 때문이다. 이러한 정치철학의 원리는 "친구에게는 선의를 베풀고 적에게는 악을 수행하는" 일종의 패권주의로 나타나는 것인데 선의에 기초하기 때문에 자비로운 패권주의로 본다. 박성래, 『레오 스트라우스-NEO CON』(김영사, 2005), 1, 2장 참조.

하고서 하는 것과는 반대의 것으로서 서로 간에 평화와 우정이 함께 있게 하는 방법으로서, 이 방법으로서 "한 나라가 저 자신을 이기는 것은 불가피한 것으로서 마치 병이 난 몸이 의술에 의해 변통을 보게 됨으로써 아주 좋은 상태에 있게 되었다고 하는 것으로서...나라나 개인의 행복과 관련해서...이런 식으로 생각하는 것이다."(628d). 옳은 정치가나 입법가는 바로 이렇게 진리에 근거한 정치와 입법을 생각해야 하며, 이러한 전쟁에서 갖추어야 할 덕이 용기 하나라기보다는 용기가 정의와 절제와 지혜가 합쳐져 하나로 있는 경우에 가능하다. 여기에서 용기는 화합과 우정을 지향하는 것으로 변모되며, 플라톤의 국가를 정의롭게 구성하고 이를 살아 있게 만드는 법을 제정하는 정신이 나타난다. 그리고 이러한 법제정의 정신에는 악을 선(지혜)으로 갚아 주는 소크라테스의 지덕합일설에 전제가 되고 있는 선의지가 기초되어 있어야 한다.

사실 플라톤의 법 제정의 정신은 국가 구성원 전체의 행복과 평화를 목적으로 하는 것이고 전쟁은 대외적으로는 방어에 국한되며, 대내적인 것은 친애나 우정으로 승화시켜야 할 것으로 언급하고 있기에, 정치나 입법 행위도 정의롭게 수행되고 윤리적으로 수행되어야 함을 말하고 있다. 그러나 그의 국가 구성과 입법 행위는 대내적인 전쟁을 전제하고 이루어지고 있기 때문에 역설적으로 현실적으로는 적과도 관계하는 대외적인 전쟁을 전제하지 않을 수 없다. 그런데 대외적인 전쟁은 국가가 여럿이 존재하면서 자기 보존과 자기 이익을 지향할 때 발생하는 것이다. 그리고 현실적으로 국가를 운영하기 위해서는 이 양자가 필요하다. 그런데 대외적인 전쟁에서는 승리만이 목적이기 때문에 마키아벨리적 술수가 필요하다. 이러한 전쟁은 사회내부에서도 개인들 간의 경쟁이나 전쟁에서도 나타날 수 있음을 전제한다. 한 개인의 영혼의 문제가 아닌 여럿이 공존하는 사회나 국가와 관련된 정치에서 윤리적인 문제가 소피스트들(상인들)의 수사학이나 웅변술과 관계하여 복잡해지는 이유이다. 즉 마키아벨리적 정치나 입법의 이념이 대내적인 것에 대해 행해질 가능성이다. 특히 참주정치나 현대에서의 독재나 전제주의나 전체주의에서 그러하다.

　현실적인 국가 운영에 필요한 입법적인 정신에는 전쟁에서의 정의처럼 대내적인 것과 대외적인 것이 구분되고 그러면서 공존해야 한다. 그리고 그 입법적 정신에는 마키아벨리적 술수를 극복하는 것이, 바로 소크라테스의 지덕합일설의 전제가 되고, 이 지덕합일설의 기초에 있는 것이 '선의지'이다. 그런데 국가 운영에 법을 제정하는 것은 입법자이고, 지키게 하는 통치자가 행정가이다. 특히 행정관으로서 정치가는 법을 지키게 하는 강력력인 권력을 행사하는 경우가 많이 있다. 법을 행사하는 행정관들의 권력(영혼에 내재한 외적으로는 힘으로 상징되는 능력)이 플라톤이 말하듯이 법이나 정의의 기초에 있는 선의지에 따를지는 의문이다. 역으로 이러한 선의지가 인간의 이성의 한계를 자각하고 진리를 찾으려는 협의의 정신이나 진리를 찾았다고 할 경우, 진리에 기초한 설득을 수행할지는 더더욱 의문이다. 협의의 정신과 설득의 정신은 서로 다르기 때문이다. 더 나아가 법의 지배의 이념에 따르면 권력의 행사자인 정치가나 행정관마저도 법에 따라야 한다는 것이 플라톤의 법 제정의 정신이다. 즉 이러한 진리에 따르는 법 제정의 정신에 의해 이루어진 혼합정체와 법이 현실화되었다고 해도 이를 적용할 때에는 역으로 법을 현실에 맞게 해석해야 하고 현실적인 법을 지키게 하는데 강제력이 필요하다. 법을 해석하는 데에는 해석하는 자의 지식과 자의성을 배제할 수 없다. 결국 좋은 법이 제정되었다 하더라도 이를 현실적으로 해석하고 적용하는 데에서는 지식의 한계와 해석자의 자의성 때문에 많은 문제가 생겨난다. 더욱이 이를 강제하는 경우에는 현실적인 법을 지키게 하는 강제력이 불법적인 것으로 나타날 수도 있다. 즉 현실적인 정치권력에 수사학과 마키아벨리즘이 나타날 수 있다.[54] 특히 권

54　여기에서 플라톤이 자주 사용하는 영혼의 능력이 지니는 권력의 아이러니와 함께 하나와 여럿의 변증법이 가능하다. 즉 하나는 통합되어 절대적으로 좋으나 여럿은 차이가 지니는 분열과 전쟁을 무한으로 지닐 수 있기에 나쁘다. 물론 플라톤은 전쟁의 분류를 대내와 대외로 구분하는 한 필연적으로 법 제정의 정신을 하나와 여럿의 관계가 전체와의 관계에서 보편적으로 설정한 경우로 이야기 하고 있다. 그러나 한계는 곧바로 비한계와의 관계에서 변증법이 발생하는데 이것이 바로 『소피스트』편 268b에서 말해지는 정치적인 것에 소피스트들(대중 선동가)의 마키아벨리즘이 들어올 수 있는 이유이다.

력을 자기 이익을 위해 남용하는 참주체제에서 그러하다.

다른 한편, 입법자들은 법 제정에 있어서 자신들도 이 법의 지배를 받아야 하는 정신으로 즉 보편적인 법을 제정해야 한다. 그렇지 않고 국민들 일부나 정치하는 자신들을 위해 법을 제정하는 경우에는 자신들이 제정하는 법에서 초월적으로 존재한다고 생각하는 것이 되며, 이러한 생각은 현실적으로는 신적인 존재가 되어 법을 능가하는 행위를 하는 것이 되고 창조적인 행위가 아니면 권력은 불법적인 것이 된다. 즉 그들이 지은 법이 보편적인 법이 되지 못하고 불편부당한 법이 되며, 자신들은 법에 초월적인, 혹은 불법적인 존재로 만들기 때문이다. 사실 플라톤이 그의 대화록에서 말하는 신은 모두 법에 종속되는, 즉 이데아에 지배되는 신이다. 플라톤이 『티마이오스』편에서 말한 데미우르고스(우주 제작신)가 우주를 구성하는데 이데아가 미리 주어져 있는 것으로 말하고, 신은 이 이데아에 따라 우주를 제작하는 신으로 나타난 이유이다. 그리고 이 이데아는 만유의 질서이자 모형인 진리의 본이다. 그래서 철학자들은 끊임없이 이를 찾아가야 하는 존재로 말해진다. 그러면 이러한 우주의 구성 원리이자 운행원리인 이데아, 즉 법이란 우주가 생산한 생명체나 인간을 존재하게 하는 내재적 원리란 무엇인가?

『법률』편 1권 (713a-e)에서 법은 신이 만든 것이라는 견해가 표명되면서, 크로노스가 다스리던 시대에는 어떤 통치체제와 국가 운영방식이 있었으며, 그것은 대단히 행복한 것들이었다는 이야기가 나온다. 그리고 오늘날 가장 훌륭하게 운영되는 나라는 그것이 어떠한 것이든 간에 바로 크로노스 시대의 것을 모방하는 것이라는 것이다. 크로노스 신이 우주와 인간을 다스리던 그 당시 국가의 지도자들은 신이 내세운 종족으로서 신과 인간의 중간자이자 매개자인 다이몬(daimon)이었다는 것이다.

> "사람들은 모든 것을 풍요롭게 그리고 어떠한 노력도 하지 않고 누렸다고 합니다. 그러한 사정은 다음과 같은 원인 때문이었다고 합니다. 우리가 자세

히 이야기한 것처럼 인간들의 본성은 방종과 부정의에 휩쓸리지 않으면서 인간사 모두를 스스로 통제할(autocrator) 수 있을 정도로 충분히 온전하지 못하다는 것을 크로노스는 알아차리고 있었기 때문에 바로 이 점을 염두에 두고 숙고하여, 그 당시 우리들의 나라들에 왕과 지배자들을 임명하였는데, 이들은 인간이 아니라 더 신적이고 훌륭한 종족인 다이몬(daimon)들이었다는 것입니다. 마치 우리가 오늘날 양떼와 가축들에 대해 행하는 방식대로 말입니다…. 신도 역시 인간을 사랑하는 자이기에 우리보다 훌륭한 종족인 다이몬을 우리를 돌보는 자로 세웠던 것입니다."

그런데 인간들이 교만해지고 힘에 방종해지면서 사멸하는 인간들이 통치자가 된 시기가 도래하자 신들이 이 우주를 조종하던 키를 떠나버린다는 이야기가 『정치가』편에 나온다. 그래서 현재 우리가 몸담고 있는 시대(제우스 시대로 묘사된다.)의 인간들은 어떤 이상적인 신의 통치를 받고 있지 못한 결핍의 상태에 있다. 바로 그렇기 때문에 우리는 스스로의 힘과 노력으로 우리 자신들을 돌보아야 하며, 그리하여 살아남기 위해서는 어떤 특정한 종류들의 기술들을 채택하여 사용할 필요가 있게 된 것이다. 그리고 그 기술을 지닌 종족이 신과 인간의 중간에 있다고 정의된 다이몬(daimon)[55]으로 칭하는 신인이나 인신에 해당하는 청동의 인간이 정치지도자나 영웅이다.

"신이 아니라 죽어 없어질 인간인 누군가가 지배하는 한, 그런 나라에는 나쁜 것들과 수고로움을 피할 길이 없다는 것이다. 이 때문에 우리는 모든 수단을 통하여 크로노스 시대에 있었다고 하는 삶을 모방해야 하며, 우리 안에 들어 있는 불사하는 어떤 것에 복종하며 따르면서 공적인 영역에서 그리고 사적인 영역에서 가정과 나라의 일을 통솔해야 하며, 이와 같이 이성이 하는 배분(ten tou nou dianomenon)을 법이라고 부를 것입니다."(『법률』, 713e)

그런데 플라톤에 따르면, 사유능력(이성)은 신이 모든 인간에게 부여한 것으로 말한다. 그리고 이러한 이성을 개발하여 지니고 있는, 신과 인간의 중간적

---

55 『심포지엄』편에서 소크라테스는 에로스를 다이몬(daimon)이라고 규정하면서 신과 인간의 중간자로 정의한다.

인 존재를 다이몬으로 말하고 있다는 것이다. 여기에서 구별할 것이 바로 신들은 전지적이고 완벽한 덕성을 지닌 존재들이고 모든 것을 자율적으로 해결하는 존재이기 때문에 법률을 필요로 하지 않으나 인간이라면 법률이 필수적임을 말하고 있다는 점이다. 그리고 이 법은 이데아가 아닌 이데아의 모방물이라는 것이고 신의 법을 모방하는 자를 신과 인간의 중간인 다이몬(daimon)으로 내세우고 있는 것이다. 그런데 모든 인간들은 다이몬이 아니다. 신의 의도와 인간의 사유능력(이성)이 모두 신에게서 나온 것이라 할지라도 개발 정도에 따라 정도 차이가 존재하며, 이 정도 차이를 극복하는 이성으로서는 신의 선함에 기초 두어야 하고 선함을 지향해야 한다는 것이다. 왜냐하면 플라톤은 『법률』 10권에서 신 존재 증명을 수행하면서 신은 무조건적으로 선한 존재라는 것을 전제하고 있기 때문이다. 그리고 이러한 다이몬을 통한 신정정치는 『정치가』 편에서 나타난다.

『정치가』 편에서 플라톤은 최고의 정치체제를 왕도적 정치로 보며, 이 때 왕도란 '지혜롭고 선한 사람이 지배받는 이들의 일을 지정해주는, 국가의 바른 경영의 가장 참다운 기준(296e)'이다. 그리고 정치가는 지성과 기술을 겸비한 가장 올바른 것을 언제나 나라 안에 있는 이들에게 분배해 줌으로써 그들을 구제하고(sojein), 그들을 가능한 한 더 못한 상태에서 더 나은 상태로 만드는 사람이다(297a). 결국 '왕도적 정치술'이란, "모든 지식이나 기술들 가운데 어느 것도 치술이 아니기 때문에 이들 가운데 어느 것을 스스로 행하는 것이 아니라 오히려 나라들에서의 중대한 일들의 착수와 추진이 때에 맞는지 맞지 않는지를 인식하는 것[56]으로서, 행할 수 있는 것(다른 기술들)을 다스려야(조정) 하는 것이고 다른 기술들은 지시받은 것을 행하는 데 있다(305c-d)." 즉 정치술이란 "모든 기술들을 다스리고(국가의 이념에 따라 조정하고), 법률과 나라에서의 모든 일들

---

[56] 플라톤의 유한-무한을 조정하는 유기체(생명체)의 변증법에서 기능개념으로서 때와 장소에 합당한 'kairos'라는 신적인 시간 개념이 나타난다. 이 시간 개념을 한나 아렌트는 '행위를 새롭게 시작하는' 개념으로, 베르그송은 지속이라는 생의 약동력(elan vital)에서 기인하는 창조성(비약적 도약)이 있는 것으로 판단한다.

을 보살피며, 모든 것을 바르게 엮는 기술, 즉 직조술에 비유된다. 이 때문에 그는 왕도적 정치술을 일종의 판단술과 관장술(292b)이며, 왕도적 통치의 기준을 일종의 지식(episteme)으로 본다(292c). 그리고 이러한 지식은 행위와 관련되기에 지혜(phronesis)로부터 온다. 왜냐하면 지식은 불변하나 이 세계는 변화하는 세계이기에 불변하는 것과 변화하는 것을 매개하는 것이 행위의 지혜, 즉 숙고(phronesis)이기 때문이다. 『정치가』에 나타난 정치가의 이념이 『국가·정체』편에서의 신의 정신을 지향하는 철학자-왕으로 나타난 것이다. 플라톤이 말하는 왕도적 지혜에 의한 덕의 정치는 정의론으로, 즉 정치-윤리학으로 변모되는 것이다. 결국 플라톤에서 기원하는 서구의 정치 철학의 이면에는 도덕과 윤리학이 전제되어 있다. 그런데 서구의 윤리학은 공리주의와 도덕법 주의의 양대 산맥으로 이루어져 있다. 이 때문에 무엇이 선하고 윤리적인가는 그 기준이 두 가지로 분리되어 서로 논란을 불러일으킬 수 있고 갈등이 불가피하다.

플라톤에 따르면, 이 세상은 변화하는 것이고 이 때문에 항상 덜함과 더함이 있는 우연성이 지배하는 세계이다.[57] "덜함과 더함이 있는 세계 속에서 서로와 관련해서 뿐만 아니라 적도의 창출과 관련해서도 측정되어야 하며 만일 이것이 합의되지 않는다면, 치자나 행위와 관련된 사람들 가운데 어느 누구도 이론의 여지가 없는 지식을 가진 사람이 아니기 때문이다(284c)." 이 문제는 『소피스트』편에서 문제된 '비존재'의 문제보다 훨씬 중요한 것이다. 이 때문에 진정한 지식(epistheme)은 곧바로 기술의 현실에서의 실현문제로 나타난다. 그러므로 왕도적 치자는 지혜로운 왕(ho phronimos basileus)이고(292d), 어떤 통치이든 기술에 의해 통치하는 이들로 보아야만 하기 때문이다(293a). 이에 의술

---

57 항상 변화하고 항상 덜함과 더함이 있는 세계는 헤라클레이토스가 말한 현실로서 현상계라 불리며, 현상계는 하나와 여럿의 변증법으로 다 설명될 수 없는 세계이다. 이러한 세계를 플라톤은 여러 가지로 설명하고 있는데 그것은 한편으로는 존재의 동일성과 타자성으로 설명되기도 하고, 전체와 부분의 논리를 지닌 하나와 여럿의 변증법으로 다 설명할 수 없는 비존재의 세계요, 따라서 여기에서의 변증법은 유한과 무한의 변증법으로 설명할 수밖에 없는 것으로 바뀐다. 현실에서는 우연성 때문이며 인간 능력의 자발성에는 우연성에 관계하는 자의성 때문에 그러하다.

에 비유되는 왕도적 치술은 좋게 할 목적으로 지식(기술)과 정의를 이용해서 나라를 구제하고 더 못한 상태로부터 더 나은 상태로 만드는 것(293d-e)이다. 그리고 바른 정치 체제(politeia)는 그런 식으로 다스릴 수 있는 사람들한테서 그들이 법률보다 강한 기술의 힘을 발휘함으로써 생겨나는 것이다. 여기에서 최선의 것은 법률이 아니라 지혜를 갖춘 왕도적 치자가 힘을 갖는 것이다(294a).

『정치가』편의 이방인에 따르면, 법은 최선의 것과 가장 올바른 것을 정확히 파악해서 동시에 모든 이들에게 가장 좋은 것을 지시할 수 없다. 이는 인간들과 행위들이 천차만별이라는 것과 인간사의 어느 것도 결코 정지해 있지 않다는 사실이 어느 경우이든 어떤 기술로도 모든 것에 관해 그리고 영원토록 적용될 수 있는 절대적인 어떤 것을 공표하게 허용하지 않을 것이기 때문이다(294b). 어느 경우에나 절대적인 것은 결코 절대적이지 않은 것에 타당성을 지닐 수 없기 때문이다(294c). 결국 우리는 정의 및 상호간의 계약과 관련해서 사람들의 무리를 관장하는 입법자가 모두에게 함께 부여하는 법은, 그것이 성문화되든 관습에 의해서든, 고정되어 있어서 변화에 대처하지 못하고 절대성을 주장하며, 정확히 한 사람 한 사람에게 적합한 것을 능히 해 줄 수 없고 많은 사람들에게 적합한 것을 그것도 대개의 경우 대강 적합한 것(공통의 것)에 불과한 것이다. 그래서 법은 마치 자신의 지시에 어긋나는 행위를 전혀 허용하지 않을뿐더러 설령 자신이 지시했던 말보다 더 나은 새로운 어떤 것이 누군가에 의해 나타날 경우에도, 누구도 법의 타당성에 대해 묻는 것을 허용하지 않는 완고하고 무지한 사람과 같다(294b-c).

반면에 왕도적 치술은 (친애의 원리에 따르는) 친근성에 따라 혼의 영원한 부분을 신적인 끈에 의해서 결합하되, 신적인 부분 다음으로 사멸하는 부분을 다시금 인간적인 끈들로 결합한다(309c). 즉 아름다운 것들과 올바른 것들, 그리고 훌륭한 것들 및 이것들과 반대되는 것들에 대한 확신을 동반한 참된 판단들(alethes doxa)이 혼 안에 생기게 될 때 그것을 영적인 부류(daimonion genos)에서 생긴 신적인 것이라 부를 수 있기 때문이다(309c). 결국 최선의 정치체제는 『국가 · 정체』편에 나타나듯이 우주적 지혜를 갖춘 왕도적 정치를 수행하면서도 신성을 지향하는 철학자-왕(다이몬)에 의한 정치체제이다. 결국 법에 의한 지배보다는 신적인 지혜(를 모방하려는 철학자)에 의한 지배가 낫다.

그러나 이러한 정치 체제는 현실에서 실현될 수 없다. 왜냐하면 세속의 왕은 현상(경험)에 대한 참된 판단(orthos doksa)만이 있을지언정, 에피스테메에 따르는 우주적 지혜가 없이 무지상태에 있기 때문이다. 반면에 철학자는 현상(경험) 세계의 참된 판단들이 아닌 우주적 지혜와 더불어 있는 인식(에피스테메)만을 지녔고, 이 때문에 현실에서는 초월하려는, 역설적으로 아리스토텔레스가 관조(theorein)라고 명명한 사유만 하고 있는, 변화하는 현실에서 분리된 존재이기 때문이다.[58] 결국 신적 이성을 지향하는 철학자의 인식과 참된 판단을 결합할 줄 아는 존재가 『정치가』편에서 현실적인 힘을 지닌 왕과 지혜 있는 철학자의 결합인, 즉 힘 있고 지혜 있는 존재(daimon)로 나타난다는 것이다. 또한 지혜란 현실적인 경험과 결부된 것으로서 결국 참된 인식(epistheme)과 참된 판단(orthos doksa)을 결합할 줄 아는 존재가 진정한 현실적인 지혜를 지닌 존재가 된다. 플라톤은 『테아이테토스』편에서 이 양자를 결합하는 것이 진정한 지식일 수 있음을 '로고스가 있는 참된 판단(alethes doxa meta logou)'(209c-e)을 말한 바 있다. 이러한 현실에 대한 지혜는 기술로서 나타난다. 그리고 그것이 지식이 기술로 전환되는 것을 상징한다. 이러한 기술은 왕도적 치술에서는 바로 '법을 만드는 기술'이고 이 이면에는 왕도가 있다. 이 때문에 "물론 최선의 것은 법률이 아니라 지혜를 갖춘 왕도적 치자가 우월한 것이나, 참으로 분명한 것은 [현실에서는] 입법술이 왕도적 치술에 속하게 된다는 것이다(294a)."

---

58 고대에서의 플라톤이 말한 이데아에 대한 진정한 에피스테메(episteme)가 근대에서는 기술(techne)로 전화되는 중심에 사물들의 질서를 탐구하여 이론(theory)으로 정립하는 개념으로서의 아리스토텔레스가 정신(nous)의 자기사유로 명명한 관조(theoria)가 있다. 아리스토텔레스는 현실태와 잠세태의 양상론에서 이 양자를 각각 이중적 의미로 사용하는데 가령 현실태만 하더라도 한편으로는 활동태로 정의하면서도 운동이 끝난 완성태로 표현하며 잠세태도 활동적인 것이 아닌 것(운동하지 않는 것)으로 표현하면서도 다른 한편으로 운동과 밀접한 관계에 있는 요인(힘)으로 간주하기도 한다. Aristoteles, *Metaphysica*, 1048a, W.D. Ross, *Aristotle's, Metaphysica* vol II, p.251.

2) 역사적 현실과 결합하는 철학자-왕정의 원리

플라톤은 『법률』편 3권(677b- 701e)에서 근대 철학자들이 말하는 것처럼 자연 상태에서 국가가 발생하고 법이 제정되는 과정을 그리스 신화와 오르페우스 종교에 따른 세계관으로 설명한다. 혼합정체를 이해하는데 중요함으로 요약 하면 다음과 같다.

> "홍수 신화 이후 목축술만 있고 모든 기술이 사라졌다. 내란도 전쟁도 없
> 다. 이런 상태에서 사람들은 탐욕, 교만, 경쟁심도 없었으며, 서로 우호적이
> 며 먹거리 때문에 싸우지도 않았다. 신들이 충분히 주었기 때문이다. 사실
> 가난하지도 부유하지도 않았다. 교만도 생겨나지 않고 순박했다. 신들이나
> 인간들에 대한 이야기를 참인 것으로 믿고 말을 잘 따랐다. 순진했고 용감했
> 으며 입법자도 필요하지 않았고 조상 전래의 관습에 따라 살았다. 통치방식
> 은 가부장적인 일인 지배체제(dynasteria)였다. 이러한 많은 수의 공동체가 모
> 여 여러 나라를 만들고 농사에로 전향한다. 각기 자신의 고유 관습들을 가지
> 고 보다 큰 공동체로 들어와서 법률 제정의 시발점이 된다. 그리고 최선자들
> (aristoi: 신라시대의 화백들)이나 최선자들에서 일인을 선발하여 왕정을 하게 된
> 다. 지상의 행복한 나라가 되기 위해서이다 이런 나라들이 동맹을 하게 되어
> 트로이 전쟁이 일어나게 된다. 다른 한편, 많은 사람들은 다수가 기꺼이 받
> 아들이게 되는(동의하는) 것을 법으로 제정한다. 법률제작자는 동등이나 평등
> 을 목표로 한다. 트로이 전쟁을 위한 동맹군이 나타난다. 인간의 공통된 욕
> 구인 부나 명예 때문이다. 정치가나 입법자는 (법 제정이) 전쟁을 위해서라고
> 말하나 아테네인은 덕들에 입각하여 이를 통괄하는 사려분별과 지성에 입
> 각하고, 지성에 따르는 사랑과 욕구에 동반하는 판단에 따라야 한다.(679a-
> 687b).
> 인간은 욕구대로 일이 안되는데 이것은 지혜가 없기 때문이다. 국가들이
> 멸망하는 것은 악으로 인해서인데 그 악이 무지이다. 이 때문에 입법자는 가
> 능한 한 나라들에 지혜가 생기도록 하고 어리석음을 최대한 제거하도록 해
> 야 한다. 가장 큰 무지는 선을 싫어하고 악을 좋아하는 것이다. 이성에 따른
> 판단과 관련된 쾌고(욕망)의 불협화음이 가장 큰 무지이다. 혼에 있어서 쾌 ·
> 고는 평민과 대중들에 해당되고, 앎들과 판단들, 이성이 지배하는 것인데, 이
> 러한 혼에 대립하는 것이 무지이다. 이 무지는 법에 불복하는 것과 같다. 그

런데 무지는 장인(demiourgos)들의 경우에 있어서의 무지가 아니다. 즉 계산에 능한 사람들이나 정신의 기민성과 관련된 모든 것에 있어서 부지런히 단련한 사람과 관계하는 지식이 아니다(욕망을 해결하는 사물에 대한 지식이 아니라). 이러한 지식이 없더라도 통치와 관계되는 지혜를 지닌 사람에게 관직을 맡겨야 한다. 이러한 지혜[통치술]는 화합(symponia)이다. 화합 없이 최소형태의 사려분별은 생겨나지 않는다.(688c-689e).

통치의 의미는 어버이가 자식을, 고귀한 사람이 미천한 사람을, 원로들이 젊음을, 주인이 노예를, 강한 것이 약한 것을 다스리는 것이 자연스럽다고 하나 지혜로운 자가 무지한 자를 이끌고 다스리는 것이다. 이것이 본성에 있어서 강제적이지 않은 자발적인 자들에 대한 법의 지배야말로 자연에 어긋나지 않는 통치의 의미이다. 신의 도움으로 추첨에 의해서 다스리는 방법도 있다. 이것이 일곱 번째의 것이다. 이런 지혜에는 헤시오도스가 "반이 전부보다 낫다."는 말이 있는데 이는 알맞은 정도가 과도함보다 더 낫다고 한 것의 의미이다.[힘과 관련한 적도란 욕구들의 타협이나 조화나 지혜에 따른 것을 의미한다.] 왕들의 몰락은 사치 때문인데, 사치와 같은 것은 법률로 규정된 것보다 더 많이 가지려는 것이거나 왕들 자신이 칭찬했던 것들에 자신들을 합치하지 못한 것이다. 즉 [욕망과 지혜의] 불협화음이 최대의 무지이다.(690c-691a).

통치권들은 각 혼(지혜와 욕망이 부합한 정도)에 알맞은 것을 부여해야 한다. 그렇지 못하면 교만이 생겨난다. 모든 교만과 욕심이 불의 상태로 내달아 죽게 마련이다. 죽게 마련인 인간들 사이에 가장 큰 통치권을 감당할 만하지 못한 혼의 무지는 곧 파멸에 이른다. 그러므로 알맞은 적도를 알고서 그런 일에 대비하는 것이 입법자의 일이다. 그 최초의 것이 라케다이몬(스파르타)에서 나타난 것처럼 권력의 분산(분립)으로서 쌍둥이 왕을 지정해준 것이다(권력 분립의 원칙). 원로들의 힘을 왕들의 힘과 대등한 표결권을 가지게 한다.[의회 의사 결정권으로서 원로원]. 세 번째로서 국정 감독관(ephoros)을 두었는데 이는 추첨에 의해 배분된다(라케다이몬에서는 이러한 감독관의 권한이 막강하여 왕을 적절하게 통제하여 성공한 체제로 말해진다). 결국 혼성되고 절충되어 적도도 갖추어서 그 자체도 보존되고 다른 것들에 대해서도 안전의 원인이 된 것이 혼합정체이다. 즉 권력을 조절하여 이 셋을 하나로 통합한다면 가장 좋고, 이를 법으로 보장하는 것이 좋다.(691d- 692b).

힘에 의한, 즉 권력(자유)의 행사에 의한 나라의 제체의 모태는 두 가지가 있는데 하나는 일인통치체제인 왕-전제정(dynasteria)이요 다른 하나는 민주정이다. 다른 제체는 이 두 정체의 변형과 혼합이다. 전자는 전제적인데 후자는 자유로운 것만을 선호한다. 어느 쪽도 알맞은 적도를 지니지 않는다. 통치자는 피치자들에게 자유를 나눠주고 평등하게 대해줌으로서 우애가 생기게 하였다. 이는 자유와 우애와 지성의 공유인데 지도자 즉, 왕의 교육을 통해서 이루어졌다. 왕의 교육을 환관이 한 나라는 망하고, 현명한 사람이 한 곳에서는 나라가 흥했다. 이러한 양육과 교육은 가난이나 부, 사인이나 왕의 신분이나 어떤 차별을 두지 말고 행해져야 한다. 그리고 이러한 훌륭하다고 하는 것은 미모나 힘 등이 아니라 4주덕이며 절제 하나만 있다고 해서 훌륭한 것이 아니다. 인간의 힘이 미치는 한에서 장차 보존되고 행복할 나라는 명예와 불명예를 옳게 배분해야 하며, 혼에 관해 좋은 것들은 건전한 마음 상태인 절제가 으뜸이며, 몸에 있어서는 아름답고 좋은 것, 셋째가 재산과 재물이다. 왕-전제정은 민중들에게 자유를 너무 빼앗고 전제적인 것을 너무 끌어들임으로서 우애로움과 공동체적인 것을 빼앗는다. 반면에 [민주정에서처럼] 완전하고 일체의 지배에서 벗어난 자유가 적도를 갖게 된 지배보다 더 나쁘다. 그래서 입법자는 다음 세 가지 것을 목표로 삼고서 즉, 법을 제정하는 나라가 자유로우며, 자체적으로 자애롭고 지성을 갖추도록 입법해야만 한다. 왕-전제정에서처럼 지배당하는 사람을 노예로 만드는 전제적인 통치와 민주정에서처럼 대중을 자유롭게 하는 통치가 적도 상태를 취할 때 유달리 번영한다.(『법률』, 693a-698e).

위의 인용문에서 나타나듯이 혼합정의 원리는 권력의 주체를 일인으로 두느냐 아니면 도시국가를 이루는 시민 모두를 의미하는 여럿이냐에 따라 분류된 왕정과 민주정의 정체들을 혼합하는 가운데 성립하는 정체이다. 그런데 권력이란 서문에서도 밝힌 바와 같이 항상 통일성을 요구하기에 다수가 공유할 수 없는 성격을 가졌다. 사실 혼합정이 의미하는 왕정과 민주정의 결합은 권력의 속성상 원리적으로 불가능하다. 왜냐하면 왕정은 대내외적으로 권력의 통일성을 요구하고 민주정은 시민 모두가 자유를 지향하는 정체이기 때문에 권력이 평등하게 배분되는 정체이기 때문이다. 존재론적으로는 자유로운 개인들로 구성된 한 사회나 국가가 이 지상에서 이루어지는 생존경쟁을 극복하고 평화와 안정을 이루기 위해서 서로 완전한 조화의 통일성을 이루어야 하는데, 생존경쟁에서의 우월성을 지향하는 정치권력은 그 속성상 인치의 입장에서 일인과 다수가 함께 지닐 수는 없는 것이기 때문이다. 이 때문에 플라톤의 혼합정체론의 정신은 구체적으로는 『국가-정체』편의 철학자-왕정과 아테네의 현실적 민주정의 비판을 기초로 하는 이율배반의 왕정과 민주정의 혼합에서 성립하는 것인데, 『국가-정체』편에 나타난 정의에 기초한 국가 건립은 형이상학적(존재론적)으로는 변화하는 자연환경의 현실적 여건에서 인간의 지적 능력의 한계나 자유롭다고 생각되는 인간 욕망의 자의성과 무제약성 때문에 대내외적으로 개인적 영혼을 정화하고 도덕적인 선과 사회적 정의를 실현해야 하는 일이 종교적으로 표명되고 있는데 반해, 『법률』편에서 혼합정체를 말하면서 권력을 분할하고, 이들 사이에 통일성을 지향하는 조화의 통치가 인치가 아닌 신법을 모방한 법치를 제안하는 일로 변모되어 나타난다. 플라톤의 정치철학과 정치체제에서 나타난 서로 화해할 수 없는 권력 주체의 하나와 여럿의 존재론적인 문제는 『티마이오스』편에서는 하나의 통일된 조화로운 우주(cosmos)구성의 존재론의 변증법으로 나타나는데, 그것이 하늘을 배경으로 한 영혼의 확대판인 국가는 『국가-정체』편에서는 철학자-왕정으로, 『법률』편에서는 이성적으로 신법을 모방한 법치에 의해 가능한 것으로 플라톤이 철학적으로 정리하여 혼합정을 최초로 말한 것이다.[59]

---

59 플라톤의 혼합정체에 관한 사상은 스파르타(라케다이몬)의 정체를 모델로 아테네의 민주정체를 정화하려는 관점에서 철학적으로 정리했다고 보아야 한다. 사실 플라톤은 『국가 정체』편 452c, 599d이나 『법률』편 630d, 632d, 858e편에서 스파르타의 교육체제나 법률을 언급하며 칭송하는 부분들이 많이 있고, 플라톤의 법 제정의 정신은 『법률』편 627d-628e에 잘 나타나고 있다. 그리고 『법률』편 3권은 혼합정체의 발생을 역사적으로 고찰하고 있다. 한편 천병희는 『플루타르코스의 영웅전』 중 『그리스를 만든 영웅들』(천병희 역, 도서출판, 2006)의 '뤼쿠르고스 전' 편에서 "왕족 출신으로 그리스 여러 도시들과 크레테 섬에서 정체에 관해 공부한 다음 귀국하여 델포이의 아폴론 신탁에 힘입어 새로운 정체를 도입했다. 그는 정치, 경제, 군사, 교육, 결혼, 육아 등에 걸쳐 포괄적이고도 철저한 개혁을 시도했는데, 그 특징을 요약한다면, 두명의 왕과, 원로원, 완전시민들로 구성된 민회가 서로 세력 균형을 이루게 하는 것이었다. ...뤼쿠르고스가 도입했던 정체는 한 국가의 범위를 넘어서서 플라톤의 '이상국가'의 모형이 되었을 만큼 서양정치사 전반에 큰 영향을 주었다."고 평하면서 뤼쿠르고스가 제정한 스파르타의 법률과 도입한 정체가 '혼합정'이었다고 말하고 있다. (7절 30쪽).

3) 혼합정체에 나타나는 왕정-군주정의 원리

서구 최초로 플라톤의 『국가-정체』에 나타나는 정치철학에서는 한 국가의 권력의 주체가 누구냐에 따른 정치체제의 분류로서 수적으로 분류된 왕정에서 귀족정체, 그리고 민주정이 나타난다. 왕정은 일인지배체제인데 군사 집단에서 기원을 둔 정치체제로서 인류 역사상 최초로 나타난다. 즉 원시 종교를 토대로 하는 인류가 부족이나 종족의 수준에서 집단생활을 할 때에는 제정일치의 최선자들에서 뽑힌 추장이나 왕정이 존재했다고 보아야 한다. 그런데 인류가 농사를 짓기 시작하면서 인구가 불어나고 맬서스의 인구이론이 예견하듯이 산술적인 식량생산과 인구의 기하급수적인 증가에 따른 생존 경쟁이 치열해지는데, 여기에서 필연적으로 '사회적 동물'인 인간 세계에 대외적으로는 군사집단이 형성될 수밖에 없다.[60] 그리고 군사집단의 경우에는 이 집단을 통일적이고 일사분란하게 유지하는 데에는 명령과 계급(order)이 필수적이다. 반면에 인간의 사회는 떼거리 수준의 동물사회와는 다른 분업에 기초한 협동을 전제한 것인데, 이러한 사회에서도 자연환경과 능력에 따른 생산의 차이성 때문에 계급이 형성되는데, 이러한 계급사회에서도 필연적으로 생존을 위해 상호 경쟁하는 사태가 나타난다.

그런데 이러한 인간의 생존에 관계하는 상호 경쟁을 완화하는 것이 고대 그리스-로마나 근대 서구 사회에서 나타난 재화를 교환하는 상인 정신에서 이루어진다. 사실 근대 철학자들이 자유 시장을 전제한 부르주아 사상의 정치철학의 기초에 있는 '자연 상태'는 이러한 상인 정신과 상호 경쟁하는 군사적인 계급 정신의 조합의 산물이다. 이러한 자연 상태를 이성적으로 생각해 낸 철학자가 홉스나 루소이다. 즉 인간의 자연 상태란 역사적인 사실이 아닌

---

60 인류의 역사에서는 수렵시대에서 농경이나 목축시대에로의 변화는 종교적 시대에서 인간 중심의 문화적 세계에로 전환하는 계기가 이루어진다. 이는 인식론적으로 사유하는 인간의 음성 언어 시절에서 문자언어 시대에로의 전환을 의미하며, 그리스 신화에서는 황금과 은의 시대에서 동의 시대와 철의 시대에로의 전환으로 표명되며, 성서에서는 실낙원 신화로 표명되고 있다.

인간이 동물적 성격을 토대로 하여 이성적으로 고안해낸 것으로서 사유하는 인간이 지니게 되는 자아의식과 함께 지능이 발달한 결과로 나타나는 말 그대로 '문화 · 문명적인 것(文化, 文明 : literate, culture)'이다.[61] 그리고 이러한 집단이 살아남기 위해서 그리고 안정된 자급자족적인 수준의 국가 집단이 형성되어야 하는데, 이를 위해서 한편으로는 전쟁과 다른 한편으로는 신정체제나 가부장제에서 기원하는 친애(agape)나 우정(philia)에 의한 연합의 변증법적 관계가 필수적이며, 이러한 인류 집단이 자족적인 수준이 되었을 경우에는 우리는 그것을 역사적으로 현실화된 국가로서 왕-전제정 국가라고 부른다.

이러한 왕정국가에서는 계급이 필수적이다. 수장은 홀로 모든 인민을 통솔할 수 없다. 왕정의 체제에서 필수적으로 왕을 보필하는 귀족들이 탄생한다. 그러나 왕과 귀족들 사이에는 권력의 삶에서의 실효성 때문에 권력투쟁이 나타날 수밖에 없다. 즉 여러 부족들 사이에 대내외적으로는 힘이 일사분란하게 통일되기 위해서 위계나 분업에 따른 역할분담이 필수적인데, 한 나라 안에서도 위계에 따른 측면에서 권력의지 사이에 생존 경쟁처럼 권력 투쟁이 필연적으로 나타난다. 다른 한편, 종족과 부족이 통합되고 왕정과 왕정의 체제가 통합되는 과정에서도 한편으로는 연합의 변증법 대신 무력에 의한 전쟁은 필수적인데, 이때 정복자와 피정복민 사이에는 지배-피지배의 의식에 따른 차이가 발생한다. 이러한 의식은 국가와 국가는 물론, 왕정 치하의 계급들 사이에서도 나타나며, 사회적으로는 생산에 종사하는 노예와 이를 관리하는 지배자의 계급의식으로 분화되어 나타난다. 이러한 지배와 피지배의 방식은 생물학적으로는 식물과 동물의 생태의 차이에 비유할 수 있다. 즉 왕정 국가에서 지배자와 피지배자의 의식은 식물의 자가생산과 동물의 식물의 생산물에 대한 약탈과 관리에 관계하는 생태와 유사한 계급이 고정된 생활 방식이

---

61 C. B. 맥퍼슨(C.B. Macpherson), 황경식 · 강유원 공역, 『홉스와 로크의 사회철학』(*The Political Theory of Possessive Individualism*)(박영사, 1990) 참조.

다. 동물은 자신의 생존을 식물에 의존하고 있지만 식물의 약탈이 식물의 존재를 파괴하는 정도에 이른다면 식물에 의존하는 동물 자신의 생존도 영구적으로 지속할 수는 없다. 여기에서 동물의 식물에 대한 보존과 관리의 능력이 발생하는데, 이 능력이 인간에서는 삶의 지혜를 상징하는 지혜의 이성으로 나타난다. 즉 인간의 사유하는 능력에서 기원하는 이성은 근본적으로는 동물의 능동성(activity)에서 기원하는 것으로서 인간에서는 사유하는 능력과 함께 나타나는 자아의식이 지니는 자유의식으로서의 자신은 물론 타자에 대한 관리 능력이다.

이성은 내적으로는 자율의 능력이요 외적으로는 관리능력이다. 달리 말하자면, 사회적 동물인 인간에서 성립하는 자유란 철학적으로는 생물의 생존을 위한 활동적 능력에서 기원하는 개념이나, 정치적 의미에서는 개체의 생존의 지속을 위해 자신과 관계하는 타자나 환경을 전체적으로 고려하는 지능(지혜의 능력)에 기초한다. 그리고 이러한 지능은 고대 그리스에서는 '사유하는' 정신(nous)으로 지칭하였으며, 이러한 정신에서 개인주의적 자아의식과 모순율에 의해 사유하는 능력이 탄생하였는데, 근대철학자들이 이러한 사유능력을 '이성'으로 지칭한 것이다. 즉 고대 그리스에서, 특히 민주주의가 최초로 성립된 아테네에서 그리스어를 모국어로 사용하는 인간은 모두 이러한 정신 즉 모순율에 따르는 이성 능력을 지녔고 이성 능력은 개인주의적인 것으로서 삶에서의 지혜에 따른 합리성을 지칭했다.

그런데 이러한 지혜의 능력은 정치적으로 개인주의가 성립된 근대에서 임마누엘 칸트에 의해 자율의 능력으로 파악되었고, 자율의 능력에 전제되어 있는 능력의 차이는 인간 사회에서 힘이 정의라는 개념에서 기원하는 계급 갈등을 전제하는 개념에서 분화된 것이다. 결국 군사체제에서 기원하는 왕정에서는 능력별에 따라 자유의 정도인 계급이 고정되고 관습적으로 혹은 세습적으로 결정되면 봉건적이고도 목적론적 구조를 지닌 형태의 국가가 탄생한다. 이러한 국가 형태에서는 항상 힘이 정의이고, 이 힘이 생존과 행복을 보장하는 것으로 간주되기 때문에 최선의 것으로 간주되는 권력(왕권)에 대한 욕망과 지혜에 따르는 절제의 갈등이 필수적이다.

반면에 민주주의에서는 자율의 능력이 계급으로 고정할 수 없고 권력이나 주권에 참여할 수 있는 '기회'로 변화할 수 있는데, 플라톤의 지배자에 대한 수적 분류에서 보면, 이러한 기회가 수적으로 고정되는 것을 지칭한다. 이 때문에 다수의 최선자(aristoi)가 권력의 주체가 되는 귀족정은 왕 일인 중심의 통치와 달리 다수가 지배하는 통치 형태로서 분류되지만, 이러한 정치체제는 대내외적으로 상호 경쟁을 전제하는 통치 권력의 본성상 권력의 갈등을 전제하고 있다. 그래서 역사상 다수가 지배하는 귀족정은 그리스에서는 곧바로 과두정으로 변모하여, 왕정으로 복귀하거나 민주정체로 발전하는 과도기에 짧게 존재하였을 뿐이다. 이러한 귀족정은 자신의 역사의식을 신화(종교)에 의존하는 보수적인 플라톤의 정치 철학에서는 왕과 귀족을 분화시키고 이들의 분화된 권력과 업무분장을 관습화와 세습화를 통해 혹은 법률로써 고정하고 이를 통해 한 국가의 유지에 있어서 왕과 귀족의 권력의 변증법적 갈등을 이성적으로 조화롭게 그래서 안정적이고 평화롭게 유지하려는 정신이 나타난다. 이러한 귀족정신이 플라톤에서는 아테네 민주정치의 현실과 결합되어 『법률』편에서 혼합정체론으로 나타난 것이다.

플라톤에서 혼합정체는 일종의 철학자-왕정과 귀족정은 물론 아테네 민주정의 혼합물이다.(사실 플라톤에서 민주주의는 없고, 오르페우스종교적 관점에서 모든 개인이 영혼을 지니며 이 영혼이 불멸성을 지니고 있다는 점에서, 그리고 이러한 불멸성은 인간이 윤리적 삶을 살아야만 성취할 수 있다는 점에서 공통적이고 동등한 자격을 가졌다는 점에서 근대 민주주의의 개인주의적인 성격을 지녔다고 말할 수 있을 뿐이다.). (아테네) 도시민이라면 누구나 정치가(왕)와 관리(귀족)가 될 수 있는 선택하고 선택되는 '기회'가 있었던 것이다. 그리고 이러한 혼합정체의 핵심은 권력 주체들의 이성이 객관적이고 보편타당한 진리-비진리는 물론 이를 실현하는 덕을 갖추어야 한다는 의미에서 교육적으로 계몽된 정신이나 이성을 전제하고 있다. 이 점이 플라톤의 정치철학에서 의미하는 왕정은 통치

계급이 단순하게 전통과 관습에 의해 세습적으로 고정되어 있는 동양에서의 봉건적인 왕정 개념과 다르다.

플라톤에 있어서 왕정의 원리는『국가-정체』에서 제시된 교육적으로 계몽된 철인왕정의 원리를 말한다. 이 원리의 핵심은 한편으로는 국가를 보위하는 힘(군사력)과 우주적 지혜를 지닌 지성에 의한 지배이다. 지성에 따른 행위가 사람을 유덕하게 만들듯이, 지성에 따른 통치는 나라를 우정에 기초하여 유덕하게 만든다. 통치행위가 나라 전체의 덕을 목표로 한다는 것은 대단히 중요하다. 덕은 나라의 존속과 유지에 불가결한 본질적 요소이기 때문이다.『국가-정체』편에서 중요시된 철인 왕정에서 철인은 신적인 정신(nous), 즉 사물에 대한 지식을 기초로 한 선악판단이 함께하는 실천적 지혜(phronesis)에 따른다. 다른 한편, 왕은 군사집단의 수장처럼 통일된 막강한 권력을 지니게 된다. 그런데 군사집단에서와 같은 정치체제에서는 지배하는 자와 지배받는 자가 필연적으로 있게 되는데, 이러한 정치적 권력을 왕-군주[62]가 지혜에 따라서 국가를 조직하면서 행사하지 않고 자신의 욕망이나 감정에 따라 혹은 자의적으로 하게 되면, 국가에서는 지배받는 모든 자들은 불의한 일을 당하고 여기에서 받는 고통은 말할 수 없다. 이 때문에 플라톤은 왕의 영혼이 현실적으로 감정과 욕망의 발현에 우주적 지혜에 맞게 때와 장소에 따른 적도(to metrion)의 정신, 즉 중용의 정신을 지녀야 하는 것으로 말하는 한편, 통치체제에 있어서는 한편으로 왕가 혈통에서 제멋대로 하려는 성품과 노령의 지혜와 건전한 마음의 상태를 결합하고, 다른 한편으로 왕의 권력과 이러한 원로들의 권력을 동등하게 하여야 한다고 말하면서 권력의 배분을 이야기한다. 또한 이에서 더 나아가 국가 권력의 남용을 우려하여 국정 감독관들(ephoroi)을 두어야 한다고 말하면서 권력이 혼성되고 적도를 갖추어야, 왕정 자체도 보존되고 다른 것들

---

62   플라톤의 정치철학에 기초하여, 고대 폴리스에서처럼 나라가 작을 경우에는 봉건시대의 왕(물론, 고대에도 페르시아나 중국의 진나라처럼 제국주의라는 명칭에 해당하는 거대국가가 있었다.), 근대에서처럼 성장일변도의 목표를 설정하는 자본주의가 기반이 되는 국가는 거대하여 제국주의로 화활 수 있는 체제는 군주라는 명칭이 적합하다.

에 대해서도 안정의 원인이 된다고 말한다. 결국 현실에서의 왕은 인간으로서 신적인 지혜를 갖추지 못하기 때문에 인간적인 영혼에 대한 탐구를 하는 철학자의 정신(nous)과 혼합될 필요가 있다는 것이다.(691a-692a).

통치행위가 물질적인 부를 목표로 삼게 되면 나라의 통합은 불가능해진다. 개인이든 나라든 물질적인 부를 우선적인 목표로 삼게 되면 외적으로는 생존경쟁의 폐해가 나타나고, 내적으로는 불균형과 부조화에 따르는 병과 정신적인 불안정을 초래한다. 충족을 모르는 물질적 욕구들은 더 많이 가지고자 하는 이기적 성향 때문에 서로 충돌하기 마련이다. 반면에 지성의 분별력은 자신의 한계와 적절함을 알기 때문에 남의 것을 넘보거나 침범하지 않고 자족할 줄 알며, 사회적으로는 상호협조와 조화를 이루어 낼 수 있는 절제와 희생을 감내할 수 있다. 지성의 지배를 최대한 닮고자 하는 혼합정체에서 법률이 지혜의 덕을 목표로 하는 것은 당연하다(631a, 687e-688b). 지혜를 갖춘 법의 지배를 통해 혼합정체는 정의는 물론 다른 덕들(절제, 용기, 우애)(627e, 631c-d, 693c) 전체를 성취하게 된다.

『국가·정체』편에서 지성에 의한 지배의 또 다른 특징은 권력의 조화로운 통일성(집중)이다. 철인왕정에서 모든 권력은 지혜에 의해 조정된 철인-왕 한사람에게 집중되어 있다. 권력의 집중은 철인-왕의 덕의 권위로 나타나며, 덕에 기초한 나라의 통합을 실현함에 있어 최상의 효율성을 발휘한다. 그러나 권력의 집중은 권력의 주체가 지성의 원리를 완벽하게 따르는 한에서는 장점이 되지만, 그렇지 않으면 역설적으로 권력의 남용과 부정이라는 단점이 노출되어 가장 나쁜 참주정이 된다. 그런 단점 때문에 혼합정체는 권력의 주체를 사람이 아닌 법률에 부여하고, 법률은 근대적 의미의 루소가 말한 백성의 일반의지에 따르며, 권력에 부정이나 남용에 대한 비판적 기능이 권력의 분산이나 권력의 대등한 분립의 형태를 취하게 하는 것이다.

4) 혼합정체에 나타나는 민주정의 원리

민주정의 원리는 개인들의 자유(eleutheria)를 바탕으로 한다[63]. 현실적으로 아테네의 자유인은 생산 활동이나 경제활동에서 자유로워져서 공공의 일(res publica), 즉 정치에 참여할 수 있고 또 정치를 수행할 수 있는 공직에 참여할 수 있었다. 이러한 자유는 사실 현실적으로 아테네의 직접 민주정의 원리이며, 플라톤에 따르면 이러한 민주정체에서의 자유는 무지에 기초한 의지로서 참주와 마찬가지로 마음대로 할 수 있는 자의적 권리를 함의하고 있다. 이 권리는 시민(의무교육을 받든 안 받든)이면 누구나 평등(동등)해야 한다는 것이 그리스 민주정의 원리이다. 결국 민주정체에서의 자유는 공동체를 이루기 위하여서는 타자와의 동등성을 인식하기만 하면 타자에 제한을 받기에 자율로 변화할 수 있는 가능성이 있다. 플라톤은 인간의 욕망에서 기원하는 이러한 자의에 자율성을 부여하는 것이 진리에 따르는 교육에 의해 확보되며 진리를 추구하거나 진리에 따르는 인간의 이성만이 욕망에 대한 절제를 가능하게 한다고 말함으로써 이성에 대한 공적인 교육 제도가 없었던 그리스 사회에 최초로 기하학에 따르는 이성적 교육을 공적인 교육으로 주창한 것으로 나타난다. 플라톤에 따르면 민주정체에서 자유는 곧 권리의 평등(isonomia)과 다르지 않다.[64] 그래서 이러한 시민의 정치적 자유는 현실적으로는 플라톤의 『국가-정체』편

---

[63] 이러한 개인주의는 근대의 과학이 발현한 산업사회에서의 개인주의와는 성격이 똑같을 수 없지만, 그리스 자연철학의 완성자인 데모크리토스나 그 후 에피쿠로스 그리고 루크레티우스 등과 같은 원자론자들이 민주주의를 선호한 것을 보면, 근대의 개인주의와 근본적으로 다르다고 볼 수 없다. 또한 여기에서 자유의 의미는 정치적 의미의 자유이며 자연이나 자연과학과의 관계에서 논해지는 형이상학적 의미의 자유가 아니다.

[64] "시민들에게 평등하게 시민권과 관직을 배정하고"(『국가정체』 557a), "지배자들이 피지배자들에게 자유를 분배해 주고 그들을 동등하게 다루었을 때" 성립한다.(『법률』 694a). 사실 자유의 개념은 능력을 전제하고 이러한 능력의 절대성은 신에게서만 나타난다. 그러나 인간의 능력은 신과 달리 제한되어 있는 상대적인 것이다. 이러한 자유의 절대성과 상대성의 관계는 중세에서는 인간의 유한성과 신의 무한성의 변증법으로 나타난다. 그리고 인간의 능력이나 자유가 유한한 한, 무한한 절대성에 견주어 보면 본질적으로 동등한 관계에 있다는 의식이 나타난다. 결국 신 앞에서는 인간의 '자유의 동등'이라는 개념은 차이를 전제한 질적 기준으로서, 정치적 원리로 작용할 경우 자유를 우선시하느냐 아니면 평등을 우선시하느냐에 따른 정의론과 정체가 달라진다. 자유가 시간성에서 기원하고 동등이 공간성의 논리이기에, 이 양자가 베르그송이 말하는 창조적 역동성(선의지에 기초한 모순의 실현)을 전제한 유기체적 변증법으로 결합되지 않으면 항상 부정적인 것으로 나타날 수 있는 딜레마적 성격을 지닌 것이다. 현실적으로는 자유민주주의에서는 자유 지상주의와 기본권의 동등의 조합 개념으로 나타난다.

에 나타나 있듯이 관직에서는 '교육'에 의해 제약되며[65], 혼합정체에서 이러한 민주정의 원리는 왕정 개념과 혼합되어 ⓐ권력의 분산[66]과 ⓑ관리의 선출방식을 통해 작동한다.

플라톤에 있어서 혼합정체는 왕정과 민주정이 결합된 일종의 귀족정(technocracy)의 형태이기 때문에[67], 혼합정체의 관직체계가 보여주는 이중성은 자유와 평등에 그대로 적용된다. 혼합정체의 권력의 분립은 권력을 나누어서 제한적으로 행사하며, 관직의 임면 기간이 한시적이며, 1인이 아니라 집단적[68]으로 행사하는 방식을 취하는데, 집단적인 권력 행사에는 평등이 지배적이라면, 수직적 관직들 간의 권력의 수평적 분립은 차등이 평등과 결합된 형태를 취한다. 예컨대, 관리들은 시민들을 통제 감독하는 권한을 갖고, 시민들은 관리들의 부정이나 비리를 고발하며, 관리들의 선출권을 동등하게 가짐으로써 지배와 피지배의 차등적 관계는 견제와 균형을 이룬다. 여기서 '차등'과 '평등'의 혼합인 자율적 지성의 지배라는 관점에서 새롭게 해석된다. 교육에 따르는 지성의 능력과 자질을 고려하지 않고 권리를 부여하는 평등을 무차별적 평등(산술적 평등)이라 한다면, 교육에 따른 능력과 자질을 고려하여 권리를 부여하는 평등은 차별적 평등(기하학적 평등)이다.[69] 지성의 지배에서 참된 의미의

---

65 플라톤이 『국가정체』편이나 『법률』편에서 4주덕에 관한 교육을 그렇게 강조하는 이유는 바로 자의적인 자유를 '진리에 따라 스스로 통제하기'를 원했기 때문이다. 아리스토텔레스의 『정치학』에서 현실적인 자유는 아테네에서는 재산에 의해 통제되고 이에 의해 지배되는 것으로 나타난다.

66 권력의 분산에 흡사한 권력의 분립이란 용어는 동등성에 기초한 권력의 분산을 의미하는 것으로서 근대에서 성립한 공간논리에 기초한 권력의 분산이다. 이기백은 플라톤의 정치철학을 근대이념에 맞추어 재해석한다. 김인곤, "플라톤의 『법률』편에서 법에 의한 통치와 혼합정체-혼합의 의미를 중심으로", 『서양고전학 연구』, 53권 2호, 2014년 가을호, 참조.

67 플라톤이 말하는 귀족정의 의미도 이중적으로 분화한다. 하나는 군사정에서 기원하는 것이고 다른 하나는 지적 엘리트에서 기원하는 것이다. 그리고 이러한 최선자들(귀족)이 세습되느냐 인민에 의해 선택되느냐에 따라 귀족 개념이 변화할 수 있다.

68 호법관은 37명, 사정관은 건국 초기 12명에서 시작하여 매년 3명씩 추가로 뽑도록 되어 있어서 정년 75세를 감안하면 사정관의 최대 수는 75명이 된다(건국 후 26년째 되는 해). 선출직 재판관은 각 분야의 관직에서 1명씩 선출해서 구성한다. 평의회 의원은 360명인데 30명씩 12그룹으로 나누어서 1달씩 업무를 맡는다.

69 해석학이 아닌 산술에서의 평등은 평면적인 것으로 산술적이나 기하학적 평등은 비례적 평등이다. 즉 입체적이다. 같은 관직의 관리들은 모두 같은 권한을 갖는다는 점에서 무차별적 평등이다. 같은 관직의 관리들이라 하더라도 어떤 조건에 따라 구별해서 각기 다른 권한을 부여한다면, 그것은 차별적 평등이다.

평등은 후자이며(757a-757c) 왕정이 목표로 하는 정의(正義)란 바로 이러한 능력에 차이를 인정하는 평등을 실현하는 것이다(757d, 714c). 그러나 혼합정체의 평등은 두 가지 평등이 섞인 평등이며 이와 짝을 이루는 자유도 마찬가지다.[70]

민주정체의 원리인 자유와 평등은 혼합정체의 관리 선출 방법에서 가장 뚜렷한 면모를 보인다. 관리 선출 방법은 표결과 추첨 두 가지이다. 추첨은 표결에 비해 산술적 평등이 지배적으로 작용한다. 시민이면 누구에게나 관직을 맡을 수 있는 기회가 동등하게 부여되며, 선택은 우연에 맡겨지기 때문이다. 반면에 표결은 평등과 차등이 함께 작용한다. 모든 시민이 선거권과 피선거권을 동등하게 갖는다는 점에서는 평등하지만, 표결은 선택 과정에서 후보자들의 능력과 자질이 고려된다는 점에서 차등적이다. 추첨은 후보자들의 능력과 자질을 똑 같이 고려하지 않는다는 점에서 평등하다. 추첨의 평등은 무차별적 평등이고, 표결의 차등은 차별적 평등이라 할 수 있다. 추첨은 민주정의 원리에 따르고, 표결은 민주정과 왕정의 원리가 혼합된 형태이다.[71]

교육에 따른 지성의 지배라 관점에서 볼 때, 추첨의 무차별적 평등은 지성의 고려가 없는 권리의 동등한 부여라는 점이 문제가 된다. 표결에도 무차별적 평등이 섞여 있기는 마찬가지다. 추첨은 지성의 지배에 부합하기 어려운 방식이며, 표결도 지성의 지배를 완벽하게 실현할 수 없다는 뜻이다. 추첨과 표결의 이런 성격은 현실적으로 각각 장단점을 드러낸다. 추첨은 선택을 우연에 맡기기 때문에 파당적 이해관계가 작용하지 않지만, 유권자의 판단에 따라 이루어지는 표결은 그렇지가 않다. 표결은 다수결로 결정되지만, 다수결의 '다수'가 집단 전체를 의미하지는 않는다. 다수결의 결과(善)가 무엇이냐에 따라 다수에 속하지 않는 소수는 억압을 당하거나 손해를 보게 된다.[72] 이

---

70 시민들은 누구나 차별 없이 투표권을 가지므로 '평등적' 자유를 얻는 한편, 투표로 선출된 관리들은 능력과 자질에 따라 권리를 부여받으므로 '차등적' 자유를 얻는 것이다. 혼합정체에서 지성의 고려에 의해 주어지는 차등적 자유는 지성의 고려 없이 주어지는 평등적 자유보다 당연히 더 크다.

71 '군주정체와 민주정체의 중간'("법률』, 756e, '민주적인 것과 비민주적인 것의 섞음'(759b).

72 '참주정체', '과두정체', '민주정체'와 같은 이름은 지배 계층의 권력에서 따온 이름이다. 플라톤에 따르면, 나라의

런 결과를 방지하고 교정하는 견제장치가 새롭게 만들어질 수 있다. 그것은 입법가가 사법적 관점에서 비판적으로 예외를 두는 방식이거나 새롭게, 달리 말하자면 헤겔이 말한 변증법적 사유를 통해서 개선하는 방식으로 법을 새롭게 만들거나 해야 한다.

사법 사정을 담당하는 관직 역시 현실적으로는 민주정의 원리에 따라 유권자들에 의해 선출되므로 처지는 다르지 않다. 결국 관리의 선출에 유권자들의 안목이 중요한 변수로 작용한다는 것이 문제이다. 이것은 또한 근대 이후 삼권분립의 원칙에 따라 권력집중의 단점을 보완하기 위한 권력 분립이 시민들의 의식과 성향에 따라 부정적으로 작동할 수 있다는 뜻이다. 서로 견제해야 할 권력들이 파당적 이해관계로 한 통속이 되거나, 지나친 견제로 갈등관계가 심화되면 애초에 법률이 지향하는 나라의 목적을 위한 의견이나 의사의 통합과 일치는 곤란해진다.[73] 선택을 우연에 맡기는 추첨도 양면성이 있다. 파당적 이해관계가 작용하지 않는다는 장점이 있지만, 진리에 따르는 지성의 지배가 곤란해진다는 것이 단점이다. 추첨은 지성의 지배를 벗어난 왕정(참주정체)체제의 극단적인 폐해는 막을 수 있지만 왕정의 장점은 살릴 수 없다. 표결의 경우, 잘 되면 왕정의 장점을 살릴 수 있지만, 잘못되면 군주정체와 민주정체 양쪽의 단점만 노출하게 된다. 양쪽의 장단점의 차이를 비교해 보면 쉽게 알 수 있다.

왕정은 지성의 지배가 실현되면 최선이지만 그렇지 않으면 참주정인 최악의 정치체제가 된다. 왕 한 사람이 모든 권리와 자유를 독점하고 나머지 시민들은 예속된다. 그런가 하면 민주정은 처음부터 지성의 지배와는 거리가 멀다.[74] 모든 시민이 어떤 관직이든 맡아서 나랏일 전반에 직접 관여할 수 있는

일부가 지배계층에게 예속당하는 이 체제들은 참다운 정치 체제가 아니다. 혼합정체는 이중에 어느 하나의 이름으로 불릴 수가 없다.「법률」712d-713a.

73 "정치체제의 변화는 관직을 장악하고 있는 집단에 내분이 생길 때 일어난다."「국가정체」544c.

74 플라톤이 생각하는 정치적 지성은 「국가정체」에서는 교육에 의해 교화된 능력에 따라 결정된다. 근대에서는 교양 교육에 의해 결정되며, 현대에서는 보편적인 의무교육의 형태로 나타나 민주주의를 가능하게 하는 것이다.

동등한 자격과 기회를 갖게 되는 상황을 생각해 보면 된다. 추첨의 우연성에 의지할 수밖에 없으므로 중요한 관직들이 능력과 자질을 갖춘 적임자에게 맡겨질 가능성이 아주 낮아진다. 소수의 뛰어난 자들이 권력(주요관직)을 장악하는 귀족정보다 당연히 못하다. 그리고 이러한 능력과 자질도 선의지에 기초한 보편적 이성을 전제하지 않으면 각 정체마다 딜레마적 상황이 존재한다.

결국 지성의 지배를 전제하지 않으면 왕정이나 민주정체는 최악의 정치체제다. '지성의 지배를 벗어난 상태'는 법체계가 갖추어져 있어도 제대로 작동하지 않는 상태도 함의하는 것으로서 말하자면 불법이 난무하는 무법적인 상태라 할 수 있다. 여기서는 권력이 집중될수록 더 나쁜 결과가 나오고, 권력이 분산될수록 나쁜 결과를 더 줄일 수 있다.[75] 그러니까 전자는 법이 없는 군주정체의 상태이며, 후자는 민주정체에서 나타나는 것으로서 지성의 지배(법)를 전제하지 않으면 좋은 결과를 얻기가 가장 어렵고, 지성의 지배를 벗어나면 역설적으로 나쁜 결과를 최대한 줄일 수 있는 정체이다. 그 결과 민주정과 왕정을 혼합하려면, 반드시 공정하고 정의로운 법을 전제하지 않으면 안 된다. 이런 까닭에 지성의 지배를 목표로 하는 플라톤의 정치철학에서 최선자(귀족)들을 중심으로 한 혼합정체는 민주정체의 방식인 추첨을 표결에 비해 매우 제한적으로 사용해야 한다. 즉 추첨은 일종에 신의 판단에 맡기는 형태가 되는 고위 직종에 대해서만 사용해야 한다. 그러면서도 『법률』편에서 플라톤이 계속해서 최선자들의 진리와 덕성 교육을 그렇게 강조하는 이유이기도 하다.

---

[75] 지성의 지배를 벗어난 상태에서는 권력이 집중될수록 권력자는 더 큰 권리와 자유를 누리고, 약자는 더 많이 빼앗기고 구속당한다. 반대로 권력이 분산될수록 권력자는 좋은 것을 얻기 어려워지고, 약자는 손해를 덜 보게 된다.

5) 법(제정)의 정신

경험의 현상 세계에서 이러한 입법은 참된 인식에 기초해야 하고, 더 나아가 이것이 현실적인 기술로 나타나야 하는데, 보통은 그렇지 못하다. 보통은 앞에서도 말한 것처럼 법이란 많은 사람들에게 적합한 것을, 그것도 대개의 경우 대강 적합한 것을, 즉 일반적인 것을 법으로 제정하기 때문이다. 모든 사람에게 대강 맞는 것을 대강 적용하는 것이 된다. 그래서 최초에 법을 지은 사람보다 더 지혜를 지닌 사람이 나중에 나와서 보다 더 좋고 정확한 법을 제정하여 많은 사람들에게 설득하여 법을 바꾸어야 하는 일이 생겨난다. 그러나 법의 입장에서는 누구든 법률보다 더 지혜로울 수 없기 때문에 법을 어기거나 고치고자 하는 이러한 사람은 범법자이므로 처벌해야 한다. 즉 법은 누구든 원하는 이에게만 성문화된 것들과 오래된 관습들을 허용하기 때문이다 (299c-d). 그런데 이런 일이 모든 지식과 관련하여 일어난다면, 즉 나라 안의 모든 것들과 관련하여 기술뿐만이 아니라 성문화된 법들을 따르는 일들이 일어난다면, 분명히 모든 '새로운' 기술들이 사라지게 될 것이며, 이후로는 이것들의 탐구를 금하는 이러한 법 때문에 기술들이 결코 생겨나지 않을 것이다 (299e). 이 때문에 어떤 것에 관해서건 성문화된 것을 제정하는 이들에겐 한 사람이든 대중이든 그가 이것들을 어기는 것을 결코 허용하지 않는 것이기에 차선의 방법(deuteros plous)이라 한다(300c).

결국, 지식이 있는 참다운 치자(정치가나 행정가)는 자신이 성문화해서 떨어져 있는 이들에게 보낸 것보다 더 나은 것들이 있다고 여겨지면 성문화된 것들에 전혀 개의치 않은 채 그의 행위에서 많은 것들을 기술에 의해 행할 것이라고 말한다(300c). 이 때문에 혼자 지식을 갖고 다스리는 자와 혼자 의견을 갖고 법률에 따라 다스리는 자는 차이가 있는 데도 불구하고 이름에서 구별치 않고 왕(basileus)이라 부른다(301a). 역으로 법이 있어도 법 해석에 있어서뿐만 아니라 법을 어김에 있어서도 (창조적 기술을 창안하는) 훌륭한 정치가와 (성문화된 법 규정에도 못 미치는 기술을 가진) 나쁜 정치가가 갈라지는 이유이다. 결국『정치가』에 나타나는 정체는 통일된 의견이나 힘을 지닌 일인 통치(전제정치, 즉 dynasteria)가 훌륭한 법률과 결합될 때의 것이다. "즉 최대의 권력이 한 사람에게 있어서 지혜로움 및 절제 있음과 한데 합쳐질 때, 그때 최선의 정체와 그런 법률의 탄생이 실현을 본다."(711e). 그리고 훌륭한 법은 지덕체를 구비한 정의로운 왕도적 정신을 가능하도록 하는 것이다. 왜냐하면 최선의 정치체제는 왕도적 정치로서 법이 없이 신적인 지혜에 의해서 그때그때 마다(kairos) 적도(metron)를 보존함으로써 다양한 현상세계의 특성에 맞게 가장 훌륭한 것을 향하게끔 판단된 것을 지시하는 것이나, 이러한 것은 현실적으로 불가능하기에 기술과 법이 필요하기 때문이다. 특히 정치체제가 법이 없는 것일 때 가장 고약하고 함께 살아가기에 가장 힘든 것이다(299e).[76]

이 때문에『법률』편에서는 크로노스 시대의 신이 직접 통치하거나 아니면 인간보다 우월한 크로노스 신이 임명한 신적인 왕(daimon)들이 다스리던 시대에서 행복하게 살던 시대가 지나, 신들이 우주의 운행을 조종하던 조종간에서 떠나버린 시대에서는 인간들이 관습과 습성에 의해 이를 모방하여 환경과 시대에 따라 다양한 정체를 마련하게 되었기 때문에 아테네에서 온 손님이 스파르타의 메길로스나 크레테의 클레이니아스에게 그들 나라의 정치체제가 무엇인가를 물었을 때, 자신의 나라가 다양한 정치체제의 내용(혼합정체)이 들어와 있기에 어느 체제라고 확실하게 말하지 못한다(712de). 결국 지상에서의 최선의 정치는 법에 의한 통치이며, 이는 신적인 왕도정치 다음의 최선의 것(deuteros plous)이 된다. 이러한 이차적 항해법은 결국 순풍이 없을 때 인간의 진리 탐구에 따른 노력에 의해 항해하는 것이므로, 이러한 인간이 제작한 법은 끊임없이 신이 지배하던 삶의 이상적인 상황을 향해 개선되도록 노력해야 한

---

76 여기에서 법의 본질은 형이상학적인 차원에서 항상 여럿과 관계하는 것에 필수적임을 알 수 있다. 이러한 사실에서 유추할 경우, 다수자가 지배하는 정체에서는 법이 필수적임을 알 수 있다.

다.(771a).

인간이 지상에서 법을 제정할 때, 주목해야 하는 것은 전쟁이나 사람으로서의 부분적인 덕에 주목할 것이 아니라 전체적인 덕과 함께 올바른 것과 올바르지 못한 것에 주목해야 하고, 수립된 나라체제가 무엇이든 간에 이 체제의 유익함(보전)을 눈여겨봄으로써, 그게 언제까지나 지배하여, 무너지는 일이 없도록 해야 한다.(714c). 또한 법은 이 때문에 더 강한 자(즉 지배하는 쪽이나 정권을 담당한 자)의 편익을 위해 정한다고 하나, 나라 전체의 공동의 것을 위해 제정하는 것이어야 한다.(715b). 법률이 일부 사람들의 것일 경우에, 그것은 도당의 법이지 시민들의 법이 아니다. 또한 통치자들이란 법률에 대한 봉사자로서 그들 스스로가 이에 솔선수범해서 따라야 하며, 이 때문에 법이 통치자들의 주인이고 통치자들이 법의 종(노예)인 경우에 구원이 그리고 신들이 주었던 온갖 좋은 것이 생겨난다.(715d).

입법자가 법을 제정할 때에 항상 영혼의 덕을 신장시키고 이를 지키는 것에 염두를 두어야 한다고 하는 플라톤의 생각은 그가 범법에 대한 처벌을 논하는 데에서 극명하게 드러난다. 즉 법률은 선량한 사람을 위해서, 곧 이들이 어떤 식으로 서로 함께 지냄으로써 우애롭게 살게 될 것인지에 대한 가르침을 위해서 생기게 된 것이며, 다른 한편으로는 (지덕체) 교육을 기피한 자들을 위해서, 곧 거친 성정대로 처신하면서 아주 나쁜 쪽으로 빠지지 않을 정도로 순화(정화)되는 것도 전혀 아닌 자들을 위해 생기게 된 것 같다. 결국 혼합정체나 법이란 최선의 것도 아닌, 그러면서도 최악의 것도 아닌, 이 양자의 중간적 형태로 제시된 것이다. 이 때문에 법률가는 이 법률이 적용되는 사태가 결코 일어나지 않기를 바라는 마음에서 제정한다.(880e). 즉 법률가의 권선징악의 정신인데, 징악을 할 경우에도 항상 개선 가능성을 염두에 두고 있다. 따라서 이러한 법제정의 정신 속에는 소크라테스의 지덕합일설에 따라 징벌을 할 경우에도 형벌 속에는 항상 강제나 폭력보다는 영혼에 대한 정화나 교화의 목적이 숨어있다.

서양의 윤리 의식을 감성적 수준의 수치에서 지성적 수준으로 높여서 법의 식으로 인도하는 일에 결정적인 역할을 한 소크라테스에 따르면, 인간은 어느 누구도 악(惡:bad)을 의욕하지는 못한다.[77] 즉 선(善:good)한 것과 악한 것을 그 자체로서 아는 사람이라면 어느 누구도 악을 선택할 수가 없다. 왜냐하면 선은 그것을 앎으로써 그 아는 사람이 선하게 되고 악한 것은 그것을 앎으로써 그 아는 사람이 악하게 되기 때문이다. 자신이 좋게 되기를 원하지 않는 사람이 있을까? 따라서 모든 인간의 의지적 행위는 직접적으로나 간접적으로 행위의 주체가 자신에게 '선하다고 생각하는 것'을 목표로 한다.

그러나 자신에 선하다고 생각하고 한 행위의 결과가 자신에게 악을 끼치는 경우, 그 결과적인 악은 그 사람의 의지에 있었던 것이 아니라 그 사람의 자신에 대한 이해나 세계에 대한 이해에 바탕을 둔 그 사람의 선에 대한 잘못된 지식에 있다. 소크라테스에 따르면, 인간의 의지는 선의지로 결정되어 있으므로, 악을 행하는 사람은 선 자체를 알아서 행한 것이 아니라 선이라고 생각된 것을 수행한 것이다. 선에 대한 이 생각이 무지이거나 착각에 기초하고 있는 것이다. 즉 모든 인간의 악은 착각이나 무지(無知)의 소산이다.[78] 아니 역으로 진

---

77 이 사실은 의지 결정론으로 알려져 있다. 그런데 결정 개념은 이중적이다. 자유를 전제한 의지 결정과 우연성에 반하는 필연성에 따르는 자연주의적 의지 결정이 그것이다. 소크라테스는 무지를 전제하는 한 자유의지의 결정을 말한다.

78 무지에는 여러 가지가 있다. 인간의 무능이나 이성적 능력의 한계로 인한 것, 당연히 알아야 할 것을 알지 않은 것, 이성으로 알 수 있는데도 아직 알지 못하고 있는 것, 더 나아가서 알지 못하는 것을 안다고 하는 착각도 있다. 소크라테스의 무지는 이러한 여러 가지 의미를 지닌다. 그리고 『법률』편에서는 가장 큰 무지를 정의나 선을 알면서도 그 욕망이나 이기심 때문에 반대로 행하는 것을 말하고 있다. 이 때문에 지덕합일설이 함축하는 선악 개념은 이미 지적이고 이성적인 개념임을 전제하고 있다. 즉 선악은 단순한 감각이나 쾌감을 지칭하는 개념이 아니라는 것이다. 사실 인간의 행위는 욕망이나 이기심에 기초하고 있지 선악 개념에 기초하고 있는 것은 아니다. 이러한 욕구나 이기심이 의식적이 되어 의지의 기초가 되면서 이 의지가 지성이나 이성을 전제하지 않으면 동물적이고 자기 모순적인 행위로 나타날 수 있다. 동물적인 인간은 이러한 자기 모순적인 행위의 감성적 가치의 결과(쾌고)를 선과 악이라고 말하는 점에서 사탄과 같다. 즉 쾌·고는 선악이 아니다. 소크라테스의 이성은 쾌·고와 선악을 분별하고 전자를 선 자체나 악 자체가 아닌 그럴 듯한 선악(선과 악이라고 생각되는 선악)이라고 하고, 쾌·고를 선악으로 판단하는 것을 무지라고 하고 있다. 쾌·고와 선악은 일치하는 측면도 있으나 서로 다르다. 쾌·고와 선악은 마치 감성적인 것과 지성적인 것이 서로 차원을 달리 하면서도 변증법인 관련성을 지님으로써 선악의 판정은 혼란되고 복잡한 관계로 나타난다. 이 때문에 실제적이고 경험적인 측면에서는 이성적인 선과 악도 모순적인 상황을 연출한다. 소크라테스는 이러한 경험에 대해서뿐만 아니라 자신에게도 자기 모순적인 무지라는 지적 개념을 의지에 절제로서 부과하려고 한다. 이를 위해 소크라테스는 유명한 무지의 아이러니를 실천하면서, "너 자신을 알라."라는 델포이 신전의 명구를 아테네 시민들에게 아폴론 신탁에 의한 소명의식을 지니고 전파한 것이다.

정한 모든 지혜는 선하고 이 지혜에 따르는 행위의 덕은 선하다(知德슴ㅡ). 그러나 인간에게는 이러한 온전한 지혜가 결여되어 있다. 이 때문에 그가 저지르는 범죄는 항상 무지나 비고의성이 들어 있다. 이러한 무지를 치료하는 것이 형법의 목적이기에 범죄에 대해서는 폭력이나 강제보다는 교화가 목적이다. 그런데 소크라테스에 따르면 지식은 선하고 좋은 것이다. 결국 악에 대해 선으로 갚아주는 것이 법의 정신이다. 이러한 법의 정신에는 복수에 대한 절제의 원리가 숨어 있다.

'나는 무지하다.'고 늘 말하면서 항상 선을 탐구하기를 격려한 소크라테스에 따르면, 우리 인간의 이성은 선의지에 기초하면서도 절대적인 선이나 신(神)에 비해 무능하고 무지하므로 인간의 행위는 불완전하고 악할 수밖에 없다. 이 때문에 그에게는 두 가지 선택의 상황만이 주어진다. 그는 말하기를 "내가 만일 어떤 행위를 수행한다면, 나는 무지하기에 악을 행하거나 당할 수밖에 없는데, 나는 이 때 내가 악을 행하기보다는 차라리 악을 당하겠다."(『고르기아스』, 183e). ...왜냐하면 악을 행한다는 것은 내 영혼이 잘못되어 있고 악하기 때문이다. 그리고 악한 영혼은 죽어서 그가 좋아하는 지옥(하데스)에 간다. 이 때문에 소크라테스에 있어서 선을 향한 적극적 행위는 불가능하고, 다른 한편 당시의 영혼관과 세계관에 따르는 그의 이성과 정의감은 "악을 행하기보다는 당하겠다."는 바보 같은 고백을 하는 것이다! 이것이 지적인 것을 기초로 하는 인간적 이성이 지니는 윤리적 상황이며, 힘이 아닌 정의를 기준으로 하는 이성은 근원적으로 금욕적이며 타자를 위한 희생적이면서도 구도자적(求道者的)인 윤리로서 플라톤의 철학에서는 정의와 절제를 최고의 덕으로 나타나게 한다. 그런데 절제는 왕에서부터 생산직에 이르기까지 모든 국민이 수행해야하는 것이다.

이러한 법제정의 '정신'은 즉 선의지는 한편으로는 덕에 의한 인치인 윤리적 원리와 현실적인 인간의 욕망을 조절하는 기술로서의 법치의 결합으로 나타난다.[79] 플라톤에 있어서 법이란 나라 구성원 전체를 고려하는 것으로서 일반적인 것이어야 한다. 이 때문에 개인들의 구체적인 상황이나 특별한 경우를 고려하지 못한 것이긴 하나, 그럼에도 불구하고 개인들의 덕의 신장과 실현을 위해 제정되는데, 이러한 법은 앞에서 보았듯이 외적으로는 강제성을 함축하고 내적으로는 구체적인 개인들의 욕망이나 상황에 따르는 의지에 대한 제약과 관계하기에 절제의 덕과 관련된다. 법은 절제의 원리로서 신으로부터 주어지는 것(『법률』, 624a)이어서 절제가 있는 사람은 신의 친구이고 절제가 없는 사람은 신과 멀리 떨어져 있는 불의한 사람이다.(716d).

플라톤에 따르면, 국가나 개인을 막론하고 모든 일은 자연적인 삶의 두 원리인 고통과 쾌락을 중심으로 전개되기에 적당한 장소와 시기에서 고통과 쾌락의 적합한 샘물을 퍼내어 올바르고 건전한 삶을 이루도록 하는데 이를 가능하게 하는 것이 정의에 따른 절제의 원리인 법인 것이다. "고통을 예상하게 될 때 공포라 하고 쾌락이 예상될 때 희망이라 합니다. 그리고 이 모든 선악에 대한 사려가 있을 때, 이것을 국가에 의해 명령을 내리는 형태를 취할 경우 이를 법이라 합니다."(『법률』, 644d). 그리고 이 법은 일종에 선악에 대한 올바른 고찰을 통한 사려를 통한 설득과 강제력을 함축하는 것이라 볼 수 있다. 이는 『티마이오스』편에 나타나는 우주신 데미우르고스가 우주를 만드는데 이데아를 보면서(참조하면서) 우연-필연성이 지배적인 물질로서의 장소(chora)를 한편으로는 설득하고 다른 한편으로는 강제를 사용하는 것과 동일하다. 그리고 이 때 이데아는 우주의 구조나 질서를 상징하는 본(paradeigma)이다. 이러한 본이 플라톤에 따르면, "우리의 감정은 밧줄이나 실오라기처럼 여러 방향으로 이끌어 덕과 악덕의 차별이 생기도록 하는데 이들 밧줄 중에서 굳게 붙들어야 할 도리의 황금 밧줄을 법이라고 본다(645a)."는 말에서 표현된 법에 해당하

---

79 여기에서 '정신'이란 서로 대립하는 가치들 간의 대화에서 성립하는 '조화'나 '통일'을 지향하는 이중적인 변증법적 성격을 지칭한다. 조화는 다양성을 전제하는 '상대적인 것'이고 통일은 다양성을 통괄하는 '보편성'을 지향하는 절대성을 의미한다.

는 것이다.

한편 플라톤에 있어서 법의 통치는 관습과 제도를 중시한다는 의미를 함축하고 있다. 즉 입법 과정에서 입법자들은 좋은 법질서 이외에도 좋은 관습과 도덕에 의해 유지된다는 점도 고려해야 한다는 것이다. 선의 이데아를 따르는 철인에 의한 윤리적인 이상 국가에서는 국가가 제정하고 공포한 법률보다는 선의에 따르는 철학자의 지식에서 영감을 받으나, 지상에서의 정치는 어느 체제에나 지배와 피지배의 관계에서 왕정이나 민주정체의 요소가 함께 있기에 어느 정도에서건 혼합정의 형태를 취하는데, 이러한 혼합정체에서는 제정된 법률이 중요하다. 이러한 법률은 성문법으로 되어 고정되어야 한다. 왜냐하면 성문법으로 되지 않을 경우에는 변화하는 세상에서 항구적인 기술로서 작동할 수 없기 때문이다.[80] 또한 이러한 성문법의 배후에는 여전히 관습과 관행 등의 불문법이 존재하고 성문법은 이러한 불문율에 도움을 받아야 한다. 왜냐하면 이러한 불문율에는 크로노스시대의 신정정치의 흔적이 남아 있기 때문이다. 그래서 인간이 성문법을 해석할 경우에는 반드시 신의 선의지(도덕법)에 기초해야 한다. 이처럼 관습과 법이 사고와 행동을 규정하는 원리로 인식되면, 통치자보다 더 상위의 개념으로 존재하여 법에 순종하는 사람이 그 국가에서 훌륭한 사람으로 간주된다. 플라톤은 인간 세상에서 법이 통치자보다 아래이고 법의 권위가 없는 국가는 황폐하게 될 것이고 법이 통치자보다 우위에 있는 국가는 잘 유지되고 신이 축복을 내린다고 하여 법이 지배 권력보다 상위에 있을 경우 부패와 타락이 방지되어 한 정체가 제대로 유지된다는 점을 강조하였다. 법에 의한 지배가 아닌 법의 지배가 되어야 한다는 것이다.[81]

---

80 근대에서 법이 계약법으로 이해되면서부터 법이 일반적이고 형식적인 정의개념을 함축하게 되고, 이 법을 실천하거나 적용할 때에 언어의 일반적 성격 때문에 주관적이거나 자의적인 해석이 이루어질 뿐만 아니라 현실의 변화와 특수성 때문에 융통성이나 창조성이 발휘되지 못하는 측면이 있기 때문에 법제정의 정신이 여러 가지로 해석되는 단점이 있기는 하나, 그래도 법은 언어로 고정해야 하는 작업이 필수적이다.

81 법에 의한 지배와 법의 지배를 차별화하는 것은, 앞에 언급된 법의 의미는 인간이 어느 하나의 기준에 의해 인위적으로 혹은 이성적으로 제정한 법이나, 후자의 법의 의미는 신법을 의미한다. 그래서 신법을 의미하는 법에 의한 지배라고 할 경우에는 법에 의한 지배도 타당한 말이 된다.

여기에서 법에 의한 지배와 법의 지배를 차별화하는 것은, 앞에 언급된 법의 의미는 인간이 어느 하나의 기준에 의해 인위적으로 혹은 이성적으로 제정한 법이나, 후자의 법의 의미는 신법을 모방한 것을 의미한다. 그래서 신법을 의미하는 법에 의한 지배라고 할 경우에는 법에 의한 지배도 타당한 말이 된다. 그러나 법이 신법이 아니고 인간이 어느 하나의 기준에 의해 인위적으로 혹은 이성적으로 법을 제정한 경우에는 법에 의한 지배가 법의 지배로 종속되어야 함을 의미한다. 왜냐하면 인간이 만든 법은 그 법을 만드는 데 참여한 사람이나 사람들(파당)이 자신의 입장이나 의견 혹은 자신의 이익에 따라 법을 제정하기 때문이다. 그래서 법적 권력이란 혹은 정치적 권력이란 마치 인간의 능력이나 이에서 기원하는 자유 개념과 마찬가지로, 항상 자신의 권위와 존재를 유지하려고 하는 자기 동일성을 유지하려고 하기 때문이다.

그런데 다른 한편, 법은 권력참여의 제도화를 이루는 수단이 된다. 법은 각 파당의 이익추구로부터 국가를 유지하는 원리가 되기 때문에 법에 따라 권력구조가 정해지지 않으면 심각한 권력투쟁이 발생하여 국가를 혼란에 빠뜨린다. 권력투쟁에서 승리한 사람들은 정부를 완전히 독점하여 패배한 당파나 그들의 자손에게 권력의 분담을 거절하고 그들을 경계하고 감시하기 때문에 복수법이 성립하는 봉건적 제도에서처럼 어떠한 정치체제에서도 정치질서가 항상 불안하다. 이런 현상에 대해 플라톤은 평등한 권력참여의 제도화가 법적으로 용인되어야 함을 역설하여, 이러한 법을 무시하고 폭력을 사용하여 한 도시를 자신의 파당의 손아귀에 넣으려는 사람을 국가의 가장 큰 적으로 간주하였다. 그래서 『법률』 편에서 플라톤은 법제정의 정신을 법의 정의로움에 대한 설득문으로 반드시 법조문의 '서문(pronomion: 법 제정의 취지문)'에 넣도록 제안하고 있다.

법 제정의 절제의 원리는 부의 문제에서도 잘 나타난다. 플라톤의 부의 평등에 관한 언급은 시민계급이 평등하고 공정하게 대우를 받아야만 진정한 혼합정체가 유지될 수 있다는 것으로써 『국가-정체』의 수호자 계급이 모든 시민에게 확장되었다는 것을 나타낸다. 그래서 플라톤은 재산의 불평등을 어느 정도 인정하는 한편, 부의 과도한 축적을 금지하기 위해 부와 빈곤의 한계를 정하는 방안을 모색한다. 그래서 절대적인 평등보다 덕이 많은 사람에게 많이 주고 적은 자에게 적게 주어 각자의 성질에 비례하는 비례적 평등을 주장한다. 이것은 경제적 평등문제를 정치제도 혹은 법적으로 해결이 가능하다고 보아 비례적 평등이라는 정치적 범주를 사용한 것이라고 볼 수 있다.

그런데 선거법과 토지분배에 관해 자세히 살펴보면 시민권은 기사나 중보병로 종군하는 것이 가능할 정도의 토지를 갖고 있는 사람에게만 있고 전반적으로 부유계급의 권리가 더 옹호되기 때문에 개방적인 체제는 아니다. 또한 『국가-정체』와 마찬가지로 인간을 우월한 자와 열등한 자로 인정하여 관직에 취임하려는 자는 빈약한 교육을 받은 자와 구별하여야 한다고 주장함으로써 모든 시민에게 개방적인 관직 취임의 체제를 구상한 것은 아니다. 그러나 『법률』편은 『국가-정체』보다는 현실을 인식하는 지적인 면에서의 평등을 어느 정도 전제로 하고 있으며, 이런 사고는 지적으로 우월한 인간에 대한 희망을 포기했다는 것을 의미할 수도 있으나 결코 그렇지 않다는 것은 그의 종교적 관점이 제우스 시절보다는 크로노스 시절에 빗대어진 10장의 신 존재 증명에서 드러난다. 그럼에도 불구하고 플라톤은 법이 모든 문제를 해결하는 절대적인 권위를 갖고 있다고 생각하지는 않았다. 법이란 때때로 현실에 탄력적으로 적응하기가 힘들기 때문에 그리고 일반적이어서 부정을 초래할 가능성이 있다고 생각한 플라톤은 법을 보조하는 재상인 입법자 관념으로서 법률의 수호자, 그리고 감독관(ephoros)과 야간위원회를 제시함으로써 법의 통치도 그의 왕도 정치에 나타난 이상주의적 통치에 종속되어야 함을 보여준다.

결국, 국가의 통일성을 강조하는 플라톤의 통치자의 수에 따른 정체의 분류는 법 있는 것과 법 없는 것으로 분류되고, 통치자의 수에 따라 분리된 일인왕과 참주, 다수의 귀족과 과두체제, 민주정과 중우체제라는 가장 좋은 것과 가장 나쁜 정치체제가 나타난다. 그리고 인민들의 자발적 참여(복종)를 이끌어

내지 못할 정도로 법이 정의롭지 못하거나 보편성이 없을 경우에는, 나쁜 나라 체제라고 말한 정치 체제에서는 항상 분쟁이 있기에 분쟁 체제(stasioteiai)이고 법이 없는 나라는 어느 것도 나라 체제가 아니라고까지 말하고 있다(832c). 그리고 하나는 좋고 여럿은 나쁘다는 일반적 위계도 법이 없을 때에는 이 위계가 역전되어 나타난다. 즉 최선의 정치체제는 왕도적 정치체제이나 이러한 정치체제는 다이몬 신만이 수행할 수 있는 것이며, 법률과 결부된 여섯 개의 차선의 불완전한 정치체제는 법이 있는 왕정(근대 입헌 군주정), 법 있는 귀족정체(로마 공화정), 법 있는 민주정체(현대 민주주의)이며, 법 없는 중우정, 법 없는 과두정, 법 없는 참주정의 순으로 나타난다. 여기에서 우리는 플라톤의 우주와 세계와 인생에 대한 철학적 관점과 정치적 관점이 만나는 것을 본다. 그리고 이러한 이론과 실천의 관점의 결합은 철학과 문학, 수사학과 변증법, 운동과 존재, 더 나아가 그의 현실적인 존재론과 인식론의 결합이 균형을 잡고 유기체적으로 조합되고 조직되는 것을 본다. 그리고 『법률』에서는 이러한 정체들이 현실적으로나 역사적으로 여러 가지로 조합되어 나타남을, 그러면서도 한 국가가 안정과 평화를 이루기 위해서는 혼합정체의 성격을 지녀야 함을 말하는 데에서 발견할 수 있다.

그가 최선으로 여기는 정체는 철인-왕이 다스리는 일종의 군주정이며, 『국가정체』에서 그 구상을 제시해 놓았다. 철인왕정이 최선의 정치체제인 이유는, 진리에 대한 이론이나 여론에 분쟁이 없고, 어느 한 개인이나 특정 집단의 유익이 아니라 나라 전체에, 그리고 동시에 구성원들 모두에게 골고루 생존이나 이의 행복에 유익이 되는 정체이기 때문이다. 플라톤은 『법률』에서도 철인왕정이 최선의 정치체제임을 분명히 한다.[82] 그럼에도 불구하고 차선인 혼합정체를 제시하는 이유는 생성소멸이 있는 현실계는 항상 운동의 무규

---

82 진리를 아는 입법가는 지혜와 용기, 절제 등의 덕을 두루 갖춘 참주의 지배 아래 있는 나라를 넘겨받을 때 최선의 정치체제를 확립할 수 있다.(710a).

정성에 따르는 우연성이 지배한다는 사실과 이에 적응하는데 있어서 지적으로나 능력에 있어서 한계를 지녀[83], 서로 협동해야만 자족(autakeia)을 이룰 수 있고, 이에서 더 나아가 만물의 영장이 될 수 있다는 인간성의 현실적 제약 때문이다. 이는 역설적으로는 인간들 사이에서는 철인왕의 지성과 이를 현실에 적용하고 발휘하는 절대 권력, 이 양자를 함께 가진 사람을 만나기가 어렵다는 이유가 된다. 또한 사람은 본성적으로 절대 권력을 갖게 되면 사욕이 발동하여 권력을 남용하기 쉽다는 것이다(691c, 713c-e, 875b-d). 사실 인간의 영혼에서 가장 큰 무지는 "누군가가 아름답거나 좋은 것이라고 판단되는데도 그것을 사랑(좋아)하지 않고 미워하면서도, 못되고 올바르지 못한 것을 사랑하고 반길 경우에 생기는 불협화음이다."(689a). 이 불협화음 속에는 바로 권력이나 자유를 가진 영혼의 교만(hybris)과 시샘이 있다. 살아가야 하기 때문에 자연적으로 생긴다고 하는 재물과 권력에 대한 이기심이다. 이런 이유로 해서 제시된 혼합정체는 선한 신의 존재를 인정하는 플라톤이 최선이 아닌 차선으로 간주한다(874e-875d). 철인왕정에 비해 두 가지 특징적인 면모를 보인다. '법률에 의한, 법률을 위한, 법의 통치'와 '절대 권력의 집중에 대한 비판에 따른 권력 분립'이다. 전자는 정치권력의 주체가 누구냐의 측면이고, 후자는 권력을 행사하는 방식의 측면이지만 이 양자는 밀접한 상호 변증법적인 관계가 있다.

철인왕정에서는 권력의 주체가 통치자인 인격체이고, 혼합정체에서는 "법이 관리들의 주인이고 관리들은 법의 노예이다."(715d.)라고 표명되어 있듯이 법률이 권력의 주체이다. 철인왕정에서는 통치자가 권력을 독점적으로 행사하지만, 혼합정체는 권력을 인민의 보편적 의지, 혹은 루소가 말하는 일반의지에 맞추어서 나누며 제한적으로 행사하고, 1인뿐만 아니라 사회 구성원 '전체'가 집단적으로 행사한다. 플라톤은 이런 특징을 갖는 혼합정체를 '군주정'

---

[83] 신적 지성과 관계하는 인간 지성의 한계는 신을 부정하는 근대 이후에는 우연성에 대면하는 지성의 질서 발견이나 질서창조라는 관념으로 변모된다.

과 '민주정'의 혼합된 형태라고 말한다(693d-e, 701d-e). 사실 지상에서 성립하는 모든 정치체제는 개인적으로는 살아가는데 필요한 이기심에 따른 생존경쟁 때문에 그리고 사회적으로는 집단 간에 혹은 국가 간에 전쟁이 필연적으로 발생하는데, 이 전쟁을 종식시키기 위한 안정과 평화를 위해 이 두 체제의 혼합형으로 되어 있다.

그런데 플라톤이 말하는 '이상적인 혼합정체'는 크로노스의 신적인 통치를 모방하고 본받는 인간들의 통치체제(현실적으로 나타난 제우스의 다양한 모습이다.)이므로, 한편으로 왕정의 장점을 최대한 살리면서 권력의 집중이나 인간 능력의 현실적인 제약에서 발생할 수 있는 위험을 법적으로 권력의 배분과 이러한 권력 간의 균형을 잡고, 그리고 인간 심성의 신적인 지성에 의한 교육과 지배하는 자들이나 지배받는 자들의 친애의 사회적 원리인 사랑(philia)을 기초로 하는 민주정의 원리로 최소화할 수 있다고 본 것이다. 왕정의 단점을 민주정이 보완하고 민주정의 단점을 왕정이 보완하는 식이다. 그리고 이러한 혼합정체에서 법률을 제정하는 입법자는 3가지 것을 목표로 삼고서, 즉 법을 제정하는 나라가 자유로우며, 자체적으로 자애롭고, 지성을 갖추게 되도록, 입법을 해야만 한다는 것이다.(701d). 이러한 '법 제정의 정신'의 관점에서 보면, 일인통치의 왕정의 유형들과 자유롭게 하는 [민주정의] 유형들 각각이 어떤 적도 상태를 취하게 되었을 경우에는, [혼합정체를 취하지 않더라도] 그것들이 유달리 번영이 일었음을 볼 수가 있다.(701 e). 이 두 정치체제의 혼합이 혼합정체에서 어떻게 『국가-정체』편의 인치의 상징인 철학자-왕과 『법률』편에서의 법률에 의한 통치에서 상보적인 관계를 이루게 되는지를 플라톤이 말하는 혼합정의 관직 체계에서 살펴보자.

6) 혼합정체의 관직체계

『법률』편에서 아테네에서 온 손님이 만들어 보는 여러 폴리스에서 이민해

온 사람들로 구성된 국가인 마그네시아(Magnesia)는 정치에 참여 할 수 있는 성인남자의 인구가 5,040명에 불과한 소국이다. 한 가족 당 4명을 잡는다면, 인구가 2만 명을 조금 넘는 것으로서 직접 민주정을 수행할 정도의 나라이다. 이 때문에 대의 민주주의를 수행할 수밖에 없는 현대의 나라 크기와 비교해보면 조직이나 규모면에서 너무 단순하다. 이 점을 감안하면서 우리는 마그네시아의 관직 체계를 살펴봄으로써 현대 관료체제의 정치 관련성과 비교할 수 있는 기회를 가질 수 있다. 마그네시아의 관직체계는 3권이 분립되어 있지는 않지만 입법, 행정, 사법으로 분리된 업무가 주요 관직들에 집중되어 있다. 이러한 관직들은 직능별로 직접 민주주의가 실현되는 방식으로 선발되며, 호법관과 사정관, 장군들과 보좌관, 감독관과 재판관 등의 관직들은 권위와 위상에서 정의 실현을 위한 목적론적으로 되어 있거나 하나와 여럿의 변증법에 따르는 견제와 균형의 조화를 이루도록 되어 있다고 생각할만하다. 여기서 왕정의 원리가 적용되는 중추적인 역할을 하는 관직은 호법관과 사정관이고, 산술적 평등과 기하학적 평등, 이 양자의 조화에 따라 즉 자격에 맞는 평등에 의해 선발되는 것에서부터 군주정과 민주정의 원리가 혼합되어 적용되는 것이 협의회이며 최종적으로는 야간 회의이다.(756d).

　호법관은 가장 포괄적이면서도 나라의 통합에 근간이 되는 업무들을 담당한다. 이를 견제하는 관직인 사정관도 그에 못지않은 권한과 영향력을 가지고 양립한다. 이 두 관직은 다른 관직들에 비해 권한과 영향력의 크기만큼이나 정년도 길어서 권력행사의 안정성을 보장받고 있다.[84] '호법관(nomophylax)'

84　마그네시아에서 왕(basileus)은 나타나지 않고 있다. 이는 마그네시아가 아테네의 식민 국가를 의미할 수도 있다. 아테네에서 왕은 종교와 정치 영역에서 직능별로 나누어져 최소 2인 이상의 다수가 존재한다. 김비환은 『법률』편에서 마그네시아가 채택할 법체계의 윤곽을 그리고 있는 입법자(아테네에 온 손님(소크라테스)과 메길리우스, 그리고 클레이니아스)들의 수가 3명인데 반해, 그들의 임무를 계승하여 마그네시아의 법률을 수정하거나 보완하거나(부분적으로) 제정할 호법관들은 집단체제를 구성한다. ...37명으로 구성된 호법관 제도는 개인적인 판단과 명령에 의존하는 체제에 비해 편견과 타락으로부터 자유롭다. 법률과 관련하여 1인 또는 극소수의 판단보다 더 현명한 판단을 내릴 수 있다. ...호법관 제도가 37명의 위원들 사이의 집단적인 심의를 통해 운영된다는 사실은 마그네시아의 시민들이 그만큼 교육을 통해 지적으로나 도덕적으로 계몽되어 있다는 사실을 반영한다고 말하는 보보니치를 인용하고 있다. 김비환, 『정치철학과 변증법적 법치주의』(성균관대 출판부, 2011), 106-107. 호법관의 임기는 종신제인 종교법 해석자들(exēgētai)을 제외하면 다른 관직들에 비해 가장 길다. 호법관은 50세에

이라는 명칭이 말해주듯이 이 관직은 ⓐ법률의 시행과 관련하여 모든 관리들을 지도 감독함으로써 행정 전반에 직, 간접적으로 관여하며, 법률의 미비점을 개선하거나 보충하는 입법자의 역할(769a-770c, 772a-d)도 한다. 뿐만 아니라 국사와 민사 소송의 재판관 역할도 수행한다. 따라서 호법관은 국가에서 삼권이 분화되지 않고 동시에 존재하는 국가에서의 왕 다음의 제2인자로서 그러면서도 다수자로 되어 있다. ⓑ나라 안팎의 물리적 위험을 제압할 수 있는 무력(군대)을 간접적으로 제어하며,[85] ⓒ시민들의 경제적 불균형을 조정하는 업무[86]와 ⓓ품성과 가치관 형성에 관련된 교육적인 업무전반을 관장한다. 결국 호법관은 정치, 경제, 사회의 교육을 주도한다.

호법관 만큼 중요한 역할을 하는 관직은 사정관(euthynthēs), 즉 감사관이다. 사정관은 '관리의 관리'로서 호법관을 포함한 모든 관리들의 잘못을 임기 후에 '법에 따라' 사정하여 바로잡는 사법적인 임무를 수행한다. 나라의 시민들을 하나로 통합하는 일은 정의를 바로 세우는 일이기에 사정관의 역할은 나라를 하나가 되게 묶어주는 '버팀줄'이나 '힘줄'과도 같다.[87] 결국 마그네시아의 모든 관리들은 호법관과 사정관으로부터 이중의 통제를 받게 되어있다. 임기 중에는 호법관의 감독을 받고, 임기 후에는 사정관의 사정을 받는다. 호법관과 사정관에 대해서도 이중의 통제 장치가 있다. 호법관은 임기 후에는 사정관의 사정을 받고, 임기 중에는 자신의 감독 사항에 대해 하부 관리들의 이의 제기가 있을 때 최고 재판소에서 심판을 받는다.[88] 최고 재판소는 사정관

서 70까지이며, 사정관은 50세에서 75세 이하이다. 교육 감독관 5년, 평의회 의원 1년, 지방감독관(agronomos) 2년 등. 이하 관직 체계에 나타난 구체적인 사항에 대한 정리는 김인곤, '앞의 논문'을 참조함.

85 호법관이 장군 후보들을 추천하고 이 후보들 중에서 시민들(민회)이 3명을 선출한다. 『법률』755c-d. 병역은 남녀 구분 없이 모든 시민들에게 부과된다. 남자는 스무 살부터 예순 살까지, 여자는 아이를 낳은 후 쉰 살까지다. 『법률』785a.

86 시민들의 기본 재산의 평등한 소유(할당된 토지의 양도불가)는, 4배까지 격차 허용, 화폐사용의 엄격한 제한한다.

87 플라톤은 사정관의 역할을 매우 중요시한다. 사정기능이 제대로 작동하느냐 못하느냐에 따라 나라의 흥망이 좌우된다고 본다. 『법률』945c-d.

88 최고 재판소는 선출직 재판관들로 구성된다. 선출직 재판관들은 매년 말에 각 분야의 관직에서 1명씩 선발된 가장 우수한 관리들이다. 최고 재판소는 시민들 간의 사적인 소송에서 최종판결을 내리는 권한을 갖는다. 『법률』767c-d.

이 내린 사정 결과에 관리들의 이의 제기가 있을 때도 재판을 맡는다. 그리고 사정관이 불법적인 행위를 저질렀을 때는 특별재판소[89]가 심판을 맡게 되어 있다. 이런 식으로 호법관들, 사정관들은 물론, 일반 관리들은 상하로 다른 관직에 의해 통제를 받음으로써 권력 조화와 통일이 정의로운 법에 따르는 특징을 보이는 동시에, 상호 계급 간에는 중층적으로 견제와 균형의 관계를 형성함으로써 조화를 유지한다.[90] 그리고 플라톤이 말하는 사정관 제도는 어떤 측면에서 보면 삼심제로 되어 있다고 평가할 수 있다.

사법 제도와 관련하여 『법률』편에서는 언급되어 있지 않지만 아테네의 사법제도에서는 평의회가 존재하고 있었다. 평의회(dikasteria)는 민주정의 성격을 지닌 것으로서 현대의 배심원 제도와 동일한 것으로 간주될 수 있는 민주정의 원리가 숨어 있다. 이 때문에 아테네 현실을 고려하여 김비환은 평의회를 인민 법정으로 번역하고 있다. 인민 법정은 소수의 관리들과 행정관으로 구성된 오래된 법정을 대체했는데, 오래된 법정 중에 특별 법정 아레오파고스(Areopagos)만은 상당한 권력을 박탈당했음에도 불구하고 예외적으로 오래 존속되었다고 말한다.[91] 시민들 간의 소송 사건의 판결은 대체로 삼심제 형태를 취한다. 1심은 피고와 원고가 선택하는 재판관들 앞에서, 2심은 마을사람들과 부족 사람들로 구성된 법정에서, 3심은 최고 재판소에서 이루어진다. 그리고 최고 재판소의 판결에 대한 이의 제기는 호법관이 맡는다.[92] 혼합정체에서 권력 무한 퇴행적 집중의 단점을 보완하는 권력의 분립은 두 가지 측면으로 실현된다. 수평적으로는 하나의 관직을 다수의 관리들이 집단적으로 맡는 것, 그것도 사정 기관의 감사와 사정을 통해서이며, 수직적으로는 하위관리의 불복과 항소, 시민들의 고발 및 선출에 의한 관리임용을 통해서이다. 이것

---

[89] 특별재판소는 문제의 사정관을 제외한 사정관들, 호법관들, 선출직 재판관들로 구성된다.『법률』947e-948a.

[90] 플라톤은 아테네의 민주정에서 민회와 평의회가 가진 주요 권한들을 행정과 사법 및 사정기관에 집중시켜 전문성을 높이는 동시에 견제와 균형의 묘를 살린 것이다.

[91] 김비환, 『플라톤과 아리스토텔레스의 정치철학과 변증법적 법치주의』(성균관대 출판부, 2011), 108-9쪽들.

[92] 『법률』767e).

은 궁극적으로 정의로운 지성에 의한 지배를 실현하기 위한 장치이다.

이러한 혼합정체의 관직체계는 관직의 경중과 종류에 따라 그에 걸맞는 관리의 능력과 자질을 요구한다. 법률이 잘 구비되어 있어도 관직을 적임자가 맡지 않으면 지성의 지배를 구현할 수가 없기 때문이다.[93] 마그네시아의 관직체계는 중요한 관직일수록 관리를 뽑는 절차와 방법, 자격 조건[94]이 복잡하고 까다롭다. 당연히 가장 중요한 관직인 호법관과 사정관은 다른 관직들에 비해 관리의 자격 조건과 선출과정이 가장 복잡하고 까다롭다. 관리들의 일반적인 선출 방법은 투표와 추첨을 병행하지만 전문분야의 관직이나 중요관직의 관리 선출은 추첨을 사용하지 않는다.[95] 추첨이 사용되는 관직들의 경우에도 먼저 투표를 통해 후보자들을 걸러낸 다음 마지막 단계에서 주로 사용된다.[96]

투표는 민주주의 치하에서는 성인교육(의무교육)을 받은 교양 있는 시민들이 관직에 적합한 능력과 자질을 가진 사람을 선택하는 일이다. 이 때문에 여기에서는 항상 국무를 수행할 만한 지적 능력과 자질, 즉 윤리적 태도를 평가하여 선택적으로 선발하는 제도이다. 반면에 추첨은 이러한 것을 고려하지 않고 무차별적으로 선택함으로 국무에 임하는 사람에 대한 선택에 있어서 평등의 원리에 따르는 것이다. 결국 민주주의에서는 인간 영혼의 자발성에 따르는 자유의 원리와 플라톤이 말하는 인간 영혼의 불멸성에서 기원하는 평등의 원리를 함께 사용하는 셈이 된다. 이 때문에 추첨을 사용하는 방법은 인간 영혼이 평등의 차원을 확보한 경우에만 가능하다. 그래서 플라톤은 고위직에서

---

93 『법률』 751b-c.

94 중요한 관직에 나이의 제한을 두어 경험이 많은 사람들에게 더 많은 권한을 부여한다. 호법관, 교육감독관, 사정관, 해외시찰관은 모두 50세 이상이고, 호법관들 중에서 야간 위원회에 참석할 수 있는 자는 상위 연장자 10명이다.

95 호법관과 사정관은 물론이고 장군과 부대지휘관, 선출직 재판관, 교육 감독관, 해외시찰관(theōos) 등은 선출과정에 추첨을 사용하지 않는다.

96 1심과 2심의 재판관들은 시민들(민회) 중에서 즉석에서 추첨으로 뽑는다. 『법률』 768a-b). 도시 감독관(astynmos)은 모든 시민들이 투표로 뽑은 6명의 후보자 중에서 추첨으로 3명을 뽑는다. 『법률』 763d-e. 같은 방법으로 시장 감독관(agoranomos)은 5명(763d), 지방감독관(agronomos)은 부족별로 5명을 뽑는다. 체육감독관은 20명의 후보를 선거로 뽑고 3명을 추첨으로 가려낸다. (765c).

만 추첨을 사용할 것을 말하고 있다. 그럼에도 불구하고 그리스인들, 특히 아테네인들은 추첨을 하위직에서도 사용하였었다. 이들은 말하자면 인격적으로 자신의 시민들에게 평등의 권리를 부여한 것이다.[97] 그리고 선출된 모든 관리는 자격심사를 받은 후에 직무에 봉사하게 된다. 이처럼 마그네시아에서는 모든 관직 체계는 각 조직에 자격을 갖춘 전문인을 임명하도록 되어 있고 이 모든 것을 통합적으로 상징하는 야간회의가 있다.

야간회의는 혼합정체의 나라와 법률의 최종적인 보전장치로서 제시된 기구이며, 원로들과 젊은이들로 혼성된다. 수훈을 세운 사람들, 호법관들 중에서 원로 10인, 신임 및 전임 교육감독관들, 오랫동안 외국 시찰을 다녀온 자격자들이다. 원로들은 저마다 30~40세의 젊은이들(자격 검증을 받은 자들)을 대동하는데 이것은 혼합정의 정체에서 법률 제정의 정신을 교육시키기 위한 것이다. 즉 정치가를 양성하기 위한 것이다. 이들은 법률 및 나랏일과 관련된 일들, 그리고 이와 관련된 학문들에 대해 논의한다. 바로 이 회의와 관련해서 아테네에서 온 손님은 나라를 거대한 배와 비교하며 거론하는데, 온 나라를 닻에 매달린 것처럼 야간회의에 기초하게 되면 평화와 안정을 구하게 되어, 이로써 이 나라에 어울리는 모든 걸 다 갖추게 되며, 그들이 원하는 모든 걸 구원하게 될 것이라는 것이다. 따라서 모든 것과 관련해서는 각각의 활동들에 있어서 적절한 구원자를 알아볼 수 있어야만 한다.(961d).

이러한 야간 회의 구성원들의 혼에는 다른 것들에 더해서 지성(nous)이 그 안에 생기는데, 이는 머리에도 또한 다른 것들에 더해서 시각과 청각이 그 안에 생기는 것과도 같다. 가장 훌륭한 감각(aisthesis)들과 함께 지성이 혼합되어

---

[97] 사실 투표와 추첨은 이성의 자율성과 함께 이성의 무차별성을 나타내는 것이다. 플라톤에 있어서 영혼은 서로 양적으로 다른 능력을 지닌 자발성을 지닌 것으로 생각되기도 하나, 다른 한편 질적인 측면에서 똑같다는, 즉 동등하다는 것이 전제되어 있다. 이 점은 근대 철학자들에게서도 마찬가지이다. 플라톤이 생각한 공동체적 국가는 생산직에 종사하는 노예를 전제하는 그리스 아테네 사회에서는 관직은 시민이 모두 참여할 수 있는 기회가 주어져 있는 것이다. 그래서 관리 선출에서 우연성에 노출되는 추첨이 하위 관직에서도 있었다. 그러나 플라톤은 하위관직은 오히려 현실의 구체성에 대한 인식과 이에 따르는 기술이 필요함으로 추첨에 의하지 않고 능력을 검토하여야 하고, 고위관직에 대해서만 추첨을 행할 것을 말한다. 이는 추첨이 플라톤에 따르면 신의 뜻에 따르는 것을 전제하고 있기에 신의 애호를 받는 인간들의 무차별적 동등성이 고위직에서나 가능한 것으로 생각되기 때문이다.

하나로 될 경우, 이 정신(nous-psyche)이 각각의 동물들의 안전으로 보장하게 되는 것은 지당한 일이다. 그러나 지성이 무엇과 관련해서 감각들과 함께 혼합될 경우에 폭풍우에도 그리고 좋은 날씨에도 배들의 안전하게 될 것인가? 『국가정체』편의 배의 비유에 나타난 것처럼, 아테네인은 말하기를, 배에서는 조타수와 함께 선원들의 감각들은 조타술에 밝은 지성과 혼합함으로써 자신들을 그리고 배와 관련된 것들을 안전토록 하게 한다고 한다. 이를테면, 군대와 관련해서도 장군들이 그리고 일체의 의술에 의한 보살핌이 무엇을 목표(skopos)로 설정함으로써 안전에 옳게 적중하겠는지 생각해 보아야 한다고 말한다.

마그네시아를 구성하는 관직의 어떤 부류들 또는 활동들 중 어느 것에 그런 안전장치(phylakterion)가 그게 어떤 것이든, 충분히 마련되어 있는가? 바로 이 논의는 야간에 모이는, 즉 야간회의와 관련된 것이다. 따라서 이 회의는 전체적인 훌륭함(pasa arete)을 갖추어야만 한다. 이러한 입법자 및 호법관은 [사람으로서의] 훌륭함(덕)에 의해서 모두 가운데서도 특출한 것으로 스스로 여기고 있으며, 바로 이것들과 관련해서는 해설자들과 가르치는 사람들, 입법자들, 그리고 다른 사람들을 수호하는 자들이 남들보다 달라야 한다. 그것은 깨닫고 알아야 할 필요가 있는 자에게, 또는 벌 받고 꾸지람을 들어야 할 필요가 있는 잘못한 자에게, [사람으로서의] 나쁨(악덕:kakia)과 훌륭함(덕:arete)이 어떤 힘을 갖고 있는지 가르쳐 주고 어떻게든 명시해 줄 수 있는 그런 인물들일 것이다. 즉 이들을 수호자들이라 일컫는데, 수호자들은 [사람으로서의] 훌륭함과 관련해서 다중보다도 언행에 있어서 더 정확(엄밀)하도록 대책을 강구해야만 하는 임무를 가진다.(965e). 나라 자체는 수호자들 가운데서도 자질이 훌륭하고 혼 전체를 통해서 날카로움을 지닌 젊은이들이 선발된다. 이를테면 머리 꼭대기에서 나라 전체를 빙 둘러 조망하여, 지켜보면서 지각한 것들을 기억들에 넘겨줌으로써, 연장자들을 위해 나라에서 일어나는 모든 일의 보고자가 된다. 반면에 많은 주목할 만한 일들에 있어서 특출하게 지혜를 발휘함에 의해서 지성에 비유되는 사람들, 곧 원로들은 숙의 결정을 하고, 젊은이들과의 협의와 함께 이들을 조수들로 이용함으로써, 바로 이처럼 양쪽이 공동으로 나라 전체를 진정으로 보전하는 것이 명백해진다. 그러므로 앞의 것보다 더 엄밀한(정확한) 어떤 교육으로 나아가야만 한다. 그러나 엄밀한 교육을 시행함에 있어서, [사람으로서의] 훌륭함에 대해, 이 나라 안에 이것(앎에 기반을 둔 [사람으로서의] 훌륭함으로 보는 게 옳을 것 같다)이 다른 어떤 식으로라도 더 엄밀한 교육을 통한 앎을 갖게하는 것이 여의치 않을 경우, 이를테면 '참된 의견'에 의한 ('훌륭함'의 실천도 차선의 것일 수 있을) 것이 생기도록 강구하여야 한다(965c-e).

Chapter 02

아리스토텔레스의
윤리학과 혼합정체

: 아리스토텔레스의 윤리학과 혼합정체

1. 정치적 동물로서의 인간

. . .

아리스토텔레스는 인간의 삶을 피타고라스학파에서 기원하는 예화인 경기장에 나온 세 부류의 인간으로 구분한다. 하나는 경기에 직접 참여하여 육체를 운동 경기에서 발휘함으로써 영예와 고귀한 승리를 추구하는 선수들의 삶과 이득을 얻기 위해 물건을 사고팔기 위한 사람, 그리고 다만 무슨 일이 어떻게 일어나는가를 열심히 바라보기 위해서 가는 관람하는 사람들이다. 첫 번째와 두 번째 사람들은 세속적인 욕망에 따라 사는 사람들로서 세계와 인간에 대한 참된 인식이 없이 영원한 윤회를 하는 사람들이고, 세 번째 사람들이 철학자라 부르는 사람으로서 영혼의 정화를 통하여 운명과 출생의 굴레로부터 벗어나려고 애쓰는 사람이라고 말할 수 있다. 이러한 피타고라스학파에서 기원하는 예체능적(미학적) 예화는 곧바로 그의 신학과 존재론으로 구성된 형이상학과 연결된다.

또한 아리스토텔레스의 인간에 대한 정의 중에 인구에 회자되는 것에는 두 가지가 있다. 하나는 '인간은 이성적 동물'이라는 것이고 다른 하나는 '인간은 도시적 동물(politikon zo-on)'이라는 것이다. 전자는 인간의 삶 가운데 관조하는 철학자의 삶으로 번역되거나 학문을 하는(theorein) 삶으로 재정의 되며, 후자는 인간은 정치적 동물이나 사회적 동물로 번역되는 것이다. 아리스토텔레스의 정치철학은 인간은 도시적 동물이라는 정의에서 출발하며, 사유하는 인간의 삶은 전체적으로 보면 도시적 동물로서 실천적 지혜와 신중함(phronesis)으로 형성되어 있으며, 이 가운데에서 상인의 삶만이 신중함과 관계가 없는 것으로 되어 있는 것은 그의 귀족주의적인(도시적) 정신을 반영한다. 또한 여기에서 아리스토텔레스에 의해 현대에서도 어느 곳에서도 통용되는 이론학과 실천학의 구분은 모든 학문에 대한 분류의 기원이 되고 있다. 아리스토텔레스가 실천학 혹은 정치학을 인간 성격론과 함께 가장 포괄적으로 다루고 있는 것이 『니코마코스 윤리학』이다. 여기에서 아리스토텔레스는 실천학이 어떤 의미에서 정치학과 신중함 모두에 걸쳐있다고 천명하고 있다. 그리고 그의 신중함에 대한 고찰은 전통철학에서는 '자유의지론'으로 발전한 것이다. 이러한 광의의 실천학 혹은 정치학은 윤리학, 즉 인성에 관학 학문, 그리고 경제학, 즉 가정 경영에 관한 학문, 그리고 협의의 정치학, 즉 현대에서 우리에게 친숙한 의미에서의 정치공동체에 관한 세 학문의 분류가 이루어진다.

『정치학』에서 플라톤의 이데아론과 이에 따른 국가관에 대한 아리스토텔레스의 비판은 국가의 구성단위를 개인으로 본 것에 대한 반발로부터 출발한다. 마치 플라톤이 국가를 개인의 영혼의 확대판으로 본 것에 잘못이 있다고 말할 수 있다. 사실 플라톤은 개인의 덕으로서의 정의에 기초하여 가족에서 지역 공동체, 지역 공동체에서 사회나 국가에로, 그리고 국가에서 인류 전체에로 외연을 넓히면서 특수에서 보편으로 아무런 논리적 모순 없이 나아갈 수 있는 것처럼 묘사한다. 이 때문에 플라톤이 정의에 관한 이데아를 기초하여 이를 실현하는 이상 국가를 생각한 것이 전체주의적 국가를 세우려한 것이라고 말하는 것과 같다. 그러나 부분을 모아 전체에로 갈 수 있는 사태가 있고 그러하지 못하는 사태가 있다. 특히 플라톤에 있어서 정의의 문제는 선의 이데아에 지배되고 있다. 이는 종교적인 것으로서 오히려 국가의 문제는 신적인 세계에로 초월하려는 영혼의 본성에 충실하려는 철학자-개인에게는 짐스러운 희생을 요구하는 것이다. 이 점에서 개인사와 국사에 관여하는 영혼에 딜레마가 존재한다는 것은 앞에서 보았다. 이러한 역설이 아리스토텔레스에서는 역으로 인간 개인은 사적인 영역에서 자신의 욕망을 실현하기 위해 경제적인 것을 고려하고, 공적인 영역인 국가는 오히려 행복을 위한 자유의지를 실현하는 공공의 장으로 여겨진다. 즉 인간의 본질은 이성에 있고 이러한 이성은 신적 이성의 완성인 관조(theorein)[1]를 실현하는 인간에 공통적인 것으로서 공공의 장소, 즉 국가에서만 실현될 수 있다는 것이다. 인간은 본성적으로 '정치적 동물(politicon zo-on)'인 것이다.

---

1   아리스토텔레스가 말하는 'theorein'은 원래는 '본다'는 의미에서 기원하며, 그래서 『형이상학』1권에서는 '인간은 본성적으로 보기를 즐긴다.'고 말하지만, 현대적 관점에서 보면 아리스토텔레스에서는 이성에 따르는 학문적 활동으로서 이론적 사색이다. 사실 이론적 사색은 활동을 전제하는 것으로서 이 개념 속에는 적극적인 활동성(energeia)의 개념이 들어 있으며, 이러한 '활동성의 극치'라는 개념 속에는 한편으로 활동성의 완성이라는 개념이 들어 있기에 역설적으로 운동개념이 사라진다. 그런데 아리스토텔레스가 의미하는 현실적인 운동 개념은 'kinesis'로서 능동성과 수동성이 중화된 타성적 개념으로서 활동성의 소극성이 들어 있다. 결국 이 양자를 자기 사유를 하는 신 중심으로 한 목적론적 위계를 가진 것으로 설정하지 않으면, theorein 개념에서 상식적으로 이해되는 신적 활동성이 사라지고 이 양자의 혼합에서 역설적으로 인간적인 '관조'라는 역동성이 사라진 개념이 나타난다. 즉 '관조'라는 동양식으로 잘못 번역된 개념 속에는 지적 활동이 지니는 창조적 측면이 사라진다. 서양에서도 근대에서 'theorein' 개념은 상아탑 개념이 그러하듯이 전진을 위한 일보 후퇴의 의미를 지니고 있기에 낭만주의적 시기에서 아카데믹한 개념으로 발전하는데, 이를 칸트가 진리구성설로 전복시키고, 베르그송은 칸트의 진리 구성설을 지능의 창조적 역할로 부각시킨다. 즉 지능은 생을 창조하는 능력인 것이다. 아리스토텔레스가 신의 자기-사유로 표명한 'theorein' 개념에 함축된 능동성과 수동성이 지니는 이중성 개념은 근대에서는 철학에서의 자아 탐구의 윤리적 판단과 과학의 모순율에 따르는 사실적 판단으로 분화시키는 것을 가능하게 하는데, 이는 모두 이성이 동일률-모순율에 관계하기 때문이다. 즉 동일률은 뉴턴의 운동법칙으로 나타나는 사실판단의 기초가 되면서도 역설적으로 사실이 아닌 당위판단이기 때문이다. 즉 아리스토텔레스의 영혼의 능동 수동에서 기원하는 능동성-수동인이 중화된 것이 키네시스(kinesis)로서의 운동인 에너지(energy) 개념으로 나타나는 것과 궤를 같이하기 때문이다(송영진, 『그리스 자연철학과 현대과학』, II, 1장 참조). 다른 한편, 아리스토텔레스에서 정의개념은 중용으로 전용되어 나타나는데, 아리스토텔레스의 '정치'라는 말에 함축된 '정의' 개념에서도 정의가 사실판단의 기초가 되면서도 가치판단으로 전용되는 이유이다. 마찬가지로 아리스토텔레스의 정치학에서 국가와 사회가 분화되는 것과 관련하여 전자가 정치학에서, 후자가 경제학에서 주로 사용되는 이유가 되기도 한다. 이러한 사태는 정의 개념에 사실판단과 가치판단이 함께 이중적으로 관련되거나 전복되는 이유가 되기도 한다. 주석 42 참조.

그러나 현실적으로 국가의 문제는 지역적인 것을 고려하고 개인적인 특수성을 고려하다 보면 이를 통해 보편자로 나아갈 수 없는 경우가 많이 있고 특히 법률을 제정할 경우에 그렇다. 아리스토텔레스는 이 점을 분명하게 인식하고,『정치학』1권에서 정치가와 왕과 가사 관리인의 관계를 지배-피지배자의 수와 관련하여 분류하는 것을 피하고, 이상의 관리자들이 관리하는 단위가 서로 다름을 분명하게 한다. 그리고 국가는 본성상 가정과 개인에 우선한다(『정치학』, 1253a18). 여기에서 아리스토텔레스가 말하는 사물이나 사태의 '본성'이란 두 가지 의미를 지닌다. 하나는 발생론적인 의미에서 모든 존재나 사태의 원인이다. 다른 하나는 이 기능이 완성된 상태, 즉 목적을 의미한다. 그래서 모든 사태나 사물에서 그 기능과 능력에 의해서 규정된다고 보는 아리스토텔레스의 목적론적인 관점에서는 목적이 전체이고 기능의 발생 초기는 부분으로 간주된다. 이 때문에 역사적으로 생각하면 부분이 전체에 시간적으로 앞서나 목적론적인 이론적인 관점에서는 전체가 부분에 앞선다.

우리가 '국가'라고 옮기는 그리스 단어 'polis'는 현대에서 의미하는 생산을 전제하는 농어촌을 포함하는 국가를 의미하지 않고, 이에 대비되는 '도시(city)'와 같은 뜻이다. 아리스토텔레스는 그리스 도시 생활의 황금기가 끝날 무렵에 살았고, 필리포스 왕과 알렉산드로스 대왕과 친분을 유지했지만, 그는 '힘이 정의'라는 무한한 권력 추구의 제국이 아니라, 정의가 실현된 도시에서 당시 정치적인 삶의 최고 형태일 뿐만 아니라 당시 가능했던 최고 삶의 형태를 아테네에서 보았다. 이러한 도시국가보다 더 큰 집합체(제국주의)는 어떤 것이든 그에게는 권력이나 힘을 최고의 목표로 추구하는 단순한 패거리이거나 잘못 짜인 사람들의 덩어리였다. 그리고 이러한 덩어리가 통일성을 갖춘 것을 국가의 자연스런 형태로 보지도 않았다. 그는 자연스런 국가란 정치적으로는 정의가 실현되고 경제적으로는 플라톤처럼 자족할 수 있는 단위들의 연합체(autarkeia)에 가까운 것으로 보았다. "국가는 공동체를 형성하는 주민들이 자족할 수 있을 만큼 많고 다양해야 국가라고 할 수 있기 때문이다"(『정치학』, 1261b6).

그리고 그의 자족 개념에는 정치학에 그가 공헌한 경제적인 관점이 숨어있다. 이러한 경제적인 관점에서 보면, 그는 국가를 단일한 통일체인 마케도니아 제국과 별개로, 그가 논외로 한, 여러 폴리스들과 동맹으로 뭉쳐진 아테네와 스파르타, 그리고 대등한 도시국가들의 상업에 의한 경제적 연합과 같은 폴리스들로 구성된 헬라스(그리스) 세계에 있었다. 그럼에도 불구하고 그의『정치학』에는 헬라스세계를 도시국가들의 경제적 연합체로 보는 일반적 관점은 표명되어 있지 않다.

아리스토텔레스의『정치학』은 다음과 같은 두 가지 목적이 든 것으로 보이는 부분으로 시작한다. (1) 관습에 의해 존재하고, 구성원들의 충성을 실제적으로 전혀 요구하지 못하는 것으로서 국가나, 인민을 지배하고 압제하는 것으로 보는 그리스 식민지 출신의 소피스트들의 견해에 맞서 국가의 성립의 정당성을 입증하는 것이다. (2) 국가를 다른 공동체들과 구별함으로써 그것의 본성을 밝히는 것이다. 즉 아리스토텔레스는 모든 공동체는 어떤 좋은 것을 위해 존재하는데, 모든 것을 포함하는 최상의 공동체인 국가(nation)는 최상의 선(善)을 겨냥해야 한다고 주장한다. 그리고 그가 말하는 선은 이 지상에서의 행복(eu-daimonia : well-being)이다.[2]

1) 가족공동체: 모든 정치체제와 공동체의 기원과 기초

국가가 '공동체'라는 유(類)에 속한다는 것은 분명하다. 그것의 종차(본질적 차이)는 그다지 분명하지 않다. 아리스토텔레스는 지금껏 생각해왔던 것처

---

2   영어 'well-being' 개념은 그리스어 'eu- daimonia'의 유대적 변형이다. 원래 eu-dimonia는 플라톤이 말한 대로 신성을 지향하는 인간 정신을 의미하는 것이었으나, 이러한 그리스 어휘에 기독교적 사유가 첨부되어 형성된 것이 영어이다.『구약 성서』에서 모세가 호렙 산에서 만난 하나님은 신의 무소권을 상징하는 히브리어로 의미하는 '나는 나다.(그리스어로는 Jehova: 히브리어로는 Yahwe 여호와)'인데, 이를 토마스 아퀴나스가 하나님의 본질은 그리스 존재론적인 어휘 'On(Being)'이라고 한데서, 이를 영어로 'I am I that is'라고 번역함으로써 그리스어 'daimonia'가 being으로 번역된 것에서 유래한다. 그런데 이러한 well-being 개념이 근대 과학의 합리적 사고와 결부되면서 지상에서의 건강한 삶을 의미하는 세속적인 것으로 바뀌었다.

럼 종차가 그것의 크기가 아니라는 점을 보여주는 일에 착수한다. 그가 국가의 종차를 발견하는 방법은 국가를 그것의 부분들로 분석하는 것이고, 그것의 발생을 역사적으로는 아니라 할지라도 이성적으로 생각하여 본 자연 상태에서 발생지점들을 연구하는 것이다. 그런데 아리스토텔레스에서 이러한 분석의 기초가 영혼 불멸설에 기초한 인간 개체에 두고 이 개인주의적인 욕망의 분석을 토대로 한 플라톤의 존재론적 분석과 달리, 아리스토텔레스는 인간 존재들을 교제로 이끄는 본능에서 발견하고 이러한 본능을 추출하며 여기에서 국가의 기원을 본다. 아리스토텔레스에 따르면, 인간의 사회성을 이루는 본능은 크게 두 가지다. 남자와 여자를 모으는 종 번식을 위한 생식의 본능과 살기 위해 서로 돕도록 주인과 노예 - 앞을 내다볼 줄 아는 정신과 튼튼한 신체-를 모으는 자기 생존의 보존본능이 있다. 이렇게 해서, 우리는 남자와 여자, 그리고 노예로 된 3명의 개인으로 된 최소한의 사회 즉 가족³을 얻는다.(『정치학』, 1252b9). 이것은 '일상에 필요한 물건들을 공급하기 위해 자연적으로 확립된 결사체'이다.

다음 단계는 마을이다. 이것은 '일상에 필요한 물건들 이상의 것들을 공급하기 위해' 여러 가족이 결합한 것이다. 아리스토텔레스는 그 이상의 것들이 무엇인지를 특정화하지 않지만, 우리는 그가 자기 생존의 보존 본능에 기초해서 마을을 적과 짐승을 보다 완전하게 방어하는 것뿐만 아니라 근대에서 성찰하기 시작한 사회의 생존에 필수적인 생산 활동에서 대규모의 노동 분업을, 이에 따라서 보다 다양한 요구들의 만족을 가능하게 만들었다는 점을 염두에 두고 있다고 추정할 수 있다. 국가 사회의 방어와 생산소비의 본능이다. 아리스토텔레스는 마을이란 혈통이 같은 가족들의 결합에 의해 가장 자연스럽게 형성된다고 덧붙인다. 그리고 여기에서는 최 연장자가 가정을 지배

---

3 인간의 가족은 다른 동물과 달리 독특하게 과거-현재-미래를 상징하는 3세대가 함께 있는 것이 특색이라는 것이 인류학자들이나 철학적 인간학이 말하는 사실이고, 언어학자들이나 진화 생물학자들은 이를 각각의 영역에서 확증한다.

하듯이 왕(basileus)이 지배하게 된다(『정치학』, 1252b15).

세 번째 단계는 삶을 위해 여러 마을들이 결합하여 '거의 또는 아주 자족적일 만큼(autarkeia) 충분히 크게' 생겨나지만, '좋은 삶'을 위해서는 이성적인 사려를 통하여 완전한 공동체로 결합하는 것이다. 여기에서 국가는 자연적인 삶과 결합된 이성을 통해 완전하게 변화하는 것이 국가(nation)의 본질이자 자연으로 나타난다(『정치학』, 1252b27). 국가란 마을과 같은 이유로 삶을 위해- 생겨났다. 그러나 그것은 단순한 삶이라는 자연적인 것에서 더 나아가, 국가는 인간만이 지니는 이성적 욕구, 즉 사회적 욕구-평화와 안정 속에서 좋은 삶(eudaimonia)을 바라는 욕구-를 충족시키는 것으로 드러난다.

인간은 본성적으로 국가공동체를 구성하는 동물(zo-on politikon)이다. 이러한 공동체적 본성을 아리스토텔레스는 인간의 언어(logos)사용 능력에서 보았다. 동물들이 쾌고에 따라 모든 것을 판별하는 것과 달리, 인간은 언어를 사용하면서 유익과 손해, 그리고 옳고 그름을 구분하고 선악을 판단하는 능력이 나타나는 것으로 보고 있다는 점(『정치학』, 1253a1)에서 현대 언어학적 관점에서도 탁견이다. 이러한 인간 사유의 판단 능력은 인간을 동물보다 다양한 가치에 눈뜨게 하고 궁극적으로는 진리와 윤리성에서 신성에 가깝게 만드는 요인이다. 그럼에도 불구하고 이러한 능력을 지닌 인간이 법과 정의에서 이탈하면 가장 사악한 동물이 된다.

> "사회의 초기 형태들이 자연적인 것이라면 국가도 그렇다. 왜냐하면 국가는 그것들의 종착점이고 한 사물의 본성은 그 사물의 완성을 상징하는 종착점이기 때문이다. "우리는 각 사물이 완전히 발전되었을 때의 상태를 그것의 본성이라고 부른다." ...그러므로 분명히, 국가는 인간에게 있어서 자연의 산물이고, 이성을 지닌 인간은 본성상 국가를 이루고 사는 [정치적인] 동물이다. - 사회에서 살 수 없는 사람이라든가 자기 스스로 충분하기 때문에 필요한 것이 없는 사람은 짐승이거나 신임에 틀림없다."(『정치학』, 1253a25).

그런데 좋은 삶, 즉 행복한 삶은 아리스토텔레스에서 두 가지 것을, 즉 도덕적인 활동과 지적이고 이성적인 활동을 포함한다. 국가는 가족이나 마을보다 더 도덕적인 활동에 적합한 공간을 제공하고 덕, 즉 영혼의 탁월성들이 발휘될 수 있는 보다 다양한 관계망을 제공한다. 그리고 그것은 지적인 활동, 즉 이성적인 활동을 위해서 더 많은 영역을 제공한다. 보다 완전한 지적인 노동의 분업이 가능하고, 각각의 정신은 정신에 대한 정신의 영향에 의해 보다 완전하게 촉진된다.[4]

아리스토텔레스는 국가가 관습에 의해서만 존재하지 않고 인간의 본성에 뿌리박혀 있다고 말하고, 자연적인 것은 가장 건전한 의미에서 인간 삶의 근원이 아니라 그것이 향해 가는 신적 이성의 목적지에서 찾아볼 수 있다고 주장한다. 그리고 이처럼 신적 이성을 행해 개명된 문화적 삶은 안정되고 영원한 평화의 고상하다고 가정되는 삶을 지향하는 것이지 야만의 삶에로의 타락이 아니다. 국가를 자연적인 것으로 기술하면서, 아리스토텔레스는 그것을 인간의 의지 작용과 독립된 것으로 만들려는 생각은 없다. 인간의 이성적 숙고에 따른 자유의지 작용에 의해 국가는 형성되었고 유지되고 있다.[5] 그리고 인간의 의지 작용에 의해 국가의 형태는 '심장의 욕구(감정)에 더 충실하게' 빚어질 수 있다. 그러나 그는 국가(nation)가 인간의 변덕이 아니라 사물들의 본성에 뿌리박혀 있다는 의미에서 '자연적'이라고 주장한다. 그리고 그가 말하는 자연 속에는 (영혼의 능동성-수동성과 관계하는) 형상-질료의 결합으로 이루어진 개체에

---

4   아리스토텔레스에 있어서 정신 능력(nous)은 한편으로 능동-수동의 양상으로 나타나는 영혼(psyche)의 능력이라 불리는 심리적 능력이 있으며, 다른 한편으로는 능동 수동이 중화된 운동(kinesis)에 해당하는 근대에서 이성(reason)이라 불리는 능력이 있다. 이 이성 능력은 아리스토텔레스에서는 한편으로 능동성과 결합하면 사회적인 윤리의식을 표현하는 공정성을 목표로 하는 법적 도덕적 능력으로서, 혹은 이성이 자기사유 하는 신적 능력으로서 관조라 불리는 'theoria'의 능력으로 불리는 것으로 나타나기도 하고, 수동성과 결합되어 뉴턴의 운동법칙으로 나타나는 이론이성의 제작능력을 표현하기도 한다. 그는 이러한 수동적 이성을 물질에 노예가 되는 것으로 말하는데 이는 공인(工人)을 폄하하는 것으로 나타난다. 과학이 발달하지 못한 시대에서 정성적 사고를 위주로 하기에 아리스토텔레스의 이러한 귀족적이고 봉건적인 사고는 수동적 이성에 대한 폄하로 나타난다. 그러나 이 후자는 근대에서는 뉴턴 역학에서는 진리를 탐구하는 과학적 이성으로서 칸트에 의한 진리구성설로 나타났으며, 베르그송은 이를 도구 제작능력으로 말한다. 왜냐하면 이 능력은 물질에 대한 노동을 전제하기 때문이다.

5   아리스토텔레스는 인간의 '자유의지'가 숙고에 의해 형성된다는 것을 『니코마코스 윤리학』 1장과 2장에서 설명하는데, 이는 현대 철학자들이 논쟁하는 것이지만 설득력이 충분하다.

대한 존재론적 사고와 목적론적 세계상이 도사리고 있다.

반면에 아리스토텔레스는 그 당시 여러 도시국가들의 연합체로 되어 있는 그리스 세계(헬라스 세계)에서 나타난 도시국가들의 다양한 정치 체제들을 귀납적으로 수집하고, 아리스토텔레스가 말하는 모든 인간에게 주어진 자연적 이성에 의해 반성적으로 평가하면서, 인간의 정치 현상을 인간의 본성에서 우러나온 역사적 형성물들로 이해한다. 이러한 아리스토텔레스의 철학적 방법론에 기초한 현실 이해는, 비록 종교적인 관점은 각각 서로 다를지라도, 근대에서 헤겔이 표명한 "현실적인 것은 이성적이요 이성적인 것은 현실적이다."[6]라는 말로 표현된 세계관을 나타내고 있다. 우선 아리스토텔레스가 파악하는 국가는 플라톤이 파악한 하나의 통일체로서의 국가가 아니다.

> "국가는 본성적으로 하나의 복합체이다. 따라서 국가는 복합체에서 점점 더 통일체가 되어갈수록 국가 대신 가정이 되고, 가정 대신 개인이 될 것이다. 가정은 국가보다 더 통일체이고, 개인은 가정보다 더 통일체라고 할 수 있기 때문이다. 따라서 국가를 그런 통일체로 만들 수 있다 하더라도 그렇게 해서는 안 된다. 그럴 경우 국가는 파괴되고 말 것이기 때문이다. 국가는 다수의 사람들뿐만 아니라 여러 종류의 사람들로 구성되어 있다. 서로 같은 사람들로는 국가가 만들어질 수 없기 때문이다.
> …그러나 모든 시민은 날 때부터 평등하기 때문에, 그리고 공직이라는 것이 좋은 것이건 나쁜 것이건 간에 모두 공직에 참여하는 것이 옳기 때문에 그렇게 하기가 불가능하다면, 동등한 권리를 가진 자들이 교대로 공직에서 물러나고, 공직을 떠나서는 모두 같은 지위를 가짐으로써 그런 원칙이 모방될 수 있다.(『정치학』, 1261a).

아리스토텔레스에 의하면, 국가가 단순한 통일체가 아니라 다양한 사람들로 구성되어 있는 복합체임을 알려준다. 그리고 이러한 다양한 사람들은 모두가 동등한 능력을 지닌 시민들임이며, 이러한 시민은 모두가 공직에 참여

---

6 헤겔의 이 언명은 역사적 상대주의와 결합되어 진보나 보편성에 대한 이해가 결여될 수 있다는 단점이 있다. 역으로 보편성이나 진보를 전제한 발언이 되려면 이상이나 목적을 전제해야 한다.

할 수 있는 자들임을 밝히고 있다. 국가는 일차적으로 상이한 기능들을 갖고 있는 수많은 사람들 사이의 각자의 행복을 위해 호혜적 관계에 따라 조직화되어 있다. 하지만 국가는 가족이나 부족에 비해 더 복잡한 이중적 조직 원리에 입각해 있음을 밝혀준다. 가족이나 부족은 일차적으로 종족 번식과 먹고 살기 위해 자급자족을 가능하게 하는 경제적 관계에 따라 구성되었으나 국가는 그런 일차적 관계보다는 다른 인간성에 내재하는 이성적 능력을 실현하여 생의 궁극적 목적인 행복을 실현하기 위한 공동체로서 존재하는 이차적인 관계에 의해 그 차별성이 부각된다. 국가는 날 때부터 신적 이성을 지니고 있고 이성이 지닌 숙고의 능력을 통해 동물들에게는 존재하지 않는 자유의식과 능력을 지닌 평등한 다수의 시민들로 구성되어 있기 때문에 불평등의 원리에 입각해 있는 가족(아리스토텔레스는 가부장적 체계를 자연적인 것으로 파악한다. 가부장제는 남성의 여성에 대한 우월한 힘을 기초로 하는 봉건적인 질서이다.)과는 다른 형태의 공동체이다. 그러므로 국가는 가족이나 부족에 적합한 것과는 전혀 다른 지배 형태, 곧 '정치적 지배'를 필요로 한다.

> "정치가(politikos), 왕(basilikos), 가사 관리인(oikonomikos), 몇몇 노예들의 주인(despotikos)의 역할이 같다고 생각하는 이들이 있는데 이는 잘못된 생각이다. 그들의 주장에 따르면 이들에게는 피치자의 수가 많고 적음의 차이가 있을 뿐 본질적인 차이가 없으며, 따라서 적은 사람들을 지배하면 몇몇 노예들의 주인이고, 더 많은 사람들을 지배하면 정치가 또는 왕이라는 것이다. … 또 정치가와 왕의 차이는 누군가가 혼자서 통치를 하면 왕이고, 정치학의 원칙에 따라 번갈아가며 통치하기도 하고 통치받기도 하면 정치가라는 것이다. 하지만 이것은 사실이 아니다." (『정치학』, 1252a7-16).

주인의 지배(despoteia)와 정치가의 지배(politike)는 서로 다르며, 어떤 사람들이 말하듯 모든 종류의 지배(arche)가 서로 같은 것이 아님은 분명하다. 정치가는 타고난 자유민을, 주인은 타고난 노예들을 지배하기 때문이다. 그리고 가정에서의 지배는 독재(monarchia)적이다. 각각의 집을 한 사람이 지배하기 때문이다. 반면 정치가는 자유민과 동등한 자들을 지배한다(『정치학』, 1255b16-19). '정치적' 지배의 또 다른 특징은 피치자의 이익을 위해 권력을 행사한다는 점이다(『정치학』, 3권 6, 7장). 권력을 공동의 이익을 위해 행사하는가, 아니면 통치자의 이익을 위해 행사하는가 하는 기준은 비단 정치적인 지배뿐만 아니라 모든 정체의 올바름을 평가하기 위한 기준이지만, 아리스토텔레스가 개념상 엄밀하게 규정·이해하고 있는 정치 공동체의 목적상 '정치적' 공동체는 공공의 이익을 추구할 수밖에 없다. 이것은 정치 공동체가 공동체 구성원들 모두의 이익을 위해 구성되었다는 점과 '정치적' 지배는 그 목적의 성취에 가장 부합한다는 주장에 의해 뒷받침된다.(『정치학』, 1279a8-15). "정치의 선은 정의이며, 그것은 곧 공동의 이익이다."(『정치학』, 12892b15-16). 더구나 시민 정치가들은 자신의 지배 기간이 끝나면 다시 피치자로 돌아와야 한다. 이 때문에 자신이 지배자로 복무할 동안 공익 대신 사익을 추구한다면, 다른 시민들이 지배자가 될 경우 동일한 논리에 의해 불이익을 감수해야만 하기 때문에 '정치적' 지배는 공익 추구 경향을 강화시킨다.(『정치학』, 1279a8-15).

김비환은 동등한 자유를 지닌 인민이 차례로 지배하고 지배받는 정치의 특성과 공익 지향성이 정치적 지배로 하여금 법치 원리를 그 근본적 구성요소로 삼게 만든다고 말한다. 왜냐하면 모든 시민들이 자연적으로 평등하다는 가정과 모든 시민들이 동시에 공직에 복무한다는 것은 불가능하다는 사실을 권력의 공익 추구성과 함께 고려해보면, 모든 시민들에게 평등하고 공정한 지배의 기회를 보장해줄 수 있는 정의의 규범은 정치적 지배의 필수 조건임을 알 수 있기 때문이다.(『정치학』, 1287a18-19). 이러한 정치적 지배를 특징짓는 역사적·개념적 요인들은 아리스토텔레스로 하여금 법치 원리를 정치 공동체의 근본적 정치 원리로 제시하게 한 중요한 근거들이다.[7] 따라서 정치적 공동체에서 공직을 수행하고 공동체에 관계하는 바람직한 질서에 관해서 의사 결

---

7   김비환, 158-160쪽들.

정과정에 참여하면서, 교대로 지배하고 지배받는 역할을 맡는 것이 아리스토 텔레스가 말하는 정치적 존재이고, 이러한 정치적 존재가 '자유인'인 것이다. 그리고 이러한 자유인이 목표로 하는 것이 다음에서 설명하는 모든 인민들 의 행복으로서 지적으로는 인간의 이성적 본성을 실현하고 실현된 것을 보는 '기쁨이 있는 관조'의 삶을 실현하는 것이다.

2) 가정의 구성 요소로서의 노예에 대한 합리화

국가가 가족에서 유래한다고 지적한 뒤, 아리스토텔레스는 나아가 '가사 관리의 부분들'을 살펴본다. 이 가운데 두 가지 만이, 즉 주인과 노예의 관계, 그리고 재산 취득만이 충분하게 논의된다. 노예제와 관련하여서 그는 노예들 에 대한 지배는 인간의 능력에 대한 차이에서 기원하는 것으로서 열등한 자 들에 대한 우월한 자들의 정상적인 지배의 일례이다. 이러한 아리스토텔레 스의 견해는 그 당시 식민지 철학자나 소피스트들의 견해와 정면으로 대립 한다. 이들의 견해에 따르면, 자연은 주인과 노예 간의 구분을 인정하지 않는 다. 동물세계나 자연 세계에서는 노예란 없다. 단지 노예제는 인간이 사회를 이루면서 자연에 거스른 전쟁이나 폭력에 관계하는 관행에 근거한 것이므로 올바르지 못하다. 사실 이 후자의 견해가 현대에서의 타당한 견해이다. 왜냐 하면 인간만이 '사유하는' 동물로서 스스로를 교화와 순치를 하듯이 동물들 을 도구로 사용하고 인간마저도 자신의 목적을 위해 이용하는 것이다. 즉 수 단-목적의 관계는 제작을 기본으로 하는 인간의 도구 제작 능력(homo faber)에서 기원하는 지능 때문에 나타난다. 이러한 사태를 식민지 출신의 소피스트들은 자각하지는 못했다 하더라도 노예제도가 비자연적이라는 것을 의식하고는 있었으나 아리스토텔레스는 인간의 사유 속에 존재하는 제작적 특성을 자연 에 투사함으로써 노예를 '자연적인 것'으로 말하는 것이다.

아리스토텔레스는 먼저 노예의 본질(자연적 본성)을 지적하는 데에 몰두한다.

본질적으로 노예는 '삶의 운영을 위한 도구', 바꾸어 말하면 '살아 있는 재산'이다. 베틀의 북이 그것을 인도하는 손이 없이 직물을 짤 수 있다면, 주인은 노예가 필요하지 않을 것이라고 아리스토텔레스는 기계 문명 시대를 무의식적으로 예견하면서 덧붙인다. 그러나 아리스토텔레스에 따르면, 노예는 생산의 도구일 뿐만 아니라 행위(praxis)의 도구이다―특정 물품을 만들기 위한 수단이 아니라 삶(행위)의 일반적인 운영을 위한 도구이다. 다시 말해 아리스토텔레스가 말하는 여기에서 문제가 되고 있는 노예는 농업이나 산업의 노예가 아니라 가정의 노예이며 인간에 행위의 서비스를 제공하는 (현대에서 보면 상인적 정신을 지닌) 노예이다. 그리고 가정은 아리스토텔레스에 있어서는 현대 산업사회에서 보면 경제적으로 운영되어야 하는 '생산 단위'이다.

이러한 아리스토텔레스의 노예에 관한 생각은 국가와 가정을 분리하려는 것에서 즉 자연적인 것과 사회적인 것을 구분하려는 데에서 나온 것으로서 개인주의에 기초한 일반적이고 보편적인 개념이 아니며, 역설적으로 당시의 현실적인 것을 반영하는 것이 분명하다. 왜냐하면 헬라스 세계의 폴리스들 대부분, 전쟁에서 피정복민을 노예로 공급했고, 이러한 노예들은 생산직에 봉사하였기 때문이다. 그런데 폴리스 시민은 자영농으로서 생산직에 종사하면서 동시에 국가에 관리나 군인으로서 봉사한 사람들이다. 이러한 이중성 때문에 생산 활동은 제약을 받을 수밖에 없다. 이런 점에서 생산을 담당하는 노예는 그의 형이상학설에서 형상에 협조적인 질료처럼 시민으로서의 자유인(polites)에 필수적인 도움과 협조적인 요인으로 노예가 자연적인 것처럼 나타난다. 사실 그가 『니코마코스 윤리학』에서 밝히고 있듯이 인간의 의지적 자유는 현실적인 재화의 욕구가 충족 된 후에 나타나는 것이다. 결국 노동에 의한 생산 활동은 노예들이 전담하고 자유민은 관리인으로서 나타날 수밖에 없다.

다른 한편, 가사 관리(oikonomos)에서도 노동이 필요하다. 직접 생산을 안 하더라도 이러한 관리에 필요한 노동이 나타난다. 여기에서도 노예가 필요하다. 이러한 노동은 생산직에 종사하지 않은 노예들을 가정에서 가사를 돌보면서, 정치에 참여하는 일(res-publica)을 하는 주인-남성들의 시중을 드는 사람들(여성을 포함한다)이 할 수밖에 없었다. 이러한 노예들은 말하자면 정치-국가의 일을 하는 사람(자유인이자 정치인)을 돕는, 즉 정치적으로 도움을 주는 생산 활동에서 해방된 노예만을 말하고 있는 것이다. 왜냐하면 아리스토텔레스에 있어서 노동은 재화를 산출하는 기능이나 그 노동의 결과가 자신을 위한 것이 아니라 타인의 다른 목적을 위하는 수단에 불과하기 때문이다. 이러한 수단-목적의 관계는 귀한 것과 천한 것으로 분류되지만 이러한 수단-목적 간에는 친화성이 있다. 즉 아리스토텔레스에서 노예와 주인간의 관계에는 친밀성(familiarity)이 존재한다.(『정치학』, 1255b4).

아리스토텔레스는 자신의 형상-질료설에 기초한 영혼론에 따라, 본성적으로 이런 역할을 하도록 예정된 사람들이 있는가를 묻는다. 이에 대한 대답에서 아리스토텔레스는 능동과 수동, 우월과 열등의 대립이 자연의 도처 혼과 몸, 지성과 욕망, 인간과 동물들, 수컷과 암컷 간에 널려 있고, 둘 사이에 그러한 차이가 존재하는 곳에서 둘 모두에게 유익하도록 하나가 다른 하나를 지배해야 한다고 지적한다. 그러나 이러한 지배와 피지배 사이에 대한 견해 속에서 쟁점은 무엇이 정의(justice)인가인데, 한쪽에서는 정의를 선의로 보는가 하면, 다른 쪽에서는 강자의 지배로 본다. 이 각각의 견해는 극단에 흐르고 상대의 지반을 침범한다. 그래서 영혼의 능동성-수동성에 기초한 친밀한 지배-피지배 관계가 이성적으로 논해지는 정의가 없으면 선의(사랑)와 폭력에 의해 흐릿해진다. 그래서 이러한 견해들이 덕 개념에 의해 서로 나누어지게 될 경우, 탁월함에서 더 우월한 자가 지배하거나 주인이 되어서는 안 된다는 견해는 효력과 설득력을 잃게 되기 때문이다.(『정치학』, 1255a12). 더욱이 아리스토텔레스는 가정이나 국가에서도 이러한 지배와 피지배 관계에서 폭력은 자연스럽지 못한 것으로 본다. 자연은 사람들 사이에 그러한 덕과 관련하는 기능의 차이를 산출하는 경향이 있다. 어떤 사람들에게는 일을 잘하도록 튼튼한 몸을 주고, 다른 사람들은 정치적인 삶에 적합하도록 만드는 경향이 있다는 것이다. 사실 아리스토텔레스의 주인-노예의 관계에 대한 이러한 합리화 속에는 정치의 목적이 '자유'에 있음을 암시하며, 주인과 노예의 관계에서도 친애의 원리가 들어 있어서, 전쟁상태에서의 폭력에 의한 인간성의 상호 침해나 권력 세계에서의 불의한 압제의 개념과는 거리가 멀다.

아리스토텔레스는 이러한 노예에 대한 자연 철학적 변론은 한편으로는 서구 정치철학에서, 그리고 전쟁의 목적에서 자유가 중요함을 전제하며, 본성적으로 지배받도록 태어났음에도 이를 거부하는 인간들에게도 전쟁기술을 사용하는 것이 정당하며 여기에서 정의로운 전쟁이 있을 수 있다고 말한다.(『정치학』, 1256b20). 그러나 기존의 많은 노예제는 정복에만 토대를 둔 것이고, 그러한 노예제는 자연적으로 혐오스럽다고 말한다. 권력은 일종의 우월성을 함축하는 경향이 있다. 그래서 어떤 사람들은 힘이 정의를 이룬다고 주장한다. 그러나 이러한 능력의 능동성과 수동성에 기초한 변증법은 시민 사회에서는 역설적으로 이성적 사유를 할 수 있는 인간을 위한(그것이 자국민이든 타국민이든) 해방 전쟁이 있을 수 있음을 암시한다. 왜냐하면 이성이 생각하는 정의는 이러한 '자유의 동등한 상태'에서 성립하기 때문이다. 그리고 이러한 '자유의 동등성'은 시민이란 바로 이렇게 지배하고 지배받는 것이 교환될 수 있다고 하는 법으로 정해진 경우에만 해당된다. 그렇지 않고 지배하는 자가 항상 지배하고, 지배받는 자가 항상 지배받는 것이 진정한 노예상태를 의미한다. 결국 앞에서 언급된 노예에 대한 이 두 견해는 아리스토텔레스에 따르면, 탁월한 상태에 있는 우월한 사람이 항상 지배해야 한다는 중간의 견해(중용에 따르는 혼합적인 측면)에 의해 모두 관철될 수 없다. 여기에 아리스토텔레스의 형상-질료설의 애매성이 존재한다.[8] 어쨌든 한 종류의 정의는 폭력이나 관습에 토대를

---

8 주인과 노예, 지배와 피지배의 관계를 영혼의 능동적인 것과 수동적인 것 사이에서 결정하는 애매함으로 덕의 사회에서는 노예와 주인 간에 친애의 원리가 있다. 반면에 진정한 의미에서 노예와 주인 상태는 폭력에 의한 지배이다. 그런데 아리스토텔레스의 영혼의 능동과 수동에서 기인하는 수단-목적적 사유에서 시민 사회는 지배-피지배가 교환되는 것으로 정의함으로써 시민들이 '평등한 자유'를 지녔다고 말한다. 여기에서 자유와 평등 개념에 대한 상대적이면서도 다양한 견해들이 나타난다. 그래서 아리스토텔레스 이래 영혼의 능동 수동적 성격에서 기인하는 자유 개념은 철학자들 사이에서는 인간의 자유가 상대적인 것으로서 본래적으로 한계를 가진 것으로 인

두고 있고, 다른 하나는 이성의 상호성에 기초를 둔 것이다. 이러한 이성의 상호성에 기초를 둔 것이 상인 정신에서도 나타나는 것이지만 권력 중심적 사고에 메몰된 아리스토텔레스는 식민지철학자들이 가졌을 법한 이러한 정신을 무시하거나 몰지각하고 있다. 어쨌든 전쟁의 관습에 따른 노예제를 정당화된다고 말하는 것으로 충분하지도 않다. 이것을 주장하는 사람들은 귀한 태생의 사람들이나 그리스인들의 노예화를 정당화하길 주저할 것이다. 사실, 그들도 노예를 열등한 본성에 의거하길 바란다. 이런 열등함이 항구적으로 있는 곳에서, 노예제는 주인과 노예 양쪽 모두를 위한 제도이다. 이것이 아리스토텔레스의 자연노예설이다. 이 때문에 로스(W. D. Ross)는 아리스토텔레스의 노예제에 대한 발언을 다음과 같이 변호한다.

> "그리스에서 일상적인 삶의 친숙한 일부였던 하나의 제도를 사물들의 본성에 속하는 것으로 간주한다는 것은 유감스럽기는 하지만 놀라운 일은 아니다. 그리스의 노예제는 로마시대의 노예제를 치욕스러운 것으로, 그리고 가끔 근대의 노예제를 치욕스러운 것으로 만들었던 노예 학대들로부터 대부분 벗어나 있었다는 점을 주목해야 한다. 아리스토텔레스가 노예제를 허용한 몇 가지 제한 조건들을 주목해야 한다. (1) 그는 타고난 자유인과 타고난 노예 간의 구분이 원하는 것처럼 항상 그렇게 명확하지는 않다는 점을 인정한다. 노예의 아이로 태어났다고 노예인 것도 아니다. 전쟁에서 이룬 정복의 권리에만 의존한 노예제는 허용되어서는 안 된다. (2) 우월한 힘이 항상 우월한 탁월성을 의미하지는 않는다. 만일 전쟁의 동기가 올바르지 못하다면 어떨 것인가? 그리스인은 어떠한 경우에도 그리스인을 노예로 삼지 않는다."[9]

아리스토텔레스의 견해에 있는 이런 요소는 그의 견해에 담긴 가장 중요한

정해왔다. 이러한 인간적 능력의 한계를 인정하고 신의 무한한 능력을 인정하는 기독교는 하나님과 인간 사이에 주종관계를 인정하는데 이 양 관계는 사랑의 관계에 있기 때문이다. 그런데 기능의 능동성과 수동성 사이에 아리스토텔레스가 말하듯이 이 양자가 중화된 타성적인 것(inertia)이 존재 하는데, 이것이 항존하게 존재하는 것이 근대 이후에 이성적으로 생각된 자유의 평등 개념이다. 그리고 민주주의 사회에서 평등한 자유란 인간적 자유의 기초나 한계로서 보편적으로 인정되는 것이 법으로 보장될 경우, 기본적인 권리로 나타나는 것이다.

9   W. D. 로스(W.D. Ross), 김진성 역, 『아리스토텔레스』, (SNAPS, 2012), 304쪽.

부분으로서 당대의 사람들에게 당연히 감명을 주었을 것이다. 그가 우리에게 반동적으로 보이는 곳에서, 그는 그들에게 혁명적으로 보였을 것이다. (3) 주인과 노예의 이해관계는 동일하다. 따라서 주인은 자신의 권위를 남용해서는 안 된다. 그는 자신의 노예에게 친구이어야 한다(사회 구성의 친애의 원리). 그는 그에게 명령을 내릴 뿐만 아니라, 그와 함께 이야기해야 한다. (4) 모든 노예들에게 해방의 희망을 주어야 한다. 하지만 아리스토텔레스의 견해 중 권할 수 없는 것은 배중률과 같은 작두로 인류를 두 동강내는 것이다. 도덕성과 지성의 면에서 인류의 연속적인 등급이 있다. 이 등급은 상하위의 체계로 통하고, 아마도 항상 그런 체계로 통할 것이다. 그러나 그러한 체계에서 어떤 구성원도 '살아있는 도구'로만 간주되어서는 안 된다.

이러한 노예 문제에 대한 아리스토텔레스의 논의는 암묵적으로 자신의 이론에 대한 반박을 포함한다. 그는 노예가 그저 신체만이 아니라, 하위 종류의 이성을 가져서 이것에 의해 명령에 복종할 수 있게 될 뿐만 아니라 논의를 따를 수 있게 된다고 인정한다. 더 나아가, 그는 노예가 노예로서는 주인의 친구일 수 없지만, 인간으로서는 그럴 수 있다고 말한다. 그러나 노예의 본성은 그렇게 분할되어 있을 수 없다. 그가 인간이라는 것은 '그가 살아있는 도구'일 뿐이라는 것과 양립할 수 없다. 그러나 아리스토텔레스에 의하면, "생명체가 살아남기 위해서는 능력의 차이가 본질이 되며 인간 사회에서도 마찬가지이다." 이러한 아리스토텔레스의 주장은 근대 칸트가 인간을 목적시 해야만 한다는 사상과 더불어 자유주의가 공인정신과 상인정신을 부활시켜 이들 가운데 있는 이성능력을 인정한 가운데, 정치권력의 사적 소유와 재화의 사적 소유를 전제한 자유 시장 경제에서 권력의 배분문제와 더불어 생산과 소비에 있어서 분배 문제가 교환적 정의의 문제와 얼크러져서 정의의 문제에 관한 철학자들의 두 진영, 평등을 전제로 한 자유주의와 단순히 능력에 따른 자유주의와의 갈등을 생생히 반영한다.

3) 가정 경제의 기초: 재산 취득

아리스토텔레스의 『정치학』은 자유의 사회적이고도 현실적인 실현이 가능한 사적 소유로서의 '재산'을 전제하는 정치-경제학이다. 그리고 그의 정치학에서 재산 취득을 다루는 부분이 경제학에 아리스토텔레스가 기여한 핵심을 이룬다. 이 부분은 어떻게 재산 취득이 가사 관리에 관련되어 있는가? 라는 물음에 의해 1권(A)의 핵심 주제와 연결되어 있다. 아리스토텔레스는 그 물음에 대해 두 가지 방식의 재산 취득을 구분함으로써 대답한다. 먼저, 자연스런 방식이 있다. 이러한 자연스런 방식에는 그 획득 기술이 자연에 의해 주어져 있다. 이것은 삶의 여러 가지 용도에 필요한 자연의 생산물을 모으는 데에 그 본질이 있다. 여기에서 그는 세 가지-유목, 사냥(이것은 해적 행위와 강탈, 고기잡이, 그리고 본래적인 의미의 사냥으로 세분된다), 경작-를 구분한다(『정치학』, 1256a 40). 이 방식에는 자연적인 한계가 식량과 옷에 대한 인간의 필요에 의해 정해진다. 이 방식은 가사 관리와 국가 관리의 일부이다. 아니, 아리스토텔레스적인 관점에서 보다 적절하게 말하자면 그것들의 예비조건일 뿐이다. 여기에 우리는 근대 이후의 국가철학에서 문제되는 경제문제에 대한 몰이해의 한계를 발견한다. 가사 관리자와 정치가의 임무는 그렇게 모은 것들을 분배하여 사용하는 일이다. 따라서 아리스토텔레스에서는 생산에 관계하는 기술에 대한 인식보다는 그것을 분배하여 사용하는 방식에 관계하는 인식이 관리술이자 정치술이다. 이것은 사실 근대 이후에 정치철학이 관여하고 중요시되는 진정 국가의 정의 실현 문제는 현실적으로 경제문제에 있다는 것을 아리스토텔레스가 선취하고 있다는 것을 의미한다.

그런데 가정 경제를 관리하는 것을 기초로 하는 그의 정치술은 가정 경제(oikos-nomos)가 의미하듯이 부의 기원이 노동이라는 것에 있어서 그 가치를 결정하는 정의(노동가치)는 없으며 단지 가치가 교환가치로서만 나타나는데, 이는 경제문제가 사적인 것으로 간주되고 노예제를 자연적인 것으로 당연시하는 데에서 기원하는 것이다. 그런데 인간 노동은 사실 기술이나 지능을 전제로 하는 노동이다. 기술은 물질의 작동방식에 대한 지식이나 이해를 전제로 하여 인간의 욕구를 만족시키기 위한 재화를 제작하는 경영 방식이라 한다면, 생명체나 인간에 대한 기술도 마찬가지로 특정한 목적을 위한 일종에 경영적 지혜이다. 현대 경제학에서 분파된 경영학이 중요한 이유이다. 이 때문에 아리스토텔레스가 노동을 노예나 하는 것이라고 생각한 것은 마치 마르크스가 말하는 노동자의 단순한 육체노동이라는 개념과 마찬가지로 허구이다.[10] 그럼에도 불구하고 역설적으로 아리스토텔레스가 정치학을 정의문제에 있어서 가정 관리술의 연장인 것처럼 말한 것은 정치에 경제문제를 끌어들인 것으로서 말할 수 있다.

그러나 가정 관리술에서 중요한 것은 가계를 꾸리는 것인데, 가계를 다루는 일과 국가의 경제문제를 다루는 일은 차원이 다르다. 왜냐하면 가계는 단순히 수입-지출을 다루는 것이지만 생산과 분배에 관계하는 국가의 경제문제는 생산은 물론 경제학의 영역에서 문제시 할 수 있는 것으로서 자유 시장이 전제되는 것이다. 그런데 자유 시장은 단순한 물물교환의 단계에서 나아가 재화의 교환을 담당하는 상인들이 존재하는 곳으로서 시장을 관할하는 상인들은 수요 공급에 따라 재화를 고르게 분배하고 생산된 재화의 효용성을 극대화함으로써 시장사회에 공헌하며, 이러한 노력의 정도에 따라 자신의 이익이나 보수를 획득하는 존재이다. 따라서 시장 사회에서는 경제학의 원칙이 표명하고 있듯이 최소의 노력으로 최대의 효과를 보려고 하는 효용성의 원칙만이 존재하는 곳으로서 정의나 도덕성이 존재하는 곳은 아니다. 시장에서

---

10 생산에 관계하는 인간의 노동은 단순히 육체가 하는 노동이 아닌, 생산기술이나 지식과 밀접한 관계에 있다. 인간 노동이 도구를 제작하고 이러한 도구를 사용하여 이루어진다는 점에서 노동의 지적·의식적 성격이 분명히 드러난다. 인간 노동이 단순히 육체가 하는 노동으로 인식된 이유는 근대 산업혁명이 유기체를 모방한 기계(기관으로서의 자동기계)의 발명과 더불어 시작된 사실과 밀접한 관계에 있다. 기계는 인간 신체의 유기적 활동을 분석하여 이를 체계적으로 조합함으로써 이루어진 것이기에 이를 가지고 노동을 한다는 것은 지적으로 기계를 인식하고 이를 조작하는 것이 된다. 그런데 기계가 자동화되는 단계에서는 인간 노동이 기계에 종속되어 나타난 결과로 단순화된다는 데에서 육체의 단순한 노동 개념이 성립된다. 즉 인간 노동이 자동기계처럼 분석되어 기계화되어 있기에 기계에 종속되는 노동이 자동기계의 단계에서는 기계처럼 자동화되어 단순화된 것이다.

정의가 존재한다면, 재화의 생산에 있어서 노동가치설을 주장하는 정의론이 교환적 정의에 함축되어 나타날 뿐이며, 이러한 시장에서는 정의는 생산의 정의와 분배의 정의가 복합되어 가치가 결정되는 경제적 의미의 수요-공급 법칙이 있을 뿐이다. 즉 정의가 수요-공급의 효율성에 지배되는 것이다. 결국 시장을 지배하는 국가 경영의 영역에서는 공리주의가 윤리설로 나타나는데, 이러한 공리주의는 상인정신과 국가 전체의 공익의 정신을 대표하는 것이다. 즉 상인정신에 윤리적인 선이 존재한다면 그것은 공리주의 원칙인 '최대다수의 최대행복'의 원리로 나타난다. 역으로 수요-공급 법칙에 의해 결정되는 재화의 가치의 이면에는 노동가치가 존재하고, 이러한 노동 가치에 숨어있는 정의의 문제, 즉 재화의 가치를 결정하는 정의의 문제는 최종적으로는 국가 전체의 효용성에 지배되는 결과로 나타난다. 그 결과 이러한 효용성의 이면에 있는 재화의 가치의 결정의 문제는 최대다수가 의미하는 국가적 차원에서 결정된다고 말할 수 있다. 즉 현대에서 상품의 가치는 사회 전체적 수준이나 국가적 수준에서 생산과 소비에 따르는 수요-공급 법칙에 의해 결정되는 것이다. 상인들은 이러한 가치 결정을 주도하는 노력의 대가로 경영의 노력에 따라 이익을 획득하는 존재이다. 이를 권력관계에서 말한다면, 국가의 관리도 마찬가지로 정의를 실현하는 그래서 이러한 경영능력에 따라 보수가 결정되거나 아니면 국가 전체적 차원에서 능력에 따라 결정되는 보수를 받는 것이 될 것이다. 이 때문에 플라톤의 정의론을 현실적인 경제적 영역에 적용한 아리스토텔레스의 정치술의 한 부분(다른 한 부분은 정체론으로 나타난다.)은 교환적 정의와 분배적 정의에 중심을 둔다. 그리고 교환적 정의와 분배적 정의가 중심이 되는 정치나 경제의 영역은 상인들이 재화 가치를 결정하는 합리적 정신과 같아진다.

경제에 관계하는 가사 관리나 국가 경영에 관계하는 정치술과 두 번째 방식인 노동에 의한 정의로운 재산 취득 사이에 있는 중간의 것은 물물 교환이다. 즉 상인들의 가치창출에 관계하는 교환의 원리이다. 아리스토텔레스는 여기에서 나중에 유명해진 구분인 물건들의 사용가치 (사용가치는 한계효용체감의 법칙이 작용한다.)와 교환 가치(수요-공급 법칙에 의해 좌우된다.)의 구분을 내린다. 당신은 신발을 신거나 이것을 물물 교환할 수 있다.[11] 어느 경우든 당신은 그것을 '그것 자체로' 사용하지만, 앞의 것은 그것에 대한 '고유한 의미(교환)의 사용', 즉 다른 어떤 것이 아니라 그것에 대해 성립할 수 있는 사용이다. 아리스토텔레스에 따르면, 물물 교환은 일정 정도까지는, 즉 삶의 여러 가지 용도를 위해 실제로 필요한 것들을 얻는 것인 한(자족할 수 있는 정도)에서 자연스럽다. 두 번째, 자연스럽지 못한 재산 취득 방식은 물건들이 물건들과 교환되지 않고 돈과 돈이 교환되기 시작할 때 생겨난다. 사실 이러한 교환가치는 분업이나 노동을 기계가 대신함으로써 발생한 잉여가치가 폭발적으로 나타날 때 발생하고 여기에서의 교환은 화폐가 필수적이다. 아리스토텔레스가 지적하는 돈의 본래적인 특성은 (1) 물건들보다 더 휴대가 간편하다는 점, 그리고 (2) 교환할 때의 편리함과 별개로 그것 자체에 유익함(거래에 의한 효용성의 극대화에 의한 간접적 가치로서 교환 가치의 탄생)이 있다는 점이다. 화폐는 사실 재화의 부패나 생성소멸과 상관이 없는 가치척도의 기준만을 제시하고 있기 때문에 화폐에 의한 돈벌이는 재화를 전제하기는 하나 형식적인 것이 되어 무한으로 확대될 수 있다.

그러나 놀라운 것은 아리스토텔레스가 물물교환이 아닌 화폐 거래(교환가치)에 의한 재산 취득 전체를 자연스럽지 못한 것으로 간주한다는 점이다. 그의 상업적 거래에 대한 반대는 물론 (노동 가치설에 토대를 둔) 도덕적인 토대에 기대고 있다. 그것도 삶의 여러 가지 용도에 필요한 것 이상으로 부를 무제한적으로 추구하는 것을 비난하는 점에서 그렇다.[12] 그러나 그는 부의 추구라는 것이 물

---

11 사실 이러한 물물 교환도 사용가치의 효용성에 잉여가치가 있을 때 발생한다.
12 물자나 상품의 교환은 사실 상인이 시공간을 이용한 서비스가 개재하며, 교환에서 발생한 차액을 가지는데 이 차액을 노동가치설을 신봉하는 보수주의자들이나 마르크스와 같은 유물론자들이 노동이 없는 잉여로 간주하는 데에 문제가 있다. 플라톤이나 마르크스가 개인이 지니는 노동력에 의한 재화생산에 중요성을 부여하는 노동가치설은 상호 협동이나 상호부조를 통한 시너지 효과로 나타나는 것을 '노동이 없는 잉여'로 간주하면서 이러한 잉여가치를 분배적 정의에 의하지 않고 누가 독점적으로 가져가는 문제에만 관심을 기울인다. 따라서 우리는 이러한 잉여가치가 개인능력에서 가능한가를 물어야 한다. 이 점은 권력에 대해서도 마찬가지이다. 인간 개인의 능력

건이 축적되고 교환이 시작되지 않은 생산의 초기단계에서도 일어날 수 있다는 점을 고려하지 않으며, 헬라스 세계가 전쟁 대신 상거래를 통하여 상호 공존의 평화 상태에 있을 수 있음을 보지 못하였고, 자유를 본질로 하는 상인 계층이 인류에게 많은 서비스를 제공한다는 것을 인지하지 못한 것처럼, 또 현대의 자본주의 사회에서처럼 상공업 계층이 유익한 공익사업이나 서비스를 제공하고 그렇게 하기 때문에 많은 이익을 얻는다는 점을 알지도 못 한다.

그의 상인이나 공인에 대한 견해는 물질적 욕구에서 자유로워야 한다는 그의 영혼관에 비추어 나타나는 것으로서 공인이 물질에 너무 몰입되어 있다는 생각 때문에 나타나는 것인 반면 상인에 대한 견해에는 상인들이 적극적인 의미에서 생산에 기여하지 않고 시간과 장소의 이동에 의해 가치 창출하는 교역(눈에 보이지 않는 서비스를 제공하는 상업)의 효용성(돈벌이에 몰입된)을, 국가에 정의를 실현하려는 자유인(플라톤의 사회적 국가적 정치적 동물인 인간)이 해서는 안 될 '자유롭지 못한 종사'로 보는 일상적인 그리스인들의 편견이 너무 많이 반영되어 있다. 이 사태는 아리스토텔레스가 공인의 기술이나 상인의 경영이 필요한 노동을 돈벌이나 물질에 관계하기 때문에 노예나 하는 것으로 폄하한 점에서, 그리고 그 이유를 노예의 노동이란 자신을 위한 것(자족)이 아니라 타인을 위한 서비스에 있다는 사실에서 기인하듯이 상인의 천박함도 자신의 이익을 위해 타인을 위한 서비스를 제공하는데 있다고 본 것이다. 이러한 사태는 아리

이 제한되어 있으면서도 인간 욕망이 무한히 확대되는 것은 인간 노동이 개입되지 않고 생산이 무한히 가능한 산업시대, 그리고 공업이 나타나고 사용가치가 언제든 효용가치로 변모될 수 있는 시기에 가능하다. 공업은 특히 분업에 의한 공동 생산이다. 더 나아가 재화는 또한 분업사회에서는 교환이 전제되는 자유시장이 존재할 수 있는 경우에 경제적 교환에 의해 무한히 효용성을 창출할 수 있는 것처럼 여겨지고, 이러한 사용가치와 교환의 효용성 개념에 화폐가 결부되어 화폐에 의한 '재산'의 사유화가 가능한 시기에는 미래의 불안정성에 대비하는 인간의 이성의 필연성 때문에 인간의 욕망도 무한으로 확대된다. 그런데 자유 시장에서 교환가치는 사실 한계효용 체감의 법칙이 작용하고 동시에 교환의 (사용가치나 노동 가치의 관점에 따라) 정의로우며 경제적 이익이 눈에 들어올 때 가능하다. 경제적 이성에서 발휘되는 자유가 이처럼 정의롭게 작용하는 관계를 아담 스미스는 '보이지 않는 손'이라 지칭한다. 그런데 공업은 이 양자(사용가치에서 한계효용법칙과 교환에서 경제적 원리에 따르는 자유이성이 실현하는 정의의 효용가치)의 한계(정의의 이익)를 눈에 보이지 않게 만들었다. 즉 공업생산품은 사용가치를 시간을 넘어서까지 보존한다는 의미를 지닌다(교환 속에는 공업은 시간, 상업은 거리의 이동이라는 노동서비스가 들어 있다). 결국 교환가치는 그야말로 평화와 경제적인 사려(이성)에 지배되는 '자유로운' 시장을 전제할 때 나타나는 것이다. 여기에서 교환에 의한 이익은 우리가 특별히 정의(定義)할 수 없다는 의미에서 무규정하고 무한할 수 있다. 플라톤의 정치철학 1장 참조 바람.

스토텔레스가 경제문제에 관해서는 정치권력 중심의 귀족정신에 젖어있다는 것을 확인시켜 주며, 역설적으로 헬라스 세계가 역사적으로 도리아인들이 침입하여 토착민과의 갈등이나 타민족과의 전쟁에서 성립한 폴리스국가들로 구성되어 있었고, 이러한 전쟁을 통하여 성립한 도시적 국가가 현대의 도시와 농촌이 그러하듯이 초기의 착취의 수단에 불과한 식민지들과의 상호 교역을 통하여 상호 공존의 수준에서 전쟁을 회피할 수 있었다는 역사적 사실을 망각하고, 또한 그리스 초기에 전쟁을 통한 피정복민에 대한 노예화와 착취가 폴리스 시민들의 성립의 기초였다는 역사적 사실을 망각하고 현존하는 정치적 현실을 합리적이고 '자연적인' 것으로 고려하고 있는 것이다.[13]

더 나아가, 그는 자연스럽지 못한 재산 취득 중 최악의 종류는 대부업이라고 생각한다. 이는 그 자체로 자연스럽지 못한 발명품인 돈이 애초의 목적인 교환을 위해 쓰이지 않고 이보다 더 자연스럽지 못한 목적(부의 무한 추구)에 쓰인다는 이유에서다. 여기에서도 간악한 대부업에 맞서 정당화될 수 있는 도덕적인 편견 때문에 그는 자본을 빌려주는 사람들이 제공하는 경제적인 (현대 자본주의 사회에서 은행업이 주로 하는) 서비스를 보지 못한다. 확실히 그는 산업을 가능하게 만드는 대부(자본)가 아니라, 당장의 필요에 의해 사실상 자신을 대부자의 노예로 만드는 조건으로 돈을 빌릴 수밖에 없는 처지에 몰린 가난한 사람을 이용하는 대부를 생각하고 있다.(『정치학』, 1258a38). 아리스토텔레스는 가사 관리와 관련하여 가정에 적합한 지배의 여러 가지 종류를 논의하면서 1권 (A)을 마무리 짓는다. 노예에게는 숙고의 능력이 없다. 여성에게는 그런 능력이 있지만, 그것은 권위가 없다. 아이에게도 그런 능력이 있지만, 그것은 미숙한 것이다. 따라서 노예에 대한 주인의 지배는 전제정적이고, 아내에 대한 남편의 지배는 혼합정체적이고, 아이들에 대한 아버지의 지배는 군주정에 닮았다. 이렇

---

13 앙드레 보나르(Andre Bonnard), 김희균(1), 양영란(2, 3) 역, 『그리스인 이야기』 (책과 함께, 2011), '오뒷세우스와 바다' 참조.

듯 가족은 세 가지 주요 정부 유형을 예견하면서 포함한다.[14]

앞에서 언급한 바대로 상업의 영역에서 상인은 시간과 공간을 이용하는 상인의 재화에 대한 가치 창출의 (생산)능력은, 플라톤의 노동 가치론에 의한 정의론에 의해 정리될 수도 있다. 그리고 이러한 정의의 문제는 근대에서는 기계를 발명함으로써 기계를 통한 생산을 중심으로 하는 농업과 공업의 영역에서 단순한 노동 가치로 정의할 수 있는 재화의 공평한 교환이다. 그리고 분배적 정의 문제는 이를 생산한 한 사회나 국가의 전체적인 관점에서만 이성적으로 조정할 수 있다. 현대의 존 롤스의 정의론이 바로 이러한 상황을 잘 반영하고 있다. 또한 근대에서 기계의 발명과 더불어 탄생하는 공업에서의 가치창출이나 재화의 가치평가의 문제와 맞물려 고려될 수 있는 상업에서의 또 다른 가치창출의 방식은 경영이라는 말로 표명될 수 있다. 상인들은 시공간을 이용

---

14 전제정은 법이 없는 폭군정치다. 혼합정체는 우정(친애)과 정의가 함께하는 것이다. 군주정은 힘과 정의가 공존하는 정체이다. 전제정이 법과 정의가 있으면 군주정으로 변모한다. 군주정에서 정의가 사랑, 즉 우정(친애)의 원리에 따르면, 혼합정체로 변모한다. 플라톤의 정체는 현실에서의 정체는 군주정체이고 아리스토텔레스의 정체는 혼합정이다. 사실 플라톤도 오르페우스 종교관에 따라 각각의 영혼을 배려한다는 점에서 친애의 원리와 관계하는 사랑(philia)에 의거한다. 그러나 그는 현실적으로 정의를 실현할 목적으로 감정이나 감각적 쾌를 배제한다. 그의 국가 구성의 원리는 정의론 중심으로 되어 있다. 그러나 국가 구성에서 전쟁의 방비에 너무 주의를 기울인 마당에 일인 왕정과 군인의 힘의 통합을 너무 강조했다. 권력의 무서움을 잘 알고 있었기 때문이다. 힘을 힘으로 제어할 수밖에 없다는 홉스적인 정신 때문이다. 그는 이 때문에 정의를 실현하려는 군인 정신을 너무 강조한다. 그결과 국가론에서 정의 개념이 선의 이데아의 지배에 있어야 한다는 것을 알고 있으면서도 엄격한 정의론에 너무 매달렸다. 그의 국가 철학, 혹은 정치철학은 정의론 중심이기 때문에 종교적으로는 율법주의자를 경건주의자로 말할 수 있다. 사실 그는 이러한 국가의 통합력만을 강조함으로써 현실에서 이룰 수 없음을 알고 『법률』 편에서 군주제에 법률을 제안할 것을 말한다. 그런데 법이란 일반적인 것이고 이 점에서 루소가 말한 민주정의 일반의지가 개입될 수 있다. 이러한 법의 일반성은 각각의 영혼의 특수성을 배려할 수 없고 또 시기와 장소에 따라 다양한 것을 통합할 수 있는 것이 아니다. 특히 법은 루소가 말하는 인간의 일반의지에 기초하기에, 인간의 다수의 의지나 의지의 공통성에 관계하기에 개별적 영혼의 돌봄을 수행할 수 없다. 인간의 개별성과 특수성을 무시하는 것이다. 이 한계를 극복하기 위해 그는 『법률』 편에서 법의 일반성을 극복하기 위해 다양한 모든 현실에 관계하는 전문인들의 야간회의에 기초한 법을 제정할 것을 말한다. 이는 영혼의 구체성을 보호하는 친애의 원리가 작용한 혼합정의 원리에서도 드러난다. 즉 이러한 혼합정이 친애의 원리에 기초할 것을 말한다. 그러나 그의 국가관이 한편으로는 복수법적인 정의에 기초하기에 친애의 원리가 적용될 수 있을 것인지는 의문이다. 여기에 플라톤의 이율배반적인 고민이 있다. 반면에 아리스토텔레스는 감정이나 감각에서 기원하는 쾌나 친애의 원리에 기원하는 것이 있다. 그가 노예를 말하면서도 노예제가 폭력이 아닌 친애(familiarity)가 기초할 것을 말하는 점에서 그리고 가정이나 국가가 이 친애에서 기원하는 우정의 원리에 기초할 것을 말하는 점에서 최초로 혼합정을 말한다고 말 할 수 있다. 우정(친애)과 정의가 현실적으로 존재하고 공존하는 것이 혼합정의 원리이다. 그러나 그는 인간 능력의 차별성을 자연적이고 목적론적인 것으로 파악한다. 물론 영혼의 능력이 질적으로는 동등하나 양적으로 차이를 지니기에 그리고 이러한 양적 차이를 본성적인 것으로 말하는 한에서, 친애의 원리가 힘에 기초하는, 그래서 그에게서도 플라톤의 이율배반적인 흔적을 볼 수 있다. 인류 역사는 먹거리와 관계하여 근대 이후 과학기술이 해결해주면서 현대의 정치에서 민주주의와 더 나아가 경제에서도 민주주의가 실현될 수 있는 복지국가를 지향하는 민주주의가 가능함을 보지 못한 것이다.

하되 여기에 지적 노동을 가하여 수행하는 것이 경영의 방식으로 나타난다. 그리고 이러한 경영의 문제는 시장의 운영이나 무역과의 관계에서는 특히 지적 노동을 반영하기 때문에 눈에 보이지 않아 가치평가가 과장되거나 절하될 수 있다.

근대 산업혁명 이후 이러한 재화의 가치를 창출하는 공인과 마찬가지로 상인들은 국가 안에서 혹은 국제적으로 평화를 이루게 하는 근본적인 요인으로 작동한다. 그럼에도 불구하고 아리스토텔레스는 이러한 지적 경영의 방식이 들어 있는 상업정신을 이들이 수사학이나 경영 방식에 내재하는 권모술수적 측면이나 무한한 부를 획득하려는 인간 욕망의 무한성에 기초하여 폄하하며 국가-시민으로서의 자격에서 박탈하는 것으로 나타난다. 또한 공인에 대해서도 이들이 한편으로는 타인의 욕구를 만족시키는 육체노동을 하는 것으로 간주하고, 다른 한편으로는 이들이 생산한 재화가 필요 이상으로 많아질 수 있기에 상업적으로 부를 창출할 수 있는 수단이 될 수 있는 가능성 때문에 이 직업에 종사하는 사람을 시민으로 간주하지 않는 우를 범한다. 그에 있어서 재산 획득술의 분류에서 자연스런 방식과 부자연스런 방식으로 구분하는 것의 기준은 그의 자족의 개념과 마찬가지로 그리고 그의 자연 개념이 이중적인 것에서 기원하듯이 그 구분과 한계가 불명료하다.

2. 가족과 국가 : 정치의 이원적 구조

. . .

아리스토텔레스의 영혼의 능동성-피동성에 기초한 본성적 노예론이 인간의 사유와 감정, 그리고 욕망 간의 관계에까지 반영되고 있어서, 내면적 자유와 함께하는 불평등 구조를 표현하고 있다면, 가족과 국가는 선을 지향하는 인간의 삶에 있어서 외면적 불평등 구조를 나타낸다. 가족은 국가를 구성하는 기초적인 요소일 뿐만 아니라, 인간에게 자연적으로 주어진 본성이 실현되는 국가(폴리스)와 근본적으로 대립된다는 점에서 아리스토텔레스의 정치 이론의 근본 축을 이루고 있다. 아리스토텔레스가 노예와 달리 자유 시민 개념을 개인적인 인간에 있어서 가장 자연적으로 완성된 자유인의 관점에서 파악하였다면, 국가는 이러한 자유인이 자기실현을 성취할 수 있는 실천(praxis)의 장소인 것이다. 달리 말하자면, 가족은 인간의 욕구(chreia)를 충족시킬 수 있는 생활 수단을 생산하는 필연성(필요성)의 장소이고, 국가는 인간의 욕구를 넘어서 자유를 실현하는 장소이다. 따라서 국가는 일반적으로는 생존이라는 의미의 삶을 위해서 자연적으로 생성되었지만, 근본적으로는 잘 사는 삶(eu zen)을 위해 존립한다. 인간의 정치활동이 자연 필연성(필요성)의 영역에서 자유의 영역에로 이행한다면, 생산 활동이 이루어지는 가족과 자유의 실천을 가능하게 하는 국가는 서로 다르다. 그래서 개인은 근본적으로 두 가지 질서에 귀속되는 것이다. 하나는 '나의 것(idion)'이라 부를 수 있는 사적 영역과 '공동의 것(koinon)'이라고 부를 수 있는 국가의 공적 영역에 동시에 귀속되는 것이다. 그렇기 때문에 아리스토텔레스는 『정치학』의 말머리에서 국가를 자유로운 시민으로서의 인간의 실천 행위의 근본과 목표로서 설정한다. 이러한 관점에서 국가는 인간성을 실현하는 실천의 장소인 것이다. 이 점에서 자연적으로 형성되는 관습적인 국가 현실(가정을 가부장 체계로서 가정한 경우, 이러한 가정과 유사한 봉건 국가)과 합리성이 지배하는 이상 국가가 갈라진다. 인간의 자유가 지배하고 지배받는 데에서 평등하게 실현되는 정치적 공동체(koinonia politike)는 이상적인 것으로서 본질적으로 인간 본성(이성의 자기 목적적 본성)의 실현이라는 관점에서 결정되는 것이지, 그 크기와 규모에 의해서 결정되는 것은 아니다. 그리고 국가에서의 인간성의 실현은 선, 즉 행복이 목적이다.

아리스토텔레스는 『니코마코스 윤리학』(1296a)에서 플라톤이 사용한 '선의 이데아'란 개념이 형식적인 것으로서 경험적으로는 사람마다 달리 이해됨을 말한다. 사실 플라톤이 사용한 '이데아' 개념은 우리의 언어적 개념이 한편으로는 절대적인 의미로 사용되기도 하고 다른 한편으로는 상대적인 의미를 지니기 때문에 이론상 논리적인 사유에서 구분되어야 함을 말하기 위해서 나타난 개념이다. 그리고 아리스토텔레스에 따르면, 이러한 선의 이데아란 말이 경험적으로는 명예, 지혜, 쾌락과 같은 사람들이 좋다고 말하는 다양한 경험적인 것들의 공통적 속성을 지칭하기 위해서 탄생한 것이라는 것이다. 말하자면 선이나 정의와 같은 추상적인 일반적 개념이나 보편적인 것에 해당하는 개념을 지칭하는 이데아라는 말이 소크라테스가 정의내리기에서 사용한 분석과 종합에서 기원함을 말하고 있다. 아리스토텔레스에 따르면, 플라톤은 이러한 이데아가 경험적 사태에서 초월적인 것으로 존재한다고 주장하는데, 아리스토텔레스의 철학에서는 경험의 다양성과 관계하지 않는 단 하나의 초월적 존재를 지칭하는 이데아적 존재는 있을 수 없다고 말한다.[15] 그리고 이러한 선이나 정의와 같은 추상적이자 일반적 개념의 내포에 해당하는 가치개념은, 인간의 영혼의 능동성에 관계하는 가치 개념으로서 구체적으로는 명예와 지혜나 쾌락과 같은 경험적으로 다양한 사태에서의 귀납에 의한 공통적 속성을 말하고자 하는 것인데, 이러한 속성은 다양성이 함축되어 있기에 구체적인 범례로서만 말해지는 것으로서 가치어들의 공통적 속성은 존재하지 않고 복수성으로서만 존재한다는 것을 주장한다. 이처럼 경험의 구체적인 사태를 지칭하는 가치어들, 즉 명예와 지혜와 쾌락과 같은 사태들은 정성적인 것으로서 질적으로 서로 다르기 때문에, 이들의 공통적 속성이란 성립할 수 없다고 생각한다.[16]

그런데 인간의 자유가 지배하고 지배받는 데에서 평등하게 실현되는 정치적 공동체 (koinonia politike)는 이상적인 것으로서 본질적으로 인간의 이성적 본

---

15 플라톤은 『향연』 편에서 미의 이데아를 신적인 존재로서 말하며, 『파이돈』 편에서 존재론적으로 가설로써 말해졌을 뿐이다. 그러나 아리스토텔레스는 플라톤이 말한 이데아가 초월성을 지닌다고 말함으로써 철학사에서 허수아비 논쟁을 일으킨 셈이다.

16 가치개념을 정의 개념을 토대로 정량화 할 수 있다는 것이 플라톤의 생각인 반면, 영혼의 경험적인 측면을 노정하는 가치들은 구체적인 것으로서 예시될 뿐이며 이들을 하나의 보편적 기준 아래에서 정량화 불가능하다는 것이 아리스토텔레스의 사상이다.

성(이성의 자기 목적적 본성)의 실현을 목적으로 하는데, 이 목적이란 무엇인가? 플라톤은 국가란 인간 개인의 영혼의 하늘을 배경으로 하는 확대판이라고 이해하면서 이러한 나라에서 정의가 이상적으로 실현되기 위해서는 지도자가 4주덕을 갖추어야 함을 말한다. 그리고 이러한 4주덕은 사실 한 영혼이 정화되어 불멸하는 영원한 신적 존재에로 상승하는데 갖추어야 할 덕으로 오르페우스 종교적 관점에서 말한다. 그리고 플라톤이 말하는 절제 용기, 지혜, 정의라는 4주덕 중에서 정의의 덕은 최고의 덕이면서 절제 용기, 지혜를 지배하는 원리처럼 말한다. 그러면서도 『국가-정체』에서 정의 개념은 지적인 것으로서 궁극적으로는 태양으로 비유되는 선의 이데아에 지배되어야 한다는 것(최종적으로는 경건에서 이루어진다는 것이지만)을 말하면서 이들 사이에 위계가 있는 것처럼 말한다. 말하자면 국가의 지도자는 나라에 정의가 실현되는데 궁극적으로는 선에 지배되어야 함을 말한다. 마찬가지로 아리스토텔레스도 국가의 궁극적 목적은 이러한 선에 있어야 한다고 말한다. 그리고 이러한 선은 국가의 존재 목적으로서 인간 본성의 실현인 '행복'이다(『니코마코스 윤리학』, 1095a). 즉 아리스토텔레스에 따르면, 선은 경험적으로는 행복이고, 평등한 자유인이 각인에 합당한 능력 발휘에 따르는 행복한 존재가 되는 것이 이상 국가이다. 이러한 아리스토텔레스의 이상 국가에서는 근대 정치철학에서 딜레마적 상태로 파악되는 '평등한 자유인'이란 개념은 그 목적이 사실은 행복이라는 것으로 통합되어 은폐되어 있다. 아리스토텔레스에 있어서는 평등이 기초하는 가치는 경제적으로 자족의 것이며, 자유가 지향하는 목적은 이성의 실현으로서 그 의미가 근본적으로 다른데도 이러한 정의와 관계하는 평등이나 자유 개념이 행복이라는 것을 목적으로 하는 수단적인 것으로 나타나는 것이다.

> "생명이란 것은 식물에게도 공통적인 기능이요, 인간에게만 특유하게 있
> 는 성질은 아니다. 그래서 영양 섭취적이고 생육적인 삶은 문제 삼지 않는
> 다. 다음으로 감관-지각적인 쾌고에 기초한 삶이 있는데 이것 역시 말이나

소나 이밖에 모든 동물에게 공통적인 현상이다. 이렇게 보면 결국 남는 것은 정신의 이성적인 부분의 능동적인 삶이다. 이것이 사유하는 인간의 본질적인 삶이다. ...이 이성적인 부분은 다시 두 부분으로 나누어지는데, 하나는 이성적 원리(logos)에 잘 복종한다는 의미에서의 이성적인 것이요 다른 하나는 이성적 원리를 소유하며, 이성적으로 사유한다는 의미에서 이성적이다. 이성적인 삶도 이처럼 두 가지 의미를 지니고 있기 때문에 활동(praxis)이란 의미에서의 인생이 우리가 국가(공동체) 안에서 이루고자 하는 삶이다. 결국 인간의 삶이란 이성적 원리를 내포한 정신의 활동 내지는 행위이며, 훌륭한 사람의 기능이란 이러한 활동 내지 행위를 훌륭하게 수행하는 것이며, 결국 인간의 선이란 덕에 일치하는 정신의 활동이라 하겠다. 그리고 그것은 온 생애를 통하여 이루어지는 것이다. 한 마리 제비가 날아온다고 해서 봄이 오는 것이 아니다. 인간이 행복하게 되는 것도 하루나 짧은 시기에 이루어지는 것이 아니다."(『니코마코스 윤리학』, 1098a).

플라톤은 『국가-정체』에서 국가의 시민이나 지도자가 갖추어야 할 덕으로서 4주덕을 말하면서 이러한 덕들이 신적인 탈아 상태(ecstasy)를 지향하는 것으로 나타나지만, 아리스토텔레스는 『니코마코스 윤리학』에서 이 4주덕에 해당하는 것을 사적인 영역에서 성립하는 것과 공적인 영역의 것을 구분하면서, 즉 사적인 영역에 관계하는 학문으로서 윤리의 문제를 '성격에 관한 탐구' 또는 '성격에 관한 우리의 논의'[17]들로만 말하고 있다. 그리고 이러한 영역에서의 탐구는 우리가 윤리학에서 말하는 실천적인 영역에서 실제로 작동하는 개인의 자유 의지와의 관계하는 감정과 행위의 영역에서 덕을 말하는데, 그것은 일종에 개인의 성격론으로서 이 때 아리스토텔레스가 내세우는 최고의 덕은 중용이다. 말하자면 아리스토텔레스의 중용 이론은 사적 영역에서의 덕 이론이고, 플라톤이 『국가-정체』에서 최고의 덕으로 내놓는 정의는 공적인 것으로서 이성적으로 탈바꿈되는 중용이론으로서 그 지향점을 행복이라고 말할 수 있다. 결국 아리스토텔레스의 덕의 이론에서 플라톤이 말하는 정의

---

17 아리스토텔레스, 『분석론 후서』, (A) 33장 33장 89b 9, 『정치학』, 2권 2장 1261a31.

는 중용이론으로 나타나는데, 그의 중용론 역시 이처럼 사적인 영역과 공정인 영역에서 이중적인 의미를 지니고 작동하는 것으로서 국가의 지도자나 시민이 갖추게 되는 욕망과 관계하는 경제문제와 관계되며 이성적으로는 자유인의 '행복' 이론으로 전환되어 공적인 국가의 목적으로 나타나는 것으로 판단할 수 있다.

『니코마코스 윤리학』에 따르면, 인간의 삶에는 향략적 삶(동물적 삶)과 정치적 생활, 그리고 관조적 생활이 있다. 관조적 생활은 철학자들이 수행하는 학문적 삶이다. 그리고 이러한 '관조(theorein)'로 표현된 삶은 능동적인 이성 활동의 극치이다.[18] 반면에 향락적 삶이나 정치적 삶은 실천적 영역에서의 활동적이고 현실적 삶이다. 향락적인 삶이 사적 인간의 동물적 차원의 삶으로서 경제적 영역에 해당하는 삶이라면, 후자인 정치적 삶은 활동적이고 능동적인 이성의 삶으로서 아리스토텔레스가 말한 실천적 영역에서 인간의 이성적 본성을 구현하는 삶이다. 그리고 그것이 종합되어 철학자들의 지적 삶에서의 관조의 기쁨으로 나타나고 있다. 이때 철학자의 관조는 자기-사유하는 신의 관조를 반영한다. 플라톤의 철학자의 정의로운 삶과 이 삶이 사적으로는 절제와 결부되지만, 아리스토텔레스의 지성적인 삶에서는 이와 달리 이성적인 것이 선자체로 표현된 행복이라고 하는 관조적 기쁨과 결합된 정신적인 것이 된다. 즉 실천적인 삶과 이론적인 삶의 극치가 결합된 것, 즉 쾌와 관조의 위계적 복합과 조합이 목적론적으로 결합된 것이 행복(eu-daimonia)이다. 이 때문에 아리스토텔레스에 있어서 윤리학은 개인의 사적 성격에 관한 학문으로서 정치학에 봉사하는 학문일 뿐이다.(『니코마코스 윤리학』, 1094b). 따라서 아리스토텔레스에서 우리는 정치학이라는 학문 전체가 편의상 윤리학이나 정치학으로 불릴 수 있는 하나는 개인적이고 다른 하나는 공적인 것으로서 두 개의 분야

---

18 주석 1참조. 아리스토텔레스의 행복 개념은 정치적으로 사용되지만, 관조로 표명된 철학자들의 삶은 능동적 이성의 것으로서 정신적 즐거움으로 표명된 것이며, 종교적으로 플라톤의 신비체험인 황홀경(ecstasy)의 사상이 감정의 카타르시스(catharsis)사상으로 변화하는 것과 관계하는 것이다. 송영진 『미와 비평』(충남대출판문화원, 2013), 서문, 참조.

로 나뉜다고 말할 수 있다.

아리스토텔레스의 철학이 초월론적인 이데아를 부정하고 구체성을 지향한다고 주장함에도 불구하고 아리스토텔레스의 목적론에서도 국가의 문제가 개인사의 문제에서 전체가 부분에 앞서는 것으로 묘사되기에 선험적(이론적)이고 초월론적인 것으로 묘사된다. 아리스토텔레스에서 이성적인 것은 신의 자기 사유하는 관조(theorein)로서 종교적인 것이 되고, 근대에서는 이 관조 사상이 이신론적(deism)인 것으로 변모하는데, 이러한 이성의 적극적인 종교적인 덕은 실천적으로는 동양에서처럼 수신제가하고 치국평천하는 것의 수단이 된다. 이러한 덕들의 관계는 앞에서 보았듯이 플라톤에 있어서 하나와 여럿의 변증법적인 관계에 있고 그리고 이 관계는 수학의 연산의 기하학적인 구조적인 것으로 나타났었다. 이러한 구조적 변증법에서 이상적인 선에 관계하는 덕의 논리에 따라서 정치에 관계하는 정의나 법률은 수신제가치국평천하의 연장선상에서 역사적 발전론으로 이해될 수도 있을 것이다. 단 아리스토텔레스에서는 이성의 완성된 것이 경험의 진화론적인 것에 논리적으로는 앞선다는 점에서 목적론적인 위계는 역전된다.[19] 그래서 역사적 현실의 관점을 취하는 아리스토텔레스는 플라톤의 4주덕 가운데 정의는 중용(mesotes)으로 변한다. 그리고 그의 중용론은 한편으로 감정의 심리적 영역에서 작동하는 것이지만 사유에서 작동하는 중용론은 합리적인 이성론으로 나타난다. 이 때문에 이러한 중용론을 중심으로 하는 아리스토텔레스의 덕론은 가정에서 곧바로 국가를 경영하는 정의론으로 연결되는 것이 아니다. 즉 전체적 정의가 부분적 정의에 앞선다. 현실과 목적이 분명하게 갈라지는 아리스토텔레스에서는 거꾸로 플라톤이 이상적으로 생각한 정의의 덕을 가진 철인 왕정론이 현실에서는 그가 선 자체라고 파악한 행복을 위한 '다양한' 이상적 체제로 나타

---

19 아리스토텔레스에 있어서 영혼의 기능이 사유의 능동성과 감정의 수동성으로 이해된 것이 근대에서 이성적 영역으로 이해된 사실 차원을 중간에 놓고 사실과 가치의 영역에서 현대에로 나아올 때 역전되는 현상과도 같다.

날 수 있음을 보이고, 그 가운데에서도 보다 더 정치체제의 변동이 없는 정체
가 혼합정의 이념과 법의 이념으로 나타나는 것이다.

1) 덕론과 중용론

아리스토텔레스는 덕을 논함에 있어서 인생의 목적이 무엇인가를 분명히
하고자 한다. 아리스토텔레스에 따르면, 인생에서 추구하는 목적으로서의 선
자체는 행복이다. 그런데 아리스토텔레스의 주지주의적 관점에서 파악된 신
은『형이상학』에서 표명된 대로 자기 관조(theorein)를 하고 있기에 기쁨이 있
다. 반면에 아리스토텔레스가 말하는 행복은 한편으로 플라톤적인 에우-다이
모니아가 아닌, 이 지상에서의 다양하게 이루어지는 건강한 삶, 즉 웰-빙으로
보고 있다. 아리스토텔레스는 자신의 자연학과 형이상학에서 주장한 형상-질
료설에 따라 형상 자체인 신에 비하면 질료와 결부된 인간은 형상 자체인 신
을 지향하면서 질료가 형상에 부응하고 협조하는 차원에서의 행복론을 주장
한다. 플라톤에 있어서 물질의 정신에 대한 반발력은 아리스토텔레스에서는
정신의 활동성 속으로 융화되거나 조화되어야 하는 측면을 보인다. 이 때문
에 인간의 질료적 측면에 해당하는 재화나 감정에 대해 플라톤이 주장한 엄
격한 통제나 금욕과 같은 절제의 덕목이 아리스토텔레스에게는 없다고 보아
야 한다. 그리고 그의 덕론에서 플라톤에 없는 재화나 감정에 대한 덕이 후덕
함으로 나타난다.[20]

사실 플라톤의 덕론이 엄격한 수학적 정의론을 중심으로 전개되는 반면에
아리스토텔레스의 덕론의 핵심에 있는 중용론은 인간의 자유의지에 기초한
행위(praxis)와 관련된 것으로서 우리 영혼을 능동(양)-수동(음) 양상으로 분리하

---

20 물론 아리스토텔레스가 말하는 이러한 후덕함의 이면에 있는 노동에 의한 재화의 창출과 재화의 역사적 축적 과
    정에 대한 정의론적 진술이 근대 철학자들과 비교하면 아리스토텔레스에서는 결핍되어 있다.

고, 다른 한편으로는 감정(pathos)과 이성(logos)으로 분리하는 데에서 주로 중간적인 것으로 나타나는 것이다.[21] 우리는 이러한 중용론에서 아리스토텔레스의 감정에 대한 플라톤적인 의미에서의 절제(sophrosyne)와 같은 지적 성찰을 살펴볼 수 있다. 그래서 우리는 아리스토텔레스의 덕론을 로스와 같이 아래와 같이 정리할 수 있다.[22]

감정	행위	과도	중용	부족
두려움		비겁	용기	(이름 없음)
대담함		무모	용기	비겁
촉각의 즐거움들 (이러한 즐거움들을 욕구함으로써 일어나는 고통)		무절제	절제	무감(각)
	돈을 줌	낭비	후함	인색
	돈을 받음	인색	후함	낭비
	대규모로 돈을 줌	멋없음	통이 큼	좀스러움
	대규모의 명예욕	허영	자존	비굴
	소규모의 명예 추구	명예욕	(이름 없음)	명예욕 없음
노여움		성마름	온화	화낼 줄 모름

---

21 인간의 행위와 관련된 자유의지론은 『니코마코스 윤리학』 3장 3절에 나타난다. 인간의 자유의지와 관계된 정치철학은 한나 아렌트의 장에서 살펴볼 것이며, 아리스토텔레스의 자유의지론이 현대 형이상학에서 다루는 인간의지의 자유문제와 얼마나 유사한가는 R. Taylor, *Metaphysics*(Princeton University Press, 1988), 제 5장 '자유의지론'을 참조 바람. 인간성을 감정(pathos)과 사유(logos)로서 분석할 경우, 행위와 관계하는 감정과 사유는 서로 대응관계에 있다. 즉 감정은 쾌·고를 바탕으로 하는 직접적인 반응 방식이고, 사유는 진위를 바탕으로는 간접적인 반응 방식이다. 그런데 이러한 인간 심리의 반응 방식은 인간 영혼의 자발성이 자유와 관계하여 능동-수동으로 분석되기도 한다. 여기에서 감정과 사유의 관계를 어떻게 해석하느냐에 따라 아리스토텔레스와 같은 목적론이 나타나기도 하고, 이에 반발한 근대에서의 독일의 낭만주의적인 해석에서와 같이 사유와 감정을 대등한 것에서부터 프로이드 이후 현대와 같이 역전된 것으로 해석하는 전통이 나타난다. 그래서 감정과 사유의 관계를 이러한 두 견해를 조정하거나 조화 상태로 묘사하기도 하는 견해들이 나타난다. 유가철학에서는 이러한 감정과 사유의 관계를 칠정과 관계하는 덕의 개념으로 표현하는데 이것이 이퇴계와 기고봉에서 발원하는 이기론에 의한 사단 칠정론의 해석 논쟁으로 나타난다. 서구에서는 고전적으로는 아리스토텔레스의 해석에 따라 사유를 능동성으로, 감정을 수동성으로 해석하여 그의 노예론에서 나타났듯이 사유가 감정을 지배하거나 조절하는 것으로 나타나는 것이 그의 중용론이다. 송영진, 『미와 비평』, 2장과 5장, 참조.

22 로스, 263-4쪽들.

사교(미학)	자신에 관한 진실을 말함	허풍	진실함	자기비하
	즐거움을 줌 - 놀 때	저급 익살	재치	촌스러움
	- 일상 생활에서	아첨	친절	부루퉁함
감정의 중간상태				
부끄러움		숫기 없음	부끄러워할 줄 앎	파렴치
타인의 행불행에 대한 고통		질투	의분	심술

인간의 감정은 희·노, 애·락, 애·오, 구(喜怒, 哀樂, 愛惡, 懼)로 정리되듯이 한편으로 쾌 고를 지닌 감각과 관계하고 다른 한편으로는 진위를 전제하는 사유와 관계한다. 그리고 행위의 차원에서는 의지와 관계하기에 아리스토텔레스의 덕론에서 덕들은 우리의 언어습관에 따른 행위의 다양한 양상만을 표현한다고 보아야 한다. 그런데 이러한 행위의 양상도 한편으로 진리, 혹은 가치론적으로는 정의와 관계하는 가치판단이나 사실판단과 관계하기에 그의 윤리학이나 미학으로 번역되는 성격론이나 실천철학에서의 덕론은 상호 반대와 모순의 관계가 혼합된 일상 언어의 논리학적 관점에서 다양한 논의가 이루어질 수 있다. 특히 그의 행위론은 윤리학이나 미학에서 인식론(감상론)이 그러하듯이 분석할 수 없는 것, 즉 영혼의 운동이나 행위를 분석한 것이기에 논리적으로 명석 판명하게 정리될 수 없는 것으로서 의식의 분별력의 관점에서 한 민족이나 국가의 기후풍토와의 관계에서 상식적인 일상 언어의 양상론에 따른 정도에서만 분별되는 논리가 나타날 뿐인 것으로서 반합리적인 것이 아닌 비합리적인 것이다. 달리 말하자면, 그의 중용론은 심리학에서 예를 들면, 희·노, 애·락, 애·오와 같은 우리의 감정의 양상들의 성격이 반대와 모순이 분명하게 구분되지 않고 혼합되어 나타난 것이므로, 엄밀하게 규정되는 것이 아니다.[23] 그런데 이러한 혼합에 질서가 없는 것이 아니라 다음과 같은

---

23 감정에 희·노, 애·락, 애·오, 구가 있다고 할 때, 이러한 감정의 발현 방식의 동일-차이의 관계를 지적으로 파악하는 아리스토텔레스 중용론은 반대와 모순의 관점에서 정리할 수 있다. 그런데 이러한 감정의 양상을 다시 감정과 사유의 관계로 설정하는 데에서 반대와 모순의 관계는 유한 무한의 존재론적 변증법으로 나타남으로 인해

질서가 있다. 사실 중용은 반대 개념과 관계하여 양극단에 중간 개념으로 이해되는데, 이 가운데 있음-없음이 아니라 다소와 관계하는 양 극단에 가까운 다양한 것은 악덕으로 간주되고 중간에 있는 단 하나는 미덕으로 간주된다.

> "이들 세 가지 심적 상태 가운데 두 가지는 악덕이고(한 가지는 지나쳐서 그렇고 다른 한 가지는 모자라서 그렇다), 한 가지는 미덕 곧 중용이다. 어떤 의미에서 그것들은(저자 주: 이 세 가지 것들은 각각 다시 다소를 함축한다) 저 마다 다른 것들과 대립된다. 양 극단은 중간과 대립할뿐더러 저들끼리도 대립하고, 중간은 양 극단과 대립하기 때문이다. 마치 같은 것이 작은 것에 견주면 더 크고, 더 큰 것에 견주면 더 작듯이(감정에서든 행위에서든) 중간 상태는 모자란 것에 견주면 지나치고 지나친 것에 견주면 모자라기 때문이다."(『니코마코스 윤리학』, 1108b 10-15).

아리스토텔레스는 용기를 예를 들어 설명하는데 "용감한 사람은 겁쟁이에 견주면, 무모해보이고, 무모한 사람에 견주면 겁쟁이로 보인다."고 말한다. 그러면서도 플라톤이 말한 용기나 절제는 반대 개념 이외에도 감각의 있음과 없음에 관계하는 제4의 개념, 즉 플라톤에서는 쾌·고에서 '초연한' 절제와 용기 개념이 성립한다. 그리고 아리스토텔레스는 행위나 쾌·고와 관계하는

사유와 감정의 관계는 유기체적 관계처럼 복잡하게 나타난다. 이러한 점은 유가(儒家)처럼 이(理)와 기(氣)를 사유와 감정으로 파악할 경우, 사유와 감정 사이의 관계가 사단 칠정론으로 나타나는 것과 동일한 이치이다. 우선 희·노·애·락은 서구에서 말하는 무관심적 관심과 관계하는 놀이적 감정으로서 그것은 언어에 관계할지언정 사실과 관계가 별로 없다. 희·노는 서로 반대가 되고 애·락이나 애·오도 서로 반대가 된다. 기뻐하고 분노하는 것은 어떤 대상에 대한 애·오의 정신적(능동적) 표현이다. 반면에 애·락은 서로 반대 되면서 수동적인 것으로서 슬퍼하고 즐거워하는 것인데, 여기에서 수동성은 신체에 가까운 것으로 표현된다. 따라서 희·노와 애·락은 능동 수동의 관점만이 아니라 정신-신체의 관계도 지니고 있다. 이 때문에 정신과 신체, 그리고 능동과 수동은 또한 서로 대립과 상보의 4차원적 관계가 되는 것과 같다. 즉 기쁨과 슬픔, 분노와 즐거움이 서로 반대가 되는 것이다. 전자가 이원론적 분류라면 후자는 능동-수동의 대립의 관점에서의 분류이다. 이러한 이중적 관계에서 결과하는 문제는 슬픔이 수동적인 소극적인 것이면서도 결여적인 것을 수용하기에 수용적인 정신을 표현하는 것이 된다. 수용이나 포용성에는 당하는 것을 용인하면서도 이를 넘어서려는 노력이 있다. 이 때문에 슬픔은 고통의 신비처럼 가장 정신적인 것이 된다. 결국 이원론적 분류에서 희·노·애·락의 관계는 희·애·노·락의 관계로도 표현되는 것이다. 기쁨이 종교적 감정이라면 슬픔도 우리 한국 국민성이 보여주듯이 정화(catharsis) 작용을 전제한 종교적 감정이 된다. 그러한 한에서 슬픔의 감정은 한계를 지닌 인간성을 표현함으로 가장 이성적인 것처럼 보인다. 한편 감정에 대한 분류에서 두려움인 구(懼)에 관해서는 하이데거가 공포와 불안으로 분석하고 불안을 실존적 감정으로 설명한 것이 있다. 그런데 이러한 실존적 감정에 반대되거나 모순되는 감정으로 설정할 수 있는 것이 자신이든 타자에든 유가나 기독교에서 말하는 신(信)이라고 생각되기에 신(信)을 덧붙일 수 있다고 생각된다. 송영진, 『인간과 아름다움』, 혹은 『미와 비평』, '2.6. 감정의 양태들', 참조.

감정은 목적론적으로 질서 지우는데 그것은 두 가지 이유에서이다.

> "그중 하나는 사물의 본성에서 유래한다. 양 극단 중 한 극단이 중간에 더 가깝고 더 비슷해 보이면, 우리는 이 극단이 아니라 다른 극단을 중간에 대립시키기 때문이다. 예컨대 비겁함보다는 무모함이 용기와 더 가깝고 더 비슷하다고 생각되기에, 우리는 무모함보다는 비겁함을 용기와 대립시킨다. 이것이 사물의 본성에서 유래하는 한 가지 이유이다. 다른 이유는 우리의 본성에서 유래한다. 우리가 본성적으로 더 치우치는 것들은 중간에 더 대립되는 것처럼 보이기에 하는 말이다. 예컨대 우리는 본성적으로 쾌락 쪽으로 더 치우치기에, 절제보다는 방종 쪽으로 더 치우치기 쉽다. 따라서 우리는 우리가 치우치는 쪽의 극단들이 중용에 더 대립된다고 말한다. 그래서 지나침인 방종이 절제에 더 대립된다는 것이다."(『니코마코스 윤리학』, 1109a 5-15).

아리스토텔레스는 중용에 관해 인간의 판단이 목적론적으로 될 수밖에 없는 이유 두 가지를 드는데, 하나는 존재와 무 사이에서 모순율에 따라 존재론적 판단을 하는 사유에서 성립하는 것으로서 아리스토텔레스가 '사물의 본성에서 유래한다.'고 말한 것이고, 다른 하나는 우리의 심적 경향과 관계하여 감정에는 내가 하면 로맨스요 타인이 하면 스캔들이라는 이기적 개념이 함축된 경험(인간은 쾌락을 가까이하고 고통을 멀리하려는 성향)[24]의 직관을 말하고 있다. 그래서 가령 힘이나 능력에 관계하는 덕으로서의 용기와 같은 것에서 우리의 판단은 절제와 방종(있음과 없음 사이, 그리고 과다-과소가 있는 감정들) 사이에서 수행되는데 용기는 더 치우치는 방종과 더 대립되어 보인다는 것이다. 그런데 아리스토텔레스가 사용한 중용이라는 말은 양화된 중간이라는 말로 평가됨으로 우리는 전체-부분의 논리에 따라 양, 질, 관계, 양상의 측면에서 판단하는 우리 일상 언어 논리에 따르면 반대와 모순의 대당관계를 이룰 수 있는 판단을 수행할 수 있다. 그래서 우리의 일상 언어에 표현되어 있는 감정에 대한 판정은 일상 언

---

[24] 생물학적 인간은 감각과 관련하여 고통보다는 쾌락에 가까이 가려고 노력한다. 이러한 성향은 감각과 가까이 있는 감정에서 내가 하면 로맨스, 남이 하면 스캔들의 가치판단으로 나타난다.

어의 논리에 따를 수 있겠다. 그것이 능동과 수동, 그리고 이 양자가 중화된 이성적으로 양화할 수 있는 감정의 양태들이 위 표에서 보듯이 3가지로 나타날 수 있겠다.

그러나 이러한 논리적 설명은 중용으로서의 다양한 덕에 대한 아리스토텔레스의 목적론적 견해를 언어적으로 혹은 수학적 형식으로 표현한 것에 불과한 것이므로, 사실 다른 관점에서 보면 중용의 방법적 논리가 무엇인지 일반적으로 말할 수 없고 이해될 수가 없다. 아리스토텔레스는 이 때문에 "어떤 경우에도 중간 상태는 칭찬받을 만하다는 사실이 밝혀졌다."고 말하면서도 "그러나 우리는 때로는 지나침 쪽으로 때로는 모자람 쪽으로 치우쳐보아야 한다. 그래야만 우리는 가장 쉽게 중용을 지키고, 좋은 것을 알아낼 수 있기 때문이다."(1109b25)라고 우리의 '자연적 본성'에 기초한 경험을 끌어들인다. 따라서 아리스토텔레스의 중용론은 플라톤의 세계관이 반영된 차원에서 해석하여 다음과 같이 설명할 수도 있다.

플라톤이 말하듯이 현실에서의 운동에 대한 우리의 내적 체험에서 경험적 내용이 감정이든 사유의 차원에서 항상 상대적이고, 양의 다소(more or less)의 우연성이 함축된 두 머리를 지닌 것처럼 나타나기에 엄밀하게 일반화하거나 정확하게 규정될 수 없고, 추측만이 가능하다. 그래서 우리의 합리적 이성이 판정하는 중용의 정신은 단지 구체적인 사안에 따라서 개별적인 것에 대한 적응이나 판정을 상황과 실존의 조건에 따라 다양하게 표현할 수밖에 없는 성격을 지녔다. 결국 플라톤이 말한 4주덕이 기초하고 있는 물질이나 재화에 관계하는 욕망은 쾌·고와 관계하고 이기적인 것이기에 플라톤이 말하는 감정은 객관적인 사유를 방해하고 혼란시키는 소피스트적인 변증법의 원인이 된다. 이 때문에 플라톤의 사유에서는 감정의 절제는 객관적이고 이성적인 사유를 하기 위하여 배제하여야 한다는 생각이 욕망에 대한 절제로 나타남을 알 수 있다. 반면에 아리스토텔레스는 인간에 있어서의 이기적인 소유욕을 배제하지 않는 그의 현실적 사유가 현실적으로 보다 많고-보다 적음의, 즉 과-

부족의 운동을 하는 현실에 부응하는 욕망에서 나타나는 시민적 정의를, 지혜로 하는 절제(청렴)로부터 4주덕을 말한 플라톤과 달리, (후덕과 같은) 중용의 개념으로 대치하고 있는 것으로 나타난다. 그리고 이러한 중용 개념은 현실적으로는 이성적인 지혜에 의해 발휘되는 것이다. 왜냐하면 감정에도 사유에서와 같은 질서가 있는데도 불구하고, 단지 사유와는 달리 항상 과·부족의 상태에서 나타나는 것이 현실이기 때문이다. 이러한 과·부족의 것을 인간 실존의 조건에 적도에 맞게 발휘하도록 조정하는 것이 아리스토텔레스가 말하는 현실적 지혜(이성)에 기초한 중용의 의지이다.

아리스토텔레스의 중용 개념은 인간의 영혼을 능동력과 수동력으로 나누고, 인간성을 감정과 사유 능력으로 나누며, 궁극적으로는 선과 악에 관련된 목적을 지닌 것으로 분류하는 데에서 기원한다. 우선 그는 우리의 영혼을 감정(pathos), 능력(dynamis), 그리고 마음가짐(hexis)으로 나누는데(『니코마코스 윤리학』, 1105b, 20), 이 모두는 선악과 직접적인 관계가 없다. 왜냐하면 감정, 능력, 마음가짐은 사실 영혼의 과정적인 것(process)으로서 동기(선악·의지)나 결과(유용·무용)에 따라 가치가 있는 것으로 판정되기 때문이다.(『니코마코스 윤리학』, 1107a10). 플라톤이 『국가·정체』편에서 말한 4주덕과 관련하여 말하자면, 절제, 용기, 지혜, 정의는 태양으로 비유된 선의 이데아 아래에 존재하는 것으로서 그 자체로서는 선악과 직접적으로 관계가 없기 때문이다. 만일 이러한 과정적인 것이 선악과 관계가 있다면 그것은 진리개념을 통해서 간접적으로 관계한다. 그리고 진리 개념에는 플라톤처럼 올바르다는 정의 개념이 함축되어 있다.[25] 그러나 아리스토텔레스에서는 이러한 과정적인 것에는 항상 과도함과 과소함의 논리가 작용하기 때문에 그 중용이 발휘되는 것이 드물다. 이 때 아리스토텔레스가 말하는 중용은 플라톤이 말하는 사유에서 나오는 지혜인 불편부당함이

---

25 물론 진리 개념도 근대 과학 이후로는 사실 개념과 진리 개념으로 분화되기 때문에, 진리 개념과 선악 개념도 가치론적으로 직·간접적인 관련성이 있는 것으로 나타난다.

없는 정의의 덕에 해당한다.

그런데 플라톤에서 정의 개념에서는 산술적 중간과 비례적 중앙값이 적용된다. 전자는 단순한 이론적 중앙값으로서 평균을 의미하나 비례적 중앙은 인간의 능력의 한계가 다양하기에 능력에 따르는 결과에 합당한 것을 보상한다는 의미에서 나타나는 개념이다. 결국 아리스토텔레스의 중용 개념은 가치론적으로 진리와 선악과, 그리고 이들(진리와 선악)이 아리스토텔레스의 목적론적인 관계에 따라 나타나는 수단-목적으로 결합할 수밖에 없기 때문에 나타난 유용성, 그리고 모든 동물에게 공통적인 감각에서 기원하는 쾌·고와 관계하는 가치개념인 미와 결부되어 한편으로는 (파르메니데스의 사유와 감각 사이에 배중률이 적용되는 존재론과 결부된) 전체-부분의 논리에 따르면서도, 다른 한편으로는 이를 토대로 변증법적으로(유기체적으로) 결부되는 데에서 나타난 것으로서 조금은 혼합되고 복잡한 것이다.[26] 아리스토텔레스의 중용 개념에 따르는 실천적 지혜(phronesis)의 이러한 복잡성은 피타고라스가 인간을 상인, 체육인, 그리고 철학자로 세 부류로 분류하면서 이들이 현실적으로는 모든 인간이 추구한다는 행복 개념을 통해 변증법적으로(유기체적으로) 결합되어 있는 것에서도 간취할 수 있다. 특히 아리스토텔레스의 중용 개념은 생명체를 신체와 영혼으로 나누고 삶과 죽음에 관계하는 건강과 관계하는 측면에서 양면적으로 고찰해야 한다. 예를 들어 설명하자면, 우리는 다음의 두 가지 사례를 통하여 아리스토텔레스의 중용 개념의 복잡성과 애매모호함을 고찰해 볼 수 있다.

"우리가 고령 장수사회를 맞이하여 오래 산다고 하는 것이 마냥 좋은 일만은 아니다. 말년에 질병으로 고생만 하다가 죽으면 무슨 의미가 있는가? 이러한 맥락에서 노년기를 고단하게 하는 대표적인 질병이 몸에서는 암이고 정신에서는 치매이다. 그런데 희한하게 암과 치매를 다 겪는 경우가 적다.

---

[26] 이러한 혼합되고 복잡한 아리스토텔레스의 중용의 변증법은 아리스토텔레스의 일상 언어를 매개로 한 목적론적 철학에서 일반논리학에서 나타나는 데로 외연과 내포의 관계가 반비례 관계에 있다. 송영진 『철학과 논리』 (충남대 출판부, 2010), 284-286쪽들.

고령 어르신을 모시는 웬만한 집안에서는 암환자 아니면, 치매환자가 있기
마련인데, 한 부모에게서 발생한 두 질병을 간호하는 집은 보기가 드물다.
국제 의학계에서도 이 문제에 대해 관심을 가지고 치매와 암 발생의 관계를
매사추세츠 주의 1986-1990년 사이의 65세 이상 노인들을 22년 동안 대규모
추적 조사를 벌인 바에 따르면, 암에 걸려 살아남은 사람이 암에 걸리지 않
았던 사람보다 노인성 알츠하이머 치매에 더 걸리는지, 아니면 안 걸리는지
를 보았다. 반대로 알츠하이머 치매에 걸린 사람에게서 암 발생이 더 많은지
적은지를 보았다. 그 결과는 암과 치매가 반비례 관계를 보였다."[27]

왜 이런 현상이 벌어질까? 생물학적으로 암과 치매는 발병과정이 정 반대
이다. 암은 비정상적인 세포분열과 증식이 일어나 덩어리를 만들고 퍼져나가
는 현상(세포분열에도 불구하고 DNA의 텔로미어가 감소되지 않는 현상)이다. 반면에 노인성 알
츠하이머 치매는 정상적으로 살아야 할 뇌 세포가 일찍 퇴행해 사라지는 질병
이다. 암은 죽을 세포가 죽지 않고 과도하게 사는 병이고, 알츠하이머 치매는
살아야 할 세포가 지나치게 일찍 죽는 병리이다. 생명체, 그것도 동물로서의
사람을 세포 수준에서 분석하여 보면, 세포의 성장, 사멸에 관여하는 (유전자의 표
현형인) 핵심 단백질과 유전자가 있다. 이 양자가 상호 보완과 조화를 이루며 성
장과 사멸의 균형을 이룬다. 그러나 어느 날 생성에 관여하는 유전자가 비정
상적으로 활성화되면 '성장질환'인 암 쪽으로 달려가고, 사멸관련 유전자가
작동하면 반대 방향인 '퇴행질환' 치매로 달려가는 구조이다. 균형과 중립을
지켜야할 무게 추가 어디로 움직이느냐에 따라 과도한 쏠림이 나타나고 결국

---

27 암 생존자는 치매에 걸릴 위험이 암이 없었던 사람의 60% 수준으로 낮았다. 구강암, 폐암, 췌장암 등의 분야에서
는 20%대로 낮았다. 반대로 치매 환자는 암에 걸릴 위험이 치매 없는 사람의 40% 수준으로 낮았다. 결론적으로
치매환자는 암이 적고 암환자는 치매가 적었다. 물론 치매는 70세를 넘어 가면서 발병의 위험이 급속도로 커진
다. 과거 암에 걸렸다 하면 그보다 일찍 사망했기 때문에 치매 발병 여부를 알 수 없다. 하지만 최근 들어 암치료
기술 발달로 장수 생존자가 늘었다. 10명 중 6명은 자기 수명을 산다. 치매 환자들은 인지 기능 장애가 있어 암으
로 의심할 만한 증상이 있어도 표현을 잘 못한다. 정기 암 검진도 안하거나 빼먹는 경우가 많다. 과거에는 치매 환
자에게 암이 있어도 모르는 경우가 많았다. 요즈음은 간편한 의료 영상검사로 암 발생 여부를 파악할 수 있게 됐
다. 그러기에 이 둘 사이의 상관관계 분석이 가능하다.(김철중의 생노병사: 조선일보 2015년 3월 17일자 A29면).
이러한 통계적 수치는 엄밀한 반비례관계를 나타내지는 않는다. 이러한 점을 아리스토텔레스의 신 중심의 생물
의 먹이 사슬에 의한 목적론적 존재론이 역삼각형임을 생각할 때 반비례 관계는 어느 정도 합리성을 나타낸다.

에는 질병으로 이어진다. 이러한 의학적 사례는 플라톤의 덕에 기초한 개인의 삶에서 건강이 생과 사의 변증법적 구조에 알맞게 조정된 것이다. 아리스토텔레스의 중용의 관점에서 보면, 생명체는 전체적으로 보아 능동성이 본질이나, 신체와 영혼으로 분리되는 측면에서 고찰하면, 영혼은 역설적으로 과도하게 활성화 되어야 하는 반면, 신체가 과도하게 활성화 될 때에는 역으로 피로해서 쉽게 늙어 죽는다. 신체적인 차원을 다시 DNA와 단백질의 표현형의 관점에서 살펴보면, DNA 수준에서 과도하게 활성화 되는 것이 암세포로 나타나고, DNA가 죽음 쪽으로 활성화 되면, 즉 활성화 되어야할 DNA가 과소하게 활성화되면 치매(영혼이 불활성화 된다는 것)가 된다는 것이다. 정신의 능동성과 신체적 물질의 수동성이 균형과 조화를 이룰 때 건강한 삶이 되는 것이다.

다른 하나의 사례는 우리 사회가 조만간 인성 교육을 실시하겠다고 하는 것에서 간취할 수 있다. '세월호' 사고로 드러난 우리 사회의 윤리적 사고 결여와 인성 피폐 현황이 인성 교육의 필요성을 야기하는 것은 이해할 만하다. 그러나 인성이라는 것이 국회의원들이 호들갑스럽게 '인성교육 진흥법'까지 만들며, 매뉴얼 훈련을 시킨다고 갑자기 복원되거나 생성될 수 있을까? 국립 생태원의 초대 원장이 된 최재천에 따르면,

"200명에 가까운 연구원과 행정요원을 채용하는 과정에 우리나라의 모든 기관이 다 한다는 인성 검사를 실시했다고 한다. 그런데 평소 연구나 업무능력이 탁월하다고 알고 있던 지인 몇 명이 덜커덕 낙방하더란다. 하도 어이가 없어서 인성 검사 전문가들을 만나보았더니 공무원 채용 시험과 대기업 입사 시험에서 종종 사용하는데 실제로 조직 문화를 해칠 기질이나 정서적 특성을 지닌 사람을 걸러내는 기능이 강하다고 귀띔 해주더라고 한다. 분명한 사실은 국립 생태원 전체에서 인성 검사에 떨어질 0순위는 단연 최재천 자신이란다. 자유로운 영혼은 애당초 통과되기 어려운 관문이란다. 더욱 가관인 것은 1차 채용 인성 검사에서 낙방한 사람들이 열심히 연습하여 2차, 3차 채용에서 우수한 성적으로 합격하더라는 것이다. 인성평가를 정량화 하면 그에 따른 사교육시장이 활성화 될 것이 불을 보듯이 빤하다는 것이다. 언제나 그렇듯이 "국가는 정책을 만들고 국민은 대책을 만든다."는 것이다. 독일의

철학자 막스 셸러는 '개별 인격'과 총체 인격을 나누어 설명하였다. 구성원 개별 인격이 모여 사회적 인격 또는 국가적 인격 즉 국격을 만들어내는 것이다. '예, 효, 정직, 책임, 존중, 배려, 소통, 협동' 등의 핵심 덕목을 실행하는데 필요한 '지식과 공감·소통 능력이나 갈등 해결 능력' 등의 핵심 역량을 함양하기 위해 인성 교육진흥법을 제정했다지만, 자칫 '총체 인격'을 먼저 정해 놓고 획일적인 교육을 실시하면 개성과 창의성을 짓밟을 수 있다. 인성 교육 이 이렇다한 특징이 없는 무성격자만을 양산하는 '무성 교육'이 될 것이다.[28]

아리스토텔레스의 중용의 관점에서 보면, 정신을 활성화 시킨다는 것이 한편으로는 창조적 정신을 지향하는 것이 되어야 하는데, 이러한 창조성은 인성의 윤리성과 또한 상반성을, 즉 반비례 관계가 있는 이율배반을 형성하게 되어 위의 두 견해에 대한 여러 가지 반론이 성립할 수 있다. 이 때문에 우리는 미리 이러한 반론들을 조화와 합의를 이룰 수 있는 조건들을 생각하는 대화의 관점에서, 즉 정신의 윤리성과 창조성을 조화시키려는 의도에서 질서를 찾고 법칙이나 법을 제정한다면, 이러한 일은 또한 양면적으로 역설에 부딪쳐서 한편으로는 간지를 지닌 영리한 사람이나 다른 한편에서는 우직하거나 범용한 정신의 인간을 만들기가 쉽다. 결국 아리스토텔레스가 말하는 '중용'이 "시중(時中)의 정신'에 맞지 않거나(시간적으로나 공간적으로 적절하고 조화 중앙이나 황금율과 같은 중앙값에 맞지 않거나), 정신의 활동성(energeia)을 전제하지 않으면 개성과 창의성으로 표현된 '창조적 정신'에는 전혀 맞지 않는 사람들만으로 구성된 사회가 국가가 될 것이다.

2) 자유와 평등의 원리에 따르는 분배적 정의와 시정정(是正的) 정의

아리스토텔레스의 『니코마코스 윤리학』에서 중용론의 기초가 되는 용기

---

28 최재천, 「자연과 문화」 - '인성교육의 자가당착', 조선일보 2015년 3월 17일자 A30면.

와 절제에 관련 된 덕을 다룬 것을 제외하면 플라톤의 네 가지 주요 덕(탁월성) 중 정의와 지혜에 관한 논의가 남았다. 정의에 관한 논의에는 『니코마코스 윤리학』 5권(E)이 바쳐져 있다. 아리스토텔레스는 먼저 '부정'과 '불공정'에 대해 일상적인 어법에 따라 다르게 설명한다. '부정'은 무법한 사람, 욕심이 많고 불공정한 사람에 대해서 사용한다. 여기에서 아리스토텔레스는 정의와 공정 개념을 달리 사용하면서 정의는 플라톤이 말한 개인적인 덕에 해당하는 것을 나열하고 공정 개념에는 법적인 의미를 부여하는, 즉 정의 개념을 개인적인 것과 공적인 영역의 것으로 나누어 달리 사용하고 공정 개념을 목적론적으로 파악하고 있는 것이다. 따라서 정의는 외연적으로 법을 준수하고 공정한 사람이며 분명 합법적인 것은 무엇이든 어떤 의미에서는 아리스토텔레스가 옳다고 말한다는 것이다.

> "입법 행위에 의해 제정된 것은 합법적이고, 우리는 그런 법규 하나하나를 옳다고 여기기 때문이다. 그런데 법은 삶의 모든 영역을 규정하면서 시민 전체, 또는 최선자들, 또는 집권자들 또는 그런 종류의 다른 집단의 공동 이익을 추구한다. 그래서 어떤 의미에서 우리는 국가 공동체의 행복 또는 행복의 구성 요소들을 산출하거나 보전하는 것을 옳다고 부른다.
> 법은 또한 우리에게 용감하게 행동할 것(예컨대 원래 위치를 이탈하거나 도주하거나 무기를 내던지지 말 것)과 절제 있게 행동할 것(예컨대 간음하거나 방자하게 굴지 말 것)과 온유하게 행동할 것(남을 구타하거나 욕하지 말 것)을 요구한다. 마찬가지로 법은 다른 행위들도 미덕에 부합하는 것을 요구하고 악덕에 부합하는 것을 금지하는데, 법이 올바르게 제정되었을 때는 올바르게 요구하거나 금지하고 급조되었을 때는 제대로 요구하거나 금지하지 못한다."(『니코마코스 윤리학』, 1129b 10-15).

반면에 이러한 공정과는 달리 정의는 미덕과 관계하는 일반적 정의와 특수한 불의에 대비되어 악덕과 관계하는 보편적 불의와 특수한 불의에 대한 언급은 분배적 정의와 시정적 정의를 논하는 제 2장에서 나타난다.

"따라서 [악덕에 관계하는] 보편적 불의 외에 다른 종류의 불의가 있음이 명백하다. 이 둘은 이름과 성질이 다른데, 둘 다 대인관계에서 효력을 발휘하는데 그 정의(定義)가 같은 유개념에 속하기 때문이다. 하지만 특수한 불의는 명예나 돈이나 안전이나 또는 이 모두를 포괄하는 이름이 있다면 이 모두를 포괄하는 것에 관심이 있으며, 그 동기가 이익에서 비롯되는 즐거움이다. 반면에 보편적 불의는 훌륭한 사람과 관계가 있는 모든 것에 관련된다."(『니코마코스 윤리학』, 1130b, 1-5).

아리스토텔레스에 따르면, 정의로운 것은 (1) 플라톤이 선의 이데아 아래에 있는 미덕이라 부른 정의로서 용기, 절제, 온유한 것을 요구하는 것이 합법적인 것이며, 다음에 분배적 정의와 시정적(조정적, 사정적) 정의를 논하는 2장에서는 (2) 공동체의 이익과 관련해서는 공정하고 공평한 것을 의미할 수 있다는 것이다. 그래서 그의 정의 개념에는 각각 전체적인 (보편적인) 정의와 특수한 정의가 혼합되어 있다고 말할 수 있다. 그런데 아리스토텔레스는 보편적 정의에 대한 언급은 그 당시의 관습적인 개념인 법 개념에 호소할 뿐 소크라테스에서 정의와 진리를 향한 '선의지'로 나타나는, 플라톤이『국가-정체』에서 진리와 정의를 덕으로 드러나게 하는 '선의 이데아'에 대해서처럼 일반적으로 정의 내리기를 시도하고 있지 않고 있다.[29]

『니코마코스 윤리학』에서 아리스토텔레스의 정의에 대한 관심은 법과 관련된 전체적인 정의를 시민 전체, 혹은 가장 훌륭한 사람들, 혹은 권력을 쥐고 있는 사람들, 혹은 이런 무리들의 사람들의 공동이익을 목표로 삼고 제정되

---

29 전체적 정의는 소크라테스의 선의지에 기초한 것으로서『국가-정체』편에서 정의의 선의 이데아와의 관계에 대해서『파이드로스』편에 따르면, 이데아 계에서 벗어나 윤회하는 육화된 영혼(이 지니는 eros)의 등급은 아드라스테이아(adrasteia)의 법에 따른다. 1. 지혜를 사랑하는 사람(철학자)이나 아름다움을 사랑하는 사람, 혹은 문예를 알고 사랑하는 사람. 2. 입법군주나 전사 통치자. 3. 정치가나 재산가. 4. 운동선수나 의사. 5. 예언자나 비의 의식 집전자. 6. 시인을 비롯한 모방 기술자. 7. 장인이나 농부. 8. 소피스트나 민중 선동가. 다른 한편, 플라톤은『필레보스』편 22d와 27d에서, 즐거움의 삶 속에는 분별이 없고 분별의 삶 속에는 즐거움이 없을 경우를 가정하고, 전자는 일종의 해파리나 조개류의 몸을 가진 바다생물들의 삶과 다를 바 없으며, 후자의 삶은 분별과 지성, 지식 그리고 온갖 기억을 가지고 즐거움이나 괴로움에도 조금도 관여하지 않는 삶으로서 "모든 삶 중에서 가장 신적인 삶'이라고 말하고, 이 양자의 적도에 따르는 혼합(mixis)에서 참으로 좋은 삶(to ontos agathon), 즉 행복한 삶이 이루어진다고 말하고 있다.

며, 그러기에 어떤 의미에서 국가적 공동체를 위하여 행복, 혹은 행복의 조건들을 산출하고 보전하게 되는 행위를 옳은 행위라고 부른다고 말하면서, "정의는 완전한 미덕의 활용이므로 가장 진정한 의미에서 완전한 미덕이다. 정의가 완전한 까닭은, 그것을 가진 사람이 자신만을 위해서가 아니라 대인관계에서 자신의 미덕을 활용할 수 있기 때문"이라고 말하면서도, 같은 이유에서 "정의는 타인을 위한 좋음으로 간주되는 유일한 미덕이다."(1130a)고 말한다. 반면에 '정의롭지 못한' 사람은, 그 자체로 좋지만 특정 개인에게 항상 좋지는 않은 것들, 즉 부나 명예와 같은 외적인 선(善)들을 제 몫 이상으로 갖는 사람이라고 말하면서 정의롭지 못한 것에 대해서는 특수한 경우들만 나열하고 있다. 전쟁터에서 도망치는 사람이나 화를 내는 사람은 넓은 의미에서 부정의한 사람이라고 말할 수 있지만, 욕심 부리는 사람이라고 말할 수는 없다. 욕심 부림은 다른 열등성들과 구별되어야 할 특수한 열등성이고, 이 열등성에 부정의라는 이름이 특별히 할당된다. 즉 부정에는 좁은 의미와 넓은 의미가 있는데 좁은 의미는 외면적인 선(명예, 금전, 보신 등)에 관계하는 것으로서 그 동기가 이득이나 쾌락에서 오는 반면, 넓은 의미는 선한 사람이 관련된 모든 일에 관계하는 것이라고 말할 뿐이다. 그리고 다른 한편 악덕과 관계하는 불의에 대해서는 합법적이라는 의미를 부여하고 있지 않다.[30]

아리스토텔레스가 말하는 정의와 관련된 법의 의미는 사실 미덕과 악덕 사이에 있는 중간의 것으로서 특수한 정의 속에 들어 있다. 그리고 아리스토텔레스에 있어서 법과 관련된 특수한 정의는 두 가지, 즉 시민들에게 명예와 부를 분배할 때 성립하는 분배적 정의와, 사람들 간의 관계에서 성립하는 시정

---

[30] 아리스토텔레스는 개체의 본질인 영혼의 능동성-수동성의 변증법에 따라 정의와 불의를 구분한다. 이러한 아리스토텔레스의 능동-수동의 변증법에는 수동성이 수용적 기능인 능동적 수동성과 타성적인 것으로 변화하는 이중성 때문에 이에 따라 능동성도 변화하는데 이러한 능동성-수동성의 변증법을 목적론적으로 질서 지운다. 이 때문에 그에 있어서 영혼의 기능인 덕과 악덕에 관계하는 정의-불의 개념은 플라톤의 동일성-타성성에 따르는 변증법과 동일하지 않고 타자성이 동일성에 협조하는 목적론적으로 정리되어 있다.

적(是正的) 정의로 나뉜다.[31] 뒤늦게 생각한 세 번째 종류뿐만 아니라, 이 두 가지 정의에서 아리스토텔레스는 정의는 일종의 'analogia'(이 말은 주로 '비례'를 뜻하고 그 밖에 일정한 세 가지 중항 값인 산술중항, 기하중항, 조화중항 값으로서 수적인 관계들을 포함한다)의 확립이라는 점을 보여주고, 이와 더불어 세 종류의 정의는 플라톤이 말한 것처럼 항상 비례만을 뜻하지도 않고, 또한 피타고라스학파 사람들이 말한 것처럼 항상 호혜만을 뜻하지도 않는, 각각의 경우에서 서로 다른 종류의 아날로기아를 확립한다는 점을 보여주는 것을 목표로 삼는다. 예를 들면, 아리스토텔레스가 말하는 분배적 정의는 구체적으로 두 명의 사람과 두 가지 사물에 관계한다. 그것의 과제는 분배될 특정의 선(善)이 주어졌을 때 A와 B 사이에서 그걸 나누어야 한다면 이 두 사람이 갖는 진가(眞價)의 비율과 같은 C : D의 비율로 나누는 일이다. 그러나 진가는 국가마다 다르게 평가된다. 민주정체에서는 자유가 기준이고, 모든 자유민들은 동등하게 생각된다. 과두정체에서 기준은 부나 좋은 혈통이고, 귀족정체에서는 (청렴과 관계하는) 탁월성이다. 그런데 A : B = C : D라면, A 항의 C항에 대한 관계는 B항의 D항에 대한 관계이고, 따라서 A + C : B + D = A : B이다. 즉 A에게 C를 주고 B에게 D를 준다면, 양쪽의 상대적인 형편은 분배하기 전과 같고, 정의가 실행될 것이다. 이렇듯, 아리스토텔레스의 분배적 정의는 A에게 제몫보다 많은 것을 주는 것과 B에게 제몫보다 많은 것을 주는 것 사이에 있는 비례적 균형이다. 이러한 비례적 균형을 아리스토텔레스는 중용이나 중간의 것이라고 부른다.[32]

이러한 아리스토텔레스의 분배적 정의에 관한 설명은 다소 우리 귀에 익지 않다. 왜냐하면 여기에서 표현된 아리스토텔레스의 분배적 정의는 비록 수학적 비례개념으로 표현된 것이지만 사실은 A와 B의 능력의 차이에 따른 성과를 A와 B에게 주는 것을 수학적 부호로 표현한 것에 불과하기 때문이다. 이

---

31 『니코마코스 윤리학』, 5권 2장.
32 W. D. 로스, 269-271쪽들.

러한 언어적 표현을 수학적 기호에 따라 결합한 이러한 산법은 우리의 수학적비례 관념에도 맞지 않을 뿐만 아니라 그 당시 시민들이 전쟁에서의 승리의 성과를 나눈다는 관념이 포함되어 있지 않기 때문이다. 즉 로스가 말하듯이 우리에게는 국가가 공적에 따라 부를 시민들에게 분배한다고 생각하는 버릇이 없다. 오히려 우리는 국가가 세금 부과의 형태로 부담을 분배한다고 생각한다. 그러나 그리스에서 시민은 전쟁에 참여한 것에 비례해 자신을 납세자로 생각하기보다는 국가의 주주라고 생각했다고 말한다.[33] 그리고 공공 재산, 예를 들어 새로운 식민지의 영토를 그들은 드물지 않게 나눠 가졌고, 가난한 사람들에 대한 공공 지원도 인정되었다. 로스에 따르면, 아리스토텔레스도 동업자들 사이에서 사업에 투자한 것에 비례하여 이루어지는 이익 분배를 염두에 둔 것으로 보인다.

유산 분할에서도 그의 원칙이 똑같이 적용될 것이다. 즉 영혼이 자발성에 해당하는 능력별로 분배를 시행하는 것이다. 아리스토텔레스에서 명예의 분배는 자유민 신분, 부, 좋은 혈통 또는 탁월성이 기준이 되어야 한다는 특별한 상태에 관한 기초 가설에 맞게 공직을 분배함을 뜻한다. 이러한 착안은『정치학』에서 비중 있는 역할을 한다.[34] 결국 아리스토텔레스에서 분배원칙에 전쟁에서나 사냥에서 획득한 것을 분배하는 원리이므로 그가 말하는 재산의 사유화에 관한 정당성의 문제와 그 축적의 역사적 과정은 자연스러운 것으로서 인정하고 있을 뿐, 근대 철학자들, 예를 들면, 루소나 로크와 같은 사람이 생각하는 자연 상태에서 자연물의 소유에 관한 권리의 평등에 의한 계약론적인 점유의 이야기는 고려하고 있지 않고 있다.[35] 결국 아리스토텔레스의 비례적

---

33 W. D. 로스, 268쪽.

34 이러한 아리스토텔레스의 능력에 따른 분배적 정의를 비례적 정의라고 부르고 있다. 이러한 비례적 정의는 사실 현대 민주주의의 원리인 권리나 삶의 질의 '동등함'에 비추어 보면 오히려 산술적 정의에 해당한다. 반면에 다음에 나오는 복수법에서 기원하는 시정적 정의에 해당하는 정의는 산술적 정의로 묘사되고 있는데, 법률에서는 도덕법 주의와 공리주의적 원리에 따라 구분되기 때문에 여기에 일반적 법칙으로 말하면 비례적 정의가 나타난다.

35 J. 로크의 재산 소유권 이론에 따르면, 개인의 소유권은 자연적인 상태에 있는 것을 자신의 노동력을 혼합함으로써 자신의 재산으로 만드는 데에서 이루어지는데, '적어도 다른 사람을 위해서 충분히 양질을 남겨놓아야 한다.'

평등 개념은 능력별에 따라 부를 분배한다는 측면에서 보면, 그리고 이 개념은 역사적으로 현실화되는 과정에서 (기하학적 비례이므로) 부익부 빈익빈을 초래하는 심각한 결과를 가지며, 사회를 목적론적으로 계층화함으로써 계급 갈등을 유발하는 것이다. 이 때문에 이러한 분배적 정의는 아리스토텔레스에서 중용 정신에도 맞지 않다. 결국 아리스토텔레스가 덕의 개념으로서 정의라고 말한 '중용의 정신'은 다음에 말하는 시정적 정의를 통해서 나타날 뿐이다.

시정적 정의는 (1) 물건을 팔고 빌려주는 것과 같은 자발적인 거래에서 성립하는 것과, (2) 사기를 수반하거나 강탈, 폭행과 같은 폭력을 수반하는 비자발적인 거래에서 성립하는 것으로 세분된다. 자발적인 거래와 비자발적인 거래의 차이는 앞의 경우에 거래의 시작이 자발적이라는 점에, 즉 나중에 해를 입은 사람이 애초에 '자발적인 계약'에 들어갔다는 점에 있다. 따라서 부정의의 두 종류는 계약파기와 범죄나 불법 행위 간의 차이에 부합한다.[36] 두 경우에서 위해는 개인에게 가해진 것으로 간주되고 두 경우에서 재판관의 목적은 처벌이 아니라 시정이다. 아리스토텔레스가 언급하는 '비자발적인 거래들'은 사실 대부분 범죄행위들이기도 하다. 그래서 현대의 법체계에서는 보통 형사 소추에 의해 다뤄질 것들이다. 그러나 그것들은 가끔 민법에서도 기소할 수 있고, 이 점에 비추어 볼 때 아리스토텔레스는 그리스의 관례에 따라 그것들을 고찰하고 있다.

는 단서를 단다. 이 단서로부터 두 번째 단서가 나타나는데, "어떤 사람이든지 그것을 부패시키지 않고 삶에 유용하게 쓸 수 있는 만큼만 이용해야 한다."고 한다. 왜냐하면 신은 인간을 위해서 부패되고 파괴되는 것은 아무것도 만들지 않기 때문이라는 것이다. 말하자면 신이 창조한 모든 산물은 인간 공동의 것으로서 인간 개인 자신은 자신의 노동에 의해서 토지나 자연산물을 '공공의 것으로부터' 자신의 소유와 사용을 전체가 아닌 부분적인 것에 국한해야 한다는 것이다. J. Locke, Second Treatise, sect. 32. C. B. 맥퍼슨, 232쪽에서 재인용.

36 시정적 정의는 법률로 표현되는 일반적 정의를 실현하는 것이다. 법률에는 민사적 측면과 형사적 측면이 문제되는데, 민사적인 것은 아리스토텔레스가 말한 것처럼 상법적 거래와 같이 이해관계를 따지므로 공리주의적 원리에 따라 법을 제정하는 것이요, 형사적인 것은 자연적인 능력인 자발성에 반하는 것이므로 도덕법주의적인 측면이 있다. 계약파기는 계약법의 한계를 지적한다. 이 계약법의 이면에는 공리주의적 정의의 시정적 관점이 숨어 있다. 반면에 범죄나 불법 행위는 도덕법주의의 측면에서 시정적인 측면이 있다. 공리주의에서 법은 계약법이고 본래적인 범죄 개념은 적용되지 않으나, 규칙공리주의의 관점에서 불법적인 것은 관례나 판례, 혹은 상식으로 간주되는 규칙을 어기는 것이다. 바루흐 브로디(Baruch Brody), 황경식 역, 『응용 윤리학』(철학과 현실사, 1983), 3장 참조.

시정적 정의는 분배적 정의처럼 기하학적인 비례에 따라 작동하지 않고 '산술적인 비례'에 따라 작동한다.[37] 아니, 우리는 여기에 앞에서 말한 것처럼 기하학적 비례가 아니라 산술적인 진행이 관련되어 있다고 말해야 할 것이다. 시정적 정의에서는 두 개인 사이에 성립하는 공과의 비율을 확인하는 물음은 없다. 법은 좋은 사람이 나쁜 사람을 속였는지, 아니면 그 반대인지 묻지 않고, 이들을 동등하게 다룬다. 법은 위해가 갖는 특별한 성격만을 보고, 여기에는 양쪽 사람의 상태와 행위의 자발성 또는 비자발성에 대한 참고가 포함될 뿐이다. 법은 신체적이거나 금전적인 손상뿐만 아니라 '도덕적인, 지적인 손실'을 고려한다. 양쪽은 각각 얻은 사람과 잃은 사람으로 간주된다, 여기에서 '얻었다'와 '잃었다'는 용어는 상업적인 거래에서 다른 거래들로 의미가 확장된다. 위해가 이루어진 다음에 A = B인 것으로 여길 때, 양쪽은 A + C, B - C 인 상태에 있다. 재판관이 할 일은 A에서 C를 빼앗아 B에게 주는 것이다. 이렇게 함으로써 그는 각자를 이득과 손실의 입장 사이에 있는 산술 중항인 상태에 놓는다. 그리고 분배적 정의에서처럼, 양쪽의 상대적인 형편은 (여기에서는 동등함의 상태이다.) 보존된다. 왜냐하면 (A - B 라고 할 때) A + C - C = B - C + C 이기 때문이다.[38]

피타고라스학파 사람들은 정의를 '호혜'로, 즉 대해준 만큼 대해준다는 것, 말하자면, '눈에는 눈, 이에는 이'로 규정하였다. 이런 간단한 공식은 분배적

---

37 왜냐하면 시정적 정의는 복수법에서 기원하기 때문이다. 함무라비 법전에 표현된 복수법의 형태는 "이에는 이, 눈에는 눈."이다.

38 앞에 주에서 언급한 것처럼 여기에서 산술적 계산은 복수법처럼 산술적인 절대적인 원리에 따르는 것처럼 언급되고 있으나, 수요와 공급에 따른 상호 호혜의 상거래에서처럼 '얻었다'와 '잃었다'가 이익 부분을 의미하는 것으로 변용될 경우에는 비례적 개념으로 전용된다. 도덕법주의에서 성립하는 형법과 다른 민법의 경우에는 이처럼 도덕법과의 관계에서 상호 호혜의 관점이 성립하기 때문에, 즉 선악과 공과를 다루기 때문에 비례적 관점이 들어와 시정적 정의에서 아리스토텔레스가 말하듯이 산술적 정의로 그렇게 간단히 정의되지 않는다. 정의에 관한 산술적 원리와 기하학의 비례적 관점은 하나로 통합할 수 있는 측면이 있기도 하고 없기도 한데, 우리의 상식은 이 양자를 통합해 가지고 있다. 이러한 통합의 측면은 조화나 절충이라는 말로 수식하였는데, 아리스토텔레스는 이를 중용이라는 말로 표현하고 정체론에서는 혼합(조화)이라는 말로 표현한다. 이러한 점 때문에 아리스토텔레스가 다음에 논하는 피타고라스학파의 상호 호혜의 원칙에 대한 비판이 정당화될 수 있는 측면이 있고, 그렇지 않은 측면이 있다. 왜냐하면 아리스토텔레스 자신의 중용 개념이 바로 정의의 개념으로서 상호 호혜의 관점에 서 있기 때문이다.

정의나 시정적 정의에 적용되지 않는다고 아리스토텔레스는 지적한다. 그것은, 우리가 그것을 '평등에 기초한 호혜'가 아니라 '비례에 따른 호혜'로 만든다면, 다른 종류의 정의-교환적 정의 또는 상업적 정의-에 적용된다. 국가를 결속하려면 호혜가 필요하다. 왜냐하면 국가는 서비스의 교환에 의해 결속되고 사람들은 자신이 내준 만큼 얻지 못하면 교환하려 하지 않을 것이기 때문이다. 그러나 단순한 호혜로는, 하루의 일에 대한 하루의 일로는 충분하지 않다. 교환하는 당사자들의 가치가 다르기 때문이다.[39] 결국 아리스토텔레스는 다시 비례적 정의 개념으로 되돌아가고 만다. 그리고 이러한 비례적 정의는 분배 개념이 아닌 생산 개념에서 아리스토텔레스는 자신의 정의론을 합리화하려 한다. 즉, 그들과 그들의 생산물은 교환이 이루어지기 전에 동등하게 되어야 한다. 따라서 그들의 생산물의 가치를 평가해 줄 수 있는 단위가 우리에게 필요하다.

그런데 이러한 교환의 동등성을 재화를 생산하는데 소비한 노동에서 찾지 않고, 아리스토텔레스가 말하는 진정한 단위는 아담스미스가 말한 것을 선취한 듯한, 경제학에서 말하는 수요(필요)이다.[40] 이것이 사람들을 결속시킨다. 그러나 B는 A의 생산물을 원하는데, A는 B의 생산물을 원하지 않을 수 있다. 원하는 시기가 서로에 맞지 않을 수도 있다. 이로부터 발생하는 교환가치의 변동을 피하기 위해 돈(화폐)이 도입되었다.[41] 이것은 '수요에 대한 관습적인 대체

---

39 능력에 차등을 두기 때문이다.

40 아리스토텔레스는 수요(필요)에 평가의 기준을 두는데, 이는 공리주의자들의 기초인 쾌락이나 행복과 같은 의미의 유용성 개념이다. 반면에 재화를 생산한 노동에 평가의 기준을 두는 플라톤이나 아담 스미스, 혹은 칼 마르크스가 있다.

41 아담 스미스가 말하는 재화의 가치의 결정으로서 수요와 공급 법칙이 말해질 수 있는 측면이다. 공급의 가치결정은 사실 노동가치가 주효하다. 반면에 수요를 결정하는 것은 재화의 효용가치이다. 다른 한편 수요에는 인간 심리나 정신적인 측면이 작용하기도 한다. 그래서 공리주의자들이 말하듯이 수요에는 한계효용 체감의 법칙이 작용한다. 다른 한편, 수요와 공급의 관계에 의한 가치 결정은 아담 스미스에 따르면 (자유)시장에서 결정되는데, 자유 시장은 사실상 국가나 사회적 체제와 함께 자연에 대립하는 인간적인 관습이 함께하는 '인간의 사회적 현실을 반영하는 최고의 정의가 실현되는 곳이다.' 결국 자유 시장 속에는 국가 전체의 공리적 관점이 들어와야 한다. 이 때문에 아리스토텔레스는 전체와의 관계에서 돈의 가치가 결정되는 것을 말하고 있다. 사실 현대의 자본주의 아래에서 성립하는 민주주의는 평등을 전제하는데 이는 자본의 윤리적 사용을 말하는 것이다. 그리고 이러한 자유 시장 속에서 모든 가치를 결정하는 것이 현대에서는 화폐라는 물신(物神)이다. 즉 돈이 현실적으로 그 나라의 경

물이고, 당신이 지금 교환할 때 어떤 것을 원하지 않는다면, 당신이 원할 때 그것을 얻을 수 있다는 보증이다.' 만일 노동가치의 관점에서 집 한 채의 값이 5 므나이고, 침대 한 개의 값이 1 므나라면, 우리는 집 한 채가 침대 다섯 개만큼의 가치가 있는 것을 안다. 그래서 만일 '교차-중계'가 그에 따라 이루어진다면, 즉 A(건축가)가 B(침대 제작자)로부터 D(다섯 개의 침대)를 받고, B는 A로부터 C(집 한 채)를 받는다면, '비례적인 호혜'(즉, 양쪽의 기술과 그들의 생산물의 가치를 비교하여 고려한 호혜)가 있게 될 것이고, 교환은 공정할 것이다. 결국 아리스토텔레스가 말하는 수요는 현실적으로는 노동 가치에 부수되는 개념일 뿐이다(이러한 설명은 근대에 노동가치와 교환가치를 분화시킨 관점에서 보면 아직 미분화된 것이다). 마찬가지로 아리스토텔레스는 화폐라는 것도 즉물적인 것으로 재화에 종속되는 것으로 인식되고 있다(화폐는 즉물적인 것이 아닌 교환이라는 차원에서 제3의 가치를 창출하는 효용성이 있기 때문이다). 돈 자체도 가치의 변동에 종속되어 있지만, 다른 재화들보다는 덜 하다는 것이다. 그럼에도 불구하고 돈이 (실제적으로) 물물교환을 시장에서 몰아내는 대신 그것을 촉진한다는 아리스토텔레스의 생각은 현대적이다. 말하자면 그의 중용에 의한 정의 이론은 가치와 사실을 분화시키듯이 노동 가치와 효용 가치를 분화시킨다는 관점에서 자유의 평등에 기초한 현대적 정의 이론과 정확히 역전되어 있다. 이 점은 그가 능력에서 기원하는 자유라는 개념을 정의 개념의 핵으로 간주하면서도 '자연적인 것'으로 받아들인 점에 있다. 결국 우리는 그가 경제학에서 다른 많은 분야들에서처럼 거의 초기 작업자였다는 점을 기억해야 한다.

아리스토텔레스가 정의롭게 행동한다고 기술하는 개인의 유형은 셋이 있다. (1) 명예와 보수를 분배할 때의 정치가(정치적 정의), (2) 피해를 평가할 때의

제적 정의를 나타내는 것이다. 이러한 경제적 정의를 철학자들은 정의롭게 만들고자 하는 것이 현대 자본주의 하에서의 경제적 민주주의이다. 자본주의가 전제하는 자유 시장에 역설적으로 국가의 간섭이 강화되어야 한다는 주장이 성립하는 이유이다. 이러한 주장은 롤스의 정의론을 살펴볼 때 나타나겠지만 윤평중도 그의 시장철학에서 강조하는 것이 바로 이러한 시장의 자유를 가능하게 하는 국가의 강력한 간섭을 강조한다. 윤평중, 『시장의 철학』, 131쪽. 결국 현대에서 최고의 현실적이고 윤리적인 정의는 복지(welfare)를 중심으로 한 민주주의에서의 경제의 민주화이다.

재판관(사법적 정의), (3) 공정한 가격으로 물건을 교환할 때의 농부 또는 제작자(경제적 정의)가 그것이다. 더 나아가, 계약의 파기와 불법 행위는 올바르지 못한 경우들이므로, 계약의 이행과 불법 행위를 삼가는 행위는 정의로운 경우들이다. 아리스토텔레스는 꽤나 완벽하게 '올바른'과 '그릇된'이란 단어들이 적용될 수 있는 행위의 영역을 망라했다. 그러나 그는 다양한 유형들 사이에 존재하는 차이는 지적하지 않고 있다. 정치가와 재판관이 올바르게 행동하는지, 일반 시민이 계약을 이행하고 다른 사람의 권리를 침해하는 것을 삼가는지는 그들 자신들의 의지에 달려 있다. 즉 그들이 이성적으로 정의라고 생각된 법에 따르거나 양심에 따른 판단을 하였는지가 문제이다. 그들은 법이나 양심에 따르지 않는 것과 같은 그릇된 행동을 하게 하는 다양한 유혹에 빠질 수 있고, 이 때문에 그들의 올바른 행동은 탁월하다고 할 만한 것이다. 이들은 사실 이러한 법이나 정의를 실현함에 의해서 이익을 보는 것은 없다. 그래서 이러한 법이나 양심에 따르는 행위는 탁월성이라고도 불린다. 그러나 상업적인 정의에서는 아리스토텔레스가 기술한 것과 같은 도덕적 탁월성이 없다. 여기에서 '정의'는 탁월성이 아니라 사람들의 요구에 의해 최소의 노력으로 최대의 효과를 본다는 경제원칙에 따르는 이익을 보는 수요 공급의 메커니즘에 딸린 일종의 '조정 장치'일 뿐이다. 이것은 교환 가격이 교환되는 물건들의 실제 가치로부터 멀리 요동치는 것을 막는다.

아리스토텔레스는, 올바른 행동은 그릇되게 행동함과 그릇되게 취급당함의 중용이라는 점이 논의를 통해 분명해졌다고 말한다.[42] 이러한 언명은 『고르기아스』편에 나타난 소크라테스의 무지를 전제한 자기희생적 언명에 비슷한 것으로 지덕합일설의 배경적인 선의지가 부정적으로 언급된 정의인데, 중용에 관한 이전의 논의와 일치하지 않는다. 정치가와 재판관은 올바르게 재

---

42 옳은 행동과 옳지 않은 행동은 능동과 수동의 관계에서 대당관계로 말할 수 있다. 즉 옳은 행동을 함과 당함, 부당한 행동을 함과 당함이라는 대당 사각형의 경우에서 대우관계에 있는 옳은 행동을 하는 정의에 부정적으로 말해지는 불의를 당함은 무엇인가?

화를 분배하거나 피해를 평가하면서, 그릇되게 취급당할 위험이 없다. 그리고 일반 시민은 정치가나 재판관의 그릇된 행위에 의해 너무 많이 또는 너무 적게 취급당할 수 있으나, 이 점에서 시민은 전혀 행동을 하지 않고 순전히 수동적이다. 두 가지 관점이 혼동되어 있다. 너무 많음, 너무 적음과 올바른 행위 사이에서 정말 선택하는 사람은 자신의 몫을 정확히 가져가거나 더 많이 가져가거나 더 적게 가져가기를 선택하는 사람이다. 그리고 세 번째의 길(더 적게 가져가는 길)을 선택할 이기적인 본능은 없다. 만일 그가 이 길을 받아들인다고 해도, 그는 열등한 행위를 하지 않는다(고귀한 행위라는 명성을 얻는다). 이렇게 해서, 정의를 중용으로 보이려는 시도는 실패한다.[43]

중용이론의 영역 안에서 분배적 정의와 시정적 정의를 가져오려는 아리스토텔레스의 이러한 시도들은 때때로 궤변적이고 바로 그가 인정했던 것처럼 성공적이지 못하다. 궤변적인 예를 J. O. 엄슨(J. O. Umson)은 『니코마코스 윤리학』, 1131b16-20에서 발견하고 다음과 같이 논평한다. "여기에서 아리스토텔레스는 분배에 관해서, 정의로운 분배가 너무 많이 얻는 것과 너무 적게 얻는 것 간의 중용이라고 말한다. 그는 실제적으로 불공평하게 큰 몫을 받는 자는 부정의하게 행동한 것이지만, 이 사람이 분명히 아주 수동적이며 행위자가 아니라고 말한다. 즉 자신의 몫보다 부당하게 더 많은 것을 분배받은 사람은 부정의하나 자기 스스로가 그렇게 한 것이 아니라, 타자가 그렇게 해준 것이므로 불공정하게 분배해준 사람이 더 부정의한 사람이라는 것이다." 제 3권

---

43 능동·수동의 관점은 아리스토텔레스는 능력자의 관점에서만 말하는 정의로서 정의 개념 자체 속에는 들어 올 수 없음에도 불구하고 산술평균에 해당하는 것으로 말하고 있다. 이는 자연이 사실 능력자와 우연성의 수동(우연)필연성의 관계에 있다고 하는 플라톤의 형이상학적 비례의 관점을 포함할 수 없다. 플라톤에 따르면 현실 세계는 동일자와 타자의 관계 맺음에서 성립한 것이다. 동일자의 운동은 '타자와의 관계에서 자기 자신으로 회귀하는 영혼의 운동'으로 원운동으로 비유한 것이고, 여기에서는 동일성이 자기 자신에게로 수렴되고 반복되는 특성을 지닌다. 반면에 타자성의 논리는, '다른 것에 다르고 자신에 마저 다르다.'고 하는 것으로서 개별화되면서도 이에서 해체되는 확산운동이나 직선운동에 비유한 것이다. 그래서 이 양자가 결합되어 있는 현실 세계에서는 "항상 더하거나 항상 더 못하거나(more or less)"의 그래서 엄밀 정확한 법이 아니라 추측만이 작용하는 혼란된(조화로운) 법(chaos)이 작용하는 곳이다. 이 카오스를 아리스토텔레스는 영혼의 작용이 통일성에 유사하게 조화시키는 중앙 값으로 작용하는 '중용의 원리'가 있는 곳으로 파악한 것이다. '하느냐,' '하지 않느냐'가 정의에 대한 판단의 기초가 될 수 없고 단지 행위의 덕의 기초로 나타난다.

에서 그는 적어도 의도적이지 않게 행동한 것으로 분류될 것이다. 아리스토 텔레스의 실패에 대한 고백은 『니코마코스 윤리학』 1133b30-1134a 15에서 발견된다. 그것은 주의 깊게 읽을 필요가 있는 중요한 구절로서 다음과 같은 내용이다.

> "정의로운 행동은 정의롭지 못하게 행동하는 것과 부정의를 겪는 것 간의 중용이라는 것이 분명하다. 왜냐하면 전자는 너무 많이 가지는 것이고 후자는 너무 적게 가지는 것이기 때문이다. 그래서 정의는 중용이다. 그러나 다른 미덕(탁월성)과 동일한 방식으로 그러한 것이 아니다. 정의는 중용을 목표로 하고 부정의는 극단적인 것을 목표로 하기 때문이다. 그리고 정의는 분명히 정의로운 사람이 합리적인 선택에 의하여 정의로운 것을 행한다고 이야기되는 것이며, … 균형에 맞게 공평한 것을 주기 위해서 자신과 다른 사람들 간에 또는 두 명의 다른 사람들 간에 분배하는 것이라고 이야기되는 것이다."

정의롭지 못한 행동은 단순히 불공평한 몫을 가지는 것으로 다루어지면서 이미 성격이 바뀌었다. 이와 비슷하게 정의로운 행동은 단순히 공평한 몫을 가지는 것으로 다루어지면서 성격이 바뀌었다. 더욱이 정의로운 사람은 공평한 분배를 하는 사람이고 정의롭지 못한 사람은 불공평한 분배를 하는 사람이다. 그러므로 만일 A가 B에게 너무 많이 주고 C에게 너무 적게 주어 불공평하게 분배했다면, A는 정의롭지 못하고 B는 정의롭지 못하게 되었으며, C도 정의롭지 못하게 대우받았다. 그런데 A가 정의롭지 못하다면 그는 정의롭지 못하게 행동한 것이다. 그러나 이 경우에 정의롭지 못한 행위는 불공평한 몫을 얻은 것이라고 이미 이야기되었지만, 사실 분배를 한 그는 아무것도 얻은 것이 없다. 그래서 엄슨은 "정의가 중용을 목표로 하는 것으로 이야기 되었지만 이것을 그럴듯하지 않게 정의롭지 않게 행동하는 것을 우리가 공평한 몫 이상을 얻는 것으로 환원시킬 때만 참이다"[44] 라고 말하고 있다. 사실 중용은

---

44   J. O. 엄슨(J. O. Umson), 장영란 역, 『아리스토텔레스의 윤리학』(서울: 서광사, 1988-1996), 131-133쪽.

성격이나 행위의 이론이고, 따라서 그것은 덕이라고 불릴 수 있다.

그러나 정의는 사리나 사실판단에 따르는 판단의 이론이다. 그래서 가치와 사실에 관련된 행위이론과 판단이론 사이를 혼동하여 아리스토텔레스는 정의는 다른 탁월성들과 같은 방식으로 중용이지 않고, 판단에 따른 것으로서 엄정한 중립을 지키는 정신적인 덕을 중용이라고 하며, 그것이 A가 너무 많이 갖는 상황과 B가 너무 적게 갖는 상황의 중간 상황을 산출(계산)한다는 의미에서만 중용이라는 점을 지적한다. 그러나 중간만이 항상 최선인 것은 아니다.[45] 결국 분배적 정의를 실현하려는 지배자의 숙고는 "정의를 판단하는 지적 상황에서의 자신의 노동의 결과를 생각하지 않는다."는 점에서 지배받는 사람들에 대한 희생을 함축하고 있고, 이 때문에 엄정한 정의를 실현하는 사람을 '훌륭한 좋은' 사람이라고 부른다.

아리스토텔레스는 나아가 두 가지 구분을 한다. 먼저, (1) 정치적 정의와 비-정치적 정의이다. 앞의 것은 자급자족을 위해 공동생활을 하는 자유이고 동등한 개인들 간에, 즉 자유 국가의 시민들 간에 존재하는 정의이다. 여기에서 능력은 동질적인 것으로서의 평등한 것으로 여겨지는 것이다. 그 밖의 유비적으로 정의라고 부를 만한 것이 있다. 이것은 비정치적 정의로서 주인과

---

45 사실판단과 가치판단은 서로 같은 측면이 있으면서도 다르다. 사실판단은 가치중립적인 것으로서 가치가 없다는 것이 아니라 제 3자적(삼인칭적)이고 따라서 객관적이다. 즉 사실판단은 이성의 판단 이론으로서 가치판단과 필연적으로 관계함을 전제하나 그렇다고 이러한 사실판단의 필연성은 기계적 필연성이 아닌 조건적 관계, 즉 함언적 관계에 있는 것이다. 따라서 사실판단과 가치판단과는 필요·충분조건의 이중적 관계에 있다. 즉 인간에게 사실과 가치는 한편으로 필연적 관계를 맺으면서도 다른 한편으로는 반드시 똑같은 것이 아니다. 이러한 측면에서 보면 아리스토텔레스에 있어서 지적 관조(theorein)와 관련되는 사실은 모순율의 지배를 받으면서도 가치개념을 형성하는 능동자 신과 필요·충분조건의 이중적 관계로 나타난다. 근대에서 자연과학의 발달로 나타난 과학적 사실과 가치의 관계의 이중적 관계가 아리스토텔레스의 수단-목적 관계가 되어 나타난 것이다. 이러한 측면에서 보면 이성적 판단이 지니는 중용은 행위에 필수적이나 충분한 것은 아니다. 아리스토텔레스의 중용은 수단-목적 관계에 있는 것이다. 따라서 아리스토텔레스의 정의론에서 이성적 판단이 지니는 중용은 행위에 필수적이나 충분한 것이 아닌 것으로서 이중적 관계가 나타난다. 아리스토텔레스의 행위이론에서 중용에는 우연-필연성의 시간-공간적 차이의 적합성(kairos)이 보충되어야 한다. 즉 시중(時中)의 적합성이 보충될 수 있어야 한다. 송영진, 『인간과 아름다움』(충남대 출판부, 2006), 제3장 '가치론의 역사' 참조. 윤리학에서 G. E. 무어(G.E. Moore)가 언급한 자연주의적 오류(naturalistic fallacy)는 한편으로는 자연스런 것이면서도 다른 한편으로는 오류로 나타나는 것은 이러한 차이를 무시하는 데에서 오는 것이다. 현상학은 이러한 객관성을 간주관적인 것(inter-subjective)으로 판정한다. 합리성은 사실판단의 영역이 아닌 경제성이나 유용성을 전제한 가치판단의 행위이론의 영역이다. 인공지능(AI)은 인간 지능에 메타차원의 것으로 생물처럼 복합적으로 작용하지 않고, 단순화된 기능의 합리성(경제성)에 따른다.

노예, 부모와 자식 간에 존재한다. 이런 경우들에서 종속된 쪽은 어떤 의미에서 우월한 쪽의 일부분이다. 그들은 서로에 대해 감독할 수 있는 자유로운 개인들이 아니고, 완전한 의미에서의 정의는 그들 사이에 존재할 수 없다. 즉 능력의 양과 질에서 서로 차이를 지닌다. 이 때문에 일상 언어에서처럼 동일성 가운데에서 차이를 나타내는 상대적인 반대와 동일성과는 차원을 달리하여 차이를 나타내는 모순의 대당 관계가 4차원적인 4-16-64...가지 경우가 성립한다.

그런데 이러한 능력의 동일성과 차이의 변증법은 사실 전체-부분의 논리를 핵으로 가지거나 이 논리에 따를 것이거나이다. 그런데 이 전체와 부분의 논리는 양화 논리이고 동일성-차이성의 논리는 질의 논리이다. 이 때문에 이 양자가 사회적으로 조화된다는 것이 아리스토텔레스의 중용이나 유기체의 논리로 말해지는 것이다. 즉 이러한 중용이나 유기체적인 조화의 논리는 플라톤이 하나와 여럿을 유한-무한의 변증법으로 바꾸어 말하는 것을 변용한 것으로서 결국 분배적 정의를 실현하려는 지배자의 숙고는 "정의를 판단하는 지적 상황에서의 자신의 노동의 결과를 생각하지 않는다."는 점에서 지배받는 사람들에 대한 희생을 함축하고 있고, 이 때문에 엄정한 정의를 실현하는 사람을 '훌륭한 좋은' 사람이라고 부른다. 결국 자유 민주주의 사회에서는 누구나가 항상 지배자가 될 수 있고 지배받는 자가 됨으로써 인간관계나 사회가 운영되는가를 무의식적으로 사회의 관습에 따라 수동적으로 살아가는 것이 아니라 항상 재판관처럼 정의에 대해 의식하고 판단하고 있어야 하며, 또 이를 실천해야 한다는 것이다. 다시 말해, 아리스토텔레스가 말하는 중용의 논리는 한편으로는 주인-노예의 관계가 지니는 위계적인 것의 중간 종류의 것이고 다른 한편은 목적론적이어서 시민들은 완전한 의미에서 권리를 가지고, 아내들은 이보다 덜한 정도로 그것을 가지고, 아이들과 노예는 가장 적게 갖는다. ⑵ 두 번째 구분은 자연적 정의와 관습적 정의이다. 보편적으로 인정된 권리와 의무의 종류가 있지만, 이것들 위에 특정 국가의 정치체제나 법률에 의해 창출된 권리와 의무가 부가된다. 아리스토텔레스는 모든 정의는 관습적이라는 소피스트들의 흔한 견해에 반대한다. 하지만 자연적인 정의조차도 그에 따르면 예외를 허용한다.

아리스토텔레스의 논의는 이제 정의의 내적인 측면으로 나아간다. 정의는 단순히 중용이나 균형의 도달이 아니라 일정한 정신 상태(윤리학에서는 동기로서의 선의지나 목적으로서의 행복)를 전제한다. 이 상태는 숙고된 선택에 의해 일정한 방식으로 행위 하려는 습성이다. 사람들이 결과적으로 중용에 도달하지 못한 모든 행위들에 대해 똑같이 책임을 지는 것은 아니다. (1) 무지의 상태에서 행위하고, 이성적으로 예상할 수 없었던 해를 끼칠 경우, 이것은 우연이다. (2) 무지의 상태에서 적의 없이 행위하고, 이성적으로 예상할 수도 있었던 해를 끼칠 경우, 이것은 실수이다(우리의 법은 이것을 태만이라고 부른다). (3) 알고 있는 상태에서 신중하지 못하게, 예를 들어 화난 상태에서 행위할 경우 이 행위는 올바르지 못한 행위지만, 당신이 올바르지 못하다는 것을 함축하지 않는다. (4) 신중하게 선택하여 행위를 하는 경우, 형평성에 어긋난 행위와 행위자 모두 올바르지 못하다.[46] 이런 구분들을 하면서 아리스토텔레스는 그리스 법정의 실무에 의해 어느 정도 안내 받지만, 그가 의도하는 것은 철저히 법적인 것이 아니라 도덕적인 것이다. 하지만 그의 이론들은 법률학에 영향을 크게 미쳤다. 예를 들어, 관습법과 형평성 간의 구분은 바로 그 형태를 다양한 역사적인 사실들에 빚지고 있지만, 대체적으로 아리스토텔레스가 형평성을 법률적인 정의보다 우월한 정의의 일종으로, 법이 일반적이어서 결함이 있는 곳에서 이를 시정하는 것으로 인정한 점에서 유래한다.[47]

그렇다면 국가의 구성요인인 가족과 국가의 본질적인 차이는 무엇인가? 첫째로, 아리스토텔레스가 파악하는 가족은 인간의 욕구(chreia)를 충족시킬 수

---

[46] 아리스토텔레스의 이러한 책임과 범죄 행위에 대한 규정은 우연성과 목적에 관계하는 동기에 따르는 판단의 분류으로 그의 '의지의 자유론'이라고 불릴 수 있다.

[47] 김비환, 5장 참조.

있는 생활 수단을 생산하는 필요성의 장소이고, 그곳에서는 남성 중심의 가부장적 지배관계에 있는 것이 자연스럽다. 반면에 국가는 인간이 욕구를 초월해서 자유를 실현하는 장소이다. 국가는 따라서 일반적으로 생존이라는 의미의 삶(zen)을 위하여 생성 하였지만, 근본적으로는 '잘 이루어진 삶'(eu zen)을 위해서 존립한다고 아리스토텔레스는 국가의 존재 이유를 밝히고 있다. 인간의 정치 활동이 항상 필요성의 영역으로부터 자유의 영역에로의 이행을 의미한다면, 욕구를 만족시키는 생산 활동이 이루어지는 가족(oikos)과 이의 집합으로 성립하는 국가(polis)는 이(가족)에서 초월하는 자유인의 영역에서는 지배-피지배 관계가 교차되는 과정에서 성립하는 형평성(평등성)이 실현되는 구조로 파악되는 것이다. 그리고 이 초월적 구조는 바로 정의가 실현되는 곳이다. 따라서 정치적 공동체에서 공직을 수행하고, 공동체에 관계된 바람직한 질서에 관해서 논의하고, 교대적으로 지배와 지배받음의 역할을 수행하는 정치적 시민(polites)도 현대에서와 같이 하나의 개인으로서만 파악되는 것이 아니라, 그 자신이 한편으로는 공동체의, 다른 한편으로는 가족의 주인도 되는 것이다. 이러한 관점에서 볼 때에 "정치는 바로 가족이 끝나는 곳에서 시작된다."고 할 수 있다. 개인으로서 모든 시민은 근본적으로 두 가지의 존재 질서에 귀속되어 있는 것이다. 즉, '나의 것'(idion) 이라고 부를 수 있는 가족의 사적인 영역과 '공동의 것'(koinon) 이라고 부를 수 있는 형평성의 국가의 공적인 영역 사이에 인간의 실존은 자리 잡고 있다.

그런데 앞에서 보았듯이 아리스토텔레스는 국가의 공론 영역에 정치적인 그리고 존재론적인 우선성을 부여한다. 아리스토텔레스가 『형이상학』에서 질료를 아직 형상이 부여되지 않은 상태, 즉 형상(eidos) 이 '박탈된' 상태로 파악하고 있듯이, 나의 것이라고 부를 수 있는 사적인(private) 영역은 본래 인간이 가지고 있는 최고의 가능성이 '박탈된'(privatus) 상태로 이해되는 것이다. 따라서 인간은 자기에게 자연적으로 주어진 본성을 실현하기 위해서는 사적인 영역인 가족을 초월해서 공론의 영역으로 이행해가야 하는 것이다. 아리스토텔레스는 이러한 관점에서 '나의 것'만을 고집하는 사적인 인간(idiotes)과 공동선에 관심을 가지고 자아를 실현하는 공적인 인간(polites)을 본질적으로 구별한다.

자기 자신의 이익만을 추구하는 사인(私人)의 지배는 따라서 근본적으로 인간에게 주어진 이성이 박탈된 '백치'(idiotes)의 정치이고, 이러한 백치에게 권력이 주어지면 전제정이나 전체주의와 압제의 폭력으로 나타난다. 공익의 관점에서 자기의 것을 제한하는 공인(公人)의 정치는 글자 그대로 법에 따른 공화적인 정치(正治)인 것이다. 가족과 국가의 본질적인 차이는 이렇게 국가가 가지고 있는 목적론적인 자연법적 선천성으로부터 근거지어지는 것이다. 이러한 맥락에서 아리스토텔레스는 국가에 자연적으로 가족 또는 모든 개인들보다 원천적이라는 자연법적인 질서를 설정한다. 전체는 이렇게 항상 부분보다 우선하고 원천적이라면 노예를 완성된 인간, 즉 자유인의 관점에서는 교육과 계몽의 관점으로부터 파악하고, 또 가족을 완성된 정치적 공동체, 즉 국가로부터 파악하는 것은 당연한 것이다.

가족과 국가의 두 번째 본질적인 차이는 지배 형식의 차이이다. 가족이 친애성에 기초하고 있지만 힘에 의한 불평등한 사람들(남녀나 주인과 노예)의 지배-피지배의 관계라고 한다면, 국가는 근본적으로 자유인들로서의 평등한 사람들로 구성된다. 정치는 자유의 원리에서는 평등의 원칙을 기초로 하고 있다는 사실을 아리스토텔레스는 『정치학』 7권에서 간단한 명제로 서술하고 있다. "국가는 평등한 사람들의 공동체이다." 정치적 공동체에서의 시민들의 상호관계는 본질적으로 자유에 있어서 지배하고 지배받는 것에 있어서 평등하며, 바로 이러한 점에서 가족에서 나타나는 상하 관계의 지배 구조와 구별되는 것이다. 그리고 국가는 원래 플라톤이 말하듯이 협조나 동등함의 인식에 기인하는 우애(philia)를 기초로 하여 성립하고 있기 때문에 가족이나 다른 이익집단으로서의 공동체와는 다르다. 이러한 맥락에서 관찰하면 아리스토텔레스에게 있어서 가족과 국가의 필연적 구성 요건은 바로 지배 관계로서, 가족은 부부의 지배 관계(gamike), 부자의 지배관계(patrike), 그리고 주인과 노예의 지배 관계(despotike)로 분화된다. 그리고 정치적 공동체인 국가의 지배 관계도 이와 유사한 구조를 가진다. 국가의 군주제는 그 유형을 가족의 부자 관계에서 발견하고, 군주제의 타락한 정치 형태인 참주제는 그 원형을 다시금 주인과 노예의 지배 관계에서 발견하며, 부부 관계는 국가의 귀족제의 원형을 제시하고, 이것이 타락하면 과두제로 변형되는 것이다. 비교적 평등한 지배 관계인 형제 관계는 아리스토텔레스가 '폴리테이아(politeia)'라고 명명한 것으로 국가체제 내에서의 공화제의 패러다임을 제공하고, 이러한 폴리테이아의 타락 형태는 가족 내에서 어른의 권위가 부재할 경우와 마찬가지로 '무정부주의적인' 민주제로 이해된다.

그러나 지배자의 숫자(한 사람, 여러 사람, 모든 사람)에 따라 플라톤이 분류한 군주제, 귀족정체, 혼합정체의 세 가지 정체는 피지배자의 공익(to koine sympheron)을 바탕으로 할 때에는 정당한 지배 관계로 이해되며, 단지 지배가 지배자의 이익을 위해서 행사될 때에 참주제, 과두제, 민주제의 부당한 지배 관계로 파악되는 것이다. 여기에서 비로소 가족과 국가의 지배 형식의 본질적 차이가 드러나는 것이다. 가족의 관계에서 자식과 부인은 비록 가장과의 불평등 관계 속에서 파악된다고 하여도 친애와 함께 자유로운 존재라는 점에서 비록 아리스토텔레스가 친근성이 있어야 한다고 말하지만 힘의 우월성과 법 없는 폭력에 관계하는 노예와 근본적으로 구별된다. 따라서 가족의 지배 관계의 핵심은 주인과 노예의 관계로서 그 지배 형식은 권력을 자의적으로 사용함으로써 법 없는 폭력으로 피지배층에 느껴지는 플라톤이 참주정이라 부른 '전제정(despotike)'이라고 할 수 있다.

3. 국가와 시민

. . .

1) 시민과 국가의 관계

『정치학』 3권에서 우리는 『정치학』의 중심부이자 가장 근본적인 부분에 이른다. 맨 먼저 '국가란 무엇인가?' 라는 물음이 제기된다. 이 문제는 아리스토텔레스가 국가를 발생론적으로 다루는 것이 아니라 정체의 변화 때문에 정치체제와 관련되기에 아리스토텔레스에게 아주 실천적인 의미를 갖는다. 그것은 국가가 한 행위들이 아니라는 이유로, 새 정부 쪽에서 해체된 정부의 행위들에 대한 책임을 회피하려는 시도로부터 일어난다. 국가[도시국가]는 시민들로 구성되어 있기 때문에, 아리스토텔레스는 누가 시민이고 시민이란 무엇이냐고 묻는 것부터 시작한다. (1) 특정 지역에 거주한다고 시민이 되는 것은 아니다. 왜냐하면 체류 외인들과 노예들도 같은 장소에 거주하기 때문이다. (2) 고소하거나 재판을 받을 수 있는 권리가 있다고 시민이 되는 것도 아니다. 왜냐하면 이것은 조약에 의해 체류 외인들에게도 보장될 수 있기 때문이다. 본래적인 의미의 시민이 되기에는 너무 어리거나 너무 나이가 든 사람들이 그렇듯이, 그러한 개인들은 제한된 의미에서만 시민이다. (3) 시민 출신이라고 시민이 되는 것도 아니다. 왜냐하면 이것은 발생론적으로 맨 처음의 시민들에게는 적용될 수 없기 때문이다. (4) 본래적인 의미의 시민이 갖는 특성은, 재판 업무와 민회의 회원직에 참여하는 것이다. 그러나 정치체제들 때문에 그렇게 될 수 있듯이, 한 가지 유(類)에 속하는 종(種)들이 진가(眞價)의 순서대로 배열될 수 있을 때, 그 종들에는 공통점이 별로 없다. 따라서 '시민'의 의미는 정부의 형태에 따라 다르다. 앞서 내린 정의는 모두 일반적인 원리에 항상 제약이 덧붙여진 것으로서 직접민주정에 가장 잘 들어맞는다. 스파르타와 크레타와 같은 국가들에서는 모든 시민이 아니라 몇 가지 일정한 공직을 맡는 사람들만이 법률을 제정하고 재판을 한다.

아리스토텔레스의 시민 개념은 현대의 개념과 크게 다르다. 왜냐하면 그가 염두에 두고 있는 것은 종족을 중심으로 하는 국민국가(nation)가 아니고 시민 국가이며, 대의 정부가 아니라 직접 민주정체의 일차 정부이기 때문이다. 그가 말하는 시민은 통치자들을 선출할 발언권을 갖는 것으로 충분하지 않다. 모든 시민은 실제로 번갈아가며 통치하도록 되어 있다. 이것은 단지 법률 집행부(행정부)의 일원이라는 의미에서뿐만 아니라 국가의 법률을 만드는 데에 도움을 준다는 의미에서 그러한데, 아리스토텔레스에게는 뒤의 의미가 더 중요하다. 왜냐하면 법률들이 너무 일반적이어서 부적합할 경우 이것들을 보충하는 상대적으로 작은 기능이 입법과 사법이 분리되지 않은 입법 활동으로서 법률 집행부에 할당되기 때문이다. 시민의 의무들에 관한 이런 개념 때문에 그는 시민에 대한 자격 논의를 엄격하게 제한한다. 즉 근대나 현대에서 대의원들을 선출할 자격이 있다고 생각할 법한 농부나 노동자, 특히 도시 안의 생산자인 공인은 너무나 당연하게 실제로 통치할 자격이 없는 것으로 간주된다. 이들은 앞에서 살펴보았듯이 그들의 노동이 욕망에 따른 이익만을 위해서이거나 노예의 성분이 있기 때문이다. 이 점에서 아리스토텔레스는 시민사회를 말하면서도 다른 한편으로는 자신의 영혼의 자발성에 관한 형이상학적 관점에 따라 봉건주의적이고 보수적인 의식에 따르고 있으며, 정치적인 특권들을 발휘할 자격이 처음에 조금밖에 되지 않는 사람들에게 그러한 특권들이 미칠 교육적인 효과를 포기할 뿐만 아니라, 현대의 관점에서 보면, 대부분의 주민에게 시민권을 주지 않음으로써 국가의 안정을 위태롭게 하고 있다. 그렇다고 도시국가의 시민권이 많은 수의 주민들을 도시에서 배척하지만은 않았다. 단지 시민권은 민회의 회원이나 배심원이 된다는 것을 의미했기 때문에 식민지나 종속 도시들에까지 확장될 수 없었다는 의미이다.

아리스토텔레스가 공인이나 직공 계층을 시민 자격에서 배제한 점은 놀라움을 유발할지도 모른다. 그들을 그렇게 한 이유는 '직공의 생활은 탁월성의 발휘와 양립할 수 없다.'는 점이다. 이렇게 되는 까닭은 두 가지다. (1) 첫째는 여가의 부족이다, 이 주장은 근대 이후의 대의 정부의 출현과 더불어 힘을 잃는다. 협의회에 앉아 있을 시간이 직공한테 없을 수 있지만, 그렇다고 그가 투표권을 갖지 말아야 할 이유는 없다. (2) 아리스토텔레스는 손으로 하는 일이 실제로 혼을 자유롭지 못하게 만들고 혼을 빛나는 탁월성에 어울리지 않는 것으로 만든다고 주장한다. 노동에 대한 폄하의식 때문이다. 현대에서 생산에 적극적인 공헌을 하는 공인이나 직공을 정치적 시민에서 배제하는 결과는 결국 봉건적인 정치인들에게는 농업과 제한된 상인 정신만을 그것도 무의식적으로 칭송하는 결과에 이르고 만다.

이제 '시민'에 대한 정의가 내려졌으므로 우리는 국가를 삶의 여러 가지 목적을 이루기 위해 충분한 시민들의 집단으로 정의내릴 수 있을 것이다. 아리스토텔레스는 무엇이 국가의 행위이고 무엇이 국가의 행위가 아닌가라는 애초의 물음으로 되돌아간다. 이것은 한 국가의 동일성이 본질적으로 어디에 있는가라는 물음에 이른다. 장소와 거주자들이 같은 데에 있는가? 분명히 그것은 아니다. 합성물은 합성의 방식이 바뀌면 다른 것이 된다. 도리스의 선법[旋法, 남성적이고 장중한 선율 구성 방식]과 프리기아의 선법[여성적이고 섬세한 선율 구성 방식]에는 같은 음들이 들어 있지만, 둘의 선법은 다르다. 이와 마찬가지로 국가의 동질성은 주로 정치체제의 동질성에 있다. 하지만 이것은 어떤 새 정부가 이전 정부의 의무들을 이행해야 하는지의 물음과는 별개 사항이다.

다음으로 시민에 대하여 또 다른 점이 나온다. 분명히, 모든 시민들의 탁월성이 같지는 않다. 왜냐하면 그들이 국가에서 하는 역할이 다르기 때문이다. 그러나 그들에게 국가의 안전이라는 공동의 목표가 있다. 또한 우리는 지배자의 탁월성과 피지배자의 탁월성이 서로 다르니까 지배자는 피지배자가 가진 탁월성들을 가질 필요가 없다고 생각해서는 안 된다. 지배할 줄 아는 것과 복종할 줄 아는 것 간의 대립은 농민이나 공인은 물론 노동에서 해방된 듯한 일부 상인처럼 비천한 직무들의 경우에만 존재한다. 주인은 이것(비천한 것)들을 수행하는 방법을 알 필요가 없다. 그러나 자유인으로서 자유인들을 지배하는 방법에 대한 앎은, 군사적인 명령이 군사적인 복종에 의해서만 학습될 수 있듯이, 자유인으로서 다른 자유인들에게 복종함으로써만 획득될 수 있다. 여기에서 지배-피지배 사이에는 교육과 이성적인 자유의지의 자율에 따른 합리성이 전제되어야 하고, 이것이 이성적으로 추구될 경우 국가의 일(res publica)에 대한 법률이 제정될 수 있다. 그러나 아리스토텔레스에 있어서도 플라톤과 같이 철학자의 관조(theorein)의 지혜가 철학자에게 특유하듯이 지도적인 지혜가 지배자에게만 특유하다. 그의 여타 탁월성들은 피지배자들에게도 있어야 한다.

2) 국가체제의 기원과 정치체제의 분류

아리스토텔레스는 나라를 통치하는데 한 사람의 견해가 나은가 여러 사람의 견해가 나은가에 대한 논의에서 인구의 수가 많아지고 인간이 살아가는데 필요한 여러 분야의 직능에서 훌륭함의 덕은 여러 가지로 나타날 수 있음을 전제하고, 이러한 경우에 한 사람의 견해보다는 여러 사람의 견해가 낫다는 의견을 펼친다. 국가란 직능별로 분업화되어 있는 여러 사람들로 이루어져 있기 때문이다. 특히 인간의 판단은 감정과 관계하는데, 한 사람일 경우에는 주관적이거나 이기적인 감정에 빠지기 쉬우나 여러 사람의 경우에는 그러하지 않기 때문에 한 사람의 판단보다는 다수의 의견이 낫다는 것이다. 이러한 견지에서 보면 부패에 있어서도 소수보다는 다수가 함께 부패하지 않을 확률이 많다. 결국 왕정은 귀족정체로 변화되어야 한다. 그리고 이러한 논리라면, 사람들이 모두 현명해진다면 민주정이 최고의 정치형태이다.

아리스토텔레스는 『정치학』 3권 14장과 15장에서 왕정의 다섯 가지 유형을 말하면서 왕정이 역사적으로 변경되어 형성되는 정치발전사에 해당하는 일인 통치에서 다수 통치에로 변화하는 역사과정을 말하고 있다. 아리스토텔레스가 말하는 다섯 가지 유형의 왕정, 즉 군주정은 우선 자연발생적으로 나타나는 가부장적 가정 관리형(1)과 이를 닮은 전제 군주정체(2)가 있다. 군주정체가 발전한 절대 왕정은 종교의식과 관계하는 제사권, 생살여탈권을 지니는 군사통치권, 소송사건에서의 재판권과 더 나아가 대외적인 외교권을 모두를 지니는 것으로 전제정이라고 한다. 그리고 이러한 전제정에서 발전한 왕권의 제사장직이나 재판권의 분리는 왕이 모든 것에 책임을 지지는 않고 전쟁 시에만 종신의 지휘권을 갖고, 종교의식을 주관하는 왕은 따로 있는 스파르타(라코니케) 유형(3)이 나타난다.

그런데 이러한 왕권의 분리는 봉건적인 왕 개념이 아니라 공화정에서의 통령이나 대통령을 의미하는 것으로서 아리스토텔레스의 왕정의 다섯 가지 유형의 분류에서 세습이냐 선출이냐와도 관련되어 있다. 그리고 '선출'은 아리스토텔레스에 있어서는 '민의나 관련된 다수의지를 반영하기 때문에 루소의 일반의지와 같이 법'과 관련되어 있다. 그러나 아리스토텔레스에서는 이 문제가 플라톤에서처럼 왕이 법을 제정하여 다스리는 것과 제정하지 않고 덕에 의해 다스리는 문제와 관련되어 있다. 왕의 덕이 훌륭할 경우에는 법이 없어도 되겠으나 훌륭하지 못할 때에는 법을 제정하여 다스리는 것만 못하다. 법이란 플라톤이 이미 말하였듯이 융통성이 없고 따라서 국사를 일반적으로 대강대강 처리하고 구체적인 사안에 대한 세심한 배려를 할 수 없기 때문이다.(『정치학』, 1286a7). 더 나아가 군주가 법이 없이 자의적으로 다스릴 경우에는 폭정이나 참주정의 형태가 나타난다. 그래서 세습일 경우, 왕은 당연히 제 자식들에게 왕위를 물려주길 바랄 것이나, 그들이 그럴 만한 자격이 있다는 보장은 없다. 이 때문에 왕정에서 왕의 폭정 때문에 귀족정체에로 변화되어야 하는 것이다.

아리스토텔레스가 네 번째의 왕정으로 분류하는 것은 영웅시대에 왕(4)으로 나타나는 것인데, 이는 세습에 따르는 것보다 훌륭한 덕으로 국가에 공헌하는 것이므로 이는 민의에 합치하는 것이고, 따라서 합법적인 것이라고 말해진다. 여기에서 나타나는 것이 종신 장군직이다. 사실 종신 장군직은 국가 보위와 관계하기 때문에 왕정과 관계하지만 않고 어느 정체에서나 존재한다.(『정치학』, 1285b33). 그러나 이것도 역사에서 국가에 많은 사람이 존재할 경우에는 유능한 사람이 여럿이 나타날 수 있으므로 임기제로 변화되고, 또 그렇게 되는 것이 자연적이며 순리이다. 왕정과 관계되어 종신장군직이 세습으로 나타나느냐 선출의 방식으로 이루어지느냐에 따라 왕정의 정치체제는 다르게 나타난다. 다음으로 오직 선출을 통하여 이루어지는 왕정은 아이쉼네테스(로마에서의 dictator), 혹은 선거에 의한 참주정과 같은 왕정(5)이다.(『정치학』, 1285a30).

위에서와 같은 아리스토텔레스의 왕정의 5가지 분류는 그리스 정치체제 발전사와 깊은 관련이 있다. 이를 아리스토텔레스는 다음과 같이 일반화하고 있다.

> "옛날에 왕정이 일반화된 이유는 당시에는 더더구나 국가의 규모가 작아 탁월함에서 걸출한 인물들을 충분히 구하기 어려웠기 때문이다. 게다가 그들은 은혜를 베푼 까닭에 왕으로 임명되었는데, 은혜는 훌륭한 사람들만이 베풀 수 있는 것이다. 그러나 그 뒤 탁월함에서 대등한 자의 수가 점점 늘어나자 사람들은 더 이상 한사람의 통치를 용납하지 않고 공동의 정부를 갖고자 입헌 국가를 세웠다. 그러나 그 뒤 지배계급이 타락하여 공공의 재산으로 축재를 하자 거기서 자연스럽게 과두정체가 생겨났다. 그들은 부를 존경스러운 것으로 만들었기 때문이다. 나중에 과두정체가 참주정체로 바뀌었다가, 참주정체가 민주정체로 바뀌었다. 왜냐하면 탐욕 때문에 지배계급의 수가 점점 줄어들자 득세한 대중이 지배계급을 공격하여 민주정체를 세웠기 때문이다. 국가의 규모가 커진 오늘날의 민주정체 외의 다른 정체가 생겨나기가 거의 불가능할 것이다."(『정치학』, 1286b8).

이러한 아리스토텔레스의 왕정의 분류와 역사발전의 전개 상황에 대한 서술은, 로마의 역사가 폴리비우스(Polibius)에 의해서 순환론적 역사발전 과정으로 해석될 수 있고 인류의 지능발달에 따른 역사에서 보듯이 민주주의에로의 정치발전사로도 간주할 수도 있다. 왜냐하면 아리스토텔레스에 있어서 정치란 자유의지를 지닌 시민이 지배하고 지배받는 과정에서 발달하는 인간의 이성능력에 의한 평등한 자유의지를 인간성의 핵(이성)으로 전제하고 있기 때문이다. 이러한 이성의 발달을 전제하지 않는 동양에서는 아무리 인구와 인민의 수가 많아진다 하더라도 역사에서 세습에 의한 왕정의 순환만 나타났기 때문이다. 서구에서는 이러한 왕정과 민주정의 순환의 역사과정은 마치 한 생명체가 특히 지성을 지닌 생명체로서 인간이 생성소멸의 과정을 걷듯이 국가도 그러하다는 것이다.

이성을 지닌 인간들로 이루어진 국가의 생성소멸의 순환과정에서 정체의 변화에는 항상 보수 세력과 진보세력의 권력투쟁이 존재하고, 이러한 권력투쟁이 자연재해와 더불어 일어나는 생존 투쟁과 결부되어 나타나는 종족이나 국가 간의 전쟁이나 혁명의 참상은 말할 것도 없고, 이에서 기원하는 인류의 고난과 가난의 비극이 전제되어 있기에 이러한 참상과 비극을 잠재우고 국가를 안정적으로 기초지우고 영원히 존속시키기 위한 이상으로서 나타난 것이 바로 플라톤이 염두에 둔 혼합정의 이념으로 나타난다.[48] 이러한 혼합정의 이념이 아리스토텔레스에서는 현실적으로는 그의 형이상학에 기초하여 보다 구체적으로 현실성을 띠며, 키케로에서는 현실로 나타난 로마공화정을 분석하는 이론적 토대가 되고, 실험적으로 형성해볼 수 있는 '이상적이면서도 현

---

48 플라톤과 아리스토텔레스의 혼합정의 이념이 서로 다른 이유는 그들의 생성 소멸하는 자연에 대한 형이상학적인 견해 차이에 있다. 플라톤에서 자연의 생성소멸은 확산하는 자연의 공간적 질료적 성격에 대립하여 이에서 자기 자신으로 귀환하려는 신적인 영혼의 상승의지의 결합 때문에 일어나는 현상이다. 여기에서 인구수에 따른 역사발전과정이 이야기 된다면 그것은 오르페우스 종교에서 말하는 영혼 불멸설에 기초한 순환과정이 있을 뿐이다. 이러한 순환과정에서 비극이 존재한다면 이러한 비극을 없애기 위해서는 여러 정체를 혼합하여 조화된 단일한 정체를 이루는 것이 중요하고 이를 변화하는 현실계에서 고정시켜야 한다. 결국 여기에서 혼합정체를 가능하면 단일한 제도나 법으로 고정시키는 것이 중요한 문제로 나타난다. 그리고 이러한 법은 변화하는 다양한 현실계에 대처하는 지혜와는 다른 융통성이 없는 법과 제도의 통일성을 지향하는 하나와 무한으로 확산하려는 여럿 사이의 중간적 성격이 나타난다. 반면에 아리스토텔레스의 형이상학은 목적론적 체계로서 자연의 생성소멸은 과다과소가 항상 존재하는 이중성을 나타내는 질료의 운동효과로 나타나는 것이다. 그래서 아리스토텔레스의 목적론적 체계에서도 순환을 이야기 할 수 있지만 그럼에도 불구하고 인용문에서 보이듯이 진화론적인 사고가 나타나며, 이러한 국가에서도 그 구성원인 시민들의 다수성은 물론 덕의 다양성을 전제하고 있는 아리스토텔레스에서 최고의 지혜는 이러한 생성소멸에 대처하려는 지혜, 즉 진리에 따르는 정의의 지혜가 중용으로 나타난다. 이 때문에 아리스토텔레스의 혼합정에서 환경과 시대에 따라서 중용에 따른 법은 정치체제에 따른 여러 가지 형태(양상)로 나타날 수 있음을 전제한다.

실적인' 국가형성의 기초가 되었다. 현대에서의 민주정의 이념의 배후에는 정치 발전사의 현실적인 역사과정의 과도기에 나타난 아리스토텔리스의 혼합정의 정신이 들어 있다. 왜냐하면 근대의 과학-기술의 혁명과 더불어 나타난 산업혁명에 의해 고대 정체를 가능하게 한 노예제를 대신하면서 (비록 기계문명이 노동의 문제를 미래사회에서는 해결될 수 있다는 전망을 보여주는 것이기는 하지만, 다른 한편 근대 정치 철학에서는 기계로 해결 할 수 없는 인간에 대한 지적 서비스로서의 노동의 문제가 현실적으로 가장 중요한 문제로 떠오르기도 한다.) 모든 사람이 행복할 수 있는 민주주의가 가능하도록 한 것이다. 이러한 인류의 역사 발전의 현실 속에 모든 사람, 아니 한 국가의 인민과 시민의 민의의 정신, 즉 현실에서의 안정과 평화를 이념으로 한 철학자들의 정치적 현실에 대한 합리적 정신인 혼합정체론의 정신이 들어 있었다고 말할 수 있으며, 위 인용문은 민주주의의 이상을 지향하는 인류역사의 발전과정을 이성적으로 표현하는데 아무런 부족함이 없기 때문이다.

3) 정체와 법의 관계

아리스토텔레스는 정치발전의 역사를 인간학적 관점에서 파악하듯이 그의 정치철학에서 정체와 법의 관계 문제를 인간학, 특히 그의 영혼론에 관계시킨다. 이 때문에 아리스토텔레스의 정치 철학에서 우리가 주목할 문제는 통치의 주체인 인간(위 인용문에서는 왕으로 표현되었다.)이 법 위에 있어야 하는지(법에 의한 통치), 아니면 법이 통치의 주체를 포함한 모든 인간보다 위에 있어야 하는지(법의 통치)에 관한 법의 위상 문제이다. 한편으로 법은 인간의 공통적인 일반의지를 표명하고, 인간을 위한 수단이라 보는 측면에서는 모든 인간은 법 아래에 종속되어야 한다. 다른 한편, 아리스토텔레스가 잘 하듯이 인간성을 감정과 이성으로 구분하고 법을 이성에 비유할 경우, 법이 인간 위에 군림한다는 것은 한편으로 무감정의 이성인 법이 감정을 지배하며 보다 상위에 있어야 한다고 말할 수 있을 것이다. 그러나 다른 한편으로 법은 인간이 만든 것이기에 그것을 세운 불완전할지도 모를 정부(통치자들)의 색깔(정체)을 띨 수 있다. 또한 법은 그것의 일반성 때문에 모든 특수한 사례들에 대비할 수 없고 의학이라든가 다른 어떤 학문에서처럼 고정된 규칙들에 의해 일을 처리한다는 것은 불합리할 것이라고 주장할 수도 있다. 그러나 법이 결정할 수 없는 곳에서 개인은 결정할 수 있을까? 개인은 이때 최고의 지혜를 지니고 있어야 한다는 것을 아리스토텔레스는 의학에 빗대어 말한다. 의사는 환자에게 최선을 다하지 않을 동기가 없지만, 통치자들은 종종 악의와 편견이나 편파적 지혜에 의해 움직인다. 더 나아가, 성문법이 너무 경성(硬性)일 경우, 우리는 더 중요한 법의 종류인 불문법과 관습법에 기댈 수 있다. 결론적으로 법은 가능한 곳에서는 지켜져야 하고 개인들에게 남겨야 하는 것은 법이 침묵하는 특수한 사례들을 다루는 곳이며, 여기에서는 선의지에 기초한 덕이 발휘되어야 하는 곳이다.

통치를 지배와 피지배로 분리할 경우에도 주인과 노예의 관계와 비유될 수 있는 것과 마찬가지로 왕과 신민들의 관계가 반드시 자연스럽지 못할 것은 없다고 아리스토텔레스는 결론을 내린다. 모든 것은 다음의 두 가지에 달려 있다. (1) 왕은 자신의 복지가 아니라 신민들의 복지를 추구해야 한다. (2) 그는 탁월성 면에서 반박의 여지없이 그들보다 우월해야 한다. 실제로 우리는 사람들에게 속한 특수한 성질을 고려하지 않고서는 그 사람들에게 어떤 통치가 최선인지 단언할 수 없다. 이들이 어느 한 사람이나 가문이 탁월성 면에서 다른 사람이나 가문보다 두드러지는 곳의 사람들인가? 그렇다면, 그들은 왕에 의해 가장 잘 통치된다. 탁월성으로 말미암아 정치적인 명령의 능력을 갖게 되는 자들이 일군의 사람들을 자유인들로서 통치할 수 있는 곳의 사람들인가? 그렇다면 그들은 귀족정체에 의해 가장 잘 통치된다. '진가(眞價)에 따라 부유층에게 공직을 부여하는 법 아래에서 번갈아가며 지배하고 복종할 수 있는 호전적인 다수가 자연스럽게 존재하는' 곳의 사람들은 어떠한가? 그렇다면 이 사람들에게는 혼합정이 적합하다. 아리스토텔레스는 '사람들 사이에 있는 신과 같은 존재'의 군주정을 선호한다. 왜냐하면 초월적인 탁월성은 어느 다수 속에서보다는 한 사람에서 발견되기가 더 쉽기 때문이다. 그러나 그는 이것은 거의 실현 불가능한 이상이라는 점을 인정한다. 그가 나중에 (7권에서) 묘사하는 이상 국가는 높이 빛나는 탁월성을 지닌 사람들에 의한 정부이다. 여기에서는 그러한 자격을 갖추지 못한 사람은 아무도 시민으로 인정되지 않고, 모든 시민이 번갈아가며 지배하고 지배된다. 그러나 그는 더 나아가 이것이 인간의 본성에게는 너무 높이 던져진 이상이라는 것을 안다. 따라서 그는 당시의 그리스 국가들에게 실천 가능한 이상으로서 혼합정을 제시한다. 여기에서 통치의 자격은 높이 빛나는 탁월성이 아니라 중간 계층의 견실한 '군사적' 탁월성이다(아테네에서 군장능력에 따라 군대의 계급이 결정된다). 아리스토텔레스는 민주정이 (여러 사람이 정치에 관계하기에) 지속될 개연성이 다분하고, 정치가가 가장 잘 실천할 수 있는 일은 그것에다 과두정의 색채를 강하게 가미함(혼합함)으로써 그것을 '절대 안전한 것'으로 만드는 일이라고 생각한다.

　아리스토텔레스의 말로 묘사된 이상의 논의는 시민에 관한 여러 가지 고찰로부터 정치체제의 분류로 나아간다. 정치체제는 한 국가 내의 공직들, 특히 고위 공직들에 관한 편제(編制)로서 정의된다. 정치체제의 본질은 권력을 누가 갖느냐에 달려 있다. 그런데 국가의 형성은 사람들이 여러 가지 공동의 관심사에 의해 함께 모이는 데에 기인한다. 이 경우는 주인과 노예가 결합하는 경우와 다르다. 뒤의 경우에서는 본질적으로 주인에게만 관심이 쏠리고 노예의 질이 저하되어 주인이 영향을 받는 경우에 한해서만 노예에게 관심이 집중된다. 그러므로 '공동의 관심사를 겨냥하는 정부들'만이 진정한 정부들이다. 통치자들의 관심만을 고려하는 정부들은 왜곡된 형태들이다. 정체 구성의 동기는 정부들에 대해 핵심적인 구분 기준을 제공한다. 일인, 소수, 다수에 의한 통치 각각에 두 종류가 있다. 이렇게 해서 우리는 다음 결과를 얻는다.

올바른 정치체제	왜곡된 정치체제
군주정	참주정
귀족정	과두정
혼합정(금권정: 폴리테이아제)	민주정

이 분류는 대개는 플라톤의 『정치가』에 나와 있는 것에서 가져온 것이다. 그러나 그곳의 분류 원칙은 다르다. 법을 존중하느냐 그렇지 않느냐에 따라 정치체제들이 구분된다(이것은 아리스토텔레스가 민주정의 하위 종들과 과두정의 하위 종들을 서로 떼어두기 위해 사용한 구분이다). 더 나아가, 플라톤은 두 가지 주요 그룹 각각에서 통치자들의 수에 의해 세 가지 종을 구분하지만, 아리스토텔레스는 질적인 (부에 의한) 구분[49]을 택한다. 왜냐하면 순수하게 수적인 구분을 사용하면 어려움이 생기기 때문이다. 부유한 다수에 의한 통치는 민주정이 아니고, 가난한 소수에 의한 통치도 과두정이 아니다. 그러나 만일 우리가 통치 집단의 상대적인 수뿐만 아니라 부의 정도를 정의 속에 포함시켜서 과두정을 부유한 소수에 의한 통치로, 민주정을 가난한 다수에 의한 통치로 정의 내린다면, 우리는 네 가지 가능한 조합 중 둘을 빠뜨릴 것이다(부유한 다수, 가난한 소수). 수는 실제로 현실과 무관한 것이다.[50] 과두정은 본질적으로 부유한 사람에 의한 통치이고 민주정은 가난한 사람에 의한 통치이다. 이런 관점에서, 혼합정은 중간 계층에 의한 통치이다. 주민을 부유한 사람과 가난한 사람 또는 특출한 사람들과 대중으로 분류하는 것은 대부분 -여기에 때때로 중간 계층이 부가되기도 하지만- 목적론적 체계에서 대당 사각형의 형태로 아리스토텔레스가 행하는 분류 작업의 토대를 이룬다.

---

49 부가 왜 정치체제와 통치의 기준이 되는가? 아리스토텔레스에 따르면, 부는 덕의 산물이기 때문이다. 여기에서 아리스토텔레스는 부의 유래를 귀족주의적으로 생각한다. 즉 부함을 가져오는 덕(탁월성)은 자연적으로 노예들로부터 나오는 것이거나 정복지에서의 재화인 것으로 나타난 인간의 능력에 기초한 것이다. 사실 권력과 부에 대한 관념은 고대에서는 노예와 전쟁술에서, 근대 이후에는 생산 기술과 상업적 정신에서 나오기에, 인간의 삶에서 부와 권력의 속성은 동일하면서도 그 산출 방식에서는 다른 측면이 있기 때문에 이러한 관념의 차이가 나온다.

50 아리스토텔레스가 파악하는 자연스런 현실은 먹이 사슬의 목적론으로 되어 있다.

다른 곳에서도 이 두 가지 원칙을 결합하여, 그는 민주정체를 가난한 다수에 의한 통치로, 과두정체를 부유한 소수에 의한 통치로 정의한다. 그러나 이것은 그의 저술 중 그가 정치체제의 주요 유형들 내에서 발견될 수 있는 구분들을 강조하고 있는 일부에 있다. 그리고 우리는 엄격한 유형의 민주정과 과두정체만이 그런 이중의 조건을 충족시키고 있음이 틀림없다고 생각해야 한다. 다른 구절에서는 보다 충분하게, 과두정체의 통치자들은 좋은 태생, 부, 교육의 특징을 가진 사람들로 서술되고, 민주정체의 통치자들은 비천한 태생, 가난, 평범한 직업의 특징을 가진 사람들로 서술된다. 그러나 아리스토텔레스에서는 근대철학자들, 특히 로크와 같은 역사적 전개 과정에 따른 부의 소유권에 대한 기원의 합리화에 따르는 정당성에 대한 논변이 없이 플라톤에서와 같이 전통적으로 군사체제에서 기원하는 관습적 사고에 따를 뿐이다.

정치체제들 간의 차이를 다르게 서술하는 방식도 있다, 공직이 부여되는 원칙이 무엇인지를 물을 수 있다. 이에 대한 대답은 과두정체에 관련해서는 '부'일 것이다. 그리고 당연히 과두정체들은 사람들이 나라의 부에 기여하는 정도에 토대를 두고 공직을 부여한다. 그러나 가난은 민주정체들이 공직을 부여하는 근거가 아니다. 그것들은 자유민 신분에 근거하고, 모든 자유인들에게 '동등하게' 공직을 부여한다. 더 나아가, 군주정들과 귀족정체들에서 권력이 부여되는 토대는 군주의 단독성이나 통치자의 소수성이 아니라 군주가 지닌 최상의 탁월성(덕)이나 지배계층의 상대적인 탁월성이다. 이와 비슷하게, 혼합정은 부와 수를 조합한 원칙에 입각하여, 또는 아리스토텔레스가 때때로 말하듯이 비천한 유형의 탁월성, 즉 '시민 군대'의 탁월성에 기초하여 공직을 부여한다. 반면, 참주의 권력은 무력과 기만에 토대를 둔다. 아리스토텔레스의 정체에 관한 이러한 제반 논의 가운데에는 플라톤처럼 '법의통치'에 관한 논의가 없다. 그럼에도 불구하고 플라톤처럼 그의 이성주의적 형이상학에 따른 법의 통치를 전제하고 있다고 우리는 생각하여야 한다.

4. 아리스토텔레스의 혼합정체론

• • •

1) 아리스토텔레스의 철학적 방법과 정치학

플라톤의 철학적 방법은 파르메니데스의 모순율에 따르는 존재론의 분석-종합의 방법론을 철저히 따르면서 파르메니데스의 존재를 물체적인 것이 아닌 정신적인 것으로 파악하고, 이 정신적인 존재와 그 운동을 신들과 이데아적 세계로 구성하였으며, 물적인 것은 동적인 것이고 변화하는 것으로서 전혀 실체성이 없는 허무와 타자성으로 간주하는 이원론을 완성시킨다. 이러한 플라톤의 우주론은, 사실 인간의 모순율에 따라 분석-종합하는 언어적 정신(영혼)의 정성적 운동을 파르메니데스의 존재론을 기초로 한 방법론으로 변형 정리하여 우주에 투사한 정신 현상학의 것인데, 『티마이오스』편에서 능동자로서의 우주영혼인 데미우르고스가 신들이 거주하는 이데아적 세계(천상계)를 보고서, 우주를 형성하는 재료로서의 우주적 공간을 상징하는 장소(chora)에다 이데아들을 강제로 집어넣어 우리 우주를 제작하는 것으로 묘사하고 있다. 이 때문에 플라톤은 그의 이데아론에 따른 우주 제작론이 자발적인 영혼인 신을 전제한 설명이 될 경우에는 신화적인 것으로, 혹은 경험 세계에 대한 그럴 듯한 이야기(mythos)에 불과하다고 설명하고 있다.

그러나 플라톤의 이러한 우주론은, 존재론의 모순율에 따르면서도 경험을 분석-종합하면서 배중률을 적용하는 파르메니데스의 존재론적 사고가 지니는 엄밀 정확성을 지니고 있고, 이러한 분석-종합에서 얻어진 일반원리를 역으로 경험에 다시 적용하는 가설-연역에 따르는 이데아적 변증법으로 전개시키는 데에서 기원하는 것이다. 그런데 플라톤의 이데아론에 기초한 변증법은 『파르메니데스』에 나타나 있듯이 8가지 경우의 변증법, 아니 이를 더 단순화하면 제논의 운동역설의 경우처럼 4 가지 경우가 논리적으로 분석되어 아리스토텔레스의 판단의 대당관계처럼 구조적으로 구성되어 나타난다.[51] 그러나 플라톤의 이러한 분석-종합의 방법론에는 근본적으로 파르메니데스의 존재론이 그러하듯이 현상과 실재를 구분하고, 인식능력으로서의 감정과 지성을 분리하듯이 영혼과 물질을 구분하는 이원론적인 배중률에 기원하는 양극적인 사고가 지배하고 있다.

플라톤은 소크라테스의 정의내리기(chorismos) 방법에서 그의 철학적 방법을 배운다. 우선 소크라테스는 전통적인 관습이나 경험적 의견 속에 들어 있는 상대적인 견해를 그 속에 들어 있는 모순을 지적함으로써 비판하고(정화하고), 이러한 모순성이 없는 진리를 찾아 나가고자 한다. 여기에서 작동하는 것이 파르메니데스가 자신의 존재론을 구성하는 방법이다. 그런데 파르메니데스의 존재론적 방법론에 문제가 되는 것은 우선 경험적 의견들의 상대적 성격을 정화할 때, 현실 속의 존재와 무의 접경에 성립하는 우연성이나 무규정성을 과도하게 모순으로 간주한다는 것이다. 즉 경험의 상대적 성격 속에 들어 있는 반대적 성격을 과도하게 모순으로 규정하고 제거해버린다는 것이다. 그러면서도 소크라테스가 대화를 통하여 진리를 탐구하는 과정을 보면, 그는 경험의 다양한 사례들에서 이들에 들어 있는 '공통적인 속성'을 끄집어내어 이를 언어로 정의 내림(chorismos)으로써 엄밀 정확한 지식을 얻고자 하였다. 이러한 정의 내리기에 함축된 귀납적 방법은 경험의 다양성과 상대적인 것을 전제하고 이루어지는 일반화이기에 귀납적 비약이 함축되는 바, 이러한 '일반성' 개념에는 모순으로 과도하게 처리한 경험적 요소 속에 들어 있는 무규정성으로서의 무한성이나 우연성이 함축되어 있다. 그래서 고전적으로 사물의 본질이나 사태의 본질에 대한 정의내리기가 『소피스테스』에 나타나 있듯

---

51 송영진, 『플라톤의 변증법』(철학과 현실사, 2000), 참조. 아리스토텔레스의 판단의 대당관계는 전칭판단이나 특칭판단을 존재론적으로 해석하는 것으로 E. 레비나스가 말한 전체성의 논리이다. 현대기호논리에서는 전칭의 경우는 가언적으로 해석하고 특칭에 대해서만 존재론적으로 해석한다. 이는 전체성의 논리를 넘어서는 것으로서 유한-무한의 상대-절대성에 따르기에 변증법적이다. 유한-무한의 상대성과 절대성은 헤겔에서는 변신론으로 정리하나, 현대에서 이러한 이신론은 문제시된다. 유한-무한의 변증법은 현대수학에서는 집합논리에서 다루어지고 있는데, 이러한 상대성과 절대성의 관계는 플라톤이 이미 『파르메니데스』의 제1가정의 변증법에서 문제시하고 있다.

이 수학적으로 하나와 여럿의 변증법적인 관계로 묘사되고 있다.

소크라테스의 이러한 정의내리기는 인간의 다양한 경험을 관찰지각적인 현상으로 이해하고 이 현상을 설명하는 원리로서 실재하는 형상을 제시한 것이기 때문에 그의 정의내리기 방법은 감관-지각적 현실을 반영하는 주체와 그 운동을 표현하는 주어+술어 형식의 언어적 분석이 전제되어 있으며, 주어와 술어의 관계는 분석-종합의 의미론이나 경험의 (인과적) 일반화가 함축되어 있기에, 『파이돈』편에서 가설-연역적 방법으로 확대되고 이 때문에 그의 정의내리기 방법은 귀납법의 원형이 아닌가 하는 논란이 있어왔다.[52] 소크라테스는 이러한 방법은 자연철학자들과는 달리 윤리적인 문제에까지 적용한 것이다.

그런데 우리의 사유현실에서는 이러한 감관-지각적 현실에 대응하고 있는 것이 파르메니데스의 존재론적 사고이며, 이러한 존재론적 사고의 이면에 도사리고 있는 것이 분석-종합을 전제한 논리적 사고이자 정신(nous)인 지능(intelligence)이다. 결국 우리는 언어를 통하여 직접적 경험의 세계를 지성적으로 분석-종합하여 정리하는 '사유존재'이고, 이러한 사유존재에서 존재사유는 파르메니데스에서 나타난 것처럼 존재론의 모순율(ex nihilo nihil fit)을 전제하고 이루어지는 것으로서 감관-지각적 경험을 분석하여 모순율에 따라 종합하는 데서 그 특징이 가장 잘 나타난다. 그리고 이러한 존재론적 사유의 특징은 그리스 자연철학에서는 원자론적 사고로 나타난다. 원자론자들은 존재에 아무런 영향을 미치지 않는 공허(kenon)를 설정함으로써 원자 자신이 지니고 있는 운동 역량에 따라서 우연-필연적인 운동을 할 수 밖에 없는 것으로 자연의 생성소멸의 현상은 이러한 원자들의 이합집산에 불과하게 되었다. 그리고 이

---

52 W. K. C. 거트리(W. K. C. Guthrie), *Greek Philosophy*(Cambridge University Press, 1969) 제 3권 425-442쪽들, 참조. 가설-연역법은 경험에 대한 분석-종합을 전제한다. 이 때문에 만일 분석-종합을 전제하지 않으면 귀납법이라 할 수 없다. 결국 현대 과학철학의 논쟁은 경험에 대한 분석-종합이 어떻게 이루어지는가에 대한 논쟁일 수밖에 없는데, 이 때 분석-종합의 대상이 무엇이냐에 따라 학문의 성격이 정해진다. 송영진, 『그리스 자연철학과 현대과학』, II권, 참조.

러한 운동에 관한 생각을 근대에서는 뉴턴이 운동 3법칙으로 정리함으로써 필연성에 따른 기계적 법칙을 물리계에 설정하게 되었다. 결국 이러한 원자론적 사고가 물질에 대한 과학이라 부르는 창조적이자 실험적이고 제작적인 (operational) 합리적 사고방식의 기초를 이루고 있는 것이다. 특히 이 원자론적 사고는 피타고라스 이래의 수학(기하학)적 사고와 결부되면, 생성 소멸하는 만물의 존재방식이나 생성소멸의 운동 방식의 결과를 수학적으로 정리할 수 있다.

그런데 플라톤은 이러한 만물의 생성소멸의 원인을 능동성과 자발성을 지닌 영혼으로 규정한다. 그리고 이러한 영혼에 반하는 운동을 하는 것을 우연-필연성의 물질로 규정함으로써 이원론적 사고를 수행한다. 현실적으로 인간의 영혼은 이러한 물질과 결합되어 있다. 이 때문에 영혼의 운동은 이러한 우연-필연성의 물질을 자신의 보존을 지향하는 자발성의 운동방식에 수렴하도록 수행된다. 이러한 영혼의 운동이 바로 플라톤이 말하는 지성의 운동이며 소크라테스의 정의내리기에서 하나와 여럿의 변증법으로 정리되어 나타난 것이다. 말하자면 소크라테스식의 정의내리기에는 소크라테스가 상식적인 관념 속에 들어 있는 상대적인 개념으로서 반대와 대립 개념에 들어 있는 무규정성이나 무한성 개념 속의 우연성(존재와 허무의 접경에서 성립하는)을 모순 간주하고 제거하려한 우연성이 물질적 운동과 관계하지 않을 수 없는 영혼의 자발성 개념에도 들어와 있다는 것이다. 사실 무한성이나 존재와 허무의 접경에서 성립하는 우연성의 문제는 파르메니데스의 존재론에서 파르메니데스가 '존재' 개념에 '한계(finis)'를 부여할 때 발생한 것이다. 달리 말하자면 사태 자체에서나 개념 자체를 분석하고 정의내리는 데에서 필연적으로 한계를 부여할 때 나오는 것이다. 그런데 만물이나 언어적 사태에서 개념들은 타자와의 관계에서만 그것의 존재를 규정할 수 있는 것이다. 결국 인간의 유한한 존재방식과 운동방식에 유비해서 파악할 수밖에 없는 인간의 인식능력이나 언어적 사태에서 성립하는 개념이나 만물의 생성소멸에 대한 인과론적 사고는 필연적으로 우리의 직관적인 경험과 이를 분석 종합에 의해 파악하려는 사유의 방식에서 그리스 자연철학자들의 원자론이나 플라톤의 이데아론으로 정리될 수밖에 없다. 하나는 존재가 자연-필연성에 의한 생성 소멸하는 물리계에, 다른 하나는 이러한 물리계의 근거가 된다고 생각된 만물의 운동 원인으로서의 영혼의 능동적 성격 때문에 정신(윤리)계에까지도 적용되는 것이다.[53]

반면에 아리스토텔레스의 철학 방식은 이러한 이데아적 형상론이나 원자론을 전제하면서도 이를 진리파악의 방식으로 받아들이지 않고 경험에서 일반화를 수행하는 귀납의 방식을 추상(abstraction)의 방식으로 전환시킨다. 그리고 이러한 추상의 방식을 자연 사물에 적용하여 종합한 것이 아리스토텔레스의 형상-질료설이다. 그의 자연철학(physisca)에서 중요한 기능을 하는 형상, 질료, 목적, 운동인이라는 4 원인론도 사실은 근대의 기계론적 필연성을 전제한 인과론이 아니라 인간의 제작 활동에 유비하여 설명하는 데에서 볼 수 있듯이 추상에 의한 변증법이며 이러한 추상에 의한 변증법에 의하여 개체뿐만 아니라 자연 사물의 생성소멸의 운동을 형상-질료설에 기초하여 해명하려고 하였다.[54] 그는 우리의 우주가 합목적성을 지니고 있기에 세상 만물의 생성 소멸의 원인을 이러한 합목적성에 부합하여 '조화롭게' 작동하는 것으로 파악하고, 만물의 운동이 이러한 합목성에 따르는 것을 '본성적' 혹은 '자연적'이라고 부르고 정성적으로 생각하였다. 즉 만물은 자신의 본성을 자기 사유하는 신을 지향하는 합목적성을 따르도록 운동하는 것으로서 지니고 있는데, 아리스토텔레스는 이러한 본성을 영혼이나 형상이라 불렀고, 인간에 있어서 이러한 형상적 본성이 모순율에 따르는 이성이며, 인간은 이성을 지녔기에 이 형상을 감관-지각적 관찰을 기화로 하여 지성에 의해 직관한다고 하였다. 이 때문에 그의 인식론에서는 감관-지각적 경험과 지성적 인식 사이에는 플

---

53 문제는 이러한 분석-종합의 사고방식에서 기본적인 전제가 되고 있는 원자나 이데아와 같은 단순하거나 단일한 것이 실제로 존재하느냐 하는 것이다. 이 문제는 칸트의 변증론에서 세계에 관한 제2의 이율배반의 형식으로 나타났다.

54 송영진, 『그리스 자연철학과 현대과학』, II , '아리스토텔레스의 4원인론', 13-18쪽들.

라톤에서와 같은 첨예한 분리는 없다.

　그러나 아리스토텔레스가 자신의 철학 방법이 분석이 아닌 '추상'이라고 한, 이러한 직접적 경험에 대한 일반화의 개념들인 일상 언어의 의미에 따르는 관념적 방법은 그의 『형이상학』에 나타난 바대로, 일상적 언어의 의미를 통하여 정의하며 이를 통해 관찰 지각적 경험을 해석한 것이기에 파르메니데스의 분석-종합의 방법에 따른 존재론의 변증법과는 다르다. 즉 추상의 방법은 말 그대로 구체적인 것들을 형식적인 것으로 변환하는 일종의 일반화를 수행하는 것인데, 이것이 과학적 방법으로 응용되는 것은 귀납법에서이다. 그리고 이러한 귀납적 일반화의 방법은 추상이 사물들의 '형태'나 '양상'(형상)이나 사물들 사이의 '관계'를 잘 파악하게 하듯이, 현상들 사이의 관계를 일반화할 수 있게 한다.[55] 그래서 만일 추상의 방법이 분석을 전제하는 전체부분의 논리와 상보적 관계에 있을 때, 즉 전체와의 관계에서 개체들의 관계를 변증법적으로 파악한다면, 이는 우리가 일상 언어에서 개념들을 마련하거나 형성할 때 수행되는 방법과 똑같은 것이 된다. 즉 우리가 일상 언어적으로, 특히 개념의 정의를 구성하는 방법은 귀납적 일반화이다. 그리고 이러한 귀납적 일반화를 일상의 경험에 대해서 수행해 가지고 있는 지식이 상식(common sense)이라 부르는 것이다.

　그런데 아리스토텔레스가 사용한 일상 언어 속에는 우리의 일상체험이 지니는 사람들이 상식적인 것이라고 부르는 것 이외에 그 당시 사회의 신화적 전통과 역사적 전통에서 기원하는 인생관이나 세계관이 깔려 있다. 즉 우리는 일상 언어 속에 들어 있는 지식을 상식이라고 하는데, 이 상식 속에는 그 사회의 자연환경이나 이에 반응한 인간들의 성격에 따르는 관습이나 전통에서 성립한 많은 선입견이나 편견(보편적 관점에서 볼 때의 것이지 사실은 경험의 구체화와 특수

---

55 아리스토텔레스의 추상의 방법이 존재론의 형식으로는 논리학, 특히 판단들의 관계논리에서 잘 나타나며, 지적으로는 사물들의 형태나 양상을 잘 포착하는 것은 라이프니츠의 4개의 충족 이유율과 관계할 때이다. 그런데 라이프니츠의 충족 이유율은 사물들의 존재와 인식, 그리고 사물들의 운동과 인간의 행위를 목적론적이거나 인과론적으로 구분하는 데에서 성립한다.

화에서 기원하는 것이다.)이 들어 있고, 이를 통해 경험을 해석하기에 우리가 상식이라고 부르는 지식 속에는 자연 사물에 대한 세계관의 다양함 때문에 대립된 많은 이론들이 상대론적으로 존립하며, 이 때문에 객관적이고 엄밀 정확성이 부족한, 심지어는 모순이 개재하는 것처럼 보인다. 그럼에도 불구하고 아리스토텔레스의 추상에 의한 철학은, 한편으로 플라톤의 이데아론에 기초한 분석-종합의 방법론과 종합되어 파악한다면 플라톤의 철학적 사유의 결과에 유사한 정성적 결과를 지니고 있으며, 다른 한편으로 자연에 대한 지구 중심적이고 목적론적이면서도 의인론적인 해설로서 『형이상학』 마지막 권(Λ)에서 자신의 존재론을 플라톤과 유사한 천동설을 주장하는 우주론으로 완성한다. 왜냐하면, 아리스토텔레스의 우주론은 정신과 물질에 관한 플라톤의 우주론적 사고에 기초를 두고 있었기 때문이다. 결국 지상의 경험적 현실에 충실한 아리스토텔레스의 정치철학에서도 그 결과는 플라톤의 『국가-정체』편의 이상인 왕도정치를 현실적으로 지상에 실현해보려는 의지가 담긴 『법률』편과 유사하게 혼합정과 법의 정신으로 나타나고 있다. 따라서 플라톤과 아리스토텔레스의 사유는 서로 상보의 관계에 있는 것으로 판정할 수 있다.

아리스토텔레스는 생명의 원리인 심리적 영혼의 탐구에서 존재론적으로 분석-종합의 방법에 따르지 않고 존재를 형식과 내용으로 구분하는 추상의 방법에 따른다. 이러한 추상의 방법은 일상적인 사고에서 형식적 사유를 가능하게 할 뿐이며, 경험을 귀납하거나 정성적 사고나 정량적 사고방식과 같은 양극적 사고를 끌어들이지 않으면, 경험에 대한 합리적 사고를 엄밀 정확하게 수행하는 하는 것이 아니다. 왜냐하면 존재를 개체로 보고, 개체를 형상과 질료의 결합으로 보는 그의 형이상학적 방법론은 존재를 형식과 내용으로 구분하는 것과 같은 것으로서 서양 철학의 자연철학적 방법의 기원에 파르메니데스의 존재론적 사유나 현대 과학의 인과적 사유와 거리가 먼 것이다. 그래서 아리스토텔레스의 사유방법이 현실세계를 형식과 내용으로 구분하는 인간의 상식적인 관점에서는 합당한 것이지만, 분석-종합을 수행하는 과학적 사고나 이에 부응하는 현상학적 관점에서의 경험의 실질적 내용이 없다면, 형식적 사유를 조장함으로써 사물이나 현실을 형식들의 종합의 관점에서만 바라보게 하는 측면에서 개체를 중심으로 사유하는 그의 철학이 추상적이고 구체성이 결여된 사유를 할 수밖에 없는 것이 된다.[56]

이 때문에 아리스토텔레스는 추상이라는 학문 방법을 수행하면서 그의 형식적 사유는 항상 경험의 구체적인 사태와 경험의 실질적 내용을 항상 자연에 빗대어 정성적으로 묘사하는 영혼의 심리적 체험에서 가져오는 수밖에 없다. 그런데 영혼의 기능은 양상론적으로 묘사할 수밖에 없는 능동-수동의 변증법으로 파악되는 것이다. 영혼의 기능은 분석의 대상이 아니다. 그런데도 이를 형식적으로 분석하여 영혼에 능동력이 있고 수동력이 있는 것처럼 말한다. 이는 아리스토텔레스가 자연학에서 운동에 마치 능동태적 운동이 있고, 잠세태적 운동이 있고, 이 양자가 중화된 과정이 있는 것처럼 설명하는 데에서 가장 잘 나타난다. 그래서 운동에는 마치 이를 일으키는 원인으로서 힘에는 이러한 잠세태적 힘이 있고, 현실태적 힘이 있고, 능동과 수동이 중화된 과정적인 힘이 존재하는 것처럼 말한다. 그래서 이러한 형식적 사유에 현실적인 운동과 변화의 요인을 실질로서 부여하여 경험의 내용과 결부시키려면, 언어적으로는 유비나 비유에 의한 의미를 부여할 수밖에 없게 된다. 결국 형식적 사유에 실질적 내용이 주는 한계가 불분명한 유비나 비유에 의한 추상적 사유는 현실과 인간의 언어로 이루어지는 사유세계와 관계를 소원하게 만들며 구체적인 현실을 묘사하는데 있어서 역설적으로 언어적 사태를 현실로

---

56 플라톤에 있어서의 분석-종합은 모순율에 따르는 존재론적 분석이 되고 있다. 그런데 일자나 운동은 이러한 존재론적 분석이 되지 않는다. 이 때문에 일자나 운동, 즉 기능에 대해서는 그 결과를 양상론적으로 기술하는 방법뿐이 남지 않는다. 박홍규, 『플라톤 후기철학강의』, '파르메니데스편 강의', 172-173쪽들, 참조. 그런데 아리스토텔레스는 존재나 기능을 형식과 내용으로 분석하는 방법을 취한다. 특히 영혼의 능동적 측면과 수동적 측면을 나누어 지배-피지배의 권력관계와 노예제를 합리화하는데 이 방법을 쓰고 있다. 이러한 분석에 대한 태도는 정성적 분석(현상학적 분석)도 아니고 정량적 분석(원자론적 분석)도 아닌, 현실을 목적론적인 상식 직관에 호소하는 방법일 뿐이다. 이러한 아리스토텔레스의 상식적 직관에 따른 정성적인 형식적인 분류에 따른 추상의 방법은 플라톤의 파르메니데스 존재론에 따르는 정량적인 존재론적 분석의 방법에 보완적인 기능을 하는 것으로 이해되어야 할 것이다.

착각하게 하는 것을 조장한다.[57] 결국 아리스토텔레스의 철학에 있어서 추상의 방법은 플라톤의 분석-종합과 관련하여서만 그 구체성의 개체철학은 각 경우들을 전체와의 관계에서 칸트가 말하듯이 형식적 사유가 미리(a priori) 지니고 있다고 생각된 12범주에 따라 규정할 때에만 현상학으로 발전할 수 있는 가능성을 지닌 것에 불과하고 현대의 자연과학에서처럼 양자역학적 사고를 가능하게 하는 것이다. 우리는 아리스토텔레스의 추상의 이러한 철학적 방법론이 그의 정치학에서 뚜렷하게 나타나는 것을 알아 볼 수 있다.

2) 정치철학이란?

아리스토텔레스는 『정치학』 제 4권에서 실제 정체와 그 변형들을 논하면서 정치학이 특정부분에 국한되지 않고 분야 전반을 포괄하는 기술과 학문에 적용되는 규칙을 다음과 같이 말한다. 즉 기술과 학문이 저마다 제 분야에서 적합한 방법이 무엇인지를 고찰해야 된다고 말하면서, 첫째, 어떠한 정체가 외적 장애요인이 없으면, 이론적으로 생각해볼 수 있는 최선의 정체인가를 탐구해야 한다고 말한다. 둘째, 정치학은 역사적으로 형성된 개별국가들에서 이론적으로 생각해본 최선의 정체와 관련되어 어떤 정체가 가장 적합한지를 고찰해야 한다. 셋째, 정치학은 실재하는 정체에 관해 그것이 어떻게 처음 생겨났으며, 일단 생겨난 뒤에 어떻게 하면 오래 존속될 수 있는가를 탐구해야 한다고 말한다. 끝으로 정치학은 어떤 정체가 대부분의 국가에 가장 잘 알맞은지를 알고 있어야 한다.

이러한 아리스토텔레스의 정치학의 학문적 방법과 목적에 대한 정의에서 첫 번째의 목표는 플라톤과 마찬가지로 종교적으로나 이성적으로 생각할 수

---

[57] 동양에서는 신유가 철학에서 아리스토텔레스가 말한 신적 존재와 목적론적 체계를 배제한다면, 만물의 생성 소멸을 설명하기 위해서, 운동에 관해서는 음양의 원리에 의해, 존재 사물에 대해서는 이기론적으로 설명하는 방식과 맞물려 있다.

있는 최선의 인생관이나 세계관 아래서의 인간관에 기초하는 정의론에 따르는 것을 의미한다. 그러면서도 두 번째의 목적은 현실적으로 역사적 사실을 고찰하는 실증주의적 태도를 의미한다. 그러나 이러한 실증적 방법은 아리스토텔레스에서는 첫 번째 목적과 관련성 아래서일 뿐이다. 그것이 국가의 발생론적 관점에서의 해명과 연결된다. 그러면서도 생명이나 국가의 현실이 영원성을 지향함으로 마지막으로는 가장 오래 존속될 수 있는 체제를 탐구한다는 점에서 정치학의 첫 번째의 목적으로 되돌아간다. 이러한 정치학의 목적은 어떻게 보면 순환론적 관점을 취하는 것 같으나 사실은 아리스토텔레스의 목적론적 세계관에 일치하는 것이다. 그리고 이러한 정치학의 목표는 그가 순환이 변화나 변혁을 전제하기에, 국가란 순환이나 변혁과정에서 나타나는 인간의 불행(전쟁이나 이에 따르는 궁핍)을 방지하고 모든 구성원의 행복을 위해 설립되었기에, 철학적으로는 변화하는 현실에서 안정을 취하는 존재가 되기 위해서이기에, 그래서 국가가 항상 안정적이고 평화로운 것이어야 하기에, 정치란 이를 위한 정의를 실현하는 것이기에, 왕정이든 귀족정체이든 과두정체이든 민주정체이든 모든 정체에 공통적으로 들어있는 국가의 생성의 목적(모든 국민의 행복)을 지향하는 '정체' 개념인 폴리테이아(politeia)제를 지향하는 것으로 나타난다. 역설적으로 아리스토텔레스에게는 정체에 상관없이 시민들 전체를 행복하게 만드는 정체라면 어느 정체도 좋다는 생각이 들어 있는 것으로 판정할 수 있다.

아리스토텔레스에 따르면, 사람들은 봉건적인 사고방식에서는 정체가 왕정 하나 뿐인 줄 알고 있으나 앞에서 살펴보았듯이 그렇지 않다. 또 어떤 사람은 민주정체와 과두정체가 하나뿐인 줄 아는데 그렇지 않다고 말한다. 지상의 대부분의 정체는 사실 왕정과 민주정체 사이에 귀족정체나 과두정체가 존재하며, 각각의 정체에도 다양한 형태가 존재한다. 이러한 통찰 아래에서 보면 법도 마찬가지이다. 그래서 정치학은 최선의 법은 어떤 것이며, 각각의 정체에 맞는 법은 어떤 것인지 알게 된다고 말한다(『정치학』, 1989a7). 이러한 아리스토텔레스의 말에 따르면, 법에도 최선의 일반법이 있으나, 개별 국가에서는 각각의 정체의 특성에 맞는 법이 저 최선의 일반법과 관계하여 존재할 수 있다. 그래서 각각의 정체에 맞는 특수한 법이 일반법과의 관계에서 발전하는 과정을 기원에서부터 탐구해야 한다고 말하고 있다.

그런데 철학자들은 일반적인 법만을 말한다. 특히 그리스 신화 중 아테네 여신의 탄생에서도 나타나듯이 자연법이나 이성이 밝혀내는 법이란 신들조차도 따르지 않을 수 없는 것이다. 그럼에도 불구하고 현실의 특수성을 감안하는 아리스토텔레스에 따르면, 정체에 법을 맞추어야지 법에 정체를 맞출 수는 없다. 그래서 법이란 것도 두 가지로 나뉜다. 현대적으로 이야기 하면 하나는 헌법으로서 정체를 규정하는 것이고, 이때 정체란 공직들이 어떻게 배분되며 국가의 최고 권력은 누가 지니며, 각각의 공동체가 추구하는 목적이 무엇인지를 결정하는 국가의 제도이다. 다른 하나는, 정체의 이런 규정과는 달리, 치자들이 거기에 따라 통치하고(행정업무) 위반자는 감시하며 제지하는 규칙들(감사와 사법업무)이다.

플라톤처럼 이상적으로 생각되는 정체는 하나일 수 있으나 현실에서는 이러한 정치체제는 나타날 수 없다. 아리스토텔레스에서 정체가 여러 가지인 것은 국가란 플라톤이 인간 영혼에 비유하듯이 불멸하는 통일체가 아니며, 실제 국가는 국가가 여러 부분으로 구성되어 있기 때문이다. 아리스토텔레스에 따르면, 첫째 모든 국가는 역사적 현실태로서 가족들로 구성되어 있다. 둘째, 이들 가족들의 집합체는 부유층, 빈민층, 중산계급으로 나뉘게 마련이고, 셋째, 민중은 농민, 상인, 공인으로 나뉜다. 넷째, 상류층도 대부분 정치에 관여하여 공적을 쌓은 것에 비례해서 부와 재산 규모에 따라 서로 구분된다고 할 수 있다(『정치학』, 1289b 27).

그런데 플라톤처럼 아리스토텔레스는 앞의 인용문에 나타났듯이 왕정과 귀족정의 문제를 다루었다. 이제 남는 것은 민주정체와 과두정체 뿐이다. 동물의 종들을 열거할 때, 우리는 먼저 동물의 삶에 필요한 기관들과 이것들의 다양한 형태들을 결정해야 한다, 이것들에 대한 가능한 조합들의 결과로서 다양한 종류의 동물들이 나올 것이다. 국가의 기관들은 식량 생산 계층, 직공 계층, 상인 계층, 품팔이꾼들, 전사들, 재판관들, 자기 재산으로 공무를 이행하는 계층, 공직자 계층, 심의집단이 그것이다(아리스토텔레스는 교육집단에 대한 언급이 없다). 기능에 근거한 이런 국가 분석에 정치체제들의 분류가 상응할 것이다. 그러나 한 개인이 그러한 기능들 가운데 여럿을 이행할 수 있지만, 어느 누구도 동시에 부유하고 가난할 수는 없다. 이를 바탕으로 정치체제들을 민주정체와 과두정체로 분류하는 아리스토텔레스의 상식적인 견해가 나온다. 국가를 기능의 측면에서 다루는 것은 아리스토텔레스가 실제로 제공하고 있는 것보다 더 귀중한 분류의 토대가 될 수 있었다. 이런 다양한 관점들을 수용하게 되면 정치체제들에 대한 아리스토텔레스의 구분은 쫓아가기 힘든 것이 된다.

그러나 아리스토텔레스의 이러한 언명을 형식과 내용을 추상하는 그의 철학적 방법론(형식논리학적 방법)에 따르고, 다른 어떤 토대들을 수용하는 것보다 기준을 몇 가지로 단순화하면, 구체적으로 다양한 정치체제들에 관한 그의 생각을 드러내는 데에 도움이 된다. 즉 그의 국가정체에 대한 핵심적인 구분 원칙과 세분 원칙들은 경험적 현실을 개체에 대한 형상과 질료의 존재론적 구분을 이용하여 수행하는 것으로서 상식적으로는 경험의 내용을 형식과 내용으로 구분하고 이러한 구분도 추상(abstraction)의 방법을 통해 귀납적으로 택하기 때문에 나타나는 것이다. 사실 이러한 그의 철학방법은 우리들에게는 일상 언어에 따르는 방식으로 이루어지기에 이성을 지닌 보통 사람들의 상식적 것에 머무르며, 이 때문에 현대에서도 여전히 정치체제들을 구분하는 데에 흔히 사용되고 있다. 즉 우리는 현대에서도 그가 했던 것만큼 군주정체, 귀족정체, 과두정체, 민주정체를 구분한다. 그의 것과 다른 방식으로 정부들을 구획하는 노선들도, 즉 근대 이후는 직접 민주정의 정부와 대의 정부로, 단일국가와 연방과 제국으로, 중앙집권의 정부와 지방분권의 정부로 분류할 수도 있다. 또한 이러한 정체구분에서, 법과 관련하여서는 우리는 모든 정체를 플라톤이 『정치가』편에서 한 것처럼 입헌정과 독재정으로 구분할 수 있고, 성문 헌법과 불문 헌법, 연성(軟性) 헌법과 경성(硬性) 헌법으로 구분하는 것도 똑같이 중요하게 되었다. 그런데 근대 이후에는 나타나는 대의 정부에 대해서는 직접 민주정체에 대해서만큼 그것이 군주정의 형태인지 귀족정의 형태인지 민주정의 형태인지 말하기 쉽지 않다.

아리스토텔레스는 민주정체에서 다섯 가지 다른 유형들을 구분해 낸다. 이 구분의 기준은 불명확하나 이 유형들은 제도들의 성격과 그것들이 발생하는 곳에 사는 주민들의 성격에 의해 구분된다. (1) 엄격하게 평등에 기초를 둔 민주정이 있다. 여기에서 부유한 사람은 가난한 사람보다 우선권을 갖지 않고 가난한 사람이 부자보다 우선권을 갖지 않는다. (2) 공직자들이 낮은 재산 조건에 기초를 두고 선출되는 민주정이 있다. (3) 양친이 모두 시민으로서 결격 사유가 없으면 모두 다 공직에 참여하되 법이 지배하는 경우이다. (4) 시민이기만 하면 누구나 공직에 참여하되 법이 지배하는 경우이다. (5) 네 번째 경우와 같으나 이때에는 법이 아닌 민중(plethos)이 최고 권력을 지닌다. 여기에서는 민중 선동가가 나타난다. 이것은 아리스토텔레스에 따르면 농업이나 목축업을 하는 사람들에 자연스러운 정치체제이다. 즉 그들은 민주정체(중우정)을 하기에 가장 좋은 요소이다. 그러나 근대 이후 대의 민주주의를 예상이나 한 듯이 아리스토텔레스는 그러한 주민들을 상대로 유리한 점은 그들이 너무 바쁘고 너무 멀리 있어서 민회의 모임에 참석하여 공직자들을 선출하고 감시(감시)하는 것 이상의 것을 할 수 없고, 기꺼이 통치권을 보다 나은 사람들에게 양도하려 한다는 점이라고 다소 냉소적으로 힘주어 말한다. 그가 보기에 민주정은 좋은 민주정체로 만들어 주는 민의(루소의 일반의지)나 이에 따른 법에 기초한 민주정이 아니라는 점이다. 그러한 국가에서 선동가(populares)에 휘둘리는 우중에 의한 중우정이라 할 만한 것이 나타나는데, 이러한 중우정을 막을 수 있는 것이 (폴리스나 로마와 같은 도시) 시민들의 일반의지로서의 (로마에서의 민회에서의) 민의를 반영하는 (공화정의) 법이다. 이러한 법은 투표에 의한 결정 사항들의 공격으로 상처입지 않는다. 물론 이러한 (공화정의 형식을 띤) 민주정체에서도 가장 나은 사람이 통치할 수는 있지만, 그것은 아리스토텔레스에 따르면, 보통선거에 의해 강제되는 저지를 받지 않으면 안 된다.

민주정의 두 가지 중간(혼합) 유형 다음으로 우리가 얻는 유형으로는 민회 근무에 대한 수당이 지급되고 투표에 의한 결정 사항들이 법을 대신한다. 사람들은 민중선동가들에 의해 흔들린다. 이러한 중우정 아래에서 부자들은 피해를 입는다. 공직자들의 권위는 훼손된다. 민중정치에서는 현대에 나타난 공산주의처럼 직공과 인부(프롤레타리아 계급)가 최고의 권위를 갖는다. 이 유형은 참주정과 아주 유사하고 이것과 마찬가지로 아리스토텔레스한테는 전혀 정치체제라고 볼 수 없는 것이다. 왜냐하면 아리스토텔레스의 정치학에서는 플라톤과 마찬가지로 각 정체의 주권자들이 항상 국민 각자의 행복이나 국민 전체의 행복을 생각하여야 하지 자신들만의 편익이나 유익을 생각하는 것은 부분이 전체를 아우른다고 하는 것으로서 전제정이거나 참주정에 불과하기 때문이다. 물론 그는 정체 분류의 기준을 플라톤과 달리 생각했기에 각 정체의 주권자의 수는 중요하지 않다. 그는 정치체제들이 군주정의 형태로부터 귀족정체, 과두정체, 참주정체를 거쳐 민주정체로 변천하는 역사적인 경향을 알아낼 뿐만 아니라, 민주정체가 가장 온건한 형태로부터 가장 극단적인 형태로까지 진행되는 아테네에서의 민주정의 역사적인 경향을 알아낸다. 이와 비슷하게 과두정의 네 가지 유형들과 참주정의 세 가지 유형들을 구분한다.

다음으로 아리스토텔레스의 논의는 과거 정치가나 일반 사람들이 말하지 않았던 체제, 즉 플라톤이 최초로 말한 정치체제인 혼합정체로 건너간다. 아리스토텔레스에 있어서 혼합정체는 플라톤에서 나타난 왕정과 민주정의 혼합이라기보다는 과두정과 민주정의 혼합이다. 이 때문에 아리스토텔레스가 말하는 혼합정체는 플라톤이 말하는 혼합정체와 이념적으로만 같을 뿐, 그 내용은 서로 다르다. 플라톤에서는 혼합정체가 비록 인치의 개념과 복합되어 있지만 단순히 권력 간에 혹은 권력 기능의 성질상 분류되는 입법, 사법, 행정

간의 상호 견제와 균형의 원리에 따라 자의적인 (정의롭지 못한) 권력의 행사를 막는 것이 기본적인 목적이라면, 아리스토텔레스의 혼합정체에서는 정치권력의 견제와 균형보다는 정치권력을 각 계급에 분배하거나 통합된 한 계급인 중산 계급에 부여함으로써 계급 간에 조화를 꾀하였고, 그것을 통해 사회 경제적인 문제까지도 해결하려 하였다는 점에서 현실적으로 근대 정치-사회학의 창시자라 볼 수도 있다. 즉 플라톤은 권력의 분권 쪽에, 아리스토텔레스는 권력의 계급 간의 차이에서 기원하는 갈등을 조정하는 방식으로 권력을 중간 계급에 집중하는 방식이다. 그리고 아리스토텔레스가 가정하는 혼합정에는 그의 목적론적인 자연적 계층이 사회적으로 전제되어 있다. 그래서 그는 정치학의 목적에서 분명하게 말했듯이 주권자가 국민 전체의 행복을 목표로 하여야 한다는 이념에서도 국민 전체 중의 개인을 중시하는 플라톤과 달리 모든 국민들을 계급으로 나누고 이러한 계급들 사이의 관계를 전체적인 관점에서 바라본다는 점에서 최초로 국민의 일반의지나 국민 전체의 의지를 생각하는 공화주의적 사고를 표명했다고 말할 수도 있다. 그 결과 아리스토텔레스는 혼합정의 이념이 사실 모든 정체(왕정이나 귀족정체, 그리고 민주정체) 속에 들어 있다는 폴리테이아(politeia)의 이념과(권력의 주권자가 그 수나 계급에 상관없이 국민 전체의 행복을 생각해야 한다는 이념) 동일하게 사용하기도 한다. 즉 아리스토텔레스는 혼합정체와 폴리테이아제를 동일시하거나 혼합하여 사용한다. 이 때문에 폴리테이아제란 용어는 아리스토텔레스가 지적하듯이 보통 민주정체 쪽으로 기울어 혼합된 정체(政體)들에 적용되고, 과두정체로 기울어 혼합된 정체들은 느슨하게 귀족정체라 불린다. 혼합정체의 특징은 공직을 배분할 때 부와 자유민 신분을 고려한다는 점이다. 아리스토텔레스에 따르면, 혼합의 방법에 세 가지가 있다.

첫 번째 형태는 과두제와 민주제의 법률을 모두 받아들이되, 이 두 가지 법규를 결합하는 방식은, 과두제에서는 해야 할 일(행정관이나 재판관으로 활동하는 일)을 하지 않는 부유한 사람들에게는 벌금을 부과하는 수단을 사용하여 부자에게 손해가 가도록 하게 하지만, 가난한 사람에게는 부과하지 않음으로써 더 가난하게 되지 않게 하고, 민주제에서는 가난한 사람에게는 보수를 주는 제도를 가져오지만 부유한 사람에게는 주지 않는 방법을 취함으로써 나라 전체의 부가 중앙에 있게 하는 방법이다. 따라서 부유한 사람에게는 벌금을 부과하고 그 돈으로 가난한 사람에게 보수를 주면, 부유한 사람과 가난한 사람이 모두 해야 할 일을 제대로 하는 정치 체제가 만들어진다. 이 두 가지 법규를 결합하는 것을 아리스토텔레스는 양자에게서 공통된 중도를 취하는 것이라고 말한다.(『정치학』, 1294a35). 여기에서 혼합정은 부의 문제를 기준으로 국가의 재정이 안정 상태에 있게 되는 것을 전 국가의 안정으로 간주한다는 것이다.

두 번째 형태는 아리스토텔레스가 과두제와 민주제의 평균, 또는 중간을 취하는 방식이라고 부르는 것이다. 과두제에서는 통치에 참여하기 위한 자격으로 많은 돈을 요구하지만, 민주제에서는 돈을 조금 요구하거나 또는 전혀 요구하지 않는다. 따라서 항상 지나치게 돈이 많거나 지나치게 돈이 적은 사람을 수에 있어서는 역으로 작용하게 함으로써 결과적으로는 중간 계급의 사람만이 통치에 참여하게 만들면, 바람직한 정치 체제가 될 수 있다는 것이다. 즉 중산층이 집권하면 나라의 재정 상태가 항상 중산층의 수준에 머물 것이라는 계산이다.

세 번째 형태는 일부는 과두제의 법규에서, 일부는 민주정의 법규에서 취하는 방법으로서 이것 역시 지혜나 재산을 중산층에 맞추는 방식의 하나로서의 혼합하는 방식이다. 이것은 다음과 같은 경우이다. 과두제는 행정관이나 재판관을 선거를 통해 선출하지만 민주제에서는 추첨을 통해 선출한다. 이것은 국가의 공무를 수행하는 판단이 지식을 지닌 사람에 의해 이루어지지만, 이러한 인간의 지식이 한계에 있기에 이 한계선 상의 것을 신적 우연성에 맡기는 방식이다. 또한 과두제에서는 재산을 통치자의 자격 조건으로 인정하지만 민주제에서는 통치자가 되기 위한 특별한 자격을 요구하지 않는다. 과두제와 민주제는 이처럼 서로 다른 특징을 갖고 있다. 그러므로 과두제에서는 선거를 통해 통치자를 선출하는 방식을 가져오고, 민주제에서는 통치자의 자격 조건을 요구하지 않은 방식(추첨)을 가져온다. 그 결과 혼합정체에서 공직은 각 단계마다 선거와 추첨의 방식을 적절하게 섞어 공적 기능을 목적론적으로 국가 인민 전체의 행복은 지향하게 만드는 것이다.

이러한 세 가지 방법 중 과두제와 민주제의 이념에 맞는 제도나 법률들의 일부를 가져와 조화롭게 혼합하는 정신적으로나 물질적으로 중산층이 지배하는 혼합정의 이념에 맞는 것들로 조합하거나 혼합하여 사용하느냐는 차별과 계급이 있는 현실을 어떻게 하면 중산층 중심으로 정치가 이루어질 수 있는가가 새로운 정치 체제인 혼합정체, 즉 모든 정체들에 들어 있기도 하고, 온전한 정의에 기초한 법의 이념에 맞는 나라, 중산층이 지배하면서, 전체의 일을 사익보다 앞세우는 공화정신이나 민의에 기초한 정치체제를 만들 수 있다고 본다. 이 가운데 둘은 두 가지 정부 형태로부터 부분적 법률들이나 제도들을 조합하여 전체를 만드는 데에 있다. 세 번째의 것은 두 가지 정부 형태의 중간을 취하는 방식을 택한다. 이렇듯 혼합정은 높은 재산 조건이 있지도 않고 재산 조건이 전혀 없지도 않음으로써 자연스럽게 과두정체와 민주정체 사이의 중간 길로 나아간다. 그것은 실제로 중간 계층에게 권력을 위임할 것이다.[58]

우리는 『니코마코스 윤리학』에서 행복한 삶은 중용의 삶이라는 것을 배웠다. 행운의 선물들이 너무 지나치거나 부족한 상태로 주어져 있을 때, 우리는 이성을 따르기 어렵다. 너무 많이 가진 사람들은 난폭해지기 쉽고, 너무 적게 가진 사람들은 못된 짓을 저지르기 쉽다. 앞의 사람들은 학교에서조차 복종하는 습관을 배우지 못해서 복종할 줄 모른다. 뒤의 사람들은 아예 지배할 줄 몰라 노예처럼 지배될 수밖에 없다. 이렇게 해서 '주인과 노예의 도시가 한쪽은

---

58 플라톤에서의 혼합은 현실적인 지식과 이상적인 지식의 결합으로 된 혼합을 말하는데 반해, 아리스토텔레스는 재산을 중심으로 한 정체를 분류하고 있기에 서로 다른 혼합정체를 말하고 있는 것처럼 인식된다. 그런데 아리스토텔레스에서 정체 분류의 기준이 되고 있는 부는 정치학적으로 왕정과 귀족정의 역사적 현실을 반영하는 개념이고, 또 정치에 참여할 수 있는 자를 자유 시민으로 보았기 때문에 그의 부에 대한 기준도 정의와 지식의 측면에서 인식론적으로 해석될 수 있다. 여기에 이성이 개입되면 부의 정당성 문제와 함께 나라 전체의 부를 생각하는 관점에서 공화정의 개념이 도출될 수 있고 아리스토텔레스를 공화주의자로 해석할 수 있으나, 전체적으로 보면 아리스토텔레스는 전통과 관습을 중요시하기에 공화주의자라기보다는 공동체주의자로 평가하는 것이 좋다.

경멸하고, 한쪽은 시기하며' 생겨난다. 그러므로 양극단 사이에서 균형을 잡을 수 있는 중간층 시민들의 비율이 높은 도시국가가 행복한 국가이다. 이 계층은 상대 계층들이 제휴할까 두려워할 필요가 없는 유일한 계층이다. 부유층과 빈곤층은 항상 서로를 신뢰하기보다는 중간 계층을 신뢰할 것이(라고 아리스토텔레스는 주장한)다. 중간 계층이 없으면 과두정체나 민주정체가 발생하고, 어느 것이든 쉽게 참주정으로 넘어갈 수 있다. 하지만 민주정은 중간 계층이 더 두텁기 때문에 과두정보다 안전하다. 아리스토텔레스에 따르면 대부분의 정부들은 단지 중간 계층이 너무 얇았기 때문에 민주정체이거나 과두정체였다.

이처럼 과두제와 민주제를 혼합하는 세 가지 방식은 결국 세 가지 종류의 혼합정체이다. 어떤 종류의 정치 체제가 어떤 종류의 국가에 더 적절한가 하는 문제는 아마도 그 국가가 처한 환경과 역사적 상황에 따라 달라질 것이다. 그러나 무엇보다 중요한 것은 혼합정체가 두 가지 정치 체제를 혼합한 체제지만 "잘 조화된 혼합정체에서는 그 두 가지 정체의 요소들은 잘 나타나면서도 또한 그 두 가지 가운데 어떤 것도 나타나지 않아야 한다."는 점이다. 즉 혼합정체는 과두제와 민주제의 장점을 포함하면서도 과두정과 민주제의 성격 중 하나가 두드러지게 나타나서는 안 된다. 아리스토텔레스는 이처럼 두 가지 정치 체제를 혼합하는 정체를 '중간'의 정치 체제라고 부르기도 한다.

아리스토텔레스는 『정치학』 4권 11장에서 마치 혼합정체가 가장 바람직한 정치 체제인 듯이 말한다. 왜냐하면 인간이 이 지상에서 사는 것이 여러 사람과 더불어 건강하게 사는 것이지 왕같이 호사스럽게 사는 것을 기준으로 한 것이 아니기 때문이다. 현대의 민주주의에서 중산층의 삶이 모델이 되는 삶을 사는 것이 모든 시민에게 행복이다.

> "가능하다면 국가는 평등하고 유사한 사람들로 이루어져야 하며, 이런 사람들은 일반적으로 중간 계급이다. 그러므로 중간 계급의 국민들로 이루어진 국가는 (……) 필연적으로 가장 잘 조직된 것이다. 그리고 국가에서 가장 안

전한 것이 이 계급의 시민들이다. 왜냐하면 그들은 가난한 사람들처럼 다른 사람들의 재물을 탐내지 않고(⋯⋯) 다른 사람들이 그들의 것을 탐내지도 않으며, 또한 그들은 다른 사람들을 모함하지도 않고 다른 사람들에 의해 모함을 받지도 않으면서 평생 동안 안전하게 살아가기 때문이다." (『정치학』, 1295b 25~32).

아리스토텔레스는 중간 계급에 속한 사람이 남의 것을 탐내거나 남을 모함하지 않는다고 말한다. 그렇다면 중간 계급의 사람들로 이루어진 국가는 가장 안전하고 전쟁이 없는 평화로운 국가임이 틀림없을 것이다. 그렇지만 아리스토텔레스의 혼합정은 법률보다는 사람 중심으로 그것도 계층적 분류를 통해서 만들어진 체제이므로 플라톤이 말하는 법률을 강조하는 혼합정 체제와는 다르다. 더 나아가 아리스토텔레스는 현실적으로는 이런 정치 체제가 가장 바람직하다고 말하지도 않는다. 그 이유는 여러 가지가 있었겠지만 그 당시로서는 과학기술의 발전에 의한 산업혁명이 이루어지지 않아서 많은 인구를 먹여 살릴만한 재화가 인류에게 부족하였고, 아마도 당시에 존재하던 대부분의 정치 체제에서 지상에서 건강하게 살아갈만한 정도의 재산을 지닌 중간계급의 수가 많은 경우가 거의 없었다. 또한 먹고 사는데 필수적인 재화가 안정되게 공급되고 인간성이 실현되는 다양한 욕구(현대 자본주의에서는 이러한 인간의 욕구마저도 무한히 다양하게 개발하여 도대체 이 모든 욕구)를 만족시킬 만큼 풍요롭지 못한 상황에서 혼합정체는 민주제나 과두제 등의 다른 정치 형태로 바뀔 가능성이 많다. 이런 점 때문에 아리스토텔레스는 혼합정체가 이론적으로는 가장 바람직한 정치 체제이지만 그 당시로서는 현실성이 없다는 점에서 이러한 정체를 이상적이라고 단정하지 못하는 것 같다.

아리스토텔레스는 스파르타의 혼합정 말고는 다른 어떤 실제적인 사례를 들고 있지 않지만, B.C. 411년의 아테네 정치체제를 생각하고 있다는 점은 의심할 여지가 없다. 이 체제에서 권력은 중무장 보병 5,000명에게 있었고, 민회 참석에 대한 수당 지급 체계는 폐지되었다. 『아테네인들의 정치체제』로부터 우리는 투키디데스와 마찬가지로 그가 이 정치체제의 창시자인 테라메네스를 위대한 그리스 정치가들 중 한 사람으로 여겼다는 것을 안다. 그의 혼합정체에 대한 논의는 이제 자신의 탐구 주제 중 보다 특수한 부분-현대에서는 입법, 사법, 행정에 해당하는 심의적인, 행정적인, 사법적인 요소들-으로 나아간다. 이것들을 그는 다른 곳에서보다 더 분명하게 여기에서 국가의 가장 중요한 부분들로 여긴다. 그의 목표는 이런 요소들 각각에 관련하여 어떤 제도들이 각 형태의 정치체제에 적합한지를 보여주는 것이다. 그가 심의적인 요소를 다루는 곳에서 가장 주목할 만 한 점은 심의하는 사람들을 다양한 계층들에서 같은 수로 뽑아야 한다는 권고이다. 이는 한편으로 플라톤이 야간회의의 구성원을 다양한 계층에서 뽑도록 한 것과 일치하며, 다른 한편으로 대표를 뽑는다는 점에서 이것은 대의 정부가 될 것이다. 그러나 아리스토텔레스는 이것이 가지는 중요성을 깨닫지 못한다.

폴리테이아 정체는 앞에서 밝힌 바와 같이 평등한 사람들의 공동체인 국가의 지배 형식이며, 우리가 오늘날 민주주의라고 이해하고 있는 공익을 전제로 하는 폴리테이아, 즉 폴리비우스가 혼합정체의 형태로 파악한 로마의 공화제만이 아리스토텔레스에게 있어서 진정한 정치체제인 것이다. 따라서 가족과 국가의 본질적 차이는 아리스토텔레스가 정의한 (부분이 전체를 아우르는) '전제적'과 (지배하고 지배받는 자유가 있는) '정치적'의 차이이며, 이 차이는 정의로운 정치 형태와 불의의 정치 형태를 구분하는 정당성의 척도가 되는 것이다. 아리스토텔레스는 이러한 정치적 정의의 각도에서 공익을 위해 이루어지는 정치를 정당하고 올바르다고 규정하고, 반대로 단지 지배자의 이익만을 추구하는 정치는 '올바른 법'으로부터 벗어난 전제 정치라고 규정한다.

그러나 가장 완성된 정치 질서는 '다수의 민중이 일반적인 공익을 위해서 지배하는' 정체(politeia)로서, 이것은 모든 법들의 법, 그리고 모든 정체들의 정체라고 아리스토텔레스는 말한다. 우리는 앞에서 살펴본 가족과 국가의 본질적 차이를 다음과 같이 세 가지 관점에서 정리할 수 있을 것이다. (1) 가족은 생활 수단을 생산하는 필요성의 영역이고, 국가는 자유가 실현되는 정치적 공동체이다. (2) 가족의 지배 관계는 불평등한 비자유인에 대한 지배이고, 국가는 자유롭고 평등한 시민들에 대한 지배이다. (3) 가족의 지배 형식은 지배자의 이익을 위한 전제 정치이고, 국가의 지배 형식은 피지배자의 이익을 위한 폴리테이아제의 정치이다. 그러나 가족과 국가는 올바른 삶을 실현하는 데에 있어서 상호 보조적인 구성적인 성격을 가지고 있다. 이러한 관점에서 가족은 국가의 가능성의 조건이고, 정의로운 사회를 이룩하기 위해서는 가족과 국가 사이의 본질적 차이를 명확히 인식해야만 하는 것이다. 실천의 관점에서 노예를 통해 파악된 인간의 내면적 불평등과 자유의 관점에서 가족과 국가의 이원적 구조를 통해 서술된 인간의 외면적 불평등의 인식이 정치적 정의의 전제 조건이 되는 것이다. 우리는 지금까지 아리스토텔레스가 가족과 국가에 관한 논의를 전체와 부분의 논리에 따라 다루는 것처럼 분리하여 다루었다. 그러나 이러한 전체와 부분의 확연한 구분은 아리스토텔레스의 사유에 맞지 않는다. 이 점은 그의 혼합정체를 이해하는데 이 양자가 복합되어야 한다는 것을 전제하며, 이러한 사실은 그가 이상 국가를 플라톤처럼 단 하나만으로 놓지 않고 여럿으로 설정하는 곳에서도 알 수 있다.

이러한 아리스토텔레스의 정치-경제학은 자연적으로 형성된 자유 시장을 근거로 한다는 점에서는 어느 정도 근대 민주주의와 맥을 같이 하는 것처럼 보이지만, 사실은 역사적으로 왕정과 귀족정 아래에서 성립한 사유재산을 당연시한 점에서, 근본적으로 개인주의에 기초한 자유 시장을 전제하는 근대 정치-경제학과는 커다란 차이가 존재하며, 이를 공산주의 이론으로 승화한 마르크시즘과 근본적으로 다르다. 사실 인간의 생산 활동은 인간이 사회적 동물이라면 공동생산이 된다. 그리고 이러한 국가나 공동체 안에서의 생산 활동은 다른 한편으로 개인의 능력이나 자질은 물론 자연자원의 불균형에 기초할 수밖에 없기 때문에 모든 사람이 살아남기 위해서는 욕구의 필연성(필요성)에 따른 이러한 자원의 불균형 때문에 생산된 자원의 배분이 중요하다. 문제는 인간이 사회적 동물이 되면서부터 공동 생산한 재화를 분배하는 주체가 국민 전체를 대표하는 국가일 수밖에 없다. 그런데 국가의 주체는 그것이 정치형태에 따라 일인 지배나 다수지배나 전체 인민들이 합의에 의해 수행할 수밖에 없는 인치와 법적 제도의 종합된 형태이다. 그리고 이러한 국가의 주권을 지닌 사람은 국가 전체의 일(res publica)을 생각하는 정의로운 이성을 지니고 있어야 한다. 즉 정의롭게 분배해야 한다. 아리스토텔레스의 분배적 정의는 바로 이러한 상황에 맞게 고안된 것이다.

그런데 아리스토텔레스에 따르면, 국가가 자연스럽게 형성되었고, 이 국가 단위는 개인이 아닌 가정이다. 더 나아가 생산 활동이 가족 단위로 자연적으로 이루어졌기에 생산의 결과인 재화는 가정의 소유로 나타나고, 가족이 자족할 정도의 재화가 필요하기에 부족하거나 잉여산물은 서로 교환하는 과정이 자연스럽게 일어나 시장으로 형성된다고 추측할 수 있다. 그러나 이러한 자연스런 시장은 근대국가들에서 나타난 자유시장과는 다르다. 그래서 자유시장은 아리스토텔레스식의 분배적 정의가 실현되는 곳이 아니다. 그곳은 아담 스미스가 말하듯이 수요와 공급 법칙에 의해 지배되는 것으로서 교환적 가치에 따르기에 아리스토텔레스의 「정치학」에서는 이에 대한 언급이 나타나지 않고 있다. 결국 아리스토텔레스가 자연스럽다고 말하는 시장과 상업상의 거래에서 나타나는 경제문제에 있어서 정의의 문제는 한 마디로 '자연스러운 것'에서 멈추어야 하는데, 이 때 자연스럽다고 하는 것은, 이성이 규정하는 자연-필연성에 적합한 합리적 이성을 상징하며, 이러한 합리성은 순환론적인 것으로서 현실에 존재하는 모든 것의 중간 지점에 존재하는 소위 '중용'에 있을 뿐 이러한 중용이 일반적이고 구체적으로 어떠한 것인지는 경제학적으로는 밝힐 수 없다.

3) 법과 정의의 관계

현대에서 보통 우리는 정의(正義)가 법의 이념이라고 말하곤 한다. 이 경우에 일반적인 규칙이나 법칙으로서의 법의 이념이란 법의 정·부정이나 합리성을 판단하는 궁극적 규준이자, 법의 형성과 실현, 즉 법적 실천의 지도 원리로 되는 가치이다. 또 정의가 법의 이념이라는 것은 법이 정의를 추구한다는 것을 의미하기도 한다. 그런데 그리스에는 사회적·정치적 상황과 법사상의 변천에 따라 법을 의미하는 말은 테미스(themis)에서 디케(dike)로 또 테스모스 (thesmos) 내지 노모스(nomos)로 변화하였다. 기원전 6세기 후반 아테네의 민주제적 개혁을 단행하였다고 하는 크레이스테네스에서 점차 노모스가 법을 나타내는 말로서 사용되었고, 소피스트들이나 소크라테스 이후의 철학자들의 시대에는 이미 그것이 법의 통용어로 되었다. 여기에서 노모스는 'nemein' 즉 '배분하다,' '나눈 것을 주다'라는 동사와 어원적으로 관계를 가지고 있었다.

한편 정의와 진리를 나타내는 그리스말에는 'dikaion'과 'dikaiosyne'가 있는데, 'dikaion'은 우리말의 '옳음'에 해당하는 말이고, 'dikaiosyne'는 '옳게 행위하는 덕'을 의미함으로써 진리와 관계한다고 할 수 있겠다. 이와 달리 영어의 '정의'(justice)라는 말은 라틴어 '법'(jus)이라는 말에서 파생된 말이다. 다시 말하면, 고대에서는 역사적으로 법이 정의에서 파생된 것이 아니라 정의가 법에서 파생되어 나온 것이라고 볼 수 있다. 결국 이러한 의미에서 정의는 철학자들, 특히 소크라테스-플라톤이 이론적 수준에서 정의한 것과 달리 현실 생활에서 이성이 작동하는 방식으로서의 규범이나 관습을 의미한 것이었다고 말할 수 있다. 그래서 역사적으로는 로마인의 현실적인 사고를 반영하여 정의는 법 그 자체이며, 정의는 법과 관련된 행위의 속성이라고 보는 것이 옳을 것 같다. 왜냐하면 로마인의 사고 속에는 그리스적 이성을 현실에 맞는 합리성의 개념으로 변화시켰기 때문에 플라톤의 분석-종합에 기초한 이상적인 합리성이 아닌 현실을 반영하는 아리스토텔레스의 형상-질료의 혼합인 개체의 현실성을 반영하는 사고가 로마인들의 실제적인 정신과 철학적으로 더 가깝기 때문이다.

아리스토텔레스의 개체적 현실에 부응하는 형상-질료설을 국가에 확대할 뿐만 아니라 목적론적으로 우주에 적용하는 철학에서 정의란 무엇일까? 그는 『니코마코스 윤리학』에서 '정의(dikaiosyne)란 사람들로 하여금 옳은 일을 하게 하며, 옳은 태도로 행동하게 하며 또 옳은 것을 원하게 하는 성품'(1129a)이라고 말하면서, 이것을 기초로 해서 인간의 좋은 성정, 즉 『니코마코스 윤리학』 제2권에서 논의했던 덕이라는 측면에서 정의의 고찰을 시작하고 있다. 아리스토텔레스는 당시의 사회통념에 있어서 정의 사상에 대한 일상어법에 대한 냉정한 관찰에 기초해서, 우선 정의라는 관념의 다의성에 주의를 기울이고 있다. 정의가 인간의 기본적 성품 또는 기본적 성정이라는 관점을 부각시키기 위해서 아리스토텔레스는 정의에 대한 논의에서 "학식이나 능력의 경우에는 한 가지의 능력 혹은 학식이 서로 정반대되는 대상에 관계할 수 있지만, 성품의 경우에는 서로 정반대되는 두 성품 중의 하나는 거기에 반대되는 결과를 낳을 수 없다."(1129a)는 것을 전제로 하고 있다. 다의적 의미라고 하더라도 그것들이 아주 동떨어진 의미인 경우에는 그 다의성이 명백히 드러나는데, 정의 개념의 경우에는 그 다의적 의미가 서로 유사하기 때문에 그 다의성은 분명하게 분별할 수 없다. 그렇지만 정의는 법과 관련하여 일상 언어가 전체-부분의 모순율에 따른 논리에 부응하고 있듯이 아리스토텔레스에게 크게 두 가지로 분류하고 있다. 즉, "무법한 사람과 욕심이 많고 불공정한 사람은 모두 부정하다고 생각되며, 따라서 법을 준수하는 사람과 공정한 사람은 옳은 사람일 것이 분명하다. 이와 같이 보면, 옳음이란 준법적인 것과 공정한 것을 포함하며, 불법이란 무법적인 것과 불공정한 것이다."(1129a).

아리스토텔레스가 말하는 정의에는 준법성을 뜻하는 것과 과다한 이익을 탐내지 않는 것, 혹은 보다 일반적으로 말해서, 사람들 사이에서 이해(利害)의 배분과 귀속에 관하여 과다 또는 과소에 치우친 취급을 하지 않는다는 의미에서 중용이나 균등을 원리로 분배하는 것 등 두 종류로 대별한다. 전자는 정치적-국가적 이성과 관련한 법의 의미를 지니고 있고, 후자는 인간의 성격과 관계하는 심리학적인 의미를 지녔다. 이렇듯 아리스토텔레스는 정의를 크게 두 가지로 구분하고 있다. 서구에서는 통상 후자를 이해의 배분과 귀속에 관하여 과다와 과소에 치우치지 않는 것을 부분적 정의라고 부르고, 준법성에 따르는 전자를 전체적 정의라고 하고 있다. 그래서 인간 심리와 개인의 성격을 다루는 아리스토텔레스의『니코마코스윤리학』은 아리스토텔레스는 법적 정의, 즉 전체적 정의에 대해서 더 이상 자세한 설명을 하지 않은 채, 부분적 정의에 대한 본격적인 분석으로 넘어간다. 그에 의하면, 부분적 정의는 너무 많은 것을 탐하지 않는 것, 혹은 사람들의 이해의 득실에 있어서 과다하지도 않고 그렇다고 과소하지도 않은 그 중간 또는 균등을 얻게 한다는 것이다.

부분적 정의는 다시 두 가지로 나누어진다. 첫 번째의 것이 분배적 정의이다. 공공생활에 있어서 '명예나 금전이나 이밖에 국가의 공민 간에 분배될 수 있는 것들의 배분'에 있어서 각인의 가치에 상응하여 비례적으로 배분을 균등화하는 것, 즉 능력이 같은 자에게는 이에 부응하는 같은 것을, 능력이 같지 않은 자에게는 같지 않은 것을 배분하는 것이다. 두 번째의 것은 교정 내지 시정적 정의이다. 개인들 간의 상호교환에 있어서 당사자의 가치, 인격 등의 인격적 차이의 여하에도 불구하고, 이들을 모두 같은 자로 본 다음에, 오로지 이해(利害)의 득실 그 자체에 있어서 과부족이 없도록 조정의 역할을 수행하는 것, 혹은 피해의 구제의 역할을 수행하는 것이다. 이것은 또 두 가지로 나누어진다. 그 하나는 매매 대차, 담보, 위임, 고용, 등과 같은 '수의적 교섭'에 있어서 이득과 득실에 과부족이 없도록 조정을 목적으로 하는 것이고, 다른 하나는 불법행위나 범죄에 의해서 생긴 '불수의적 교섭'(당사자의 상호관계가 일방에 있어서는 불수의적으로 생겼기 때문에 그렇게 말한다.)에 있어서 피해의 배상과 복구를 목적으로 하고 있다. 부분적 정의의 일반적 규정은 균등성(또는 평등)이라는 것이지만, 분배적 정의의 경우에는 사람들의 가치에 따른 분배가 차별이 전제된 평등이기 때문에 '기하학적 비례에 따른' 평등이다. 교정 내지 시정적 정의의 경우에는 객관적인 이익과 손해의 균등화이며, 평등을 전제로 한 것이기에 '산술적 비례에 따른' 평등이라고 말할 수 있다.

4) '행위의 선'으로서의 정의

아리스토텔레스에 의하면, 부분적 정의는 선(善)을 가치에 따라 배분하는 것이다. 여기에서 선이란 명예나 재화나 안전 등과 같은 외적 선(善)이다. 위에서 언급했듯이, 전체적 정의는 부분적 정의의 근거이며, 그것에 대하여 분배의 기준을 제공하는 것이다. 그렇다면 우리는 전체적 정의에 있어서 외적 선과는 별도의 선 자체에 우리의 시선을 두지 않을 수 없다. 전체적 정의에서 우리가 지향해야 할 별도의 선이란 배분의 결과로 생기는 선이 아니라 소크라테스의 지덕합일설이 전제하는 '선의지'에 기초한 행위 그 자체, 즉 강희원의 표현대로 '행위의 선'이라고 할 것이다.[59] 우리는 우선 아리스토텔레스가 "부정한 사람은 욕심이 많으므로 반드시 여러 가지 선에 마음을 쓴다. 그는 모든 선에 마음을 쓰지 않고, 다만 행운과 불운이 관계되는 선에만 마음을 쓴다. 그런데 이런 선은 그 사람에게는 무조건적으로 언제나 좋을 것이지만, 어떤 사람에게는 좋은 것이 되지 못한다." 라고 하고, "사람들은 이런 것들을 기구하고 또 추구하지만 사실은 이래서는 안 된다. 그들은 모름지기 '무조건적으로 좋은 것'이 또한 자신들에게도 좋은 것이 되도록 기구해야만 하고, 또 정말 자기들을 위하여 좋은 것을 선택해야 한다."(1129b)라고 말하고 있기 때문이다. 여기에서 아리스토텔레스는 플라톤적인 하나와 여럿의 변증법에 기초하여 선자체를 전체적 선, 즉 선 자체라고 말하며, 여러 가지 선은 이러한 선 자체에

---

59 강희원, '아리스토텔레스의 정의론에 비추어본 법이념으로서의 정의', 『법철학 연구』, 제 6권, 제 2호, 한국 법철학회, 2003, 73쪽.

서 기원하는 행위의 결과나 외면적인 선을 지칭하고 있음을 알 수 있다. 또한 여기에서 선 자체를 행하면, '자신들에게 또한 좋은 것이 된다.'라는 것은 생명이나 재산을 선하게 사용하는 것을 의미하고, 이것은 동시에 타인과의 관계에서 소크라테스의 지덕합일설에 기초하여 이에 적합하게, 즉 선의지에 따라 행위하는 것을 말한다고 할 것이다. 단 이러한 선의지에 따르는 행위가 평등의 정의 개념에 의해 조정되는 한에서이다. 그러므로 부분적 정의로서 분배적 정의에 있어서는 좋은 것들의 소유가 문제되지만, 좋은 것의 소유가 진정한 의미에서 좋게 되기(행복) 위해서 선에 기초한 옳은 행위가 전제되지 않으면 아니 된다는 것이 아리스토텔레스의 지적이라고 할 것이다. 덧붙여서 아리스토텔레스는 "그렇기에 어떤 의미에서 우리는 국가적 공동체를 위해서 행복의 조건들을 산출하고 보전하게 되는 행위를 옳은 행위라고 부른다."라고 하고 있다. 결국 아리스토텔레스의 지적은 부분적 정의는 전체적 정의 없이는 성립할 수 없다는 것을 의미한다고 할 것이다. 그리고 이러한 전체적 선은 인간이 정치-사회적 동물이기에 국가공동체 안에서만 이루어질 수 있는 것이다. 그리고 이 선이 선의지에 기초하면서도 정의에 의해 조정된 중용에 의해 실현되는 것이 '일반적으로' 말해진 행복이다.

다른 한편, 아리스토텔레스에 의하면, 법률은 '국가공동체를 위해서 행복 및 행복의 부분을 만들어내고 지키는 것'(1129b)을 명령하고 있으며, 전체적 정의란 이러한 목적을 위한 법률에 적합한 것, 또는 법률을 준수하는 것이다. 따라서 국가 공동체를 위해서 행복 및 행복의 부분을 만들어내고 지키는 그러한 행위를 산출하고 또 그러한 행위에 의해서 성립하는 것이 전체적 정의라는 것이다. 그런데 국가 공동체의 행복이란 당장 그 나라 사람들의 행복이지만, 사람들의 진정한 행복은 선한 생활에 존재한다. 일반 사람들에게는 행복이란 잘 사는 것(well-being)이고 고귀한 사람들에게는 그리스어 본래의 의미인 '신적인 선(eu-daimonia)'을 수행하는 것이다. 따라서 전체적 정의가 지향해서 추구하는 것은 소크라테스의 지덕합일설에 전제되어 있는 '선의지'에 기초한 선한 행위를 평등의 정의개념에 따라 국가적 수준에서 수행하는 것이라고 말해도 좋을 것이다. 이것은 법이 "덕에 의한 행위를 명하고, 사악에 의한 행위를 금한다."(1129b)라는 말과 일치한다.[60]

부분적 정의가 외적 선의 소유에 있어서 평등을 실현하는 것에 대해서, 전체적 선은 이러한 여러 가지 선의 사용에 의한 지덕합일에 의한 행위의 선을 실현한다. 이것을 예컨대, 용기라는 덕에 관해서 확인할 수 있다. 법이 용감한 사람에게 그에게 합당한 행위를 하도록 명하고 있다고 할 때, 이것은 구체적으로는 '전열을 벗어나지 않는 것, 도주하지 않는 것, 무기를 포기하지 않는 것' 등이다. 여기에서 이러한 행위가 금지되는 것은 먼저 이것이 전우(戰友)와 동포의 생명을 위협하고, 조국의 존립을 위태롭게 하는 것이기 때문이지만, 그 정도의 이유에 의한 것은 아니라, 동시에 이들 행위 자체로서 추하기 때문이기도 하다.[61] 바꾸어 말하면, 용기 있는 행위는 선악을 전제하지 않으면 아무데에나 사용할 수 있으며, 따라서 선으로서의 덕과 관계하는 용기는 그 자체로서 자신에게는 물론 국가공동체의 행복의 일부를 실현하고 있는 것이다. 덕에 따른 행위를 법이 명하는 것은 그 때문이다. 이들 좋은 행위 자체가 전체적 정의가 의도하는 것, 전체적 정의에 의해서 실현되는 것이다. 그리고 우선 이 의미에서 전체적 정의는 선의지에 기초한 행위로서의 정의로서 이해되지 않으면 안 된다. 이러한 선의지에 기초한 전체적 정의로서의 중용은 다음과 같이 표명되고 있다.

---

60 물론 여기에서 일반적으로 정의된 선은 개인적으로는 기질과 습관에 의해 형성된 선과 이성적으로 생각된 선이 나뉠 수가 있고, 국가 공동체에서 이루어지는 구체적인 선이 인류 종족에게 보편적으로 생각된 선이나 현대에서의 모든 생명체에 관련된 선으로 분화될 수 있다. 그리고 이러한 분화된 선들 사이에 악과의 관계에서 동일과 차이에 의한 구조적인 변증법이 발생한다. 즉 개인적으로 선한 것이 반드시 공동체에 선한 것일 수 없고, 공동체에 선한 것이 반드시 개인에게 선하라는 보장이 없다는 경우이다. 일반적으로 아리스토텔레스가 말한 전체적 정의는 플라톤처럼 그 자체 선에 기초한 정의와 부분적인 모든 악행의 부정을 통하여 얻어지는 것으로서 이중적 의미를 지닌다.

61 물론 여기에 대한 반론으로서 도망치는 것이거나 무기를 버리는 것이 좋을 경우도 있다는 견해가 근대 이후의 개인주의적인 관점에서 성립할 수 있다.

"따라서 불의하거나 비겁하거나 절제 없는 행위에도 중용과 지나침과 모자람이 있을 것이라고 예상하는 것은 불합리하다. 그럴 경우에 지나침과 모자람의 중용도 있고, 지나침의 지나침과 모자람의 모자람도 있을테니 말이다. 중용은 어떤 의미에서는 최상이기에 절제와 용기에도 지나침과 모자람이 없듯이 앞서 언급한 악덕들에도 중용이나 지나침이나 모자람이 없다. 하지만 그런 악덕들을 행하면 과녁을 빗맞힌다. 일반적으로 지나침에나 모자람에는 중용이 없고, 중용에는 지나침이나 모자람이 없기 때문이다."(『니코마코스 윤리학』, 110715-25).

위와 같은 취지는 아리스토텔레스가 "법은 모든 문제에 있어서 사람들 모두 혹은 가장 훌륭한 사람 혹은 권력을 쥐고 있는 사람들, 혹은 이런 무리의 사람들의 공동 이익을 목표로 삼고 제정된다." 라고 하는 표현에서도 확인할 수 있다. 그래서 법이 '공동이익을 목표로 삼는다.'는 것은 법이 일반적으로 공공의 일(res publica)에 관해서이므로 꼭 개인주의적인 의미에서 '쓸모가 있다는 것'과 동일하지 않다. 좋은 목적이든 나쁜 목적이든 간에 그 목적을 실현하는 데에 쓰일 수 있는 것에 대해서 우리는 '쓸모가 있다(유용하다)'라는 말을 한다. 재화나 생명 등의 외적인 선은 바로 이러한 쓸모가 있는 수단적인 것이기 때문이다. 그래서 '공동이익으로 된다는 것'이란 '쓸모가 있다는 것'과 마찬가지로 목적과 관련해서 말하여지는 것이긴 하지만, 후자와 달리 전자는 국가의 일의 전체적 견지에서 보아 참으로 선의 실현에 직접적이든, 간접적이든 곧바로 연계되어 있다는 것을 말한다. 그러므로 전자에는 좋은 행위를 산출하는 것(예컨대 덕 있는 사람에 의해서 사용될 때의 재화나 정치권력)외에 덕이 있는 사람이 '쓸모 있다'고 하는 이유에서가 아니라, 국가적 공동체를 '위한 것으로 된다.' 왜냐하면 덕에 적합한 '행위'가 될 때, 비로소 국가구성원 모두의 행복이 증진되기 때문이다. 문제는 이러한 국가적 공동체의 법을 제정하는 사람의 선의지가 아리스토텔레스에 따르면 어떠한 체제를 지향하느냐에 따라 정의개념이 달라진다는 것을 함축하기도 한다.

실제로 만약 법률이 용기 있는 행위를 명하는 이유가 단순히 국가의 안전을 보장하기 위한 것이 아니라, 부나 패권을 잡기 위한 것에 불과하다고 한다면, 국가는 단순히 복지국가 혹은 제국주의국가로서 충분할 것이다. 그러나 그러한 국가는 아리스토텔레스에 따르면, 참된 국가가 아니고 또 행복한 국가도 아니다. 왜냐하면 국가의 행복도 선한 생활에 의해서 가능하고 또 선한 행위는 국민들에게 보편적으로 생각되는 선에 의해서 국가공동체의 진정한 행복이 존재할 수 있기 때문이다. 그러므로 확실히 개인의 한 가지의 용기 있는 행위가 반드시 일반적으로 말해진 국가공동체의 행복을 실현한다고 말하기는 어렵다. 그렇다고 특정 개인이 행복하다고 해서, 국민 전체가 행복하다고는 할 수도 없다. 그러나 아리스토텔레스가 말하듯이 인간은 사회적-정치적 동물이기에, 진정한 의미에 있어서 한 가지의 용기 있는 행위는 일반적으로 말해진 국가 공동체의 행복을 실현하는 것이고, 이것은 법이 공공의 일에 관한 명령을 하는 것으로서 개인의 행복은 물론이고, 국가적 공동체의 행복도 동시에 창출한다. 더 나아가 현대적으로 말하면 인류의 행복도 실현하는 것이 된다. 이렇게 볼 때, 법이 목적으로 하는 궁극적인 것은 전체적 정의임이 분명하다.

아리스토텔레스의 정의론을 이와 같이 이해할 때, 이것은 오늘날 우리가 법철학에서 말하고 있는 법의 이념으로서의 정의에 대해서 어떠한 의미를 가지는가? 왜냐하면 현대 법철학의 관점에서 하늘이 준 도덕법과 국가가 사회를 위해 제정한 법 사이에는 소포클레스의 『오이디푸스 비극』이나 『안티고네의 비극』에서 볼 수 있듯이 이율배반의 관계에 있고, 관습과 도덕법과 국가의 사회적인 법 사이에 괴리가 있으며, 사적인 유용성이 지배하는 개인적인 성향과 국가사회가 명령하는 일반법 사이에는 괴리가 있는 것으로 여겨지기 때문이다. 이러한 이율배반은 어떻게 해소될 것인가? 모든 것을 신 중심의 목적론적으로 정리하는 아리스토텔레스의 선을 지향하는 정의는 이러한 다양한 사태를 위계를 둘 것이며, 특히 국가적 이성을 중시하는 관점을 보면, 아리스토텔레스의 행복을 지향하는 법적 정의는 사회학적인 법 그 자체의 이념이 아니라 정치체제와 관계하는 국가의 전체적 환경과의 관계에서 법을 만드는 지배자(입법자)의 이념이라고 생각한다. 이것을 법과 관련하여 현대적 맥락에서 재해석한다면, 정의란 실정법적인 법 그 자체의 이념이 아니라 법을 만들고 집행하는 법률가(입법가와 사법가의 정신을 조합하는)의 법제정의 정신으로서의 이념이다. 이러한 아리스토텔레스의 법 제정의 정신이 우리가 플라톤의 정치철학에서 살펴본 1.3. 정의론과 정치체제론 5절의 '법(제정)의 정신'과 과연 얼마나 다른 것인지는 의문이다. 아리스토텔레스의 정의론에 의하면, 법률가의 이념으로서 정의는 입법적 덕목으로서 선의지에 기초한 지덕합일설이 함축하는 행위의 정의와 분배의 기준으로서 소유의 정의를 생각해볼 수 있겠다. 그리고 현실적으로 자유의 전제가 되는 소유의 정의에 있어서 중요한 것은 재화, 명예, 안전과 같은 외부적 선이 분배기준이라고 할 것이다. 결국 아리스토텔레스가 말하는 행위의 정의와 소유의 정의의 관계는 전체적 정의와 부분적 정의의 관계가 유기적으로 관련되어 있는 것으로 나타난다.[62]

5) 국가 병리학[63]

아리스토텔레스의 논의는 이제 정체 변혁, 즉 혁명의 원인들과 과정, 그리고 그것을 예방하는 수단으로 향한다. 『정치학』 5권(E)은 방대한 양의 역사적인 정보를 담고 있지만, 우리의 목적에 더 부합하는 것은 아리스토텔레스가 국가라는 몸이 질병에 걸리는 원인들을 진단하면서, 그리고 질병의 치료법을 지시하면서 보여주는 성숙한 정치적인 지혜이다. 아리스토텔레스는 혁명의 정도가 다양하다고 지적한다. 그것은 정치체제의 변화라는 형태를 띨 수

---

62 플라톤이나 아리스토텔레스에 있어서 '행위의 선'은 법 제정의 정신으로 나타난다. 그러나 기독교 교리에 따르면, 바울이나 칸트가 언급한 것처럼, 이성적 동물인 인간에 있어서 이성이 명하는 '선의지' 이외에는 선한 행위란 없다.
63 이 장 이하에 대한 서술은 W.D. 로스의 『아리스토텔레스』를 따랐다.

도 있고, 혁명의 장본인이 정치체제는 그대로 두고 권력을 손에 넣는 것으로 만족할 수도 있다. 더 나아가, 혁명은 단지 과두정체를 이전보다 더 또는 덜 과두정의 성격을 띤 것으로 만들거나, 민주정체를 이전보다 더 또는 덜 민주정의 성격을 띤 것으로 만들 수 있다. 아니면 마지막으로 그것은 어떤 한 가지 제도에만 반대하는 쪽으로 향하고, 그 밖의 통치 형태는 그대로 둘 수 있다.

아리스토텔레스는 먼저 혁명의 일반적인 원인들에 몰두한다. 그것의 근원은 사람들이 마음에 품는, 한쪽으로 치우치고 비뚤어진 정의관에서 발견된다. 민주정체 지지자들은 사람들이 똑같이 자유롭기 때문에 무조건 평등해야 한다고 생각한다. 과두정체 지지자들은 사람들이 소유한 부가 똑같지 않기 때문에 무조건 불평등해야 한다고 생각한다. 이것이 혁명가들의 심리 상태이다. 그들의 목표는 이익과 명예이거나 손실과 불명예의 회피이다. 이런 심리 상태로 이끄는 원인들은 다른 사람들이 이익과 명예를 독점하는 것에 대한 분개, 오만, 두려움, 특정인들의 부당한 득세, 경멸, 국가의 어떤 부분에 일어나는 불균형한 성장, 선거, 음모, 불충실한 사람들에게 부주의하게 공직을 허용함, 조그만 변화들을 소홀히 함, 국가 안에 있는 요소들의 이질성이다. 여기에 마키아벨리적인 수사와 계층 간의 사기술이 존재하고, 자신의 이익에 합당한 체제를 옹호하려는 정치술로서 마키아벨리즘이 존재한다. 자신의 풍부한 역사적인 지식 덕분에 아리스토텔레스는 이러한 혁명의 원인들을 적절하게 예를 들며 설명한다.

그는 특수한 종류의 국가들-민주정체(5장), 과두정체(6장), 귀족정체와 혼합정체(7장)-에서 혁명이 일어나는 원인들을 검토한다. 민주정은 보통, 부자들을 자신들의 지배 체제에 맞서 단결하도록 유도하는 민중 선동가들의 월권에 의해 전복된다. 아니면 민중선동가들은 참주정을 세울 수도 있다. 과두정체는 (1) 억압적인 지배 때문에 일어난 반란에 의해 전복되거나, (2) 과두정체의 구성원들을 민중선동가의 역할을 하도록 이끄는 이들 자신들 간의 경쟁심에 의해 전복된다. 귀족정체에서 혁명은 때때로 국가의 공직이 너무 작은 집단에 한 정됨으로써 발생한다. 하지만 보통, 귀족정체나 혼합정체는 그 안에 있는 민주정의 요소와 과두정의 요소가 잘못 혼합됨으로써 붕괴된다. 혼합정은 민주정체로 바뀌기 쉽고, 귀족정체는 과두정체로 바뀌기 쉽다. 그러나 반동으로 말미암아 때로는 혼합정체가 과두정체로, 귀족정체가 민주정체로 바뀌기도 한다. 아리스토텔레스는 외국이 혁명을 일으키는 데에 미치는 영향의 결과에도 주목한다.

아리스토텔레스는 이어서 혁명을 예방하는 법들을 살펴본다. 가장 중요한 것은 특히 사소한 일들에서 준법정신을 유지하는 것이다. 변화의 발단들을 경계해야 하기 때문이다. 두 번째 규칙은 사람들을 속이는 술수들에 의존하지 않는 것이다. 경험은 그런 장치들이 쓸모없다는 점을 보여준다. 더 나아가, 귀족정체와 과두정체는 정치체제에 내재한 어떤 안정성 때문이 아니라 통치자들이 명예심이 강한 사람들을 명예 문제에서 부당하게 대하지도 대중을 이득 문제에서 부당하게 대하지도 않고, 지도력이 있는 사람들을 국정에 참여시키며, 일정 정도 민주적인 제도들을 채택함으로써 피통치자들과 좋은 관계를 유지하기 때문에 지속될 수 있다. 또한 통치자는 마키아벨리가 말했듯이 사람들 앞에다 외부 공격의 위험을 두어야 하고, 필요하다면 그들이 경각심을 갖도록 위험을 날조해야 한다. 지배 계층은 모든 수단을 다하여 제 나름의 연대성을 유지해야 한다. 그러면서도 부의 분배에서 일어나는 변화가 지닌 정치적인 효과를 주의 깊게 관찰해야 한다. 아리스토텔레스는 어떤 개인이나 계층이 너무 강력해지는 것을 허용해서는 안 된다고 말한다. 즉 부자와 빈자가 서로를 통제하도록 설정하거나 권력을 중간 계층에게 주어야 한다.

아리스토텔레스가 아주 강조하는 점은 통치자들이 공직으로부터 축재할 기회를 얻어서는 안 된다는 점이다. 그는 보통 사람들이 공직자 나리들이 자신들의 것을 빼앗는다고 의심하지 않는 한 권력이 없어도 만족한다는 정도를 과장하고 있을지도 모른다. 이에 따라서, 그는 공직자들의 회계 자료에 대한 아주 세밀한 조사를 규정한다. 과두정이 가난한 사람들을 억압하고 민주정이 부유한 사람들을 억압하는 것을 옹호하기는커녕, 그는 지배 집단이 피지배자들에 대한 행동에서 특히 신중해야 한다는 점이 아주 중요하다고 지적한다. 피지배집단에게는 고위 공직을 제외한 모든 공직에서 평등권이나 우선권이 주어져야 한다.

고위 공직을 맡으려면 세 가지-현재의 정치체제에 대한 충성심, 행정 능력, 도덕성-가 요구된다. 세 가지를 다 갖출 수 없을 경우 우리는 어떻게 공직자를 선출해야 하는가? 우리는 어떤 성질들이 흔한 것이고, 어떤 성질들이 드문지를 고려해야 한다. 장군을 선출할 때에는 군사적인 기술이 드물기 때문에 도덕성보다는 기술을 고려해야 한다. 재무관을 선출할 때에는 필요한 지식이 흔하기 때문에 도덕성을 고려해야 한다. 이것은 담당할 공직의 특수한 업무에 대한 후보자들의 적합성에 관하여 아리스토텔레스가 많은 이야기를 하고 있는 몇 안 되는 구절 중 하나다. 보통 그는 덕, 즉 탁월성을 실천적 지혜로 말하고, 공직을 그것에 대한 보답으로 생각한다. 이는 행정 권력을 여러 개의 평의회에 분산시킨 결과, 어떠한 공직자도 개인으로서 커다란 이익이나 해를 끼칠 수 없었던 아테네의 관행에 부분적으로 기인한다. 그러나 우리가 '탁월성'이라고 옮기는 단어는 도덕적으로 뛰어난 것뿐만 아니라 지적으로 뛰어나다는 것을 뜻한다는 점을, 그리고 본질적으로 아리스토텔레스의 원칙과 우리의 원칙은 통치할 자격을 가장 잘 갖춘 사람이 통치해야 한다는 것을 뜻한다는 점을 기억하는 것이 보다 중요하다.

민주정체처럼 보이는 수많은 행위들이 민주정의 타락이고, 과두정체처럼 보이는 수많은 관행들이 과두정의 왜곡이라고 그는 지적한다. 민주정과 과두정체를 극단으로 밀고나가서는 안 된다. 그렇지 않으면 이것들은 자멸할 것이다. 중용을 추구해야 한다. 그러나 무엇보다도 통치 형태에 맞춰 교육이 이루어져야 한다. 사람들은 '과두정체의 지지자들이나 민주정체의 지지자들이 기뻐할 행위들이 아니라 과두정체나 민주정체의 존립을 가능하게 만드는 행위들을 하도록' 교육을 받아야 한다. 젊은 과두정체의 지지자들은 사치스런 삶 속에서 양육되어서는 안 되고, 젊은 민주정체의 지지자들은 자유란 마음 내키는 대로 하는 것이라는 생각 속에서 양육되어서는 안 된다. '사람들은 정치체제의 규칙에 맞게 사는 것을 노예 생활로 생각해서는 안 된다. 왜냐하면 그것은 그들을 구원해주기 때문이다.'

이제 군주정과 참주정에서 일어나는 혁명의 원인과 예방책에 대해 말하는 것이 남아 있다. 군주정은 귀족정의 성격을 띤다. 참주정은 극단적인 민주정과 극단적인 과두정이 나쁜 쪽으로 혼합된 것이다. 그러므로 이런 통치 형태들에 대해 말했던 것이 군주정과 참주정에도 적용된다. 왕권은 그 권력이 제한됨으로써 보존된다. 참주정은 (1) 전통적인 방식으로, 사람들 사이에 불신을 심고 그들의 힘을 빼앗으면서 그들을 굴복시킴으로써 유지되거나, (2) 참주의 통치를 보다 왕의 통치와 비슷하게 만듦으로써 유지된다. 전자는 노예국가나 멸망으로 이끈다. 후자에서는 참주가 국가의 아버지, 시민들의 수호자, 절제 있는 삶을 사는 사람, 저명인사들의 동료, 대중의 영웅이란 모습을 보여야 한다. 이렇게 해서 그의 성품은 탁월하게 되거나, 적어도 반은 탁월하게 될 것이다. 그리고 악하게 되지 않고 반만 악하게 될 것이다.

6) 이상 국가

플라톤이 『법률』에서 이상적인 식민국가인 마그네시아를 말하듯이 아리스토텔레스도 현실적으로 성립하는 이상적인 정치체제를 묘사하고 있다. 아리스토텔레스는 이를 위해 먼저 어떤 삶이 가장 바람직한지를 결정해야 한다. 아리스토텔레스는 윤리학에 고유한 이론들을 요약한다. 모든 선(善)은 외적인 선, 신체의 선, 혼의 선으로 나뉠 수 있고, 행복한 사람은 이 세 가지를 다 가져야 한다. 그러나 이 모든 것들이 같은 가치를 갖는 것은 아니다. 왜냐하면 (1) 우리의 경험은 적절한 외적인 선과 결합된 고도의 탁월성이 아주 적은 탁월성을 지닌 최대의 외적인 선보다 행복을 더 산출한다는 점을 보여준다. 외적인 선은 우리가 그것을 일정한 한도 내에서 소유할 때에만 우리에게 좋다. 그 이상이 되면 해로울 수 있다. 그러나 아무도 어떤 사람이 탁월성을 지나치도록 소유할 수 있다고 주장하지는 않을 것이다. (2) 외적인 선과 전체적 선은 혼을 위해서 바람직한 것이지만 그 반대는 아니다.

탁월성이 개인에게 가장 중요한 것이라면, 그것은 개인들로 된 전체인 국가에게 가장 중요한 것임에 틀림없다. 그러나 국가는 좋은 행동을 실행하기에 충분할 정도로 외적인 선을 가져야 한다. 탁월성의 삶이 최선의 삶이라고 인정하더라도, 우리는 여전히 일과 정치의 삶이 최선의 삶인지 아니면 관조적인 삶이 최선의 삶인지 물을 수 있다. 어떤 사람들은 다른 사람들에 대한 정치체제적인 통치조차도 개인이 잘 사는 데에 방해가 된다고 생각한다. 어떤 사람들 -스파르타 정권을 찬미하는 자들-은 독단적인 통치만이 행복과 일치한다고 생각한다. 그리고 실제로 대부분의 국가들에서, 법률이 무엇인가를 겨냥하고 있다고 말할 수 있다면, 그것은 권력의 유지를 겨냥한다. 그러나 (1) 다른 사람들이 '남을 섬기도록 태어난 것이' 아니라면, 그들에 대한 지배가 옳다고 진실로 주장될 수 없다. 지배는 그것이 지닌 여러 가지 장점에 상관없이 어떤 희생을 치르더라도 정당화될 수 없다. 그리고 (2) 도시는 고립된 상태에서 행복할 수 있다. 도시의 부분들이 상호 작용함으로써 행복한 활동을 위한 충분한 기회를 제공할 수 있다. 양쪽의 견해 모두 부분적으로 옳고 부분적으로 그르다. 앞의 것은 전제군주의 삶보다 자유민의 삶을 더 나은 것으로 생각한다는 점에서는 옳지만, 모든 통치가 전제적이라고 생각하는 점과 활동보다 무위를 더 높이 평가한다는 점에서는 그르다. 뒤의 것은 통치 권력이 모든 것들 중 최고라고 생각한다는 점에서 그르다. 통치는 그것이 자연적으로 열등한 사람들에 대한 것일 때에만 좋다. 더 나아가, 활동하는 삶이 반드시 다른 사람들과의 관계를 포함하는 것일 필요는 없다. 관조적 사유는 그 자체로 활동이고 신의 삶에 가장 닮은 것이기 때문에 최고의 활동이다. 여기에서 아리스토텔레스는 철학자들이 생각하는 관조적인 삶과 일반인들이 상식적으로 생각하는 지상에서의 행복과 건강한 삶이 정치적으로 (정의론적으로) 조화된 중용의 것으로서 혼합정의 이념이 목적론적 체계를 지닌 것으로 나타난다. 이러한 예비적인 언급들로부터 아리스토텔레스의 논의는 이상 국가에 대한 묘사로 건너간다. 일정한 조건들이 필요한데, 그것들은 다음과 같다.

(1) 인구: 여기서 중요한 것은 단지 수가 아니다. 시민이 아닌 사람들(농부, 상인, 직공, 날품팔이)의 수는 절대로 아니다. 중요한 것은 도시에 특유한 일을 해낼 역량이다. 한 뼘밖에 안 되는 배나 400미터나 넘는 배는 전혀 배가 아니다. 이런 한계 내에서도 실제로 배이긴 해도 너무 작거나 너무 커서 제대로 항해할 수 없는 배들이 있다. 도시가 자급자족할 수 있으려면 최소한도의 인구가 필요하다. 그러나 최대한도의 인구를 넘어서면 좋은 통치와 질서가 불가능하게 된다. '스텐토르(50명이 지르는 만큼 큰 목소리를 가진 영웅, 호메로스의『일리아스』5권 785행 참조)'의 목소리를 갖지 않고서야 누가 그토록 많은 군중의 전령이 될 수 있겠는가? 시민들이 법정에서 재판하고, 사람의 진가에 따라 공직을 배분하려면, 서로의 성격을 알아야 한다. 인구가 너무 많으면 이런 일들이 아무렇게나 진행될 것이다. 요컨대, 국가는 전체가 한눈에 들어올 수 있는 정도여야 한다.

여기에서 최소한도와 최대한도는 정해져 있지 않다. 완전함은 한계에 달려 있지 단지 크기에 달려 있는 것은 아니라는 아리스토텔레스의 견해는 거대 제국을 광신적으로 감탄하는 것을 건전하게 교정시켜 준다. 그러나 자급자족의 요구는, 우리가 물질적인 필요를 고려하든, 도덕적이거나 지적인 필요를 고려하든 그가 적절하다고 생각한 것보다 더 큰 공동체를 정당화할 뿐만 아니라 그것을 요구한다. 우리는 아리스토텔레스가 생각한 상한선이 어떤 점에서 편협한 것이라고 보아야 한다. 정부를 선택할 때, 우리는 우리가 권력을 위임하는 인물들에 대해 개인적으로 아는 것이 필요하다고 생각하지 않는다, 우리는 보통 아주 많이는 아니더라도 그들의 경력에 대해 충분히 알고 있다. 피통치자들의 질서에 관련하여, 질서는 아리스토텔레스가 숙고한 것보다 많은 인구에 걸쳐서도 유지될 수 있다고 단언해도 좋다. 사법적인 결정에서, 우리는 배심원이 소송 당사자들의 전반적인 성격에 관해 너무 많이 알지 않는 편이, 설령 안다 하더라도 그러한 앎을 참작하지 않는 편이 좋다고 생각한다.

(2) 영토: 영토는 자유롭고 여유 있는 삶을 보장하기에 충분할 정도로 커야 하지만, 사치를 조장할 만큼 커서는 안 된다. 그것은 적들에게는 접근하기 어렵고, 주민들에게는 빠져나가기 쉬워야 한다. 그것은 인구처럼 한눈에 들어올 수 있는 정도여야 한다. 영토가 바다와 연결되어 있는 것이 전쟁이 일어났을 때의 안전을 위해서나 생필품의 공급을 위해서 유리하다. 인구 증가와 낯선 전통에서 자란 이방인들의 유입이 질서에 해로울 것이라는 흔한 두려움은 너무 진지하게 받아들일 필요 없다. 그러나 도시는 외국인들을 위한 시장이 아니라 자체 수요를 위한 시장이어야 한다. 즉, 무역을 할 때 무제한의 부를 겨냥하지 말고, 필요한 특정 물품을 수입하고 잉여 생산물을 수출하는 것을 겨냥해야 한다.

(3) 시민들의 성격: 그리스 민족은 북쪽 지역 민족의 기개와 동쪽 지역 민족의 지능을 겸비하고 있다. 그래서 그리스 민족만이 자유와 좋은 정치체제를 겸비하고 있고, 단일 국가를 형성할 수 있게 된다면 세계를 통치할 수 있을 것이다. 지성과 기개를 가장 완전한 겸비하는 것이 도시국가 시민들에게 가능한 최상의 성격이다. 자연의 모든 복합체가 그것의 유기적인 부분들이 아닌 일정한 조건들을 요구하듯이, 국가도 유기적인 부분들 외에 일정한 조건들을 요구한다. 국가의 부분들을 그것의 필요한 조건들로부터 구분하기 위해서 우리는 그것의 기능들을 열거해야 한다. 국가에는 (1) 농부, (2) 직공, (3) 전사계층, (4) 부유계층, (5) 사제, (6)올바르고 유익한 것에 관한 재판관이 있어야 한다. 어디까지 이러한 기능들이 같은 사람에서 결합될 수 있어야 하는가? 직공에게는 탁월성이 없고 농부에게는 정치적인 의무를 수행하기에 필요한 여가가 없다. 더 나아가, 전사와 재판관이나 의원에게 각기 다른 성질들이 필요하다. 한쪽은 힘이 필요하고 다른 쪽은 지혜가 필요하다. 그러나 힘의 균형을 잡

을 줄 아는 사람들은 통치권을 영구히 박탈당하는 것에 동의하지 않을 것이다. 그러므로 같은 사람들을 젊었을 때에는 전사가 되게 하고, 늙으면 통치자가 되게 하고, 바쁜 삶을 보낸 뒤에는 사제가 되게 하도록 하자. 마지막으로 토지는 이 계층의 소유물이어야지 경작자의 소유물이어서는 안 된다. 왜냐하면 경작자는 시민이 아니라 노예이거나 이민족 일꾼일 것이기 때문이다. 이렇게 해서 우리는 다음과 같은 골격을 얻게 된다. (1) 나중에 통치자가 되고, 그 후 사제가 될, 줄곧 부유한 전사. (2) 농부. (3) 직공. 이렇듯 앞의 여섯 계층은 세 계층으로 축소된다. 그리고 첫 번째 계층만이 도시와 정치의 유기적인 부분이다. 아리스토텔레스는 토지 공유에 반대하는 주장을 펼쳤지만, 단합을 촉진하는 수단으로 평가하는 공공 예배와 공동 식사에 드는 비용을 충당하도록 토지의 일부를 국유화할 것을 규정한다. 사유지로 말하자면, 각 시민은 한 필지는 변경에, 한 필지는 도시 가까이에 가져야 한다. 이렇게 해야 올바른 분배가 이루어지고 모두가 국가 영토의 방어에 관심을 가질 수 있다.

폴리비우스의 혼합정체론과 키케로의 공화주의

: 폴리비우스의 혼합정체론과
키케로의 공화주의

1. 폴리비우스의 『역사』에 나타난 혼합정체론

· · ·

폴리비우스(Polybius: ca. BC.203-120)는 아르카디아(Arcadia)의 메갈로폴리스(Megalopolis) 출신으로서 로마의 팽창이 활발하게 이루어지던 시기에 아카이아 헬라스 연방의 지도자로서 로마와 상대하였다. 로마가 3차 마케도니아 전쟁(BC.171-167)이 끝나는 BC.168년 피드나(Pydna) 전투에서 승리하자 마케도니아에 동조적이었거나 중립을 견지했던 그리스인들에 대해 보복을 가하기 시작하였다. 이때 많은 아카이아연합의 지도층 인사들과 지식인들이 죽임을 당하거나 포로로 로마에 잡혀갔다. 폴리비우스도 인질로서 로마로 압송되었지만 다른 인질들과 달리 운이 좋게 스키피오가에 맡겨졌다.

폴리비우스는 가정교사로서 스피기오가에 머물면서 파블리우스 스키피오와 친밀한 관계를 유지하였고, 특히 스키피오 서클[1]을 통해 로마의 핵심적인 정치 지도자들과 밀접한 교분을 맺고 접촉할 수 있었다. 로마의 인질인 폴리비우스는 패권국가인 로마의 성장에서 식민지 주민인 그리스 사람으로서의 비애를 느꼈으면서도, 당시 로마는 그리스적인 폴리스 규모의 수준을 넘어서 제국주의적 형태의 거대국가로 성장하고 있었기 때문에 국가 개념에 대한 플라톤이나 아리스토텔레스의 수준을 넘어서는 것으로서 경외와 탐구의 대상이었을 것이다. 그는 이러한 현실 체험을 바탕으로 로마의 정치체제와 군사 조직 및 로마의 정치적인 행동에 지속적인 관심을 가질 수 있었으며, 로마의 현실과 역사를 서술하기에 유리한 조건에 있었다.

그의 역사 서술의 목적이나 방법에 관한 입장은 실제로 일어난 사건에 국한되어야 한다는 원칙(pragmatike historia) 아래 당대사, 특히 전쟁사를 중심으로 서술한 투키디데스와 유사하며, 투키디데스의 말을 그대로 옮겨놓은 듯한 대목도 있다.[2] 그리고 이러한 서술에서 폴리비우스가 관심을 기울인 것은 아리스토텔레스가 인간은 정치적 동물이라 말하였듯이 인간의 삶이 정치적 삶(politke praxseis)을 중심으로 이루어진다는 것과 이러한 정치적 삶은 권력의 기능과 분배가 실현되는 제도와 기구에 좌우된다는 것을 보여주는 것이었다.

그는 우선 로마인들이 어떻게 세계 정복을 성공적으로 수행할 수 있었는가라는 질문을 던지는데, 이런 문제에 관하여 플라톤이나 아리스토텔레스와 같은 철학자들이나 역사가들의 전형적인 해답은 지도자 개인의 탁월한 능력과 도덕이나 행운 탓으로 돌린데 반하여, 폴리비우스는 이런 전통에서 벗어나 있다. 그는 지도자의 탁월한 개인적 능력이나 도덕, 그리고 행운을 무시하지 않으면서도, 로마의 성공을 로마가 갖고 있는 제도, 훈련, 상식에 기초한 합리

---

1 스키피오 서클이란 용어는 19세기 독일학자들의 조어이다. 스키피오에게 영향을 미친 일련의 지식인 집단을 의미하는 이 서클에 대해서는 논쟁이 되고 있으나 완전히 무시할 수는 없다는 것이 대체적인 견해이다. R. M. Brown, *A Study of the Scipionic Circle* (1934), pp. 16-19.

2 F.W. Walbank, *Polybius* (Berkley: London; 1972), "Polybios Sicht der Vergangenheit", 26.

적 판단의 우월성에 기인하는 것으로 파악하였다.[3] 말하자면 국가의 규모가 커질수록 제도나 법에 의해 국가가 운영되어야 한다는 것을 최초로 깨달은 역사가라 할 수 있다.

폴리비우스의 정치적인 삶을 중심으로 한 역사 서술이 비록 체제와 법을 중심으로 한 것이라 할지라도 이러한 체제나 이를 운용하는 법이 현실에 맞게 융통성 있게 적용되고 해석되어야 한다는 사실에는 변함이 없다. 그리고 이러한 융통성도 덕이나 행운보다는 합리적인 이성의 원리에 어느 정도 맞아야 한다고 주장함으로써 국가 체제나 법체계의 하드웨어에 우연과 행운에 좌우되는 지도자들의 덕보다는 '합리적 이성'이라는 적합한 소프트웨어가 있어야 한다는 사실의 통찰은 그를 역사에서도 일정한 법칙을 찾는 경향으로 향하게 하였으며, 폴리비우스의 이러한 역사관의 이면에는 투키디데스와 같은 역사관이나 정의관이 도사리고 있다. 그리스 역사가들의 이러한 합리성에 따르는 객관적 정신은 사실 그리스인들의 합리적 정신을 정리한 플라톤이나 아리스토텔레스의 정치철학이 강하게 영향을 미치고 있음은 알 수 있고, 이러한 합리적 정신이 로마의 유용성을 중심으로 한 현실주의적인 정의관과 혼합되었거나 변용되어 표명되어 있다.

폴리비우스에 따르면, 정치적 삶에서 정의와 도덕적 선의 개념은 국가의 발생 과정과 관련하여 인간이 미래에 당할 불이익을 미연에 방지하려는 계산된 이성에서 비롯된다. "동물은 현재만을 위해서 살지만 사람은 미래의 삶을 위해서 산다는 차이점이 있다."『(역사』, VI. vi.4). 이러한 현실에 대한 합리적 이해와 관련된 계산된 이성의 정의에 관한 역사적 관점은 투키디데스의 정의관과 결합되면 플라톤의 『국가-정체』편에서 칼리클레스와 대화하는 소크라테스의 견해를 반영하는 듯이 다음과 같이 나타난다.

---

3 Polybius, *The Histories*, with an English translation by W. A. Paton, in six volumes(London: Harvard University Press, 1954), 6장 2절. 이하(6:2). 폴리비우스의 『역사』는 이 원전에서 인용함.

아테네 사자: 강자는 능력이 닿는 대로 갖는 것이고 약자는 마땅히 봉사하는 것이 올바른 것이오(dikaia).

멜로스 대표: 정의(dikaia)가 아니라 오히려 공동의 이익(sympheron)의 관점에서 말을 하니 우리도 그에 관해 말하게 되는데, 공동의 선을 허물지 말고 불리한 위치에 있는 자도 정당하게 대우받도록 하시오. 자신의 입장을 밝히지 못하는 사람도 그렇게 대우하면 은혜를 입을 것이오. 이러한 것은 당신네에게도 나쁘지 않소. 당신네가 곤경에 처하여 큰 벌을 받을 때, 기존의 예를 따를 것이기 때문이오.

아테네 사자: 우리는 우리 제국이 망한다 해도 겁내지 않소. …우리의 말을 듣는 것이 우리네 제국에도 도움이 되고 당신네 안전을 위해서도 좋을 것이오. 우리가 원하는 것은 소동을 피우지 않고 당신네를 지배하는 것이고, 또 당신네가 안전한 것은 양편 모두에게 좋을 것이오.

멜로스 대표: 우리가 노예가 되고 당신네가 지배권을 가지는 것이 어떻게 우리에게 이익이 됩니까?

아테네 사자: 더 비참한 변을 당하기 전에 항복하면, 당신네에게 이득이 되는 것이고, 우리도 당신네를 없애지 않고 놓아두면 얻는 것이 있으니까.

멜로스 대표: 우리가 평화롭게 당신네 친구로 남아 있기를 원치 않는단 말이요?

아테네 사자: 당신네가 적의를 갖는 것은 호의를 갖는 것보다 우리에게 해가 더 적소. 왜냐하면 당신네의 호의는 우리의 허약의 상징이며, 당신네의 증오는 우리가 힘이 있다는 표시이기 때문에…. 힘이 있는 자가 지배한다는 원칙은 우리가 만든 것이 아니고 우리가 처음 실천한 것도 아니오. 있는 그대로 배운 것이고 앞으로도 영원히 남아 있는 것일 뿐인 것이오.

당신네나 다른 사람들이 우리와 같이 힘을 가진다면 같은 짓을 할 것이기 때문에…. 라케다이몬 사람들도 스스로나 국가 제도에 있어 고귀한 덕을 갖고 있지만 외부인에 대해서는 …마음에 드는 것이 가치 있는 것이며… 이익이 정의라고 생각하오.[4]

---

4   투키디데스(Thucydides), 『펠로폰네소스 전쟁사』, III. xxⅵ-xlviii. 투키디데스의 『펠로폰네소스 전쟁사』는 제국주의화한 그러면서도 민주주의를 실현한 아테네의 정치가들의 연설과 민중들의 현실에 대한 이해가 이율배반적으로 묘사되고 있는데, 이러한 이율배반에 소크라테스적 지혜의 관점이 생략되면 역사는 힘이 정의라는 관점에 빠지기 쉽고, 결국 역사적 상대주의로 함몰될 수 있다. 이 점을 D. 불로틴은 잘 간파하고 있으면서도 소크라테스의 지덕합일설을 간과하는 레오 스트라우스의 관점을 따르고 있다. D. 불로틴(D. Bulotin), "투키디데스", 레오 스트라우스 · 크랍시 · 김영수 외 역, 『서양정치철학사』(인간사랑, 1992), 30-64쪽들.

힘이 정의라는 아테네 사자의 논설 중에는 플라톤의 『고르기아스』에 나타나는 칼리클레스의 현실주의적인 관점이 함축되어 있다. 이러한 현실주의적인 관점은 군사 조직을 통해 세계를 제패한 로마 통치자들의 가치관이라고 말할 수 있다. 그런데 칼리클레스처럼 힘이 자연의 법이요 정의라는 주장은 사실 이성적 관점에서 보면, '무법'을 주장하는 것으로서 끝없이 권력의 강성함을 추구하거나 그렇지 않으면 자기 소멸을 전제하는 모순적인 것으로서 인간사에서 개입되는 폭력이다. 그래서 폭력은 폭력을 불러 법이 없이 복수가 난무하는 끊임없는 전쟁 상태를 결과하게 된다는 것을 함축하는 것이다. 이러한 권력에의 의지나 힘에의 의지가 함축하는 멸망과 끝없는 전쟁 상황을 회피하기 위해서는 어느 정도 공존을 위한 합리적인 선에서 타협이 필요하다. 이러한 타협이 아테네 사자가 말하듯이 주인과 노예의 관계에서부터 지배와 피지배 관계는 물론, 인간의 생존을 어느 정도에서 보장하느냐에 따라 이익 개념이나, 이에서 발전한 이성이 발견한 개념으로서 멜로스 사자가 말하는 평등함이나 '진리'에 기초한 정의 개념이고, 이에 기초한 친애로부터 형제애나 우애나 사랑 개념으로 발전하게 되며, 이를 조정하는 것이 아리스토텔레스의 '중용' 개념이므로, 정의나 진리는 중용 개념의 한계를 결정하는 시금석이 될 것이다.[5] 그리고 이러한 이성이 발견한 정의나 중용 개념에는 보편적인 인간성이나 삶의 진리가 결부되어 있으며, 만일 이성이 발견한 이러한 개념에 삶의 진리나 인간성을 전제하지 않는다면, 이성이란 한갓 동일성의 인식에 따르는 기계적이거나 명목적인 형식에 불과한 것이 될 것이다. 이 때문에 플라톤이나 아리스토텔레스와 같은 그리스 철학자들이 이성에 부여한 진리 인식의 능력이라는 개념은 힘을 정의라고 파악하는 현실주의자들이 횡행하는 정치

---

5   플라톤의 덕으로서의 정의 개념을 대치하는 아리스토텔레스의 중용 개념은 인간이성의 현실적 이해관계를 따지는 현실주의로 나타나는데, 인용문에서 나타난 두 사자의 발언을 외교학의 관점에서 보면 이러한 현실주의는 외교정책의 두 경향으로 나타난다. "첫째는 봉건제도를 존명시킨 군벌과 정벌의 이론이며, 다음은 상업상 계약에서 발생한 일층 중산계급적인 이론이다. 전자는 실력 정책의 경향을 띠게 되어 국가적 위신, 지위, 우월성, 그리고 매혹 등과 많은 연관성을 가졌다. 후자는 이익 정책으로 주로 유화, 조정, 타협, 그리고 신용 등으로 편집되었다." 해롤드 니콜슨(Harold Nicolson), 이정우 · 정일현 역, 『외교학 Diplomacy』(문교부, 1956), 36쪽.

적 영역에서는 역설적으로 한갓 수사학의 개념으로 변모될 것이다.

어쨌든, 이 시기 폴리비우스의 그리스 동료들은 로마의 성공을 언제든지 파멸할 수도 있는 것으로 간주한 반면에, 폴리비우스는 이런 견해에 반대하여 모든 정치제도에서 성공과 실패를 결정하는 주요한 요소는 그 국가의 정체 유형이라고 주장하면서, 당시 로마의 성공은 운이나 개인의 특별한 능력보다는 로마만이 지닌 인간의 합리적 정신에 기초한 제도(혼합정체) 때문이라는 점을 강조하였다. 따라서 그의 정치사상에 내재하고 있는 문제의식은 그리스의 국가들이 왜 오랜 동안 견실하게 지탱하지 못하고 체제의 변화를 겪고 급기야는 붕괴할 수밖에 없었는가의 원인을 인류 역사의 보편적 경향의 관점에서 찾으려고 한 데 있었다고 할 수 있다.

폴리비우스에 따르면, 인류의 역사는 인간이 지니는 능력의 한계 때문에 필연적으로 특정한 순환의 역사를 이룬다고 하면서 플라톤과 같은 신화나 형이상학에 기초한 윤회설과는 다르지만 현실에서의 인간의 능력의 유한성 때문에 일어나는 운명론으로 나타난다고 볼 수 있다. 그는 인간의 마음이 항상 플라톤이나 아리스토텔레스가 생각한 것처럼 이기적으로 작동하기 마련이라는 현실을 예리하게 파악하고, 어떻게 하면 국가가 혁명이나 변혁이 없이 안정된 제도 위에서 지속될 수 있을까라는 플라톤과 같은 현실적인 문제의식 속에서 제도와 법에 관심을 갖게 된 것이라 볼 수 있다. 그리고 역사 탐구의 결과, 그는 인간이 지니는 이러한 운명이 인간의 이기적인 마음에서 비롯된다는 현실을 날카롭게 파악하고 있으면서도, 다른 한편에서는 인간의 지적 능력, 특히 이성에 의해 어느 정도 바뀔 수 있다는 낙관론을 펴고 있다.

폴리비우스는 『역사』에서 로마의 통치에 대한 성격규정을 통해 그 시대의 사람들이 로마의 통치가 환영할 만한 것인지 회피해야 할 것인지를 파악할 수 있도록 하며, 다음 세대가 로마의 통치를 칭찬할 것인지 비판할 것인지를 판단하게 하여 현재와 미래에서 유용한 지침이 될 것을 목적으로 한다고 주장한다. 즉 사람들로 하여금 인간의 삶에서 역사의 중요성을 인식하게 하고,

로마의 권력과 정체는 단순히 일회적인 사건이나 제도에 의해 형성된 것이 아니라 역사적으로 축적되어온 제도라는 것을 알도록 하는 목적을 갖고 있다는 것이다. 그래서 로마와 상대해야 할 많은 국가들에게 로마의 우월성을 인정하고 그에 따르는 것이 이익이 된다는 것을 제시하려고 하였다.(『역사』, 3:4).

폴리비우스는 로마가 전 세계와 관계되는 시점을 한니발 전쟁으로 보아 그 전쟁을 『역사』의 출발점으로 삼았으며, 한니발 전쟁 이후의 일련의 전쟁들은 분리된 전쟁이나 사건이 아니라 로마 제국주의라는 한 가지 목적을 향해 나아간 행위들로 간주하였다.(『역사』, 1:3). 그는 로마의 세계정복이 한니발전쟁을 기점으로 시작되었다면, 어떻게 53년도 되지 않는 짧은 기간에 로마의 세계정복이 사실상 완료되었는가에 의문을 제기하면서, 로마의 급속한 성장을 인류역사에서 경이로운 최고의 사건으로 보았다. 그래서 로마인들은 과거에도 미래에도 상대가 없을 제국을 남겨놓았기 때문에 로마인들의 세계 권력 장악의 수단과 그 과정을 밝히는 것은 매우 의미가 있다고 생각한 것이다.

폴리비우스는 『역사』를 서술하면서 플라톤의 『법률』편과 같은 통찰에 이르렀으며, 이러한 통찰을 기초로 하여 『역사』를 확장 서술했는데, 이러한 『역사』의 확장 서술한 부분에는 제국주의로 변화하는 로마사회에 경종을 울리기 위한 교훈적 성격도 지녔으며, 종국적으로는 혼합정체의 흥망 성쇠론과도 연관되어 있다고 말할 수 있다. 폴리비우스는 로마가 성공으로 인해 번영을 누리면서 동시에 자만하게 되고 권력자들의 정치적 편익을 위해 도덕적인 행동을 위반하게 되는 사실들을 목도하고, 이러한 혼합정체도 결국에는 인치에 기초하지 않을 수밖에 없는 측면 때문에 인간이 이성적인 원리에 따르지 않으면 쇠퇴할 수밖에 없음을 말하고 있다.

폴리비우스에 따르면, BC.190년대까지 로마의 귀족들은 대체로 이성적으로 건전하고 덕스러웠으나, BC.170 년대에 이르러 로마는 전통방식에서 이탈하였고 로마인의 타락이 시작되었다. 그래서 폴리비우스는 『역사』를 통해 로마의 성공과 새로운 부에 타락되어가던 젊은 귀족에게 충고를 한다. 로마를 강성케 한 도덕적 미덕과 정체의 우수성이 부로 인해 부패할 수 있다는 로마의 장래에 대한 걱정이 『역사』의 확장 서술의 배경에 깔려있는데, 특히 후반부는 B.C.150년 이후의 역사적 사건에 영향을 받았기 때문에 혼합정체의 쇠퇴에 대한 경고의 의미도 담겨져 있다고 볼 수 있다. 결국 역사의 확장 부분은 아무리 좋은 제도라도 인간이 그것을 어떻게 이용하느냐에 달렸다는 법과 제도의 인치에의 의존을 말하는 점에서 덕을 중시하는 플라톤과 같은 사상이기는 하나, 그럼에도 불구하고 합리적인 이성과 상식을 중요시하는 그의 정치철학에서 역사적 체험과 법과 제도를 중시한 점에서는 아리스토텔레스와 같이 현실에서의 역사적 이성과 함께 발휘되는 현실적인 중용의 정신을 중요시하는 폴리비우스의 현실주의가 나타나고 있다.

다른 한편, 폴리비우스의 현실주의는 로마 공화정을 혼합정으로 해석하고 로마의 현실적인 법과 제도를 중시한다고는 하나, 로마의 현실적인 실용주의적 태도에 의해 이루어진 실정법과 제도는 인치 중심의 것으로서, 근대 정치철학자들이 이성적으로 정치적 권력의 기능적 분할과 이들 간의 상호 견제와 균형을 이루게 함으로써 가능하면 인치에 의존하지 않는 법과 제도가 되도록한 것과는 거리가 있다. 즉 그의 혼합정 사상은 정치 주체의 전문적 기능화와 소위 '해석을 필요로 하지 않는' 객관적인 계약법 사상이나 여론을 중시하는 '대의적' 민주주의 공화정의 사상과는 거리가 있다고 볼 수 있다. 즉 폴리비우스의 정치사상에 나타나는 정체 순환론이 플라톤 이래 나타난 정치의 주체를 기능적으로 분석된 객관적인 단위와 법의 보편적 성격에 따르지 않고, 여러 가지 기능을 복합적으로 지닌 '사람'으로 보기 때문에 나타나는 것이라는 것을 인식할 수 있다.

1) 국가의 기원과 아나키클로시스(anakyklosis : 정체 순환)

폴리비우스는 지중해 세계의 전쟁을 다루다가 『역사』 6권에 이르면, 이야기를 로마의 세계정복의 원인에 관심을 돌려 로마의 국내체제의 우수성이 로마가 융성할 수 있었던 원인이라고 판단하여 이것을 연구하겠다고 한다. 로마체제의 우수성은 다른 권에서 간헐적으로 나타나지만 그곳에서는 주로 지중해를 배경으로 한 전쟁의 경과와 그 영향, 당시의 주변 국가들의 모습들을 서술했기 때문에 정치사상적으로 의미가 있는 대목은 별로 없다. 정치사상사적으로 의미가 있고 로마의 정치제도에 대한 가장 체계적이고 본격적인 검토는 6권에서이다. 특히 정체 순환이 언급되는 곳은 『역사』 6권의 전반부이다.

폴리비우스에 따르면, 모든 사람들은 하나의 보편적 자연법칙 즉 기원, 성장, 완성, 쇠약, 종말의 과정을 포함하는 단순한 법칙에 의거하고 있는데, 이런 자연의 법칙을 정치체제에 적용할 때 아나키클로시스(anakyklosis)라고 이름 붙인 정체의 순환과정이 이루어진다.[6] 폴리비우스의 정체순환론의 근원은 정확하게 규정할 수 없으나 플라톤과 같이 그리스 사회에 널리 퍼진 그리스 신화로부터 기원하는 인간의 타락의 역사관과 문학에서 나타나는 운명관이 그의 정치경험을 어느 정도 구조화 시키고 있고, 특히 초기 로마역사에서 영향을 받은 것을 인류사에까지 확장한 것이라고 볼 수 있다. 더 나아가 그가 『역사』 6권에서 말하는 역사 순환론을 정밀히 살펴보면, 플라톤의 정치철학에 전제된 오르페우스 종교의 윤회론과 플라톤의 진리 상기설에 기초하고 있다는 것을 추측할 수 있다. 왜냐하면 그의 역사 순환론은 그의 짧은 역사 체험과 현실 인식만으로는 이루어질 수 없기 때문이다.

폴리비우스의 정치철학도 국가 사회에서의 정의라는 덕의 문제의식에서 출발한다는 점에서 플라톤이나 아리스토텔레스와 동일하다. 플라톤은 대표적인 단일정체의 유형으로 왕정과 민주정을 거론하여 극단적으로 나갈 경우 각각 전제적인 정체와 방종의 정체가 수립되기 쉽다고 주장하였고, 아리스토

---

6 김창성("폴리비오스의 발전관과 혼합정체 국가들," 『서양 고대사 연구』, 26집, 2010, 232쪽)은 기원, 성장, 완성, 쇠약이라는 과정은 순환에 따르는 본성이 아니라 유기체적 생물의 본성이라 한다.

텔레스는 귀족정과 민주정을 대표적인 단일정체로 들면서 극단으로 치닫는 경향이 항상 있어 정체의 불안정을 겪는다고 보았다. 폴리비우스는 플라톤과 아리스토텔레스가 지적한 이와 같은 단일정체의 폐해를 인식하여 단일정체의 문제점을 지적하고 여기서 벗어나는 이론을 만들고자 하였다. 이런 단일정체는 내재적으로 갖고 있는 특유의 본성과 악으로 인해 쉽게 타락하기 때문에 정치질서가 불안해진다.

> "녹이 철을, 나무좀과 유충들이 나무를 자연적으로 분해시키는 것과 마찬가지로, 각 정체 내에서도 분리될 수 없는 [인간성에서 기원하는] 자연적으로 발생하는 특수한 악이 존재한다. 왕정 내에는 절대주의라는 악이 있고, 귀족정체 내에는 과두정체라는 악이 있고, 민주정체 내에는 잔인한 폭력의 지배라는 악이 도사리고 있다. 그래서 이들 모든 정부형태는 그 자체의 타락한 형태로 변하는 것을 막을 수가 없다."(『역사』, 6:10).

폴리비우스의 정체의 기원에 관한 설명은 근대 이성적으로 생각된 자연 상태를 주장하는 철학자들의 주장처럼 인간성을 바라보는 하나의 인간관에 기초한 이념적 추상으로 가정할 수 있으며, 역사적으로 증명된 사실은 아니다. 모든 것이 멸절되고 새로운 무의 상태에서 출발하여 왕정으로 나아가는 초기사회의 모습은 플라톤의 『법률론』과 아리스토텔레스의 『정치학』에서 언급된 자연발생적인 기원을 따른다. 폴리비우스에 따르면, 인류 초기의 짐승과 같은 군거생활에서 가장 힘 있는 자가 다른 힘 있는 동물들로부터 동료를 보호하기 위해 용기를 발휘하면 그는 사람들로부터 존경과 명예를 받게 되고, 이와 반대의 행위는 비난과 혐오를 낳게 된다. 이러한 일이 반복되면, 인민 모두에게 유용성의 입장에서 사려(gnome : 이성)가 생기게 되고, 1인의 지배체제를 용인하게 된다는 것이다. 즉 일인 지배 체제의 발생은 정의라는 개념이 인간의 사유 능력(nous)과 추론적인 이성(logismos)의 작용을 통해 [모든 사유하는 인간에게서] 무의식적으로라도 이루어진다. 왕정이 체제로 굳어지면 그 왕이 설령 늙고 힘이 약해졌다 하더라도 그의 통치를 허용한다는 것이다. 이 시기 인류는 선과 정의 및 악과 불의에 대한 관념이 자연스럽게 생기게 되고, 1인의 지배 체제 하에서 사람들은 그 지도자의 후손들도 세습적으로 최고권을 갖고 있다고 생각한다. 여기에서 폴리비우스가 정체의 순환을 설명하기 위해 끌어들인 왕정은 인간과 국가의 발생 초기에서부터의 역사적 인식이 있는 것으로서 신화적이거나 봉건주의적 사고와는 다른 성격의 것이다. 즉 폴리비우스가 말하는 왕정은 아리스토텔레스가 '인간은 이성적 동물'이라고 말한 바 있는 그리스인들의 자유로운 개인의식에서 탄생한 이성적 인간관에서 나타날 수 있는 것으로서 인민들이 군주를 '선택한다'는 의미에서의 군주정을 의미한다. 즉 폴리비우스는 자신도 모르게 그리스적 이성 중심의 개인주의에서 성립하는 사고방식을 현실에 적용한 것으로 볼 수 있기 때문에, 그가 말하는 왕정은 어느 정도 무의식적이고 본능적인 로마인들의 현실적인 이성과 유사하다. 즉 폴리비우스가 말하는 왕의 선택 개념에는 인간의 역사에서 힘과 폭력이 합리적 이성에 지배되어야함을 간취한 것이라고 볼 수 있다는 것을 의미한다.(6:6).

　그런데 왕권의 위임이 세습화되고 그 자리에 있는 사람들이 자신의 본능적인 이기심에서 기원하는 사치와 관능적인 방종을 추구하면서 왕정은 타락하고 전제정으로 변하게 된다. 한 정체의 지배자의 부패는 필연적으로 그 정체의 타락과 붕괴를 초래하므로, 독재정 하의 왕정이 무너지는 것은 당연하다. 이러한 폴리비우스의 전제적인 일인통치의 발생과 몰락에 관한 설명은 인민 전체의 행복이나 인민을 위한 정치의 유용성이란 관점에서 지배 체제를 바라보게 되는 데에서 유래하는 것으로서 정치권력의 발생에 대한 정당화에 중요한 전환이 된다. 즉 정치체제 혹은 정치권력은 단순히 신화적으로 혹은 폭력을 통해서만 수립될 수 없고, 그것을 정당화시키고 합리화시키기 위해서는 종교나 신화로부터가 아니라 모든 사람의 안정과 복지를 생각하는 것으로서 현실적으로 정치의 원리를 유용성에 따르는 것으로 간주하게 되는 계기가 된다. 그리고 이러한 모든 사람들의 복지에 대한 생각은 사람들이 역사인식과 더불어 이성을 갖게 됨으로써 갖게 되는 것으로서, 인간이 사유를 하게 되면서부터 가지게 되는 상식(common sense) 속에 들어 있는 어느 정도 본능적이거나 무의식적인 이성적 동의가 국가 정체의 형성에 필요하다는 것이다.

동의의 문제가 폴리비우스의 정체 형성에서 인간의 이성적 판단능력(gnome)의 형성과 함께 제기되는데, 단순정체가 붕괴하는 원인도 사회의 구성원들이 동의할 수 있는 전제 조건이 파기되었기 때문이라는 것이다. 그래서 전제정에 반역하는 음모는 그 국가의 악한들로부터 나오는 것이 아니라 국가 전체를 생각하는 고상한 정신(이성)과 훌륭한 용기를 지닌 사람들에 의해 추구된다. 이들을 지도자로 삼은 인민들은 폭군을 퇴위시킨 다음, 이들 엘리트 집단에게 감사의 표시로 그들에게 권위를 부여하고 자신들의 운명을 맡긴다. 왕정이 폐지되고 과두정이 형성된 것이다. 이 과두정에서는 신체적인 힘이나 야만적인 용기보다는 이성의 판단력이 우월성을 획득한다(6:7). 그리고 이 과두정이 곧 폴리비우스에 따르면 귀족정이다.

그런데 왕정을 전복한 이 귀족(aristoi)들은 초기에는 자신들의 임무에 따라 공공의 관심과 공익에 충실했으나 그 자손들이 세습적으로 동일한 권력의 권위 있는 직책을 물려받자, 선조들과 같이 어려움을 겪어보지 않은 이들은 복종하는 인민들과 차별적인 고귀한 옷과 주택은 물론 성적 쾌락을 추구하면서 언행에서 자신의 특별한 권위를 나타내는 생활양식을 보이고, 타락과 방종한 생활을 영위하게 된다. 즉 이들은 시민들의 자신들과의 동등성과 정의에 기초한 언행의 자유를 망각하게 되고, 탐욕과 욕정에 사로잡혀 돈벌이와 여인들을 강간하고 어린아이들에 대해서까지 폭력을 행사하게 된다. 그래서 시민들 사이에 이들에 대한 증오와 질투가 있다는 것을 알게 된 사람들은 과두정에 반대하는 모든 시민들을 자기편으로 삼아 소수의 엘리트 집단을 몰아낸다. 그런데 이들 시민들은 소수의 지배자를 몰아낸 후 과거 왕정 치하에서 자행된 공포로 인해 왕을 다시 세우려 하지 않고, 또한 최근의 귀족들의 비행을 경험했기 때문에 이러한 역사인식에 충실하게 소수의 계급에게 정부를 맡기려고 하지 않는다. 그래서 자신들이 스스로 집권하여 민주정을 탄생시킨다.(6:9).

민주정에서 소수의 과두정의 부정을 경험한 사람들이 살아있는 동안에는 불의에 침해당하지 않는 정의를 실현하는 사회적 자유와 평등이 가장 중요한 가치로 존중되나, 새로운 세대가 탄생하면서 연설의 자유와 평등에 익숙해져 자유를 자신들의 욕망을 실현하는 수단으로, 평등을 범용한 지적 수준에서 이루어지는 행위로 간주함에 따라, 전체적으로는 인민들 서로의 결핍된 욕망을 실현할 수 있는 것으로 간주함에 따라 자유를 방종하게 사용하면서 시민들 사이에 욕구 충족에서 우위에 서려는 경향이 발생하여 종국적으로는 (근대 이후 무정부 상태(anarchy)라 일컫는) 무법천지의 사회가 형성된다. 이 때문에 시민들은 무법천지의 사회에서 법적 질서가 있는 사회를 요구하게 되는데, 무법천지의 사회에서는 자연스럽게 형성되는 질서란 것이 힘과 부에 의한 것이다. 즉 시민들 중에서 일부 계층, 특히 부자들이 주로 강력한 권력을 차지하기 위해 일반시민들을 뇌물로 매수함으로써 자신의 힘과 권력을 획득하는데, 권력을 획득한 이들이 또한 무분별한 명예욕과 탐심으로 인해 민주정은 파괴되고 폭력적인 정부가 형성된다.[7] 즉 권력을 손에 쥔 사람들은 다른 사람의 재산에 야심을 가지게 되고 다른 사람을 희생시키면서 자신의 이익을 취하는데 익숙해진다. 그래서 폭력적 집회, 학살, 추방 등과 같은 현상을 야기시켜 마침내 지금까지의 축적된 지혜에 의해 형성된 정치적 문명의 모든 자취가 사라진다(국가의 멸망이 외적의 침입이 아닌 내폭하는 것으로 묘사되고 있다). 그리고 다시 인류에게는 앞에서 언급한 자연 상태로 되돌아가며, 이러한 자연 상태에서 다시 1인의 지배자가 나오게 된다는 것이다. 폴리비우스는 이런 현상이 정체혁명의 순환이며 자연

---

[7] 근대 부르주아에 의해 민주정이 달성되었으면서도 동일하게 부르주아에 의해 독제나 제국주의로 변화하며, 그럼에도 불구하고 근대에서의 시민 정신이 일인이나 다수의 통치를 원하지 않기 때문에 공산주의나 사회주의에서처럼 인민에 의한 전체주의가 탄생하여 민주주의가 파괴되는 것과 똑같은 현상이 일어난다.

의 법칙이라고 본다.(6:9, 10).

폴리비우스에 따르면, 1인의 지배인 왕정과 전제정의 차이는 세습의 여부에 달려 있으며, 그리고 귀족정과 과두정의 차이도 국가 전체를 생각하는 정의관이 사라지게 하는 세습에 기인한다. 왕정과 귀족정이 무너지는 것은 세습을 통해 권력을 획득한 지도자가 적합한 능력(덕)을 소유하지 못하고 자질에 걸맞지 않는 지위를 차지할 때인데, 세습이야말로 모든 단일 정체의 문제점이라고 할 수 있다. 따라서 폴리비우스에게 있어 정치체제의 위기는 능력에 따른 적합한 인물의 선택이나 권력의 사회적 분배의 양식이 법적으로 제시되지 않거나 관습이 형성되지 않고 세습이라는 불평등한 권력의 분배양식에 의존하여, 권력을 지배자들이 자신들의 이익을 추구할 때 발생한다는 것을 주장하는 것이라 볼 수 있다. 이것은 아리스토텔레스가 말한 적합한 자질에 따라 적합한 몫을 수여하는 정의의 원리가 없는 상황이다. 물론 아리스토텔레스의 정의 개념이 앞에서 살펴본 대로 능력에 비례하는 비례적 정의 개념으로서 현대의 평등 개념과 비교하면 문제가 많지만, 이러한 비례적 평등마저도 없는 상황이 부와 권력에 대한 인간의 탐욕으로 인해 일어나며, 이러한 지배자의 탐욕은 정치질서를 붕괴시킬 뿐만 아니라 인류의 멸종에까지 이르게 된다는 논지가 그의 정체 순환론에 깔려있다.

특히 폴리비우스의 정체 순환론에서는 민주정에서 폭민정(ochlokratia)으로 넘어가는 과정에서 세습의 문제는 사라지는 대신에 부자의 역할이 중요한 원인으로 등장한다. 즉 부자들의 부에 대한 탐욕은 정당한 방법이 아닌 선동적인 방법(포퓰리즘)을 채택하여 다수의 대중을 현혹시켜 권력을 획득한 뒤에 이 권력을 정의롭게 행사하지 않고 자신의 이익을 추구하려는 데서 발생하는데, 이는 그리스의 아테네의 민주정에서 자신들의 권력추구를 위해 수단과 방법을 가리지 않는 데마고고스들의 선동에 넘어가는 대중들의 무분별한 욕망과 데마고고스들의 언행 속에 들어 있는 모순이나 부정을 간취하지 못하는 무지 때문에, 과두정에서 부자들이 대중들의 이러한 욕망과 무지를 현혹하고 이용하여 자신들의 부를 축적하기 위한 수단으로 권력을 획득하고, 권력을 획득한 후에는 자신의 권력을 이용하여 정치를 좌우하면서 부패를 초래한 역사적 경험에 근거를 둔 것이라 볼 수 있다. 그리고 권력이나 부를 추구하는 데마고고스나 정치가들의 목적은 모두가 공히 국가 전체를 생각하지 않고 자신들의 안정과 복지만을 생각하는 인간의 성격 속에 들어 있는 낭만적 정신이나 보편적인 이기심 때문이다. 그 결과 이기심에 따르는 인간의 욕망은 폴리비우스가 보기에 필연적으로 개개인의 인간은 물론 인류까지 멸종하게 할 만한 성격을 지녔다는 것을 통찰하고 있다.[8]

이러한 그의 정체 순환론에 나타나는 부자의 탐욕에 대한 경멸과 함께 폴리비우스는 일반 민중의 지적 능력에 대하여도 회의적이다. 그에 따르면 민중은 스스로 지적인 능력이 부족하여 선악판단에서 비이성적이고, 다른 한편으로 부자와 같이 탐욕스럽기 때문에 부자의 욕심과 대중의 무지한 분노가 결합하면 정치체제의 붕괴는 물론 인류의 파멸과 같은 큰 재난을 초래한다. 그래서 폴리비우스는 민중의 통치를 무정부 상태와 같은 것으로 간주하여 아테네의 민주정을 플라톤과 같이 선장 없는 배로 보았던 것이다.(6:44). 또한 폴리비우스의 정체 순환론에서는 사람들의 현실적인 합리적 이성(gnome) 이외에는 하늘의 법이나 자연법과 같은 불변하는 법사상이 없이 각 정체들의 인치적인 특징만이 묘사되고 있다. 특히 민중은 많은 자유를 획득할수록 오히려 그간의 정체에서 결핍된 욕구 충족의 불만이 폭발하여 이성적이기보다는 이기적이 되고, 특히 먹고 사는 것에 대한 이들의 공통적 관심이 방해를 받으면 폭력화되어 아리스토텔레스가 말한 이성적 정신의 중용의 정신이 없는 방종에 떨어질 가능성이 많다고 간주한 것이다.

그럼에도 불구하고 폴리비우스에 따르면, 이러한 민중들의 자유에 대한 열

---

8 현대 기계문명이나 인공지능에 의한 인간의 편의주의적인 이기심에 의한 자연 파괴를 잘 지적하는 것으로 상징화할 수도 있는 대목이다.

망은 과거 폭정으로부터 야기된 것이기에 무법의 사회가 되면 역설적으로 평화를 지향하는 건전하고 상식적인 이성이 작동하기도 한다고 말한다. 이러한 이성은 초기 왕정에서 왕을 선발할 때 이미 작동하는 것으로서 나타나며, 그가 이러한 정치체제의 순환론에서 이성을 강조하는 것은 플라톤이나 아리스토텔레스와 같이 개인들 속에 숨어 있는 이러한 이성적 성격을 역사인식(교육)으로 강화하지 않으면 안 된다는 것과 함께, 개인의 지도력이나 능력, 혹은 다수 대중의 의견보다는 모든 사람들이 이러한 이성적인 자질을 개발하고 이 모든 것을 집약시켜야 지속적으로 정치질서의 안정이 보장되고 특정 집단의 이익만을 추구하는 것을 배제하는 인류의 역사인식에 보편적으로 내재하는 정의로운 합리적 정신이 폴리비우스가 말한 특정한 정치체제(혼합정체)를 추구하려는 경향으로 나타난다는 것을 암시한다고 말할 수 있다. 즉 한 인간의 마음속에는 개인적인 이기심과 공동체를 구성하는 일원으로서의 공동체를 지향하는 이성적인 관심이 공존하지만 역사인식과 더불어서야만 뒤늦게 자각되는 것으로서 문화적으로나 제도적으로 이러한 경향을 강화하거나 교육을 수행하지 않으면 안 된다는 것을 표명하고자 하는 것이다.

우리는 원시왕정에서 귀족정으로, 귀족정에서 민주정으로 변천하는 것으로 순환이 시작된다는 폴리비우스의 기계적인 정체 순환은 실제 역사를 볼 때 맞지 않는 부분이 많다고 비판할 수 있다. 즉 인류 역사에서 민주정이 최초로 실현된 것은 그리스 민족에서일 뿐 대다수의 다른 민족에서는 왕 중심의 봉건적 체제만 있었기 때문이다. 또한 그리스에서 발생한 민주정체에서 한 국가가 완전히 소멸한 적이 없고, 또 민주정이 왕정에 흡수되어서 왕정으로 변한 적은 없으며, 참주정은 역사상 왕정의 타락이 아닌 경우가 많기 때문에, 폴리비우스처럼 정체의 변천이 항상 왕정에서 과두정체, 과두정체에서 민주정체, 그리고 다시 초기 왕정으로 이루어진다기보다는 오히려 아리스토텔레스의 지적처럼 왕정에서 직접 다른 정체로 변할 수도 있는 것이 정체변천의 현실적인 모습이다. 아리스토텔레스는 정체가 변하는 데는 일정한 순서가 있다고는 생각하지 않아 "어떤 경우에는 폴리테이아제로부터 과두정치로, 그리고 과두정치로부터 족벌정치로 변화가 일어날 것이며, 다른 경우에는 폴리테이아제로부터 민주정치로, 과두정치로부터 폴리테이아제 혹은 민주정치로 변화할 것"[9]이라고 하여 플라톤의 역사관에 따라 순서에 따른 필연적인 정체변화에 대해 비판을 가하면서 정체변화의 무규칙성을 주장하였다.

그러나 폴리비우스는 『역사』를 통해 어느 정체에서도 다른 정체에로의 모든 변천이 가능하다는 것을 증명한 아리스토텔레스의 입장보다는 정체는 인류의 역사적 발전의 인식(기억)에 따라 정체도 발전 가능성이 있기에 장기적으로 보면, 반드시 일정한 순서에 따라 필연적으로 변화된다는 플라톤의 정체변화관을 받아들였고, 여기에다 이성의 욕망에 대한 허약함이나 미개발, 즉무지 때문에 원래의 정체로 돌아간다는 순환관을 첨가시켰다.[10] 물론 결과적으로 보면 폴리비우스도 혼합정체의 장점을 부각시키기 위해 정체 순환의 단순성을 주장했을 뿐이지 그가 서술한 순환대로 정체가 반드시 변화해 왔다고 생각하지 않았을 것이다. 그렇지만 자신의 혼합정체의 우수성에 대한 논리의 정당성을 부여하기 위해, 또 제도의 측면에서 체제 논쟁을 이끌어 내기 위해 정체 순환을 단순화했다는 그 사실에서만으로도 폴리비우스가 역사에서 보편적 법칙을 발견하고 이를 정치현상에 적용한 정치사상가로서 평가받을 만한 충분한 이유가 된다. 즉 폴리비우스는 이와 같은 정체의 순환을 각각의 정체 안에서도 가능한 것으로 인식하고 이러한 순환에 따르는 인간의 비극을 방지하는 최선의 방책으로 혼합정체를 제시하였다고 할 수 있다.

따라서 이러한 그의 정체 순환관과 혼합정체론은 상호 변증법적 관계에 있다는 철학적 관점에서 보면, 그의 정치철학 속에는 있는 인간의 보편적 경향,

---

9   아리스토텔레스, 『정치학』, 5권 8:11
10   논리적으로 보면 모순과 모순율의 변증법적 관계로서, 모순율은 모순을 배제하자는 논리인데 반해 모순율 자체가 이미 모순을 전제하고 있기에 배중률을 전제하는 모순율로 나타난다. 결국 모순과 모순율, 이 양자를 결합시키기 위해서는 시작과 끝이 있는 직선적인 시간관이 필요하며 그 결과로 나타나는 것이 서구 존재론에서 기원하는 일반 논리학의 전체와 부분의 논리이다.

즉 인간의 욕망에 기초한 심리적 상태와 이를 역사적 체험을 통해 이성적으로 반성하고 통제하는 인간의 지능 발전의 관점에서 해석해야 할 필요가 있다. 그는 역사 순환관과 혼합정체론을 통하여 인간사회는 안정되고 정의로운 통치가 시행될 수 있다고 보았기 때문이다. 그리고 이러한 혼합정의 현실적인 실체를 로마의 초기 역사에서 보았다.(『역사』, 6:9, 12). 이와 같은 실례의 본보기로 그는 혼합 정체를 채택한 몇 개의 국가를 설명하는데 이러한 그의 정치철학적 관점을 적용하고 있으며 그 중에서 로마 공화정을 가장 최고의 정체로 간주하는데, 다음 절에서는 폴리비우스와 같이 로마 공화정이 어떤 점에서 혼합정체의 성격을 갖고 있는지에 관해 살펴보자.

2) 혼합정체로서의 로마공화정

폴리비우스는 정체의 특징들에 대해 언급하는 대부분의 저서들이 세 종류의 정체만을 구분하여 왕정, 귀족정, 민주정이라고 부르는 것을 비판한다. 폴리비우스에 따르면 왕정이란 공포나 무력이 아닌 합리적인 이성(gnome)에 호소하여 신민들에 의해 자발적으로 받아들여지는 1인의 통치(monokratia) 양식을 가리키며, 귀족정이란 공적에 따라 선출되는 가장 정의롭고 현명한 사람들에 의해 권력이 행사되는 정체를 뜻한다. 그리고 이러한 정체들에서 정의로운 정체는 신들에 대한 경외, 부모에 대한 관심, 연장자에 대한 존경, 법에 대한 복종들이 전통적이고 관례화되어 있으며, 여기에서 발전한 다수의 의사(민의)가 존중되는 공동체를 민주정체라 말할 수 있다.(『역사』, 6:4). 이 때문에 폴리비우스의 정치철학 속에는 신화적이거나 종교적인 색채에서 벗어나 이미 인민(people)의 의지나 합리적인 이성에 기초하는 인민의 '선택'이나 '동의' 개념이 전제되어 있다고 볼 수 있다. 더 나아가 폴리비우스에 따르면, 현실에는 세 종류의 정체만이 있는 것이 아니라 이들 각각의 정체의 요소들을 결합한 정체가 존재할 수 있으며, 이런 정체야말로 혼합정체로서 최선의 정체라고 간주한다. 이러한 폴리비우스의 정체의 유형은 새로운 분류가 아니라 플라톤의 『정치가』와 아리스토텔레스의 『정치학』에서 제시된 정체분류와 유사하다. 다만 플라톤이 민주주의(democratia)를 무지한 인민들의 방종한 자유가 지배하는 체제의 의미로 사용한 반면에 폴리비우스는 합법적인 형태를 민주주의(democratia)로, 부패한 형태를 폭민정(ochlocratia)으로 구분하여 불렀다는 점에서, 즉 민주주의를 법이 있는 것과 없는 것으로 구분한 점에서 정치철학사에 아주 중요한 구분을 한 것으로 판정할 수 있다. 이 점은 민주주의에 대한 그의 생각이 아리스토텔레스와 같이 정치에는 다수의 참여가 바람직한 형태라는 것을 상징하며, 아테네의 민주정체에 대한 그의 긍정적인 생각을 반영하는 것이다.

폴리비우스는 혼합정체가 어떻게 형성되는가에 대해 대체로 두 가지의 방법이 있다고 본다. 첫째는 인위적인 방법으로 형성된 체제이며, 둘째는 자연스럽게 형성된 체제가 있는데 리쿠르고스의 입법에 의한 라케다이몬(스파르타)의 혼합정체 형성을 인위적인 방법의 대표적인 예로 언급한다. 폴리비우스에 따르면, 리쿠르고스는 역사의 순환법칙과 단일정체의 폐해를 알고 있기 때문에, 좋은 정체들이 지닌 장점들을 결합시켜 각각의 권력이 다른 권력들의 견제를 받아 어떤 한 부분도 다른 부분들을 결정적으로 압도하지 못하도록 상호 견제하고 균형을 이루어 전체가 마치 배가 바람을 받아 항해하듯이 오랫동안 견딜 수 있도록 하는 혼합체제를 스파르타에 설립하였다고 본다. 이러한 리쿠르고스의 이성적 판단과 인위적인 방법으로 설립된 스파르타의 혼합정체를 폴리비우스는 로마의 정체와 비교하면서 로마정체의 우월성을 주장한다. 그에 따르면 스파르타와 로마는 혼합정체라는 동일한 정치체제를 갖고 있지만 스파르타가 한 개인의 추상적인 이성의 능력으로 설립되었다면, 로마는 건국 초부터 현실적으로 일어나는 국내외의 많은 난관을 여러 선량들(귀족들)의 협의(concillium: 후에 원로원으로 칭해진다.)를 통해 지혜를 모아 해결한 것으로 간주한다. 특히 로마인들은 실패나 과오, 잘못된 판단에서 일어난 불행을 통해

반성적으로 얻은 역사적 지식으로부터, 그리고 다른 나라의 우월한 장점을 수용하고 끊임없이 개혁을 단행함으로써 혼합정체에 도달하였다고 하면서, 이러한 현실적인 이성의 작동을 로마 귀족들에게서 발견하고 이를 우월시 하였기 때문이라는 것이다.(6:10).

폴리비우스는 수많은 정체의 변화를 겪은 그리스 국가들의 경우에 과거를 언급하고 미래를 판단하는 것은 이미 알려져 있는 사실을 바탕으로 하기 때문에 어려운 일이 아니나, 로마는 발생 초기에서부터 어떻게 정치가들이 이처럼 합리적 이성을 지니게 되었는지는 알 수 없으며, 로마의 거대함과 정체의 복잡성으로 인해 그 상태를 서술하는 것은 쉬운 일이 아니며 로마의 미래를 예측하는 것 또한 어렵다고 본다. 그렇지만 자신의 역사 순환관과 인류 역사의 보편적인 발전사적 관점에서 로마의 상태를 분석하고 로마가 어떻게 세계국가로 발전하였는가를 밝혀보겠다고 하고 있다. 그러나 그가 정체 순환의 이론을 초기 로마 역사에 적용했는지 혹은 초기 로마 역사가 정체 순환의 틀을 밟았는지에 관해서는 정확히 알 수 없으나, 로마의 건국자인 로물루스로부터 이어지는 일련의 사태들을 왕정에서 과두정체로 변하는 과정으로 이론화시켰고, 로마는 평민과 귀족 간의 대립을 조정하고 조화시키는 플라톤이나 아리스토텔레스가 말한 대화와 중용의 이성을 통해 이런 정체 순환의 궤도에서 벗어나 자연스럽게 혼합정체를 형성하였다고 본다.

로마의 정점에서의 로마 정체의 어떤 면들이 혼합정체의 성격을 띠는가? 폴리비우스는 로마정체의 집정관, 원로원, 민회가 왕정, 귀족정, 민주정의 단일정체의 성격을 대표하며, 이들의 상호 대립과 갈등을 국가적 차원에서 협의하는 로마 공화정이 권력주체들의 균형과 조화의 정신이 발현된 만민 평등을 실현하는 정치기구라고 주장한다. 폴리비우스에 따르면, 단일 정체를 대표하는 기구들의 존재로 인해 로마인들조차도 자신의 정치체제가 귀족정인지, 민주정인지 또는 군주정인지 확실하게 규정하는 것은 불가능할 정도라는 것이다. 그래서 로마의 정체에서 집정관들이 지닌 힘만을 관찰할 때 왕정으로 간주하게 되고, 원로원이 지닌 힘만을 한정하여 보면 귀족정체로 간주하게 되며, 인민이 지니고 있는 힘만을 관찰해 보면 로마체제는 명백한 민주정체로 여겨질 수 있다는 것이 폴리비우스의 사고였다. 우리는 이러한 로마 공화정의 실체를 로마의 관직체계와 이러한 관직 체계의 원천이 되는 군대 조직에 대한 분석을 살펴봄으로써 확인할 수 있다.

3) 로마 공화정의 관직체계

폴리비우스가 왕정, 귀족정체, 민주정체의 성격을 지닌다고 주장한 집정관, 원로원, 민회의 권한에 대해 간략히 살펴보자. 집정관(consul)들은 군단을 지휘할 필요가 있기까지에는 로마에 머물면서 모든 국가업무에 대해 최고의 권위를 행사한다. 호민관을 제외한 다른 모든 관리는 집정관에게 복종할 의무가 있다. 외국사절들을 원로원에 정식 소개하는 것, 긴급한 사항을 원로원의 토의에 회부하며 그 결의들을 시행하는 책임, 인민에 의해 결의되어 법률로 표명된 모든 공적인 일을 집행하는 권한이 집정관에게 있다. 민회를 소집하여 정책안 내지 법안들을 제출하고 인민의 재판결과들을 집행할 권한을 갖고 있으며, 특히 전쟁 준비와 야전에서의 모든 작전수행에 관해서 집정관의 권한은 왕이나 군주와 같이 절대적이다. 왜냐하면 그들은 동맹국들에 대해 그들이 적합하다고 생각하는 요구들은 무엇이나 다 할 권리가 있기 때문이다. 그들은 또한 실제 군 복무시 그들의 명령 하에 있는 어떤 자에게나 처벌할 권리가 있고, 국고에서 그들이 적절하다고 생각하는 금액은 얼마든지 꺼내 쓸 권리가 있는데, 재정문제는 완전히 자기 지시대로 움직일 재무관을 동반하고 있다. 폴리비우스에 따르면, 집정관의 이런 권한만을 보면 왕정의 순수한 사례가 된다.(6:12).

원로원은 집정관의 명령으로 사용된 예산을 제외한 모든 국고를 관장하고, 모든 세입과 지출을 규제한다. 재무관들은 집정관들을 위해 일하는 경우 외에는 원로원의 명령 없이는 어떤 사항에 대해 재정을 지출할 수 없다. 원로원은 가장 중요하고 거대한 경비지출, 즉 5년마다 공공건물의 수리나 건설을 위한 경비지출을 관리한다. 그 수리비나 건설비는 감찰관(censor)들이 산정 보고하는데 원로원이 최종적으로 재가한다. 반역 음모와 같은 공식조사를 필요로 하는 이탈리아 내에서 저질러진 어떤 범죄도 원로원의 사법권 하에 있다. 원로원은 또한 이탈리아 외부에 있는 나라들에 대한 의견 차이를 조정하는 조언을 주든 요구사항을 전하든 항복을 받아들이든 선전포고를 하든 간에 이러한 여러 목적을 위한 사절이나 위임자를 파견할 책임을 지고 있다. 법안을 만들고 외부의 문제를 해결하기 위해 대사를 파견하는 권한도 원로원이 갖고 있다. 따라서 폴리비우스에 따르면, 집정관들이 로마에 없는 사이 로마에 우연히 체류하는 사람에게 로마정체는 완전한 귀족정체로 나타나고 이것은 많은 그리스 국가와 다른 나라의 왕들 사이에 만연되어 있는 인상이다. 왜냐하면 그들에게 관계되는 국가의 모든 일을 원로원이 처리하기 때문이다.(6:13).

민회는 집정관이나 귀족들의 영예를 수여하고 벌을 가하는 유일한 원천이다. 특히 국가의 최고 관직을 보유했을 때, 범죄가 벌금형에 해당하는 많은 소송 사건들을 심리하는 권한을 민회가 부여받고 있는 것이다. 민회를 좌우하는 인민의 의지야말로 범죄를 재판하는 유일한 법정이다. 생사를 결정하는 법정은 인민의 의지에 달려있으며, 자격 있는 사람에게 공직을 부여하는 것 역시 인민이며, 법률을 통과시키거나 폐기시키는 절대적 권한을 가진다. 무엇보다 중요한 것은 전쟁이나 평화의 문제에 관해 심의하는 것, 그리고 동맹이나 적대 행위의 중지나 조약에 대한 잠정적인 조건이 성립되었을 때 그것을 비준하거나 반대하는 것 역시 민회의 권한이다. 폴리비우스는 이런 점들을 고려하면 로마의 주요 권력은 인민에게 있고 그 정체는 민주정이라고 말할 수 있다고 보았다.(『역사』, 6:14).

폴리비우스에 따르면, 이런 세 권력의 주체가 로마 정체를 구성하는 요소가 되어, 각각 견제와 제어를 하면서 균형 있게 이루어지는 것이 로마 공화정의 혼합정체적 성격이다. 집정관들이 앞에서 말한 권력을 가지고 원정을 떠날 때 그 일을 처리할 절대적 권한을 그 손에 쥐고 있는 것으로 보이나, 집정관은 여전히 민회와 원로원의 지지를 필요로 한다. 이들이 없이는 집정관은 성공적인 업무처리를 할 수 없다. 원로원 역시 단독으로 문제를 처리하지는 못한다. 원로원의 최종결의는 사전에 미리 민회의 승인을 얻어야 하며 호민관의 거부권에 종속되어 있다. 사형선고의 경우는 민회가 그 명령을 비준해주지 않는 한 집행할 수가 없다. 원로원 의원에게 직접 영향을 미치는 일들, 예컨대, 원로원의 전통적 권위를 축소시키거나 원로원 의원들로부터 어떤 작위나 직위를 박탈하거나 이들의 재산을 몰수하는 경우 민회만이 그 법률을 통과시키거나 거부하는 권한을 갖는다. 마찬가지로 민회도 원로원에 의지해야 한다. 모든 민간계약, 사업 노동 등은 원로원의 권한으로 이루어졌으며, 공적, 사적인 중대한 재판은 원로원 중에서 선출된 재판관이 주재한다. 따라서 모든 인민들은 원로원의 자비에 의존하여 원로원의 뜻을 거스르거나 적극적으로 반대하는 일을 삼가야 한다. 또한 인민들은 군복무시에 집정관에 종속되어 있기 때문에 집정관의 의견에 함부로 거역해서는 안 된다.(6:14). 폴리비우스는 이와 같이 집정관, 원로원, 평민의 의지를 반영하는 민회 모두 상호견제와 협조의 균형을 이루고 있는 이 체제를 다음과 같이 묘사하고 있다.

> "이 체제하에서 세 가지 요소가 상호 도움을 주거나 피해를 입힐 수도 있는 권력을 소유함으로써 모든 비상사태에 견딜 수 있는 충분한 통일을 유지할 수가 있다. 이보다 더 좋은 국가 체제를 발견하는 것은 불가능하다. …이런 국가 체제는 그 자체 안에 이와 같은 폐단을 바로잡을 힘을 갖고 있다. 왜냐하면 이들 세 요소 중의 어느 한 요소가 거만해져 논쟁적이고 월권적인 경향을 나타낼 때 이들 세 요소 간의 상호 의존성과 견제를 통해 유효적절하게 상황을 올바르게 이끌고 갈 수 있기 때문이다."(『역사』, 6:18).

그러나 로마의 역사상 그리고 현실적으로 집정관, 원로원, 민회가 실제로 왕정, 귀족정, 민주정을 대표하는가에 대해서는 의문이 많다. 집정관의 권위는 행정 기능에서 파생되었을 뿐이지 왕정의 요소를 갖춘 것은 아니며, 임기도 1년으로 매우 불안하기 때문에, 집정관은 폴리비우스가 분석한 것처럼 우월한 직책은 아니다. 그리고 초기에는 귀족만이 집정관이 될 수 있었기 때문에 평민들은 집정관을 귀족의 도구로 간주하였지 왕정의 요소로 인정하지는 않았다. 또한 집정관과 원로원과의 관계에서는 폴리비우스가 말한 것과 달리 법적 권력과 실제적 권력 간에 일치하지 않는 점이 많다. 초기 로마에서 귀족들의 기원은 왕의 자문가들로 시작하였고, 왕정시 원로원은 왕의 자문 역할에 불과했기 때문에 원로원이 귀족정을 대변한다고 보는 것은 잘못이다.

민주정의 요소를 갖고 있다는 인민의 권한에 관해 살펴보아도 폴리비우스의 견해가 일방적이고 현실적으로 맞지 않는 면들이 많다. 민회가 민주정의 요소를 갖고 있다면 로마 공화정의 역사에서 왜 인민들이 귀족들에 대항하여 두 번의 분리 운동과 일련의 징집거부 운동을 벌였는가에 대해 설명을 할 수 없다. 민회에서 인민이 의사 결정권에 있어서 다수를 차지한다면 자신의 이익을 위한 법을 만들면 될 터인데, 이렇게 하지 못했던 것은 민회에 입법 제안권이 없었기 때문이다. 그리고 민회를 주도하고 대표한다고 한 호민관들은 역사적으로 귀족 출신이 많았기 때문에 인민을 위해 항상 일하지는 않고, 현실적으로 공화정을 유지하기 위해서 공화정을 파괴하는 듯한 실천적인 혁명적 정신의 그락쿠스(Graccus) 형제를 제외한다면, 얼마든지 귀족의 이익에 봉사할 수도 있었다.[11]

---

11 허승일은 "헬레니즘 시대의 스토아사상과 현실 정치"(서양 고전학 연구, 31권, 2008, 60-61쪽)에서 민주정의 요소가 스토아 사상에서 유래함을 밝히고 있다. 즉 스토아 사상이 한때 자유 진보적인 정책노선을 내세웠지만 결국 극단적인 보수주의의 길을 걸은 아밀리아누스—스키피오 집단(역사가 폴리비우스, 철학자 파나이티우스 중심)과 클라우디우스-풀비우스(판아이티오스의 스승인 디오게네스, 티베리우스 그락쿠스 형제의 어머니 코르넬리아 중심) 영도하의 귀족 중심의 기회주의자들로 결속되어 항상 최대의 이익을 추구하는 방향으로 정책을 수립한 집단으로 나뉘어져 있음을 말하고 있다. 허승일은 또한 『로마 공화정 연구』(서울대 출판부, 1995), 제 5장 '폴리비우스의 혼합정체론과 티베리우스 그락쿠스의 개혁'에서 그락쿠스 형제의 개혁정책이 왜 현실정치에서 그들의 암살을 초래했는가에 대한 탁월한 분석을 통하여 혼합정에서 기원하는 로마 공화정 체제가 같은 공화정의 정신을 가진 귀족들에 의해 이용될 수 있는가를 잘 밝혀내고 있으며, 이것은 바로 혼합정의 약점을 지적하는 것이기도 하다.

로마의 다양한 회의가 실제로 인민을 얼마나 대표하는가도 의문이다. 민회에서의 투표권은 공평하게 분배된 것이 아닌데, 만일 기사 계급과 상위 계급이 결탁한다면 그들이 다수표를 형성하여 많은 일반 인민의 이익과 반대되는 결의를 할 수도 있다. 그리고 이탈리아 인구의 대부분은 완전한 로마 시민권에서 제외되어 있었고, 그 외의 다른 지역은 투표권도 없고 시민권에서도 제외되어 있기 때문에 폴리비우스가 서술한 로마의 혼합정체는 로마라는 영역의 매우 작은 부분에만 적용되었다고 볼 수 있다.

따라서 폴리비우스가 묘사한 로마 정체는 왕정, 귀족정, 민주정의 결합인 혼합정체가 아니며, 로마 제정이 시작하기 이전에는 오히려 원로원이 최고의 권한을 가진 일종의 귀족정이라고 볼 수 있는 여지가 많다. 그리고 로마 정체는 한 기구가 여러 권한을 소유하고 있어서 집정관은 집행권은 물론 사법권 외에도 입법 발의권까지 장악하고 있었으며, 원로원과 민회도 입법권을 공유하며, 호민관과 민회 또한 입법 발의권을 가지고 있었다. 여러 기능이 동일한 기구에 속해 있으면서도 분산되어 있다는 점에서 로크나 몽테스키외의 기능적인 권력 분립론과 같은 근대적인 관점에서 보면, 권력의 행사에 있어서 정당성을 시험할 수 있는 것으로서 민의에 기초한 입법권과 비판적인 사법권이 행정권에서 분리되어 있어서 권력의 견제와 균형에 의한 정당한 행사라는 권력의 기능적 분리나 분배와는 다른 복잡한 성격을 로마 정체는 지니고 있었다.

김창성은 폴리비우스가 혼합 정체를 지니고 있었던 3국가인 스파르타, 로마, 카르타고를 비교함으로써 로마가 그리스 국가들과 다른 점만이 아니라, 혼합 정체국가들에서 서로 다른 점도 분석하였다고 주장하며, 폴리테이아(politeia)를 체제로, 폴리튜마(politeuma)를 주권으로 번역함으로써 아리스토텔레스처럼 체제와 기능 간의 유기적 관계를 묘사하려고 하였다는 점을 밝힌다. 즉 폴리비우스가 보기에 로마를 포함한 혼합 정체가 불변의 시스템이 아니었고 단순형의 국가가 변화하는 것처럼 나름의 발전을 하고 있었다는 것을 밝히고 있다는 것이다.[12] 이러한 점을 노정하는 듯이 폴리비우스는 다음과 같은 말을 하고 있다.

> 이제까지 스파르타인, 로마인, 그리고 카르타고의 정체를 향한 비교로 이끌어진 그것에 관한 논리는 거의 유사한 것으로 드러나므로, 마치 살아 숨쉬고 있는 인간들과 여러 대상들 중에서 어떤 하나의 표상과 비견되는 것 같다.(『역사』, 6: 47, 9).

그리스적인 혼합정체 이론을 적용하여 로마 정체를 혼합정체로 규정한 폴리비우스의 이론이 역사상 맞지 않는 부분이 많고 모순되는 면이 많을지 모르나 공동체에서의 권력 배분을 조정하고 권력 투쟁을 완화시키는 제도로서의 역할과 이를 인간들이 조정하고 이용하는 기능의 관점에서 보면 합리성의 논리가 유기체의 논리로 변모하리라는 것을 우리가 아리스토텔레스의 혼합정체론을 통하여 충분히 알 수 있었다. 즉 폴리비우스는 로마의 공화정이 귀족과 평민이 서로 갈등을 하면서도 서로의 공적과 권리를 인정하고 상호공존을 추구하기 위해 서로의 요소들을 정치 제도화시켜 권력의 공유를 추구했다고 볼 수 있다. 그리고 이러한 제도와 법적으로 보장된 혼합정체를 운용하는 정신은 플라톤이 말한 절제, 용기, 지혜, 궁극적으로는 나라를 자족의 상태로 지키려는 정의의 덕의 기초가 되는 절제의 미덕이 발휘되어야 함을 다음과 같은 평범한 로마 군인의 대화에서도 발견할 수 있다는 것으로 평가할 수 있다.

> "다시 한 번 더 말하지만, 군인에게 있어서 돈은 승리에 대한 조건이 되어야지 권력을 얻기 위한 수단이 절대 되어서는 안 돼. 군인이 정치에 개입하면 정치가 혼란스러워지고 혼란한 상황에서 적이 침입하면 제대로 막을 수 있겠는가? 나라가 망하는 지름길이지. 급여가 적어 불평하는 소리가 늘어

---

12 김창성, 231쪽.

가면, 승리를 조건으로 전리품이나 상여금을 주면 돼. 나는 로마 제국이 적은 급여로 군인들이 전리품과 상여금을 얻기 위해 열심히 적과 전쟁하여 이룩한 것이라고 생각해. 야심가들이 같은 로마인들끼리 검을 겨루도록 돈으로 유혹하고, 군인들이 그러한 비열한 돈에 넘어가면 로마는 망할 수밖에 없어."[13]

　사실 로마는 역사 초기에서부터 군대 조직을 통하여 국가를 보위하는 한편, 이에서 더 나아가 로마의 확장을 세계적으로 확대했다는 점에서 군대 조직을 통한 군사력에서 다른 어느 나라보다 우월성이 있었다. 폴리비우스에 따르면, 로마의 군대는 이탈리아 전역에 살고 있는 로마 시민권을 지닌 시민으로 구성된 본대와 로마시민이 아닌 정복지의 시민권을 획득한 연합군으로 되어 있다.(『역사』, 6:19). 우선 로마 시민으로 구성된 본대에서 재산 정도가 400 드라크마 이상인 시민은 육군(보병과 기마병)에 복무하고 그 이하는 해군에 복무했다. 군의 입대는 자원(동의)식이나 정치계에 입문하는 필수요건이기 때문에 46세 이전의 모든 시민권을 지닌 로마 시민은 누구나 지원했을 것이다. 로마군 본대는 4군단으로 편성되었으며, 연합군은 원칙적으로는 로마군 본대와 수가 같았으나 기병만은 3배였다. 본대의 구성은 나이(군대 경력)와 부(아테네 폴리스에서처럼 군장 능력)에 따라 각 군단마다 주니어급 4명의 천부장이, 이 상위에 시니어급 2명의 천부장이 임명되었으며, 그 위에 집정관이 장군으로 있었다. 천부장 이하 장교는 부대장급으로서 각 부족(tribe)에서 추첨에 의해 임명되었다. 그리고 천부장 하위에 백부장이 있었는데, 이들까지 전략 회의에 참여할 수 있었다(『역사』, 6:24). 백부장 이하의 하위 계급은 병졸들을 돕는 가장 나이가 젊고 가난한 자들(velites)로 구성 되었고, 그 다음을 정식 군장을 할 수 있는 하스타티(hastati)가 있었으며, 그리고 힘센 장정들로 구성된 프린켑스(pricipes), 그 다음은 늙은 트리아리이(triarii) 4계급으로 구성된다(『역사』, 6:22). 이처럼 로마 군대의 조

13　배은숙, 『강대국의 비밀』 (글 항아리, 2008), 233쪽.

직은 어디까지나 시민권과 로마시민 사회의 계급에 따라 결정되는 부에 의해 결정되었다. 즉 군대의 계급에서 역사적으로 공과에 따라 시민 계급을 형성하였고, 역으로 군대 계급은 시민 계급의 부에 따라 결정된 것으로서 아리스토텔레스의 비례적 정의가 실현되는 곳이다. 그럼에도 불구하고 로마 군대가 강한 이유는 앞의 인용문에 나타난 군인 정신보다는 군장과 군대의 진영 배치에 있었다는 것을 말하기 위해 폴리비우스는 군장과 진형배치를 상세하게 묘사하고 있다(『역사』, 6:29-31).

그런데 로마의 군대 조직은 로마에 복속된 다른 민족에 대해서 개방적이었다. 그래서 로마시민권으로 구성된 로마 사회의 여러 계급의 권력 공유사상이 가능하였으며, 이러한 권력 공유 사상은 권력 주체의 혼합을 가능하게 하는 로마법과 혼합 정체를 통해 현실적으로 자리 잡았다는 점을 폴리비우스가 간파하였고, 이런 점이 로마공화정이 다른 국가의 정치체제보다 우월하다는 근거로서 제시될 수 있었다고 보아야 한다. 특히 귀족과 평민 간의 갈등을 긍정적인 관점에서 바라본 폴리비우스의 사고에는 스스로가 전쟁에 의한 피정복민이 겪는 고통과 경험에서 기원하는 만민 평등의 사상의 맹아가 있었고, 이 사상이 키케로에 전수되어 국사(res publica)를[14] 논의한 원로원이 '민의'를 중시하는 것을 토대로 한 로마의 공화정을 폴리비우스는 혼합정으로 간주한 것이다.

폴리비우스는 왕정, 귀족정체, 민주정체의 요소가 어떻게 로마 공화정에 배합되어 있는가를 논한 다음, 혼합 정체로서의 로마 공화정의 우수성을 입증하기 위해 다른 체제에 대한 분석에 들어간다. 그는 먼저 아테네와 테베의 정체를 로마정체와 비교하여 이들 두 정체는 정체의 우수성이 아닌 지도자의 용기 때문에 성공한 것이기 때문에 탁월한 정체가 아니라고 판단하여 정체

---

14 res publica는 김경희(『공화주의』 (책 세상, 2009), 52쪽)가 잘 설명하고 있듯이 res publicus에서 유래하며, 이 때 publicus는 '인민에 속하는'의 의미로서 '인민'을 뜻하는 'populus'의 형용사 형이다. 그리고 인민(populus)의 개념은 그 당시 스토아의 만민 평등사상과 밀접한 관계에 있다.

분석의 대상에서 제외한다. 여기서 폴리비우스의 기본적인 정체관이 잘 드러난다. 테베와 아테네 등 그리스 국가들이 몰락하게 된 것은 제도에 의존하지 않고 통치자 개인의 지도력에 의존하였기 때문에 영광을 쟁취했다가도 일순간에 잃어버리는 현상이 발생하게 된다는 점을 인치의 결함으로 인식했다는 것이다. 폴리비우스는 뛰어난 지도자들이 존재할 경우 탁월한 업적을 이루나, 그렇지 못할 경우 쇠락의 길로 걷는 체제는 법적, 제도적 보장을 갖지 못하기 때문에 결코 훌륭한 체제로 보지 않았다. 개인의 통치력에 관계없이 지속적으로 번영하고 각 계급 간의 갈등을 피함으로서 정체변화에서 겪는 전쟁과 갈등으로 인한 인민들의 고통을 피할 수 있는 체제가 훌륭한 체제인데, 이것은 인치가 아닌 합리적인 이성에 의해 법과 제도를 마련함으로써 실현이 가능하다고 본 점에서 신화나 종교적 요소를 첨부한 플라톤이나 아리스토텔레스와 같은 고대 정치철학자와는 다른 근대 정치철학자들과 같은 선견지명을 가진 것으로 간주할 수 있을 것이다.

폴리비우스는 또한 크레테의 정체와 스파르타의 정체에 관한 플라톤의 견해를 비판하는데 크레테와 스파르타는 동일한 정체라고 볼 수 없기 때문에 크레테는 훌륭한 정체가 아니라는 점을 밝힌다. 일부 철학자들이 찬양하는 플라톤의 헌정체제에 대해서는 현실정체에 실제로 적용된 적이 없기 때문에 비교할 가치가 없는 것으로 평가한다. 그래서 플라톤이 주장하는 혼합정체를 스파르타, 로마, 카르타고의 정체들과 비교하려는 생각은 마치 플라톤의 조각품을 살아있는 인간들과 비교하려는 것이라고 주장한다.(『역사』, 6:47). 이것은 폴리비우스의 현실주의 측면이 강하게 드러난 대목으로써 정체에 관한 논의는 이론상으로 그쳐서는 안 되고 구체적인 현실의 국가와 결부되어야 한다는 점을 주장한 것인 동시에, 혼합정체의 틀에 적용한 자신의 로마공화정 분석에 대해 자부심을 가지고 있었다는 것을 엿볼 수 있다. 사실 플라톤도 『법률』에서 스파르타 체제를 현실적인 혼합정체로 보고 분석하였다. 하지만 플라톤은 스파르타 체제에 관해서는 단편적으로 열거하였을 뿐이며, 그것이 군사체제로 되어 있다는 점에서 평화와 합의에 의한 조화를 목표로 하는 이상국가의 모범에 이성적으로 부응하는 체제라고는 보지 않았고, 이 때문에 『법률』편의 마그네시아에 건설한 새로운 혼합정체를 이상주의적인 모델로 찬양하였다고 볼 수 있다. 반면에 폴리비우스는 현실의 국가와 정체 순환을 결부시켜서 가장 성공적인 혼합정체의 모델을 로마공화정에서 찾았다는 점에서 플라톤의 혼합 정체론의 전개 양식과는 차이가 있지만 기본적인 정신을 플라톤과 같다고 할 것이다.

크레타체제에 대한 언급을 한 다음, 폴리비우스는 그리스 지성인들 사이에 이상적인 정치체제로 동경의 대상이었던 스파르타의 정체와 로마의 정체를 비교한다. 스파르타가 체제의 우수성으로 인해 영토 보존과 지속적인 자유의 향유를 누린 점에 대해 폴리비우스는 칭송한다. 그러나 스파르타와 로마가 국내적인 수준에 머물러 있을 경우는 별반 차이가 없으나 국외로 눈을 돌려 패권을 추구하게 될 경우 리쿠르고스의 경제법만을 추구하는 스파르타는 해외에서 보편적으로 유통되는 화폐와 물품 조달을 할 수가 없기 때문에 필연적으로 정체의 결함을 나타낸다고 말하고 있다(『역사』, 6:48). 이는 근대 산업 혁명 이후 민주정이 발달하는 과정과 비교하면 폴리비우스의 탁견이라 볼 수 있다. 국가 간의 관계에서 경제적 측면을 고려하지 않는다면 혼합정의 정신은 사라지기 때문이다. 스파르타 정체의 결점에 관한 폴리비우스의 논의를 통해 혼합정체란 다른 정체보다 잘 조직화되고 큰 힘을 발휘할 수 있지만, 그 근본정신은 국가 내부에서 권력 간의 상호 균형과 견제가 상호 공존과 상호화합의 정신없이는 불가능하다는 것을 보여주며, 이러한 혼합정의 정신은 다른 국가들과의 관계에서도 상호 협조와 공존의 정신이 없이는 존재할 수 없다는 것을 상업 정신을 매개로 한 경제적 관점에서 밝히 본 것이다.

폴리비우스는 로마 혼합정체의 우월성을 강조하기 위해 카르타고의 정체와도 비교한다. 그는 "카르타고의 정체는 아주 훌륭하게 고안되었으나 한니발 전쟁이 발발할 무렵 카르타고의 정치적 상태는 쇠퇴기에 접어들고 있었고 로마의 정치적 상태는 융성기에 접어들고 있었다."(『역사』, 6:51)라고 주장하는데, 그 근거로 카르타고의 경우 원로원에 미치는 인민의 영향이 압도적인데 반해, 로마에서는 원로원이 국가의 주요 결정권을 여전히 갖고 있어 로마인에 의한 공공정책의 결정이 카르타고보다 더 우월하다는 점을 든다. 이 대목에서 폴리비우스의 귀족주의적 성격을 알 수 있다, 원로원의 권력이 강할 때 로마가 성공할 수 있다는 사실에서 로마의 혼합정체는 귀족주의적 성격을 계속 지녀야 하고 평민의 도전은 일정한 한계를 갖고 있어야 한다는 입장을 나타낸 것이다. 평민들과 귀족의 분쟁에서 귀족의 마지못한 양보, 이렇게 해서 이루어진 당시 로마의 체제를 폴리비우스는 귀족적인 성격을 지닌 혼합정체로 인식하였고 이를 옹호했다고 볼 수 있다. 그래서 어떤 면에서 폴리비우스는 로마공화정을 혼합정체적 성격을 지닌 체제로 주장하여 평민의 도전을 사전에 막고 귀족의 지배를 정당화하고 합리화하려는 의도가 있었던 것 같다. 이것은 혼합정체도 타락하고 쇠퇴할 것인가 하는 혼합정체의 흥망성쇠 문제와 관련이 된다.

폴리비우스는 모든 정치체제의 쇠퇴는 외적인 원인과 내적인 원인에 의해 일어나는데 주로 내적인 원인에 의해 일정한 순서를 따라 타락한다는 주장이 앞에서 본 것처럼 정체 순환의 기본 요지였다. 그런데 혼합정체도 어떤 면에서 쇠퇴한다는 입장을 밝히는데 로마공화정에 관해 폴리비우스는 "수많은 큰 위험을 겪은 한 나라가 우월하고 큰 권력을 성취했을 때 오랫동안 확립된 번영의 영향 하에 시민들의 생활은 보다 사치스러워질 것이고 보다 큰 권력을 추구하려는 인간의 속성상 관직 추구를 위해 격렬하게 경쟁하게 된다. 이런 증후가 뚜렷해질수록 쇠퇴의 길로 갈 것"(『역사』, 6:57)이라고 하여 쇠퇴의 가능성에 대해 경고를 하였다. 이 점에서 폴리비우스의 혼합정체론은 당시 로마사회에 만연하였던 권력 추구와 함께 부를 추구하려는 인간의 욕망이 실현하는 사회적 부패 상황을 극복하기 위해 로마 사회에 경종을 울리는 것을 목적으로 하는 교훈의 성향을 갖고 있다는 것이 확실하다. 그래서 자연적으로 성장한 혼합정체는 절대적으로 정지된 상태에 있는 것이 아니라 자연적으로 몰락한다고 보아 로마정체도 다른 정체와 동일한 법칙을 따라 몰락의 과정이 예상된다고 다음과 같이 언급하고 있다.

> "우리는 로마 정체의 형성과 성장, 정점에 이르는 과정에 대해서뿐만 아니라 그것이, 앞으로 겪게 될 쇠퇴의 변화들에 대해서도 예리한 통찰을 배울 수 있을 것이다. 왜냐하면 내가 지적했듯이 로마 정체의 기초와 성장은 자연적 원인들에 따라 이루어졌으며 그 쇠퇴 또한 자연적 원인들에 영향을 받아 진행될 것이기 때문이다."(『역사』, 6:9).

로마가 공화정 말기로 갈수록 로마정체는 귀족과 평민 간의 대립이 격화되며 토지를 둘러싼 부익부 빈익빈과 부의 불평등 문제가 대두되어 상호존중의 정신이 사라져 혼합정체가 무너지게 된다. 이것은 그라쿠스 형제의 개혁을 둘러싼 갈등과 논쟁을 통해 볼 때 명확하게 알 수 있으며 혼합정체 덕분에 로마 공화정이 장기적인 번영을 누려 강력하고 부유하게 되었지만 그 이후에 야심가들에 의해 권력이 제국주의화 되었다는 점에서 혼합정체도 얼마든지 쇠퇴할 수 있다고 보는 것이 옳은 견해이다. 즉 법이나 제도는 그 자체로 아무리 훌륭하다 해도 그것을 운용하는 사람의 의지에 의해 얼마든지 변용될 수 있다는 것이다. 즉 법과 제도란 인치와의 관계에서 변증법적 관계에 있다는 것이다. 이 때문에 폴리비우스는 정치 발전이나 제도도 자연계처럼 출생, 성장, 쇠퇴, 종말의 길을 걸어간다는 일종의 생물학적 법칙의 지배를 받는다는 주장을 하고 있다. 이 점이 혼합정을 주장하는 그의 이성적 관점과 어긋난다. 왜냐하면 혼합정은 그가 말하는 정체 순환의 관점에서 벗어나 있기 때문이다.

사실 플라톤이나 아리스토텔레스도 혼합정을 주장한 이유는 그리스 신화에 나타나는 타락하는 인간성이 지니는 인류역사를 역행시키려는 데에서 나타나는 것으로서 이성적으로 인류의 역사는 진보하는 가운데 국가의 영원한 안정을 추구해야 한다고 보았기 때문에 진보주의적인 관점이 숨어 있다. 그러나 이러한 타락하는 인간성과 신성에의 추구의 관점을 전체적인 관점에서 이성의 모순율에 따라 바라보면 하나의 순환론이 성립하는데, 이러한 순환론이 개별적 생명체나 인류 역사에서 반복된다는 것으로 표현되면, 인류의 역사는 현대 생물학이 말하는 진화론이 표명하는 것과는 달리 반복된다는 운명론에 빠지고 만다. 이 때문에 허승일은 이러한 인류 역사의 순환론에 반발하기 위해 순환론에 정점(akme)이 있다는 폴리비우스의 말로 순환론의 결함을 지적한다. 즉 이러한 순환에서 정점은 어디인가?[15] 허승일에 따르면, 아나퀴클로시스를 전체로 간주하여 정점을 왕정이나 귀족정체로 보는 견해나, 왕정이나 귀족정 각각에 정점이 있다는 견해는 불완전하며, 아나퀴클로시스 자체 안에 어느 곳에도 정점을 위치시키기 힘들다고 하면서 결국 순환궤도 외부에 혼합정체를 놓아야 한다는 견해를 피력한다. 그럼에도 불구하고 이러한 혼합정체가 다시 냉혹한 순환의 바퀴로 끌려 들어가면 중우정(폭민정)으로 변화한다고 말하고 있다.[16] 이러한 허승일의 관점은 혼합정이 결국은 인류 지성이 이상으로 간주하는 자유민주주의를 발전적으로 지향하고 있다는 것을 전제하고 있다.

사실 혼합정체는 플라톤의 이데아론이나 아리스토텔레스의 목적론에 따르면, 이성적 관점에서 영원성을 지향하는 인류의 지혜가 정점을 지니고 있고 진보한다는 것을 표명한 것에 불과하다. 즉 허승일이 말한 대로 혼합정체에는 정점이 없다. 그 자체가 플라톤이나 아리스토텔레스가 말했듯이 순환사관에서 벗어나 있기 때문이다. 그럼에도 불구하고 자연 순환론은 이러한 초월적 관점을 배제한다. 여기에 폴리비우스의 역사에 대한 이해가 인간의 보편성에 기초하기보다는 한 생물체나 개인적인 것의 운명에 유비된 것의 한계가

---

15   허승일, 195쪽.
16   허승일, "헬레니즘 시대의 스토아 사상과 현실정치", 74-75쪽들.

존재한다. 사실 혼합정체를 유지하는 데에는 단일 정체에서보다 어려운 조건이 여럿이 전제된다. 그 가운데에 가장 중요한 것이 여러 계급의 존재가 인정되고 이러한 계급들이 인정된다면 이들 간에 갈등이 필연적인데, 이러한 갈등이 대화와 토론을 통해 다른 나라와의 관계에서 한 국가가 존립할 수 있는 정도에서 조정되어야 한다는 것이다. 그리고 중요한 것은 이러한 대화와 갈등의 조정이 제도적으로나 법적으로 보장되어야 한다. 그러나 문제는 이러한 제도나 법을 운용하는 데에는 인간의 선의지가 중요하다. 그리고 인간사나 국사에서는 이러한 대화와 갈등의 조정에 관계하는 시간이나 법과 장소가 필수적인데 이러한 조건이 불비한 현실의 상태에서는 혼합정체 자체가 이루어 질수 없는 이상으로 머물며, 그 이상 자체도 그 자신을 구성하고 있는 여러 요소들에 의해 역설적으로 항상 끊임없는 유동 상태나 혼란 상태에 말려들 수 있다는 것으로 생각된다. 이러한 관점에서 보면 혼합정체는 어느 정체와 마찬가지로 취약할 수 있으며, 역설적으로 단일 정체보다도 그 조건의 다양성 때문에 급속하게 몰락할 수 있다.

결국 폴리비우스가 말하는 혼합정체도 단일정체처럼 자연적으로 변천의 과정을 겪어 몰락하게 될 것이라는 가정은 한 개인의 성장과 소멸에 따르는 인간성의 발전 역사와도 궤를 같이 하는 측면이 존재하기 때문이다. 즉 혼합정의 전제 조건이 얼마나 충족 되는가에 따라 혼합정의 지속여부가 결정되지만 로마의 혼합정체가 현실에서는 단일정체보다 안정되고 지속적이라는 주장은, 현실적으로 로마의 공화정이 끊임없이 군사력을 강화하는 가운데 가능한 것이었다는 현실적인 인식을 제외하면, 그리고 이러한 모든 논의는 사실 인류의 지혜가 보편성을 지니고 진보하고 있다는 역사적이고 현실적인 이중적 관점이 존재하지 않는다면, 혼합정체도 얼마든지 다른 정체와 똑같은 운명에 처하리라는 것은 명확관화하다. 물론 이러한 관점에서도 현실적인 힘의 우위가 계속된다는 전제에서만 혼합정체의 성장과 몰락의 곡선은 단일정체보다 길거나 혼합정체는 천천히 몰락한다는 점에서 단일정체와 차이가 있으며 안정적이고 지속적인 성격을 나타낸다고 볼 수도 있다. 이러한 관점에서 보면, 로마의 혼합정체는 왕정과 귀족정, 귀족정과 민주정 간의 가파른 하락 요소를 갖고 있는 것이 아니라 완전한 혼합이 될 때까지 한 요소는 계속해서 증가하여 첨가되며 다른 요소는 서서히 사라지는데, 귀족적 요소가 제일 강할 때 혼합정체는 강하고 오래 지속된다는 것이 폴리비우스의 혼합정체관이라고 볼 수 있다. 결국 로마의 정체는 폴리비우스가 주장한 세 가지 요소가 서로 견제하는 완벽한 혼합정체라기보다 귀족정 우월의 체제로서 견제와 균형의 체제가 아닌 것이며, 모든 정치조직이 귀족에 의해 독점되었고 이것이 평민들에 의해 일정부분만 견제되는 체제라고 보는 것이 더 타당할지도 모른다.[17] 또한 로마 공화정의 형성과 몰락의 주요한 원인을 폴리비우스처럼 집정관, 원로원, 민회 등과 같은 정치 행위자를 통해서는 알 수 없고 정치기구의 배경이 되고 있는 사회 집단까지 고찰하여 당시 로마의 사회경제적인 흐름을 연구해야만 제대로 로마정체의 혼합정체적 성격을 검증할 수 있는데 폴리비우스로서는 무리한 작업이었을 것이다. 또한 폴리비우스 스스로도 그리스인이라는 외부인의 눈으로 로마체제를 바라보았기 때문에 로마정체에 대한 자신의 분석이 약점을 지니고 있다는 것을 인정하고 있었고 다른 사람의 비판을 어느 정도 예상하고 있었다고 볼 수도 있다.

폴리비우스의 혼합정체론은 그리스의 정체 순환관과 특히 플라톤이나 아리스토텔레스의 혼합정체론의 영향을 받았다. 그리고 그의 혼합정체사상은 근대초기의 마키아벨리의 공화정론에 지대한 영향을 미쳐 그 이후의 많은 사상가들에게 인류의 역사과정 중에 정체 순환과 혼합정체의 개념을 던져주었다는 데에서 탐구할 가치가 매우 높은 사상가이다. 그럼에도 불구하고 그에 관한 연구는 별로 이루어지지 않고 있었는데 그것은 무엇보다도 폴리비우스의 정치사상을 밝힐 수 있는 자료가 부족하다는 데 있다. 그의 저서인 『역사』

---

17 이수석, 혼합정체의 정치사상사적 연구, 1997, 「고려대학교 박사학위 논문」, 107쪽.

는 많은 부분이 소실되었으며 남아 있는 부분도 체계 있게 정리되지 않아 약간 혼란스럽다. 이것은 아리스토텔레스편에서 언급했듯이 아리스토텔레스의『정치학』이 한 권의 책으로 저술되지 않아 편집인들이 단행본으로 엮기까지 많은 시간이 걸렸기 때문에 폴리비우스가 아리스토텔레스의『정치학』을 체계적으로 연구할 수 없었던 데에도 그 원인이 있다고 볼 수 있다. 그럼에도 불구하고 플라톤-아리스토텔레스의 혼합정의 이념이 폴리비우스에 이르러서는 현실의 국가체제와 관련하여 일종의 체제이데올로기의 역할을 수행하면서 전개되었다는 것을 간취할 수 있다. 이 점을 보다 자세히 살피기 위해 우리는 키케로의 공화정 사상을 살펴보자.

2. 키케로의 공화주의

• • •

아리스토텔레스(BC.384-322)의 사후부터 키케로(Marcus Tullius Cicero, BC. 106-43)가 활동했던 기원전 1세기 중엽까지는 플라톤이나 아리스토텔레스처럼 큰 영향력을 행사한 정치 사상가는 등장하지 않았으며, 따라서 아리스토텔레스와 키케로 사이의 시기는 전통적인 폴리스 국가의 이상과 새로운 세계제국의 이상 사이에서 사상적 과도기를 형성했던 것으로 볼 수 있다. 키케로의 정치철학은 폴리비우스에 없는 스토아학파의 철학자였던 판아이티오스(Panaitios)의 세계시민 사상과 역사가 폴리비우스(Polivius)의 혼합정의 이론에 크게 영향을 받았으며, 역사적으로 이루어진 로마의 현실에서 어떠한 국가가 현실적으로 인민 등의 평화와 안정된 삶을 확보할 수 있게 하는가 하는 문제를 플라톤과 같은 역사적 현실을 넘어서는 이성적 관점에서 실제적으로 다루었다고 할 것이다. 이 때문에 키케로는 플라톤이나 아리스토텔레스와 더불어 서양 고대 정치사상의 형성과 발전에 크게 공헌한 인물이지만, 독창성의 측면에서는 앞선 두 사람에 비해 상대적으로 저평가되고 있는 실정이다.

그러나 이러한 소극적인 평가와 달리, 키케로는 공화주의와 자연법론을 중심으로 자신만의 사상체계를 구축하기 위해 선배 철학자들의 이론을 비판적으로 수용하였으며, 나아가 그의 사상적 특징은 일반적으로 정치사상사에서 근대의 중요한 발견으로 간주되는 민주주의적 측면들을 상당 부분 선취한 형태로 이루어졌다는 사실에 주목할 필요가 있다. 그는 사상가와 문장가로 널리 알려져 있지만, 동시에 로마 공화정 말기의 대표적인 정치가로서 카틸리나의 국가전복 음모를 사전에 발각함으로써 원로원으로부터 국부(國父)라는 칭호를 얻으면서 국가를 위험으로부터 지켜냈을 뿐만 아니라, 카이사르, 안토니우스 등 제국주의적인 왕정복고를 노리던 당대의 수많은 야심가들 사이에서 공화주의 정치체제를 수호하고자 목숨까지 바쳤다.[18]

키케로는 주로 정치적 휴지기에 저술활동에 몰입하였으며, 철학을 비롯한 다양한 학문분야에서 작품을 남겼다. 법사상 및 국가철학과 관련된 작품으로는 『법률론(De legibus)』, 『공화국론(De re publica)』[19], 『키케로의 의무론: 그의 아들에게 보낸 편지(De officiis)』, 『키케로의 최고선악론(De finibus bonorum et malorum)』, 『투스쿨라나와의 논쟁(Tusculanae disputationes)』, 『수사학 말하기의 규칙과 체계(Partitiones oratoriae)』 등을 들 수 있다. 그의 저술들은 플라톤과 아리스토텔레스의 법철학을 폭넓게 수용하였을 뿐만 아니라, 스토아 중기 이론 중에서 특히 로도스의 파나이티오스(Panaitios, BC. 185-109)의 스토아 사상과 아스칼론 출신 안

---

18 현대에서 민주주의가 실현된 관점에서 키케로의 공화정은 귀족 중심의 공화정이기 때문에 근대의 부르주아를 주축으로 하는 공화정과는 다른 민주주의에 반하는 성격을 지닌다. 로마 공화정이 절정에 달했던 키케로 당시 귀족들이 대부분 대농장(latifundium) 소유주로 되어 있었기 때문에 평민들까지도 노예로 전락하지 않을 수 없는 상황이었다. 그락쿠스 형제가 귀족들이 지닌 토지를 농민들에게 재분배하고자 법안을 제안하지 않으면 안 될 정도로 로마의 귀족에 의한 공화정은 부익부 빈익빈을 조장했기 때문이다. 그런데 당시 공화정을 전복하려는 카틸리나는 카이사르나 안토니우스처럼 귀족층이었으면서도 인민들의 의지를 반영하고자 한 포플라레스이었다. 즉 키케로가 국가의 반역자들의 우두머리로 처단한 카틸리나는 포플라레스에 속해 있었는데, 이들은 옵티마테스들로 구성된 원로원을 무시하거나 파괴하면서까지 정권을 잡기 위한 투쟁이 본격적으로 이루어진 시기에 공화정을 옹호한 키케로가 원로원으로부터 국부라는 칭호를 얻은 것이다. 카틸리나 반역 사건 후에 정권을 잡은 카이사르나 안토니우스 등 포플라레스들이 이번에는 거꾸로 당시 귀족층을 옹호한 키케로를 처단하게 되는데, 이들은 인민의 의지를 반영하기 위해 공화정을 파괴하고 왕정을 회복한 후에는 모두 인민의 의지를 반영하지 않고 제국주의자들로 변화한다는데 문제가 있다. A. 에버릿(A. Everitt), 김복미 역, 『키케로』(서해문집, 2003), 참조.

19 키케로의 『공화국론』은 한국의 모든 번역가들이 『국가론』으로 번역하는 것을 바로 잡았다.

티오코스(Antiochos, BC. 120-68)의 감정을 배제하고, 이성 일변도였던 플라톤의 이상주의를 현실에서는 이성이 감정과 조화하여야만 한다는 것으로 해석하는 절충주의적 플라톤 해석으로부터 영향을 받은 것으로 평가되고 있다.[20]

일반적으로 헬레니즘 시기는 알렉산더 대왕이 사망한 기원전 323년부터 기원후 31년 옥타비아누스(Gaius Octavianus, BC.63 - AD.14)가 악티움(Actium)해전에서 안토니우스(Marcus Antonius, BC.82-30)를 물리침으로써 로마공화정을 종료시키고 로마제국(Imperium Romanum)에의 길을 열어놓을 때까지의 시기를 일컫는다. 알렉산더 사후 안티고노스의 마케토니아 왕국, 프톨레마이오스 왕조의 이집트, 셀레우코스 왕조의 시리아는 로마가 진출하기 전까지 헬레니즘 세계의 정세를 주도한 영토 왕국들이었다. 이 시기의 지배적인 통치형태는 왕정이었으나 이전의 왕정과 달리 신격화된 왕의 절대 통치권이 강조되었다. 알렉산드로스는 신의 아들로 일컬어졌고, 헬레니즘 시대의 왕들은 국가 차원의 의례를 통해 신과 같이 숭배되었다.

그런데 3세기 말부터 헬레니즘 세계에 로마 공화국이라는 새로운 세력이 등장하여 영향력을 행사하기에 이르렀다. 이 시기에 셀레우코스 왕국은 외부로부터의 압력과 내환을 겪고 있었으며, 이집트 왕국에서는 그리스 지배층의 권력이 약화되어 토착 사제들이 득세하고 있었다. 그러나 헬레니즘의 영토왕국들이 몰락하게 된 결정적인 원인은 로마의 침략이었다. 로마는 군사력 중심의 국가 조직을 가지고 있었으며, 전쟁을 수행함으로써 조국(patria)에 봉사하

---

20 키케로의 저술은 다음과 같은 한국어 번역본을 인용하되 필요한 경우 부분적으로 수정하였으며, 그 과정에서 원전과 외국어 번역본을 참고하였다. 마르쿠스 툴리우스 키케로, 성염 역, 『법률론』, (한길사, 2007); 키케로, 김창성 역, 『국가론』 (한길사, 2007); 키케로, 허승일 역, 『키케로의 의무론: 그의 아들에게 보낸 편지』 (서광사, 1989); 키케로, 김창성 역, 『키케로의 최고선악론』 (서광사, 1999); 키케로, 안재원 역, 『수사학 말하기의 규칙과 체계』 (길, 2006). Marcus Tullius Cicero, *Topica*, edited with a translation, introduction, and commentary by Tobias Reinhardt, Oxford University Press, 2003; Cicero, *The Republic and the Laws*, translated by Niall Rudd; with an introduction and notes by Jonathan Powell and Niall Rudd, Oxford University Press, 1998; Cicero, *De legibus : lateinisch und deutsch*, hrsg., uebers. und erl. von Rainer Nickel, Duesseldorf : Atemis & Winkler, 2004; Cicero, *Ten Speeches*, with notes and introd., by James E.G. Zetzel, Indianapolis : Hackett Publishing Company, Inc, 2009; Cicero, *Cicero für Juristen*, ausgew., übers. und mit einem Nachw. von Karl-Wilhelm Weeber, Frankfurt am Main : Insel-Verl., 1999; K. Ziegler, *Cicero: Staatstheoretische Schriften*, Lateinisch und Deutsch, Darmstadt, 1984.

는 것을 가장 큰 영광으로 여겼다. 그리고 전쟁에서의 용맹함을 가장 중요한 덕목으로 여겼다. 마케도니아의 필리포스 5세와의 두 차례 전쟁, 이어 아이톨리안 및 시리아의 안티오코스 3세와의 전쟁, 그리고 마지막으로 마케토니아 페르세우스 왕과의 전쟁에서 승리한 로마는 기원전 2세기 중반에 이르러 사실상 무적의 세력으로 자리 잡았다. 로마가 헬레니즘 왕국들을 하나씩 속주로 편입해가는 과정은 기원전 30년 악티움 해전에서 옥타비아누스의 승리로 이집트가 그의 속주로 전락함으로써 완결되었다. 일반적으로 헬레니즘이라는 시기는 그리스의 도시국가적 형태가 페르시아의 제국에 닮아져 가는 형식을 취하던 고대 그리스 정치문명과 주변 세계가 로마라는 신흥 공화국의 제국주의화로 인하여 일어난 정치·사회적 변동을 통해 조우하면서 새롭게 형성된, 전체적으로 그리스의 정신을 근간으로 하는 사상과 예술 영역의 큰 흐름을 일컫는다. 즉 철학사적 관점에서는 기원전 322년 아리스토텔레스의 사망 이후부터 기원후 31년까지 혹은 영향사적 측면에서 기원후 2세기 말까지를 헬레니즘시기로 규정한다.

헬레니즘 시대의 주요 철학 사조들은 그 주장의 다양성에도 불구하고 다음과 같은 공통의 형성 배경을 가지고 있다. 헬라스의 식민지 자연 철학자들이 그러하였듯이 소소크라테스학파로 지목되는 쾌락주의나 금욕주의의 학풍에 지배된 부류는 알렉산더 이후에 전개된 거대한 리좀적 도시국가로 형성된 제국에 의해 지배된 현실에서 소외된 작은 나라나 종족의 사람들의 삶을 반영한다. 이들은 제국주의적인 국가란 개인의 행복한 삶을 침해하거나 불가능하게 하는 것이기 때문에 불필요한 악으로 간주한다. 특히 권력 추구를 목적으로 하는 정치적 삶은 역설적으로 전쟁과 투쟁을 반복하게 하는 것으로서 이에서 도피하여 개인적으로 행복을 추구하거나, 인간사에서 정치적으로 행복을 추구할 수 없는 사람들은 자연과 더불어 범세계적인 인간으로서 사는 철학으로 나뉜다. 전자가 에피쿠로스학파이며 후자가 스토아학파이다.

반면에 알렉산더의 정복활동과 더불어 세계제국이 등장하게 되며, 정치사상도 이에 따라 그리스 민족주의를 넘어서 '보편적인 인류 공동체의 이상'에 알맞게 재구성되어야 할 필요성이 대두되었다. 그리스 철학의 두 거목인 플라톤과 아리스토텔레스의 정치사상은 폴리스(polis)라는 독특한 도시-국가체제가 지향하는 이상을 극대화하는 동시에 그것의 현실적인 문제점을 파헤치고 개선해 보려는 일련의 시도들이었다. 그런데 주지하듯이 힘이 정의라는 관점에서 권력에 대한 무한한 추구를 전제하는 제국주의 하에서는 폴리스 안에서 성공적인 정치활동을 수행하는 것을 인간이 도달할 수 있는 최상의 가치로 여겼던 전통적인 관점은 더 이상 유지될 수 없었다. 그래서 그리스인들은 급격한 사회변화 속에서 자신의 정체성을 담보할 수 있는 우주적 이념과 이에 걸맞는 새로운 형식을 갖춘 공동체에 대한 욕구를 가지기 시작했다. 그것은 현실 세계에서 군사집단의 정복에 의한 세계 제국의 형성과 이를 통치하기 위한 정치적 경영 철학의 필요성이 대두한 것이다.

이러한 시대적 요청에도 불구하고 키케로는 정치철학의 입장에서는 보수주의적 관점을 취한다. 즉 키케로의 공화주의는 이미 지중해 제국으로 성장한 기원전 1세기의 로마 도시국가에서 실현되기에 여러 가지 한계를 지니고 있었다. 왜냐하면 BC.52년부터 원로원과 봄페이우스는 상호 제휴를 돈독히 하여 카이사르와 인민들(populales)에 대해 세력을 과시하고 공화정의 정상화를 향해 순조롭게 진행할 것으로 보였지만, 로마의 설립 당시에서부터 정복을 중심으로 하는 군사적 권력을 기초로 한 로마 공화정의 권력의 기초는 끊임없는 전쟁을 전제하는 현대적으로 보면 군국주의적 형태를 취할 수밖에 없기 때문이다. 로마가 아닌 시골 아르피눔(arpinum)의 기사 출신으로서 로마의 정무관직을 차례로 역임해 BC.63년, 집정관인 콘술(consul)직까지 오른 키케로는 로마전통의 귀족보다도 더 강력한 공화주의자가 되었다. 그러나 동맹국 전쟁 이후 로마 시민권은 이미 이탈리아 전역의 자유인에게 확대되었고, 로마는 사실상 이탈리아 국가가 되었다. 따라서 도시국가 로마에서 시작된 원로원과 로마 인민의 공화주의는 지중해 제국의 지배 엘리트에 편입된 역사변화와 이탈리아 전 인민의 문제를 해결하는 데 있어서 제국주의적 관점에서는 한계를 지닌 것으로 평가될만한 성격을 지니게 된 것이다.[21]

1) 스토아학파의 세계 시민 사상과 키케로의 공화주의

소크라테스에서 기원한 "너 자신을 알라"라는 철학적 화두는 사실 그 기원이 나라를 잃은 그리스 식민지 출신의 자연철학자들에서부터 시작된 것으로서 우주 안에서의 자신의 영혼의 정체성에 대한 탐구였다. 마찬가지로 알렉산더에 의해서 형성된 세계 제국에서 소외된 철학자들은 우주 안에서의 영혼의 위치를 탐구하는 그야말로 동양적 의미에서 현실에서 벗어난 자연이나 우주 속에서의 '관조적' 삶의 방식을 나타냈고, 이러한 생활 태도는 헬레니즘 시대의 스토아학파에 의해 대표된다. 스토아학파에서 기본적인 두 가지 개념은 우주적 퓌시스(physis)와 이러한 우주적 자연 안에서 인간의 이성이 파악한 로고스(logos)이다.[22] 스토아학파에 따르면 로고스는 '전체로서의 자연', 즉 우주의 본성을 알려준다. 인간이 주어+ 술어적 형식의 언어를 사용하는 데에서 기원하는 논리적 사유와 이에 따른 행위 양식은, 일차적으로 살아 있는 영원한 자연 안에서 자연적 사건들이 따르는 질서에 완전하게 상응해야만 행복할 수 있다는 사상으로 나타난다. 즉 인간에게 있어서 말과 행동의 합리성은

---

21 이러한 판단은 사실 인간의 무한한 욕망에 기초한 한계를 지닌 자유 개념의 역설적 기능에서 기원하는 아이러니가 역사에서 현실화된 것으로서 키케로의 공화주의가 귀족적인 반면, 제국주의는 평민(plebs)을 기초로 하는 선동가(poplares)들이나 독재자를 중심으로 한 운동이기 때문이다. 주석 18참조.

22 스토아학파는 키프로스(Kypros)섬의 키티온(Kition)지역 출신인 제논(Zenon, BC. 335-263)에 의해 기원전 300년경 아테네에서 설립되었다.) 그는 아테네에 있는 채색된 주랑(스토아) 근처에서 철학적 사색에 몰두하였는데, 이와 같은 그의 개인적인 행적으로 인해서 그의 학파를 스토아라고 부르게 되었다고 전해진다. 헬레니즘의 대표적인 사조인 스토아주의, 에피쿠로주의, 회의주의 중에서 스토아주의는 고전기 그리스철학의 정신에 가장 가까운 것으로 간주되며, 특히 소크라테스, 플라톤, 아리스토텔레스의 사상적 전통을 이어받은 것으로 평가되고 있다. 또한 사상사적으로 볼 때, 위의 세 사조 중에서 당대와 후대에 가장 큰 영향력을 발휘한 사상으로 꼽힌다. 앞에서 언급한 바, 이 학파의 주요인물로는 제논, 클레안테스, 크리시포스, 파나이티오스, 포세이도니오스, 세네카, 에픽테토스, 마르쿠스 아우렐리우스 등이 있다. 스토아 철학사상의 특징에 관한 논의로는 다음을 참고함. 앤소니 A. 롱, 이경직 역, 『헬레니즘 철학』, 서광사, 2000; 이창우, "행복, 욕구, 자아 - 헬레니즘철학의 이해", 『철학연구』, 62(2003), pp. 57-74; 이창우, "스토아 철학에 있어서 자기지각과 자기애", 『철학사상』, 17(2003), pp. 215-243.

영원한 자연과 일치하려 할 때 그 탁월함(arete)이 보장된다. 이 상태는 변화하고 복잡다단한 현실에 대한 구체성에 함몰되는 합리성을 넘어서는 단계로서 아리스토텔레스가 신의 자기사유라 일컬은 관조(theoria)로서 실천적으로는 지혜(phronesis)라 부른 '단순성(보편성)의 예지'라고 하는 현명함(sapientia)으로 불릴 수 있을 것이다. 자연의 사건은 인과적으로 서로 연결되어 있으며, 이러한 인과관계를 파악하는 인간 영혼의 기능을 '사유하는 정신(nous)'이라 칭하고 이 정신이 자각된 사람은 자연 또는 플라톤과 아리스토텔레스의 신 개념에 함축된 신적 로고스와 전적으로 일치되는 이상적 삶을 계획할 수 있다. 이 때문에 사회적 현실이나 문화적 현실의 합리성은 이러한 예지적인 단순성으로 정리될 수 있는 것으로 나타난다.

다른 한편, 스토아철학에 따르면 철학은 크게 세 영역, 즉 논리학, 자연학, 윤리학으로 나뉜다. 철학을 동물에 비유한다면, 뼈와 근육은 논리학이고, 살은 윤리이며, 영혼은 자연학으로 볼 수 있다. 그런데 이 세 영역은 서로 불가분의 관계에 있다. 논리학과 자연학에는 근본적으로 윤리적인 함축이 내포되어 있으며, 역으로 윤리적으로 탁월한 혹은 지혜로운 사람이 되고자 한다면 자연학과 논리학에 능통해야 하기 때문이다. 그리고 이 세 영역의 공통적인 소재는 '이성적 우주'이다. 스토아학파에 따르면 우주는 이성적으로 질서 지워져 있으며, 따라서 우주에 대한 이성적인 설명 역시 가능하다.

모든 인간은 우주의 본성을 자신 안에 포함하고 있는데, 이는 인간이 갖추고 있는 '생각하고 말할 수 있는 능력(logos)'을 통해서 확인할 수 있다. 결국 인간의 영혼은 소우주로서 우주의 사건과 인간의 행위는 하나의 동일한 원리인 로고스를 통해 이루어진 것이며, 이처럼 우주 자연과 인간 양자는 이성적인 행위자라는 점을 통해서 서로 연결된다. 이러한 스토아학파의 우주관과 인간관은 이미 플라톤의 『티마이오스』에 나타나는 이성 일변도의 우주 영혼론이 예견한 바이다. 특히 로마라는 세계제국 하에서의 '단일한 인류'라는 관념은 세계시민사상, 혹은 만민 평등사상으로 발전하였으며, 폴리스의 해체라는 현실 정치상황과 더불어 새롭게 보편주의를 추구했던 스토아철학을 사상적 배경으로 하여 등장하였으며, 이러한 사상은 키케로에 영향을 주는 스피키오 서클의 지적 분위기를 이루었다.[23]

그럼에도 불구하고 스토아학파의 사상에 함축된 자연과의 합일 사상 속에는 플라톤이 말한 철학자의 신적 세계에로의 초월사상과 국가나 세속에서는 비이성적인 삶의 양자택일의 딜레마가 함축된 것이다.[24] 사실 앞에서 보았듯이 플라톤의 사상을 현실과의 관계에서 조정하려 했던 아리스토텔레스의 사상 속에도 철학자의 행복에 대한 관조 사상과 정치가의 현실주의적 행복을 지향하는 지혜의 갈등이 있을 수밖에 없었다. 아리스토텔레스는 세속에로의 지향과 이에서 관조적 삶에로의 초월하려는 의지를 중용에 의해 혼합함으로써 그의 행복 개념이나 정의 개념 속에는 필연적으로 딜레마를 함축하는 다양성과 복잡성을 지닐 수밖에 없었다. 반면에 키케로에 있어서는 이러한 갈등이 스토아학파의 만민 평등사상에 힘입어 근대 민주주의에로 발전할 맹아가 들어 있다고 평가할 수 있다. 그럼에도 불구하고 키케로의 스토아적인 만민 평등사상과 권력을 통해 실천적인 지혜를 발휘한다고 생각된 정치사상의 조화 속에는 보는 관점에 따라 서로 이질적인 내용이 들어 있음을 간취할 수 있다. 특히 스토아학파에서는 자연과의 합일의 삶과 국가나 사회의 세속적인 삶 속에서는 법과 이성이 결핍된 (감정이나 인간의 동물성에서 기원하는) 비이성적인 삶이 갈등을 함축하고 있어서, 키케로가 말하는 공적인 삶이 전적으로 훌륭하고 좋은 선한 삶이 될 수 없다는 성격이 함축되어 있다.

---

23 헬레니즘의 한 주류였던 스토아학파의 이러한 만민 공통의 인성에서 기원하는 만민 평등사상은 기독교의 신에 의한 인간의 창조에 따른 피조물 사상(무한한 신 앞에서 유한한 존재의 평등성)에 의해 강화된 이후, 중세 그리스도교 지배시대를 거쳐 근대 민족주의의 등장 이전까지 약 1,500년 동안 서구의 정치사상을 지배하였다. 나아가 중세 그리스도교의 교부들, 다수의 르네상스 휴머니스트와 칸트를 비롯한 근대 사상가들은 스토아의 윤리설로부터 지대한 영향을 받은 것으로 알려져 있다.

24 우리는 앞에서 플라톤이 당대의 현실을 크로노스 신이 지배하던 황금의 인간이 살던 시대와 신이 우주운행방식의 조종간에서 떠나버린, 그래서 인간들이 신들의 통치방법을 모방할 수밖에 없는 시기(철의 인간 시기)의 과도기(청동기 인간)로 간주하고 이러한 시기가 제우스가 지배하는 것으로 보는 보수적인 관점을 언급했다.

그럼에도 불구하고 키케로는 인간이 성취할 수 있는 일 중에서 가장 높이 평가받을 수 있는 것으로 정치에의 참여를 중심으로 한 '활동적인 삶'(vita activa)을 꼽았다. 키케로는 그의 『공화국론』에서 국가의 기원에 대한 합리적 설명이나 정당화를 수행하고 있지는 않으면서도, 법과 관습의 중요함을 설득하려 하며, 정치의 덕이 인생에서 가장 훌륭한 지혜임을 말하고 있다. 사실 그 당시 보통 사람들은 국가를 강제력의 집단으로 말하며 법은 강자의 이익을 위해 제정된 것으로 말한다. 다른 한편, 전쟁이나 권력의 전횡에 신물이 난 식민지 철학자들은 인생을 올바르고 인간으로서 도덕적으로 사는 것이라고 말하면서도, 이들이 말하는 청빈과 같은 도덕적 삶에는 정치적이거나 사회적인 실용성이나 유용성의 내용이 없으며, 키케로가 보기에 여러 나라에서 법률을 정비한 자들에 의해 마련되고 확인된 국가의 평화나 사회적 혜택에 대해 아무런 언급을 하지 않는다는 것이다. 그들이 언급을 회피하는 것은 "어디서 만민법이나 시민법이 나오는지, 정의, 신의, 형평은 어디에서 비롯되는 것인지, 수치심 자제력, 추함의 기피, 칭찬과 도덕성에 대한 희구는 어떻게 생기는지, 고생과 위험에서 강인함은 어떻게 생기는지 등이다. 키케로에 따르면 이러한 것들은 훈육을 통하여 형성된 것으로서 때로는 관습으로써 강화되고 법률로서 선포한 자들에게서 유래함이 분명하다."(『공화국론』, 1권 2). 스토아 철학자들은 이성이 자연에서 나온 것으로 말하지만, 이성은 아리스토텔레스처럼 본래적으로는 인간이 '정치적 동물'이라는 점에서 국가나 사회에서 기원한다는 것이다.

키케로에 따르면, 인간은 죽음의 공포로부터 자유로울 수 없으나 생명을 가능한 조국에 바치는 기회가 주어지는 것은 명예로운 일이고 인간으로서 행하여만 하는 일이다. 키케로는 "조국(patria)은 아무런 보상 없이 단지 우리의 편익에 기여하면서 우리를 위해서 안전한 은신처와 조용한 장소에 평화로운 거처를 제공하고자 우리를 낳은 것이 결코 아니다. 오히려 조국은 우리의 정신, 재능, 예지 중에서 가장 많고 큰 부분을 조국 자체의 유익을 위하여 담보로 잡고 나서 나머지가 있을 경우에 우리에게 사적인 용도로 되돌려주도록 한 것이다."라고 말하면서 한 국가에 정치를 수행하는 일이 인간으로서 가장 영예로운 일임을 강조한다. 키케로에 따르면, 폭력과 권력이 난무하는 현실을 국가에서 이성적으로 조정하고 다스리는 삶을, 즉 정의를 실현하는 정치를 행하는 것이 가장 현명한 사람이 할 수 있는 일이라는 것이다. 한술 더 떠서 키케로는 그리스에서 칠현인이라고 불리는 사람들은 모두 "사실상 국가를 세우거나 세워진 국가를 유지하는 것보다 인간의 덕이 신의 의지에 가까이 접근하는 것이란 아무것도 없다는 것"을 보여주는 사람들이기 때문이라고 말한다(『공화국론』, 1, 12, 107).

그런데 스토아학파의 사상에서 현명한 사람들이라고 불리는 사람들은 철학자들이다. 그들은 영원한 살아있는 우주의 질서를 생각하면서 이에 맞추어 인생을 영위하는 것이 가장 행복하다고 한다. 마찬가지로 인간이 국가 안에서 우주적 질서를 실현할 수 있다면 모든 국가 안의 인민들은 철학자가 추구하는 안정과 평화, 즉 아타락시아(ataraxia: 정온)를 실현할 수 있다. 결국 키케로가 생각하기에 플라톤이 말한 철학자-왕은 현자-왕으로서

> "농지도, 건물도, 가축도, 거액의 금은도 좋은 것으로 생각하지 않을 뿐만 아니라, 이런 것들의 열매는 사소한 것이고, 그 용익은 얼마 안 되는 것이며, 그 소유권은 불확실한 것이며, …대권과 우리의 통령직에 진출하는 것은 그것 자체를 기대해서가 아니라, 필요할 때 (인간으로서) 의미 있는 삶을 수행하기 위해서이고, 보상이나 영예 때문에 그 직책을 수행하는 것이 아니기 때문이다."(『공화국론』, , 1, 28, 121).

키케로는 이러한 스토아적인 철학자와 플라톤과 같은 철학자의 견해를 혼합하여 지니고 있었기에 앞서 인용문에서 언급한 영예와 보상에 대한 이율배반적인 의식이 표현된 것이긴 하나 어떻게 국가 안에서 정의를 실현할 수 있는가의 문제는 현실적인 문제로 나타난다. 그는 폭력과 강압이 난무하는 현실 속에서 어떻게 하면 모든 인민이 평화와 안정을 취하면서도 행복할 수 있

는가를 정치적으로 강구하면서 이의 해결책을 플라톤의 『법률』편에서의 혼합정에서 찾았다고 할 것이다. 물론 그의 이러한 혼합정에 관한 사상은 폴리비우스의 『역사』에서처럼 현실적으로 로마에서 실현된 것으로 간주된다. 이때문에 그가 말하는 현실적인 현인으로서 정치가는 로마의 실제적인 정치상황과 삶의 방식, 그리고 지나간 공화정의 역사적 경험을 현실로 받아들여야 한다고 생각했다. 키케로는 이러한 현실 인식 때문에 플라톤이 『국가』편 5권에서 '세 차례의 파도'로 명명한 이상국가의 제도들(공직수행에 있어서 철저한 남녀평등, 처자와 재산의 공유 등)은 암묵적으로 거부된다. 그의 사상의 뿌리는 플라톤에서 기원한다고 하나 현실을 중시한 점은 아리스토텔레스의 혼합정의 정신에 가깝다고 보아야 한다.

키케로에 따르면, 로마라는 나라는 도시국가 형태로 설립되었다. (『공화국론』, 2권 5). 로마사에서 왕정기의 역사는 신빙성에 문제를 안고 있다. 리비우스의 기록에 의하면, 일반적으로 7명의 왕이 있었다. 로마 초기의 왕정에서 알바의 왕 아물리우스는 로물루스가 태어나자 그의 동생과 함께 티베리우스 강에 던지도록 명령했으나 이곳에서 그들은 야생 짐승의 젖꼭지를 빨아 생명을 유지했고[25], 성인이 되어서는 심신이 신탁에 의해서 보통 사람보다 우월하였기에 정주민들이 자발적으로 복종하여 이들과 함께 알바 왕 아물리우스를 제거하고 로마를 건설한 것으로 말한다. 이후 초기의 왕정은 사비니 왕국의 타티우스 왕과 그의 자문회의의 연합의 형태로 출발했고, 이 자문회의는 후에 원로원이 되었다. 로물루스는 이 원로들의 권위와 계획(concilium)에 의존한 정치 체제를 이루었다. 이러한 정치체제는 플라톤이 말한 왕정과 귀족정을 혼합한 형태이다. 키케로도 플라톤처럼 왕이 현명하고 정의롭다면 이러한 일인지배의 국가가 특히 전쟁을 수행할 때에는 가장 훌륭할 수 있다고 생각한다. 그러나 한 개인의 지혜는 제한되어 있고 감정이나 욕망에 쉽게 지배되기 마련이

---

25 신성과 동물성을 동시에 겸비한 한 인간의 탄생과정을 애니미즘(animism)의 신화로 설명한 것이다.

다. 이 때문에 일인 지배의 국가 체제가 영원히 지속될 수 없으며 이러한 일이 현실에서는 거의 불가능하다. 이 때문에 왕이 원로들의 지혜에 따른 국가 경영의 계획에 따를 때 현실적으로 가장 훌륭하다는 것을 말한다.

사실 로마라는 나라는 라티푼디움 지방의 소수민족에서 탄생하여 최강의 세계국가가 된 지상에서의 유일한 실례이다. 소수의 지혜가 다수의 강함을 이길 수 있다는 역설을 실현한 이러한 거대한 로마 국가의 강성함은 수량에 따른 힘이 정의라는 판단에 대응하는 역설로서, 키케로가 판단하기에 지혜가 힘에 앞서야 한다는 철학자-왕정을 이상으로 삼았던 플라톤적 사유가 현실적으로 『법률』편에서 말한 혼합정으로 실현된 것이다. 즉 로마는 스토아철학이 지닌 만민 평등의 세계시민 사상과 더불어 정의에 대한 현실적인 개념으로서 플라톤이 정의의 덕이라고 말하고 아리스토텔레스가 말한 중용의 정신이 결합되어 이성적으로 법에 의한 지배의 체제인 공화정으로 탄생한 것이다.

2) 『공화국론(De re publica)』의 저술배경과 특징

키케로는 이상적인 통치제도를 비롯한 자신의 정치철학적 구상을 『공화국론(De re publica)』에서 전개하고 있다. 그런데 그의 저술은 플라톤의 주저로 손꼽히는 『국가-정체』를 모방하여 집필된 것이다. 주지하듯이 플라톤의 『국가-정체』편은 "정의란 무엇인가?"라는 표면적인 주제 이외에도, 윤리학, 교육철학, 정치철학, 영혼론(심리학), 인식론, 형이상학, 예술론 등에 관한 문제들을 두루 검토하는 과정을 통해, "어떻게 생각하고 행동함으로써 가장 훌륭하고 유익하며 가치 있는 삶을 살 수 있는가?"라는 인생의 궁극문제에 대한 해답을 제시하고자 했다. 이에 반해 키케로의 『공화국론』은 스키피오(Publius Cornelius Scipio Aemilianus Africanus, BC 185-129)와 같이 실제 로마의 역사 속에서 활동했던 인물들이 대화의 주체로 등장하여 자신들이 고민하고 해결해야 했던 사건들을 직접 거론하는 가운데, 국가란 무엇이고 어떻게 운영되어야 하며(1-3권) 국가의 지도자는 어떤 자질과 능력을 바탕으로 국정에 참여해야 하는가(『공화국론』, 4-6권)를 집중적으로 고찰하고 있다. 사실 키케로는 '로마인 플라톤(Roman Plato)'이라는 별명을 가지고 있을 만큼 플라톤을 비롯한 고전기 그리스 사상으로부터 지대한 영향을 받았지만, 한국에서 『국가론』으로 번역된 그의 『공화국론(De res publica)』에는 스토아학파의 영향으로 인해 선배 사상가들의 입장에 대한 비판이 직간접적으로 표출되고 있는 것도 사실이다. 예컨대 플라톤이나 아리스토텔레스는 철학적 지혜를 추구하는 '관조적인 삶'(vita contemplativa)에 최상의 가치를 부여하였으며, 특히 관조의 삶과 현실의 삶을 이원론적으로 보는 플라톤은 철학자의 정치참여에는 어느 정도 개인의 희생과 결단이나 국가의 강제가 필요하다는 입장을 보였다. 이러한 사상은 후일 스토아학파의 사상에 영향을 미쳤다고 보아야 한다.[26]

『공화국론』은 비교적 오랜 기간에 걸쳐 작성된 것으로 알려져 있다(약 B.C. 54-44). 기원전 1세기 후반은 제1차 삼두정(카이사르-폼페이우스-크라수스)이 붕괴되고 폼페이우스파와 카이사르파 간의 내전이 임박한 시점이며, 또한 작품 안에 설정된 시간적 배경(B.C.129)도 그라쿠스 형제의 개혁운동이 좌절된 이후 원로원과 민회가 대화와 의사소통을 통하여 화합하여 조화를 이루지 못하고 양분되어 한 나라 안에 사실상 두 가지 정치질서, 즉 귀족정과 민주정의 정신이 혼재하던 상황이다. 정치적으로 보수주의자였던 키케로가 작품 속에서 국난의 시기를 극복하는 방안으로 제안한 것은, 그라쿠스 형제의 개혁운동 이전에 존재했던 원로원 중심의 정치질서, 즉 과거식 로마 공화정으로 회귀하는 것이었다.

---

26 스토아 사상을 현실에서의 도피로 해석하는 것은 동아시아 전통에서나 가능하다. 영혼의 능동적 측면을 강조하는 서구인들은 스토아사상을 한편으로 기독교 사상으로 승화하면서도, 다른 한편으로는 역설적으로 이성의 관조(theoria)로 번역되는 아카데믹한 학문 사상으로서 자연철학(philosopha naturalis : scientiae)을 중시하는 사상으로 발전시킨다. 사실 플라톤이 아카데미아에서 창설한 철학은 근대에서 아카데믹한 학문의 사상으로 전변되는데, 이 때 아카데믹한 사상은 근대 낭만주의자들에 의해 상아탑 개념으로 발전하며, 이때 상아탑이 상징하는 것은 현실에서 이상(꿈)을 추구하는 예술가들의 현실에서의 창조적 도약을 상징하는 2보 전진을 위한 1보 후퇴의 여유-공간을 의미한다.

그렇지만 이러한 키케로의 보수적인 정치성향과 저술의 현실적인 목적에도 불구하고『공화국론』은 여러 측면에서 고전으로서의 가치를 인정받고 있다. 우선 이 저술은 키케로가 활동했던 시대는 물론이고 나아가 로마 역사 전체를 통틀어 로마인이 국가운영과 정체에 관해 어떠한 논의를 전개했는지 알려주며, 특히 원로원을 중심으로 한 로마 지배층의 정치적 이념의 본질을 보여주는 거의 유일한 작품이다. 또한『국가론』은 청년시절부터 그리스 유학 등을 통해 다양한 학문적 경험을 축적했던 키케로가 장년기에 자신의 지적 역량을 총동원해서 완성한 작품으로, 출판 당시부터 로마의 정치체제에 관한 식자층의 논의에 적지 않은 영향을 주었으며, 이후 중세의 정치이론에 등장하는 주요 개념들이 이 작품 속에 선취되고 있는 것으로 평가된다.

3) 공화국(res publica)의 본질

키케로는『공화국론』1권에서 국가의 본질과 지향점에 대해 다음과 같이 언급하고 있다. "공화국(res publica)은 인민의 것이다(res populi). 인민은 어떤 식으로든 군집한 인간의 모임 전체가 아니라, 법에 대한 동의와 유익함의 공유에 의해서 결속한 다수의 모임이다(coetus multitudinis iuris consensu et utilitatis communione sociatus). 한편 인간이 결합하는 첫 번째 이유는 인간들의 연약함이라기보다는 인간의 자연스러운 어떤 것, 마치 군집성(congregatio) 같은 것이다. 사실상 인간은 홀로 떠도는 종류가 아니라, 모든 것의 풍부함을 부여받았어도〔자연에 의해 강요되어〕사회 속에서 살도록 태어난 것이다." (『공화국론』, I. 39).

키케로가 자신의 국가철학을 전개하면서 가장 먼저 내세운 것은, 국가란 인민의 '이익 공동체'(utilitatis communio)인 동시에 '법적 동의'(iuris consensus)에 의한 집단이라는 점이다. 국가에 대한 이러한 규정은, 먼저 국가 구성원인 인민은 자연인과 명백히 구분되는 바, 전자는 법이 보장하는 동등한 권리를 지니고 있으며, 또한 구속력 있는 합의를 바탕으로 상호 간 공동의 이익을 추구하는 주체이다. 나아가 인민이 향유하는 이익과 그것을 위한 상호 간의 동의는 오직 법적 절차에 따를 경우에만 효력을 지닐 수 있다. 이러한 차원에서 키케로는 다른 저술들에서도, 국가는 인민의 실질적인 권리 증진 및 이익 창출을 위하여 법을 통한 정의 추구와 사유 재산 보호에 최선을 다해야 함을 역설한다.

> "그런데 국가 행정을 담당해야 할 사람이 제일 먼저 주의해야 할 점은 각자가 자기의 것을 소유하게 하며, 사유 재산에 대해서는 국가의 간섭에 의한 침해가 일어나지 않도록 하는 것이다. 사실 필립푸스는 호민관직에 있을 때 위험하게도 농지 법안을 제출했지만, 그것이 부결되자 그 사실을 쉽사리 받아들였고, 그 점에서 그는 강하게 자신이 온건하다는 점을 입증하였다. 그러나 실제 행동에 있어서는 다분히 포풀레라스처럼 했을 뿐만 아니라 '나라 안에 재산을 가진 사람은 2,000명도 못 된다'는 저 말은 악의에 차 있는 것이기도 하다. 재산의 평등을 들먹이는 연설은 극형감인데, 이보다 더 큰 파멸은 상상이나 할 수 있을까? 왜냐하면 각자의 재산을 지켜주기 위해서라는 이 특별한 목적을 위해 공화국 제도와 시민 공동체가 수립되었기 때문이다. 다시 말해, 비록 인간은 자연이 부여한 인간 본성에 따라 본능적으로 한데 모여 공동체를 이루게 되었지만, 그럼에도 각자 자기의 재산을 지킬 수 있으리라는 기대 때문에 그들은 국가의 보호를 받고자 했던 것이다."(『의무론』, II. 73).

다른 한편, 귀족 중심의 공화주의자인 키케로는 존 로크와 같은 근대 철학자들의 재산의 소유권에 대한 기원과 정당화에 대한 논변 없이 인민 각자의 권리 보호와 이익 창출의 중요성을 언급하면서도, 국가의 성립 이유 및 목적과 관련해서 국가가 공적 성격을 띠고 있는 집단임을 지속적으로 지적한다. 인간이 국가와 사회를 구성하게 된 이유는 흔히 근대 계약론자들이 생각하듯 단순히 생존경쟁에서 살아남기 위해서가 아니며, 아리스토텔레스가 말한 것처럼 오히려 공동체의 틀 안에서 자아를 실현하고 나아가 공동체 자체를 유지하고 발전시키려는 보다 근원적인 욕구가 우리 인간 안에 내재해 있기 때문이다. 이런 차원에서 키케로는 인간의 사회성을 자연이 부여한 '어떤 씨앗 (quasi semina)'(『공화국론』, I. 41)으로 표현한다. 그리고 이러한 씨앗은 어떤 고귀한 인품을 지닌 사람에게서 자연적으로 발아하여 국가의 안위, 즉 '공공의 안녕'을 지키는 사랑으로 나타나는데, 이러한 인간의 사회성은 자연이 인간에게 부여한 덕성이자 열망이라는 것이다.

> "(...) 이 나라의 안녕에 기여한 수많은 분들을 일일이 열거하지는 않겠다. 자신이나 친지 중 어떤 사람이 생략되었다고 한탄하지 않도록 현시점의 기억에서 멀리 떨어지지 [않은] 분들을 추모하는 것은 멈추겠다. 단지 이 점 하나만을 단정하고자 한다. (그분들에게는) 인류를 향한 덕의 필연적 성향과 공공의 안녕(communem salutem)을 지키려는 사랑이 자연에 의해 크게 부여되었으므로 바로 이 힘이 쾌락과 여가의 모든 유혹을 물리쳤을 뿐이라는 것이다."(『공화국론』, I. 1).

나아가 키케로는, 국가의 명운이 걸린 중대사는 어떤 상황에서도 예외 없이 '심의'(consilium)를 통해 결정되고 추진되어야 한다고 말한다. 즉 국정 운영 과정에서는 단순히 인민의 현실적 이익을 충족시키거나 국정의 대표자를 선출하는 방식이 인민의 동의에 따라 이루어지는 것에 만족해서는 아니 되며, 국정운영과 이익창출 과정에서 인민의 참여가 전제되어야 한다. "...하나의 법적인 유대나 합의나 계약된 결속, 즉 인민이 존재하지 않을 때에 누가 그것을 인민의 것, 즉 국가라고 하겠습니까?"(『공화국론』, III. 43). 키케로는 집정관 등 고위관직을 두루 거치는 동안 현실정치의 비정함과 무상함을 인지하고 있었다. 그럼에도 불구하고 그는 이상적인 정치가는 사적인 이익에 골몰하거나 상황논리를 통해 자신의 정략적 행동을 정당화해서는 아니 되며, 오직 선과 정의의 추구를 정치활동의 대의로 삼아야 함을 역설하였다. 예컨대 키케로는 『공화국론』 3권에서 등장인물 필루스(L. Furius Philus, BC.?-?)와 라일리우스(C. Laelius Sapiens, BC.190?-?) 사이의 논쟁을 통해, 국가의 지속적인 존립과 운영을 위해서 왜 정의가 반드시 필요한가에 관한 논의를 전개한다. "국가는 불의 없이는 운영될 수 없다."는 현실주의 정치관을 피력하는 필루스에 대해 라일리우스는 "국가에 대해서는 불의만큼 해악이 되는 것이 있을 수 없으며 국가는 큰 정의 없이는 운영될 수도, 현상이 유지될 수도 없다."고 반박한다. 국가는 인민의 것이며 인민의 참여와 법에 의한 합의와 이익의 공유를 통해 유지되는 집단이기 때문에, 어떤 방식으로 통치가 이루어지든 간에 선과 정의 추구가 국정 운영의 대전제가 되어야 함은 변할 수 없다는 것이다.

"(원문에서 빠진 부분 가운데 아우구스티누스의 『신국론』 2,21에서 보충한 내용) 그의 질문에 대한 답변이 다음날로 연기되었으며 제3권에서는 대토론이 전개된다. 자신은 실제로 그렇게 생각한다고 믿지 않도록 특별히 조심하면서, 필루스는 국가란 불의가 없이는 운영될 수 없다고 생각하는 사람들의 주장을 대변하는 것처럼 보이도록 했다. 그는 정의에 반대하고 불의에 찬성하는 주장을 매우 적극적으로 전개해 국가에는 후자가 유익하고 전자가 무익한 것임을 그럴듯한 논거와 예를 들어서 제시하고자 노력하는 것으로 보였다. 그러자 라일리우스는 모든 질문자를 대신해 정의를 옹호하고자 했으며, 국가에 대해서 불의만큼 해악이 되는 것이 있을 수 없으며 국가는 큰 정의가 없어서는 운영될 수도, 현상유지될 수도 없다는 주장을 폈다. 스키피오는 이 문제를 충분히 취급했다고 여기자 그 이야기를 중단시키고 자신의 주장을 다시 전개했다. 그는 국가에 대해 간단한 정의(定義)를 내리면서 국가란 인민의 것이라고 말했다. 나아가 그는 인민이란 대중의 전체모임이 아니라 법에 대한 합의와 유익의 공유를 통해 결속된 것이라고 구별했다. 이어서 그는 논쟁을 전개하는데 정의를 내리는 것이 얼마나 유익한 것인지를 지적했고, 자신의 그 정의에 따라서 총괄하기를, 왕에 의해서든 소수의 최선량들에 의해서든 전체 인민에 의해서든 선하고 정의롭게 운영될 때에야 국가, 즉 인민의 것이 존재한다고 했다. 그렇지만 왕이 불의할 때 - 그는 이를 그리스인의 관습에 따라 참주라고 불렀다 -, 최선량들이 불의한 경우 - 그는 그들 사이의 합의를 도당이라고 했다 -, 또는 인민 스스로가 불의한 경우 - 이 경우 그것도 참주라고 부르지 않는다면, 일반적인 명칭을 찾지 못했을 것이다 -, 국가는 어제의 논의대로 타락한 것일 뿐만 아니라 그러한 정의들로부터 조합한 추론이 가르쳐준 것처럼 국가란 존재할 수 없게 된다. 왜냐하면 참주나 도당이 국가를 차지한 경우 인민의 것이 없기 때문이다. 또 인민이 불의한 경우 그 인민은 더 이상 인민이 아닌데, 인민이라고 정의된 것에 따르면 대중이 법에 대한 합의와 유익함의 공유에 의해서 결속되지 않았기 때문이다." (『공화국론』, III. 개요).

4) 최선의 정체

키케로는 주요 등장인물인 스키피오의 입을 통해, 인민의 소유물인 국가가 망하지 않고 지속되기 위해서는 특정한 정치체제의 지배를 받아야 한다는 입장을 피력한다. 즉 그는 역사적으로 확인과 평가가 가능한 정체로 왕정, 귀족정체, 민주정체를 소개한 후, 이 세 가지 정체 중에서 하나를 골라야 한다면 왕정이라는 견해를 제시한다.

> 그러자 라일리우스가 말했다. "스키피오여, 그대는 어떻게 생각하시오? 그대가 가장 승인하는 것이 있다면 그 세 가지 중 어떤 것입니까?"
> (스키피오): 바로 당신은 제가 셋 중에서 무엇을 가장 승인하는지를 물으셨습니다. 제가 그것들 중 어느 것도 그 자체로 분리해서는 승인하지 않았는데, 모든 것을 합쳐서 만든 것을 각 개별적인 것에 우선했기 때문이지요. 그러나 만약 단순한 것 중에서 하나를 승인해야 한다면 나는 왕정을 승인하겠습니다. ...의 위치에서 불리며, 왕의 이름은 아버지의 이름과 같아지게 되므로 그는 스스로 태어나면서 자기 시민들의 이익을 보살피고 그들을 (...) 좀 더 열심히 보존하면서 (...)한, 최선·최고인 자의 열의가 유지될 수 있는 것입니다."(『공화국론』, I. 54).

그렇지만 키케로가 보기에 이러한 세 가지 원초적인 통치형태는 모두 나름의 한계와 문제점을 내포하고 있기 때문에, 그는 이 정체들의 장점은 살리되 단점은 보완하는 방식으로 새로운 정치체제를 구상해야 한다고 주장한다. 왕정은 외적의 침입과 같은 비상시에 국가의 단결과 국난 극복에 유리하다. 안녕이 정욕보다 더욱 가치 있는 일이기에 이러한 비상시에는 한 사람의 정무관이 전권을 가질 것을 바라기 때문이다. 이러한 상황에서는 로마에서는 독재관(dictator)이 임명되었듯이 왕정 역시 그러하다. 그렇지만 평화시에는 왕은 인민들 전체의 안녕과 복지를 위해서 헌신해야 한다. 그러나 아무리 너그럽고 관대한 통치자라도 한 사람에게 권력이 집중되면, 다소간의 개인차는 있지만 세계사를 일별해 보면, 대부분의 통치자는 절대 권력의 획득과 더불어 태도를 바꾸어 자기 이익과 안정을 도모하는 전제 군주로 변모하기 일쑤였다. 그래서 한 왕이 불의해지기 시작하면 폴리비우스가 말한 것처럼 최선량인 귀족들이 그 자를 폐위하고 귀족정체를 형성한다.

원래 왕들의 참모들로 이루어진 위원회, 즉 군주에게 좋은 조언을 해주는 제일 시민들의 위원회와 같은 것에서 출발한 최선자들이 왕을 대신하는 과도기에서 왕을 폐위하거나 왕 없이 나랏일을 처리하는 귀족정의 경우에는 능력을 갖추고 선택된 소수가 합심해서 국가의 전반적인 일(res publica)에 지혜를 모음으로써 아리스토텔레스가 말한 것처럼 다수의 지혜가 일인의 지혜보다 나을 수 있으며, 정책 결정 과정에서 경솔하거나 성급한 판단을 미연에 방지할 수 있다. 그렇지만 권력을 쥔 귀족들 사이에 이해관계에 따른 권력 다툼이 일어나고 이들 사이에 분열이 일어날 경우, 자신들의 이익을 위한 소수에 의한 담합으로 인해 귀족정은 분열되어 권력을 쟁취한 자신들의 붕당만의 이익을 추구하는 과두정체로 전락하기 쉽다. 그래서 선택받은 소수에 포함되지 않는 탈락 귀족이나 대부분의 인민은 노예와 별반 다를 바 없는 상태로 전락할 수 있다. 여기에 인민들이 반발하여 역사적으로는 탈락 귀족이나 인민들 가운데에서 선택된 지도자를 중심으로 하여 귀족들을 몰아내고 대중들의 민의를 반영하는 지도자를 중심으로 왕정으로 다시 복구하거나, 아니면 모든 인민들에게 정치에 직접 참여하는 기회가 주어지는 민주정이 성립한다.

민주정은 언뜻 인민들이 '자유'(libertas)를 향한 욕구를 쉽게 충족시킬 수 있고, 따라서 전체 인민의 화합도 가능하도록 하는 것처럼 보이지만, 정치에 직접 관계하거나 참여하는 사람들이 소수일 수밖에 없기 때문에 이들이 민의를 대변한다고 할 수 있지만, 사실은 인민 각자의 욕구나 의견이 다양할 수밖에 없기 때문에 가장 문제가 많은 정체이다. 이 때문에 키케로가 보기에 민주정체론자들이 내세우는 자유의 동등한 주장은, 극단적인 경우 인간 개개인의 차등적 가치를 현실적으로 전혀 인정하지 않음을 함축한다. 이는 현실적으로 생존 경쟁이 있는 자연 상태에서나 사회적 삶을 수행하는 인간사회에서 생산 활동이나 전쟁 상황에서 각자의 능력에 따른 국가에의 공헌도가 다르기에 아리스토텔레스가 말한 비례적 정의가 실현되지 않는 것을 의미한다. 그래서 모든 인민 각자의 자유와 이에 따르는 권리를 허락할 경우에 일종의 무차별적인 방종과 무질서를 가능하게 하기 때문에 획일적 평등과 이에 따르는 자유의 허용은 국가의 존립을 위한 일반적인 정의로서의 법에 따르는 진정한 자유의 박탈(우민정치)로 귀결될 따름이다.

> "자유로운 인민이 환영하는 권리의 동등함은 사실상 지켜질 수 없으며-왜냐하면 인민은 아무리 자유롭고 구속받지 않는다 해도 많은 사람에게 여러가지 권리를 부여하며, 심지어는 그들 자체에도 인물과 위엄에 대한 큰 선호도가 있기 때문에-동등함이라 불리는 것은 가장 불공편한 것이다. 인민 전체에는 고귀한 자들과 마찬가지로 미천한 자들이 있게 마련인데, 양자에 의해서 똑같은 명예가 보유될 때, 그 동등함은 가장 불공평하다. 그것들은 최선량에 의해서 통치되는 나라(귀족정)에서는 일어날 수 없다."(『공화국론』, I, 53).

인민 모두가 자유로워야 된다고 생각하는 민주정의 지나친 평등의식(방종)에서 역설적으로 마치 이 평등의식이 어떠한 원천인 것처럼 이를 이용하는 독재자가 나타난다. 제일 시민들(최선량)의 지나친 권력의식에서 제일 시민들의 파멸이 유래하듯이 지나치게 자유로운 인민의 자유에 대한 요구에서 이에 부응하는 포퓰리즘을 통하여 권력을 획득하는 독재자가 탄생한다. 키케로에 따르면, 지배 받지 않는 야만스러운 인민들에서 선출된 우두머리는 대부분 축출된 제일시민(귀족)들에게 반대편에 서며, 남의 것이나 자신의 것으로 인민의 환심을 산 소위 선의의 독재가 탄생하는 것이다. 이 독재자는 사실 모든 인민의 요구(전체의지)에 부응할 수 없다. 고대에서 모든 인민은 토지에서 생산하는 농산물에 의해 생존을 연명하는 데 반해, 이들에 의존하는 군사 조직에서 탄생한 왕정 체제는 이 전체 의지에 부응하기 위해서는 두 가지 방법뿐이 없다. 하나는 대외적인 것으로서 남의 나라를 침략함으로써 생산의 절대적 필수

요소인 토지를 식민화하는 방법이고, 다른 하나인 대내적인 것으로 전 국토를 군대에 복무한 장병들에게 공적에 따라 나누어두는 방법이 있을 뿐이다. 이 때문에 이들의 도움으로 권력을 획득한 뒤에는 모든 인민의 요구(전체 의지)에 부응하기 위해서 식민지를 개척하는 제국주의로 변모하거나, 대내적으로는 국민의 공통적인 일반의지(공적에 따른 정의에 기초한 의지)에 부응하거나인데, 이를 토대로 제정된 일정한 법이 없을 경우에는 자의적으로 권력을 행사할 수밖에 없다. 이러한 독재자의 권력에 의한 자의적 행사가 상식의 관점에서 보면 그것이 국가에 좋든 나쁘던 항상 정의롭다고 생각된 판단을 이룰 수 없고, 특히는 독재자가 자신이나 자신을 포함하는 특정한 사람들만의 이익을 위해 권력을 사용할 경우에는 대부분의 인민은 노예 상태로 전락한다. 즉 모든 인민의 요구에 부응하는 지나친 자유에의 평등의식(방종)이 팽배하는 세상에서는 제국주의가 나타나거나 역설적으로 인민들이 일반의지에 따르는 안정을 요구하는 성향이 나타난다. 그러나 이러한 요구를 무시하는 독재자들은 곧바로 권력을 통하여 자신의 명예는 물론 이를 통하여 이익을 추구하는 참주가 된다. 그런데 만약 선한 자들(귀족들)이 참주를 억누르면, 귀족정의 나라가 새로 만들어지나, 이러한 귀족정의 형태는 왕과 인민 양면으로부터 적을 전제하기에 만약 이들이 과감해지면 붕당이 생기고, 여기에서 또 다른 참주들이 나타나게 되어 악순환이 되풀이 된다. 우리는 여기에서 폴리비우스의 정체 순환론의 사상은 물론, 이 정체 순환론이 키케로에서는 민주정이 인류의 멸망에 이르지 않고 독재정이나 참주정, 혹은 원래의 왕정이나 귀족정으로 옮아가는 것으로 변형되고 있음을 볼 수 있다. 현실적으로 키케로가 민주정이 가장 문제 있는 것으로 인식하는 것은 플라톤이나 아리스토텔레스와 마찬가지로 정치란 '소수의 특정한 능력'을 필요로 하는 최선자의 것이기 때문이다.

그런데 이러한 정체의 변화나 순환에는 항상 폭력과 상호 투쟁이 반복되고 이에서 인민들의 희생이 가중된다. 이상과 같은 문제점들로 인해 키케로는 전통적인 단순 정체를 넘어서는 혼합정이 현실에는 이러한 순환을 정체시키기 때문에 모든 인민들이 평화와 안정을 위해서는 가장 바람직하다는 입장을 피력하는데, 그가 구상한 혼합정은 각 분야별로 가장 탁월한 개인들, 즉 정무관(집행권, imperium), 귀족(원로원의 정책적 조언, consilium)과 인민(민회를 통한 자유, libertas)에 의한 국정 참여가 어느 정도 보장되고, 상호간 견제와 균형을 통해 조화에 도달하는 상태로서의 공화정을 의미한다.

> "그러할 때 세 가지의 원초적인 국가의 종류 중에서, 내 생각에는, 왕정이
> 훨씬 뛰어난 것이기는 하나, 국가의 세 양식이 평균화되고 적절히 절제된 것
> [혼합정으로서의 공화정]이 왕정 그 자체보다 앞설 것입니다. 실제 그런 국가
> 에서는 왕처럼 군림하는 자가 있을 수 있으며, 또한 제일시민들이 권위를 부
> 여받고 할당받는 것이 허용되며, 군중의 판결과 의사에 종속되는 것이 일부
> 있을 수 있습니다. 이 국가체제는 우선 어떤 동등함을 유지하고 있습니다.
> 그것이 없다면 사람들은 더 이상 자유롭기가 어렵습니다. 이어서 강고함도
> 지니고 있지요. 그 이유는 왕에게서는 전제자가 나오고, 최선량들에게서는
> 붕당이, 인민에게서는 소요와 혼란이 생기는 것처럼, 원초적인 정치체제는
> 쉽게 정반대의 결함 속으로 향하기 때문이며 또한 각 종류는 종종 새로운 것
> 으로 바뀌어버리는데 비해, 연결되고 또 적당히 뒤섞인 이 국가체제에서는
> 앞선 정치체제들의 큰 결함이 거의 발생하지 않기 때문입니다. 진실로 각자
> 가 자신의 등급에 따라서 굳게 고정된 곳에서는 정체변화의 이유가 없으며
> 조만간 몰락하거나 쇠퇴하지 않을 것입니다."(『공화국론』, I. 69).

같은 맥락에서 키케로는, 국가의 모든 계층이 국정에 참여할 가능성을 열어놓은 공화정의 이상이 현실화되기 위해 요청되는 계층별 구성원들의 능력과 권한을 열거하기도 한다. 그런데 이러한 서술은 집정관의 통치권과 인민의 정치참여를 일정 부분 보장하되, 공화정 운영의 핵심은 결국 원로원에서 맡아야 한다는 그의 보수적인 입장이 전제된 것이다.

> "그러나 왕들에게서 해방된 인민이 스스로 좀 더 많은 권리를 획득하려는
> 것은 사물의 본성에 따라서 필연적입니다. 이것은 오래지 않아서, 즉 거의
> 16년 만에 포스투무스 코미니우스와 스푸리우스 카시우스 두 통령에 의해서

추구되었습니다. 이 경우 이성이 결여되었기 때문일 수도 있겠으나, 국가들의 본성 자체가 종종 이성을 넘어서는 것입니다. 애초에 내가 말한 것을 상기해보십시오. 즉 만약 정무관들에게는 충분한 권한(potestas)이, 제일시민의 협의회(원로원)에는 충분한 권위(auctoritas)가, 인민에게는 충분한 자유(libertas)가 있도록 권리와 의무와 부담에 대한 동등한 보상이 없다면 국가의 불변상태가 보존될 수 없다는 점입니다."(『공화국론』, II. 57).

이상 살펴본 바와 같이 키케로는 로마 공화정의 지속과 그 체제에 내재된 가치를 존중해야 함을 주장하였다. 특히 그는 자신의 입장을 정당화하기 위해 로마 초기 역사에서 왕정에서 원로원의 기능을 하는 자문회의가 있었으며, 이를 기초로 역사의 진행 과정에서 현실에 맞게 만들어진 법과 제도는 특정한 위인이나 소수 엘리트의 재능의 결과가 아니라, 여러 세대와 여러 세기에 걸쳐 이루어진 로마 인민 전체의 노력의 산물임을 강조하였다.

"그(대(大)카토)는 종종 다음과 같은 근거로 우리나라의 지위가 다른 나라보다 우선한다고 말하곤 했습니다. 즉 팔레론 출신의 학자인 데메트리오스가 주장하듯이 다른 나라에서는 개인들이 있어서 각자가 자신의 법률과 제도로써 나름의 국가를 만들었고 결국에는 그 국가가 세력을 잃고 약화된 상태에 빠진 경우가 거의 대부분입니다. 이를테면 크레타의 경우 미노스, 라케다이몬 사람들의 경우에는 리쿠르고스, 자주 변화한 아테네의 경우 어떤 때는 테세우스, 어떤 때는 드라콘, 어떤 때는 솔론, 어떤 때는 클레이스테네스, 어떤 때는 기타 여러 사람이 그렇게 했습니다. 반면 우리나라는 한 사람의 재능에 의해서가 아니라 다수에 의해서, 한 사람의 생이 아니라 여러 세기와 세대에 걸쳐서 구성되어 왔던 것이지요. 그는 설명하기를, 어느 한때 존재했던 것이라면 무엇이든 이해할 수 있을 정도로 커다란 재능을 하나로 합친다 해도 사물을 사용하거나 오랜 기간 경험하지 않은 상태에서 모든 것을 한꺼번에 그것도 동시에 예견하는 것은 불가능하다고 말했습니다."(『공화국론』, II. 2).

5) 전쟁과 키케로의 정의론

키케로는 국가를 법에 의한 합의와 유익의 공유를 통해 결속된 것으로서 국가구성원 전체를 상징하는 인민의 것이라고 말한다. 그리고 이러한 국가가 운영되는 것은 인민들의 선(행복)과 이를 정의롭게 이룬 것임을 분명히 한다. 그리고 이러한 선과 정의에 의해 운영되는 국가는 자급자족하는(autarkeia) 국가가 되어야 한다. 그러나 국가에 있어서 정의의 문제는 전쟁과 관계하여 논의되지 않을 수 없다. 왜냐하면 국가도 자연적인 생물체처럼 먹고 사는 문제를 우선하지 않을 수 없기 때문이다. 특히 자연 상태에서는 자급자족이 불가능한 경우가 많이 있고 그래서 살아남기 위해서 남의 나라를 침략하거나 도적질 하지 않을 수 없기 때문이다. 이 뿐만 아니라 이러한 전쟁, 즉 침략이나 도적질은 빈부의 격차가 있는 국가 내부에서도 일어난다. 이 때문에 전쟁에서의 정의는 자족과 자율적 안전이 침해당한 것에 대한 복구나 복수를 위해서 일어날 수밖에 없다. 이렇게 볼 때 정의의 기원이 되는 법이란 사실 현실적으로는 자족의 한계 설정과 더불어 나타나는 자존을 위한 복수법에 그 원형이 있다.

그러나 이러한 복수법은 현실에서는 그 정도를 지킬 수 없다. 왜냐하면 우리의 이기적인 마음은 고통보다는 쾌락에 경도되어 있기 때문에, 그리고 이러한 경향은 복수의 감정에서는 항상 과도하거나 과소한 쪽으로 작용하기에 우리는 아리스토텔레스가 말한 중용을 지킬 수 없기 때문이다. 결국 생물학적으로 동물로서 살 수밖에 없는 인간에게 사태의 진위에 따르는 정의로운 판단보다는 이해관계에 따라 피해의 복구나 정의를 생각할 수밖에 없다. 현실적으로 국가적 차원에서도 모든 왕국이나 제국은 전쟁으로 획득되고 전쟁의 승리로 확대되었으며, 제국으로 번영을 누린 로마의 모든 인민들도 약탈을 통해서 부와 안정을 누렸다. 따라서 근대 이후 과학이 발달하면서 인간의 먹고 사는 문제가 지식에 의해 어느 정도 해결되고 완화된 관점에서 더 나아가 완전히 해결된다는 관점에서 보면, 현실에서는 정의란 자존과 복수의 정당성에서 성립할 뿐이며, 자급자족이나 한 국가의 독립인 자존이 설정되지 않으면 존재하지 않는다. 그리고 이 때 정의란 이러한 자족이나 자존을 지키는 힘이 기초가 되어 있다. 이러한 의미에서 정의를 상징하는 법이란 이러한 한 국가의 자족이나 자존을 이루기 위하여 형성한 나라의 체제나 이에 따른 관습에 따라서 다양하게 만들어질 뿐이다. 결국 이러한 실정법적인 관점에는 항상 정의의 개념에는 자존과 독립을 가능하게 하는 힘이 정의라는 관점이 깔려 있다. 그리고 이러한 정의는 수단적인 것으로서 인생에서 아리스토텔레스가 그 자체로 선이라고 말한 행복을 이루기 위한 것이다.

그런데 이러한 실정법적인 관점을 경제적인 것으로 확대하다 보면, 경제원리가 말하듯이 선이란 효용성이나 유익함이고, 여기에서 정의가 말해진다면 그것은 재화의 교환에서 성립하는 것이 될 뿐이다. 그리고 재화의 교환에서 가치의 동등함을 아리스토텔레스가 말하듯이 그 재화에 투여된 노동량에 의해서 결정된다. 그런데 이러한 재화에 투여된 노동량의 동등함을 계산하려면 플라톤이 말하듯이 표준적인 한 사람을 기준으로 하여야 하지 서로 다른 두 사람 사이에서 성립할 수는 없다. 이 때문에 마르크스는 정상적인 성인이 한 시간에 투여하는 노동량을 기준으로 한다. 더욱이 한 표준적인 사람을 설정한다 하더라도 재화의 가치란 이 사람의 신체적 상황이나 정서적 상황에 따라서 그 효용성이 다르다. 결국 가치 효용성의 관점에서 가치란 아리스토텔레스가 말하듯이 상황과 인간 조건에 따르는 중용에 의해서 결정될 뿐 일정한 법칙으로 고정될 수 없다. 결국 공리주의적 관점에서는 일정하고 고정된 정의나 법이란 존재할 수 없다는 것이 성립한다.[27] 그럼에도 불구하고 공리주의적 관점에서 정의가 존재한다면 그것은 건강한 성인의 자존과 자족을 이루는 정도라는 상식적인 관점이 성립하고 이에서 더 나아가 선한 것은 최대의 다수의 행복을 이루는 것이다. 공리주의가 그 원칙을 '최대 다수의 최대 행복'이라고 한 이유가 여기에 있다. 실용성과 유익함을 진리의 기준으로 삼은 로마인들에 있어서 정의나 진리가 존재한다면 그것은 국가의 자족과 자존을 보

27 　바루흐 바루디, 황경식 역, 『응용윤리학』, 제1장. '결과주의' 참조.

장하는 원칙과 결합된 공리주의 윤리관의 원칙이 말하듯이 모든 국민의 이익을 최대한도로 높이는 공공의 것(res publica)을 보존하는 것이다. 역으로 이러한 공공의 것은 나라의 자족과 자존을 보존하는 것이며, 이러한 정의를 기초로 하여 시민 모두의 최대한의 행복을 누리는 것이 국가의 목표가 된다. 결국 공화주의자들이 말하는 정당한 전쟁은 사실 이러한 자존의 원칙에 기초해 있을 뿐 존재론적으로 그 정당성을 합리화할 수 없는 것이다. 플라톤이 전제하듯이 국가가 자족이나 자존을 이루지 못하는 곳에서 나타나는 전쟁에서는 불의만 판치고 미만한 것이다. 즉 국가적 정의의 한계를 자족이나 자존의 원칙에 국한시키는 플라톤의 관점에서는 방어를 제외한 전쟁은 불의만 있는 곳이다. 이러한 불의는 역설적으로 정의를 자존이나 자족에 두었기 때문에 나타난 것이고, 이 때문에 정의란 공동체 안에서의 서로의 공존공영을 위한 욕망과 행복을 위한 자유의 절제와 이러한 절제를 자발적으로 이끌어 내는 것으로서의 우정을 필요로 하는 것이다. 그리고 이러한 우정은 단순한 평등이나 균형의 정의 개념에서 더 나아가 플라톤에서 진정한 정의가 선으로서 인식되기 위해서는 타자의 영혼을 배려하여야 하는 희생적인 것으로 나타난다. 앞에서 살펴본 것처럼, 플라톤은 『법률』편에서 악한 일을 한 사람에게 정의를 실현하는 일은 3가지로 나타난다. 하나는 악한 자를 없애버리는 것이고, 다른 하나는 악한 자를 살려주면서도 억압하면서 함께 사는 것이고, 또 다른 하나는 악한 자를 살려줌은 물론 배려하여 선한 자로 바꾸는 교육을 하면서 함께 사는 것으로 나타난 덕으로서의 정의를 실현하는 것이다. 플라톤의 덕으로서의 정의는 당연히 세 번째의 것이다.

이러한 관점에서 보면 플라톤과 같은 철학자들이 말하는 정의의 '덕'이란 타인의 편익을 위해 존재하는 것이므로 자신에게 수고와 희생의 해를 가하는 것일 수밖에 없다. 왜냐하면 인간관계에서 남에게 불의를 가하되 당하지 않는 것, 불의를 가하지도 당하지도 않는 것, 불의를 가하고 당하기도 하면서 항상 싸우는 것 등의 세 가지를 설정할 수 있는데, 자연주의나 경험론, 즉 공리주의적 관점은 이 가운데에서 최선의 것은 피해를 가하고 당하지 않는 것이고, 두 번째는 가하지도 당하지도 않는 것이며, 세 번째 것은 가장 비참한 것이기 때문이다. 결국 공리주의적 가치인 효용성의 관점에서 이 세상을 '올바르게' 사는 지혜는 힘과 능력을 키우는 것이고 다른 사람을 지배하고 부를 늘리는 것이며 쾌락을 즐기는 것인 반면, 도덕법에 따르는 '올바르게' 사는 일은 무조건 도덕법에 따라서 사는 것이므로 모든 면에서 자기희생을 포함한 절제가 있는 것이다. 결국 이 두 가지 관점에서 '올바르게 산다.'는 말 속에는 상호조화를 이룰 수 없는 측면이 존재하며, 이러한 두 태도가 공적인 일을 '공평하게' 수행함에 있어서도 한편으로는 자신을 포함한 모든 사람에게 이익을 주는 것으로 작동해야만 하지만 다른 한편은 자신의 이익을 채우는 측면이 손해를 보는 측면보다 강하게 작동하는 것이 현실이다. 즉 한 행위가 도덕법에 따르든 공리주의적 원리에 따르든 손해를 보는 개인들이 존재하는 것만은 사실이다. 그러나 인간이 자신의 손해를 보면서 이러한 도덕법이나 공리주의적 원칙을 수행할 수 있을까? 어쨌든 한 인간이 이 지상에서 살려면, 이러한 공리주의적 관점과 도덕법, 이 양자를 혼합시켜야 하고, 그래서 도덕법에 따르는 정의는 이 양자의 중간적인 것인 중용이 될 것이다. 이러한 중용은 한편으로 각자가 공헌한 바에 따라 이루어진 각자의 공적을 각자에게 돌리는 것이 될 것이 될 것이고, 다른 편으로는 해가 있을 경우에는 모두가 공평하게 분담하는 것이 될 것이다. 전자가 현대 자유민주주의의 정치체제에서 입법의 자유주의 원칙에 해당하는 것이라면 후자는 사법적 정의에 따른 원칙이 될 것이다. 이러한 관점에서 보면 도대체 그러면 인간이 플라톤이 말하는 덕으로서의 정의를 수행한다는 것이 어떻게 가능한가? 아리스토텔레스처럼 인간에게는 본성적으로 노예가 되고 주인이 될 수 있다는 관점에서 능동과 피동의 관계를 정당하다고 한다면 자연에는 이미 능력에 따른 정의가 실현되고 있다. 특히 군대를 전제한 로마의 공화정 체제는 대외적으로는 수많은 식민지를 전제하고 있으며 여기에서 로마의 귀족들에게 봉사하는 노예들을 징발하여 왔다. 그럼에도 불구하고 키케로는 앞에서 인용한 『공화국론』 3권 개요를 말하는 서두에서 플라톤처럼 국가가 존립하는 것은 지배자들이 정의의 덕을 실현하는데 있다는 것을 주장하면서 정의에 관해 논하고 있다. 확실히 하기 위해서 앞에서 인용한 것을 다음과 같이 반복 인용한다.

> "필루스는 국가란 불의 없이는 운영될 수 없다고 생각하는 사람들의 주장을 대변하는 것처럼 보이도록 했다. 그는 정의에 반대하고 불의에 찬성하는 주장을 매우 적극적으로 전개해 국가에는 후자가 유익하고 전자가 그럴듯한 논거와 예를 들어서 제시하고자 노력하는 것으로 보였다. 그러자 라일리우스는 모든 질문자를 대신해 정의를 옹호하고자 했으며 국가에 대해서 불의만큼 해악이 되는 것이 있을 수 없으며 국가는 큰 정의가 없어서는 운영될 수도 현상 유지될 수도 없다는 주장을 폈다. 스키피오는 이 문제를 충분히 취급했다고 여기자 그 이야기를 중단 시키고 자신의 주장을 전개했다. 그는 국가에 대해 간단히 정의(定義)를 내리면서 국가란 인민의 것이라고 말했다. 나아가 인민이란 대중 전체의 모임이 아니라 법에 대한 합의와 유익의 공유를 통해 결속된 것이라 구별했다. 이어서 그는 논쟁을 전개하는데 [국가에 대한] 정의를 내리는 것이 얼마나 유익한 것인지를 지적했고 자신의 그 정의에 따라서 총괄하기를, 왕에 의해서든 소수의 최선량에 의해서든 전체 인민에 의해서든 선하고 정의롭게 운영될 때에야 비로소 국가, 즉 인민의 것이 존재한다고 했다."(『공화국론』3권 서두)

위 인용문에서 나타난 것처럼 스키피오에 의해 정의된 국가는 공리주의적 관점에서 말해진 정의이기 때문에 정의란 단순히 '법에 따르는 것'으로 인식되고 있다. 따라서 여기에서 법이란 실정법을 의미하는 것이지 도덕법과는 아무런 관계가 없다. 그럼에도 불구하고 스키피오는 정의에 관해서 "실제로 철학자들의 대다수가 그렇지만 누구보다도 플라톤과 아리스토텔레스가 정의에 관해서 많은 말을 했다. 그것은 각자의 것을 각자에게 귀속시키고 형평을 만인 가운데 보전함으로, 그 덕을 변호하고 최고의 찬사로 칭찬했다."고 플라톤이 『국가-정체』편에서 말한 것을 인용하는 것으로 그의 정의관을 피력하고 있다. 그러면서 자신의 정의관이 마치 플라톤의 정의관인 것처럼 변명하고 있다.

더 나아가 키케로는 정의로운 전쟁과 불의에 의한 전쟁은 공화국의 명목 아래에서는 구분되어 인식되는 것으로 나타난다.

> "전쟁에는 합법적인 것, 불법적인 것, 시민 사이에 발생하는 것, 외국과 치르는 것의 4 가지가 있다. 합법적인 전쟁은 공식적으로 선포된 것으로 권리가 있는 재산을 보호하고 침략자를 무찌르기 위한 것이다. 불법적인 전쟁은 광적인 충동으로 정당한 이유없이 시작한 전쟁이다. 이 점에 관해서는 키케로가 『공화국론』에서 밝히고 있다." 즉 이유없이 도발된 전쟁은 불의한 것이다. 이를테면 적들에게 원수를 갚거나 적들을 몰아낸다는 이유를 떠나서는 어떤 정의로운 전쟁도 감행할 수 없다. "그리고 바로 툴리우스는 사소한 것들을 생략하고 다음의 상황을 제시했다." 즉 선전포고나 통보나 밝혀진 이유가 없이는 어떤 전쟁도 정의롭다고 간주되지 않는다.(이시도로스, 『어원』 18.1.2.)

아리스토텔레스가 그의 『정치학』에서 인간의 자발성에는 능동적인 것과 수동적인 것이 존재하고 이에서 주인과 종의 관계가 '자연스럽게' 유도되는 것처럼 말하고 그럼에도 불구하고 주인과 노예의 관계는 친밀성에 기초해야 한다고 말한다. 그런데 친밀성은 폭력과는 모순되는 개념이다. 이 때문에 아리스토텔레스는 폭력에는 불의만 있다고 말한다. 그럼에도 불구하고 아리스토텔레스는 자신의 형상-질료의 목적론적인 철학에 기초하여 주인과 노예의 관계를 자연스럽고 따라서 정의롭다고 구분한 것에서 나아가 전쟁에서도 정의로운 전쟁과 불의의 전쟁을 다음과 같이 합리화한다. 즉 인간의 자발성(자유)을 능동성과 수동성으로 분석하고 능동적인 것이 수동적인 것을 지배하는 것이 자연스럽듯이, 자유를 많이 가진 자가 자유를 적게 가지고 충분히 누릴 수 없는 자를 [친밀감을 가지고] 지배하는 것이 정당하다는 것이다. 아리스토텔레스의 이러한 인간의 자유에 대한 분석은 우리가 많이 양보한다하더라도 인식론적으로나(지혜의 입장에서나) 능력을 가진 자들에서나 그리고 이 능력에 의해 얻은 지혜나 기술을 보상 없이 베풀 줄 아는 자에게서나 가능한 것으로 말해진 것이다. 그런데 현실적으로 운동이나 능력 개념은 베르그송의 말마따나 분석될 수 없는 것이다. 서구의 인식론이 분석을 강조하다 보니까 분석의 대상이 아닌 능동-수동성을 지닌 자발성에서 기원하는 자유 개념마저도 분석 대상으로 놓고 남자와 여자 혹은 주인과 노예의 관계를 자연스러운 것으로 판단하며 당연한 것으로 생각한 것이다. 더 나아가 인류의 역사에서 보듯이 아리스토텔레스를 추종하는 철학자들이 인식론적 입장에서 말할 수 있는 이러한 자유에 관한 논변을 지혜의 입장에서가 아닌 힘의 입장으로 변경하여 능동적인 것과 강한 것을, 수동적인 것과 약한 것을 동일시하여 힘이 강한 자가 약한 자를 정복하는 것을 자연스럽고 정당하다고 변론하게 된다. 따라서 아리스토텔레스의 목적론적 철학에 따라 합리화된 주인과 노예의 구분에 따르는 정의론은 '인간의 자유에 대한 논변'을 결합한 이율배반적인 것이다. 그럼에도 불구하고 아리스토텔레스는 자신의 자유론에 기초한 남자와 여자의 관계는 물론 노예와 주인의 관계를 합리화하는 것에서 더 나아가 정의로운 전쟁과 불의의 전쟁을 구분한 것이다.

> 자연은 어떤 것도 불완전하거나 쓸데없이 만들지 않는다면, 자연이 이 모든 것을 만든 것은 인간을 위해서라고 추론하지 않은 수 없다. 그래서 사냥은 재산 획득 술의 일부인 만큼, 어떤 의미에서 전쟁기술은 본성적으로 획득 술의 하나이며, 이런 기술은 들짐승은 물론이요 지배받도록 태어났음에도 이를 거부하는 인간들에게도 사용하여야 한다. 그런 종류의 전쟁은 본성적으로 정당하기 때문이다.(『정치학』, 1256b20-25.)

아리스토텔레스의 이러한 전쟁의 정당성에 대한 합리화의 논변은 마치 그리스인들이 적국의 왕정 하에 있는 인민들의 노예상태를 해방하고 자유인으로 만들기 위해, 즉 야만 상태를 문명화하기 위해 침략전쟁을 분식하는 것과 마찬가지로 키케로도 아리스토텔레스의 궤변에 따라 정의로운 전쟁과 불의의 전쟁을 구분하는데, 이는 로마 공화국의 정의관이 기초한 유익과 실용주의적인 이익을 이성적으로 합리화한 공리주의를 토대로 이루어진 나라임을 정의(定義)로써 분명히 하는 데에서도 나타난다. 즉 키케로는 로마 공화정이 군사조직을 기초로 이루어진 나라이면서 군대를 통해 야만적인 나라, 즉 적국을 침략하여 이들에서 재보를 탈취하여 로마 공화국의 인민을 행복하게 하는 나라임을 알면서도 이를 분식하기 위해 플라톤과 아리스토텔레스의 정의론이나 중용론을 인용하여 자신의 정의론을 타성적으로 혹은 이에서 더 나아가 로마 실정법으로써 분식한 것이다. 그러나 키케로의『공화국론』에서 스키피오의 말을 통해 드러난 키케로의 정의관은 플라톤의『고르기아스』편이나『국가-정체』편에서 칼리클레스-트라시마코스가 말한 것처럼 "정의롭게 종노릇하기보다는 불의하게 지배하기를 더 원하지 않을 만큼 어리석은 나라는 없다.(『공화국론』, 3권. 28)"라는 말에서 극명하게 드러난다. 플라톤 이래의 칼리클레스의 논변으로 알려진 '힘이 정의'라는 명제를 키케로는 어떻게 반박할 수 있을까? 여기에서는 로마의 흥망과 관계하는 대내적인 것만을 살펴보자.[28]

고대 로마는 농업국가로서 농업이 가장 중요한 생업이었으며, 농촌의 토지가 부의 기초로서 가장 안전한 투자의 대상이었다. 이러한 농업국가에서 이를 토대로 하여 성립한 왕정이나 군주정에서 군사집단이 공화정의 정체의 성격을 형성하고 세계대국을 형성하게 된 가장 기초적인 원동력이다. 마찬가지로 로마라는 나라는 로마의 군대 조직이 그리스와 같이 식민지를 개척하고 로마시민 모두에게 식민지 개척의 공적에 따른 토지를 배분한 데에서 기원한다. 즉 군대 조직 자체가 공적에 따른 분배적 정의의 실현으로 공화정의

---

[28] 우리가 아리스토텔레스에서 가장 문제된 것이 과학이 발달한 현대 민주주의의 관점에서 볼 때 귀족정이나 과두정에서 통치자들이 능력에 따라 본래적으로나 자연적으로 갖게 되는 부의 정당성 문제이었음을 상기할 수 있다. 왜냐하면 인간이 사회적 동물이라고 규정하게 될 경우 부의 생산은 공동생산이기 때문이다. 그런데 로마공화정에서 귀족들은 정복에 따른 공로에 따라 많은 토지와 부의 소유를 정당한 것으로 간주하기 때문이다. 결국 키케로의 공화정 정신에도 귀족들이 부를 점유하게 된 역사적 성찰이나 그 정당성에 대한 합리적 논변이 없는 것은 그 당시 사고 관습이나 인간 자신의 실존에 대한 지적 능력의 개발의 한계 때문이다.

정신에 합당하였다. 그렇기에 로마 병사들은 거의 농촌 출신으로서 농민이거나 농촌 노동자였다. 기원전 2세기 중엽에 마르쿠스 카토는 그의 『농업서(De agri cultura)』 서문에서 "가장 용감한 사람들이며 건실한 군인들이 배출된 것은 바로 농민 계층에서"라고 이미 토지 소유 시민군 내지 농민군으로서 로마 군대라고 규정한 바 있다. 그런데 제 2차 포에니전, 즉 한니발 전쟁을 계기로 하여 로마의 중소 자영농민층이 몰락하여 프롤레타리이(proletarii)로 전락하기 시작하였고, 더욱이 카토(Cato) 시대에는 국가적인 경제 형태로 변한 라티푼디아의 노예 경영으로 한층 비참한 상태로 전락하였다. 이 때문에 BC.107년에 마리우스는 병제를 개편하여 토지 없는 시민인 프롤레타리이에게도 군대에 지원병으로 입대할 수 있는 길을 열어 놓았다. 그런데도 불구하고 이러한 공화정에 대한 충성의 정신은 군인들 사이에서 사라지고 로마 군인들이 장군들의 사병으로 전락한 데에서 로마공화정이 몰락하였다는 것을 허승일은 다음과 같이 묘사하고 있다.

> "재산이 없는 농민이라 하더라도 2-3년간 군에 복무한다면 그의 농가는 파멸하기 충분하였다. 그런데 공화국 말 내란기에 복무 기간이 보통 20년이었다. 따라서 병사들은 재산이 있는 시민출신이건 프롤레타리이 출신이건 간에 몸담고 있는 동안 제대 후의 생계에 대해 걱정하지 않을 수 없다. 군대에 있을 때 생활 근거를 마련해야 하는 절박한 상황에 있었기 때문에 그들은 돈이나 토지를 손에 넣기 위해 신경을 곤두세울 수밖에 없었다. 그러나 그 당시 정부라 할 원로원은 병사들이 제대할 때 일체의 보상을 해주지 않는다는 것을 기본적인 정책원리로 삼고 있었다. 그렇기 때문에 병사들은 부득이 군사령관의 눈치를 보지 않을 수 없었다."[29]

로마가 원래 도시국가로서 공화정을 표방하면서도 군대를 전제한 군국주의적 성격을 그 안에 지니고 있었기 때문에, 결국 군인들로 이루어진 정치체

---

29 허승일, 『로마공화정 연구』, 344.

제를 가진 로마 공화정에서 군인들이 장군의 사병으로 전락한다면, 대내적으로는 참주정이나 포플라레스로 구성된 과두정, 혹은 이에서 나아가 군대의 속성상 일인에 의한 독재정이나 참주정이 발생하고, 대외적으로는 제국주의의 전제정으로 가는 첩경이 이루어진다

더 나아가 로마에는 근대적인 의미의 정당이란 없었다. 즉 정치적으로 뜻을 같이 하는 사람들끼리 모여 정당을 조직하고, 정강을 내세워 정치 집권을 노리는 귀족당이나 평민당 같은 것은 존재하지 않았고 귀족을 중심으로 하는 공화정체이다. 그리고 이 귀족들은 옵티마테스(optimates)라 불리는 귀족계층의 이익만을 대변하는 보수적인 신분과 그리스에서 데마고고스에 해당하는 포플라레스(populares)라는 평민을 대표한 신분으로 양분되어 있을 뿐이다. 이들은 원로원을 통하여 정책을 추구하느냐 아니면 민회를 통해 법을 제정하여 정치를 하려고 하느냐하는 것에 따를 뿐이며, 허승일에 따르면, 포플라레스는 원로원을 무시하고 토지나 곡물의 분배안들이나 채무자들의 구제안을 제안하는 경향이 있었고, 반면에 옵티마테스는 재산 소유권이나 국가 경제의 이름으로 이를 저지하는 경향이 있었다는 점이 중요하다.[30] 결국 플라톤의 관점에서 보면, 로마 공화정이 진정으로 인민들의 정의감을 충족시키려면 귀족이나 선량들이 극단적인 절제와 희생을 전제해야 하는데 로마공화정은 다른 나라를 침략하여 많은 재보를 로마에 가져오는 군대 조직으로 이루어졌다는 점에서 대내적으로 정의를 강조하지만 대외적으로는 비록 이민족에게 시민권을 개방한다는 점에서는 자유를 확장한다는 어느 정도 보편성을 지향하기는 하지만 이러한 보편적 성격에는 역설적으로 타인이나 타국에 많은 고통과 노예상태를 강요하는 한계를 지니고 있다. 그런데 키케로가 말한 공화정의 주체는 귀족들이고, 이러한 귀족(선량)들의 절제와 희생을 플라톤은 지혜로서 보충하기를 말했지만, 키케로는 인간성에 보편적으로 내재하는 이성이 평가

---

30 허승일, 349

한 평등한 자유로써 합리화한 것으로 볼 수 있으며, 따라서 그의 『공화국론』에 나타난 정의의 이념은 스토아주의적 이성의 자연법에 기초한 세계시민법에 관한 사상이 전제되지 않으면, 고대 군국주의적인 귀족정에 대한 단순한 수사에 불과할 뿐이다.

6) 자연법과 법치주의

키케로의 『국가론』이 플라톤의 『국가-정체』를 모델로 하여 저술되었던 것과 마찬가지로, 키케로의 『법률론』도 플라톤의 말년의 대작인 『법률(Nomoi)』의 지향점과 서술방식으로부터 적지 않은 영향을 받은 것으로 보인다. 그렇지만 키케로의 법사상의 형성과정에서 결정적으로 영향력을 행사한 사상으로는 스토아의 자연법사상을 빼놓을 수 없다. 나아가 이 저술의 구체적인 내용을 살펴보면 키케로는 자신이 생존했던 당시 로마에서 시행되었던 법률들의 가치와 타당성 그리고 개선 방향에 관해 세밀하게 논구하고 있으며, 여기에는 물론 로마인의 현실주의적이고 실용적인 사고방식, 철학적으로는 공리주의적인 윤리관이 깊숙이 반영되어 있음을 기억할 필요가 있다.

『법률론』1권 첫머리에서 키케로는 우선 법에 대한 탐구 자세가 어떠해야 하는지 말하고 있다. 그에 따르면, 법의 본질과 근원에 대한 인식은 단순히 관습이나 제도와 같은 실정법을 분석함으로써 얻을 수 있는 것이 아니다. 왜냐하면 대부분의 실정법은 현실에서의 유용성이나 유익함을 기초로 형성되는 것으로 알고 있으나, 이러한 유익함에 기초한 법은 때와 장소에 따라 다르게 나타나며, 이해관계를 이러한 관점에서 따지다 보면 모두가 이기적으로 되어서 객관적이고 보편타당한 법을 형성하거나 이룰 수 없기 때문이다. 따라서 보편적인 법에 근거를 둔 실정법이 성립하려면, 철학적 사색으로부터 나오는 인간의 보편적 본성에 대한 심층적인 이해를 전제해야 한다. 즉 누군가 법의 본성을 이해하고자 한다면 그는 먼저 인간에 보편적 본성이 있는가에 관한 철학적 탐구에 몰두해 보아야 한다.

> "아티쿠스: 그 말인즉, 자네는 법학이라는 것이 지금도 다수 인사들이 생각
> 하듯이 법무관의 포고령에서 기인하는 것도 아니고, 그렇다고 조상들이 믿
> 어온 것처럼 12표법이라는 실정법에서 유래하는 것도 아니라고 생각한다는
> 뜻이군. 오히려 법학은 그 바탕이 되는 철학에서 이끌어내야 한다는 말이군.
> 　마르쿠스: 폼포니우스, 진정 우리가 이 논의를 통해서 따지려는 것은 어떻
> 게 하면 법의 테두리 안에서 몸을 사릴 수 있느냐 하는 것도 아니고, 고객의
> 법률적 상담에 어떻게 응답할 것이냐도 아니네. 그런 일도 대단한 일일 테고
> 사실 큰 일이기도 해서 한 때는 수많은 저명인사들이 다루었고 지금도 독보
> 적이라고 할 인물이 나서서 최고의 권위와 지식으로 이 문제를 다루고 있기
> 는 하지. 그렇지만 우리는 이 논의에서 보편적인 정의와 법률의 전체 사안을
> 포괄해야 하네. 그렇게 본다면 우리가 시민법이라고 일컫는 분야는 작고 협
> 소한 부분을 차지할 따름이네. 우리는 법의 본성을 해명해야 하는데 인간의
> 본성에서 연역해 해명하자는 것이지. 아울러 도시국가들을 통제할 법률을
> 논해야 하지. 이어서 제 인민의 법제와 명령으로서 구성되고 분류된 바를 다
> 루어야 할 걸세. 그 중에는 우리 인민이 시민법이라고 일컫는 내용도 빠뜨리
> 지 않아야겠지." (『법률론』, I. 17).

　사실 인간에게 나타나는 이성의 모순율에 따르는 논리는 주어+ 술어 형식
으로 된 언어를 사용하는 데에서 기원한다. 이러한 언어의 사용은 논리적 법
칙을 전제해야 의사전달이 가능하기 때문이다. 더 나아가 이러한 인간의 언
어 사용에서 기원하는 이성이 파르메니데스가 표명한 대로 존재론에서 모순
율(ex nihilo nihil fit)에 따르는 것은 서양의 존재론적 사유의 전통이 되며, 따라서
소크라테스-플라톤 이후 모든 학적 탐구의 기초가 된다. 반면에 범신론적 경
향의 스토아학파의 사상에 따르면, 이성적 사유를 전제하는 인간 영혼의 자
발성은 이의 기원이 된다고 생각된 신과 그 이성의 분유물이며, 그리고 영혼
이 운동 원인으로 들어 있는 자연은 본질적으로 신과 동일하며, 따라서 하나
로 이해될 수 있다. 키케로 법사상의 특징은 그가 이러한 스토아 사상의 신과
자연, 그리고 능산적 자연과 소산적 자연으로 나뉘는 영혼과 이성의 동일시

에 따르는 핵심 내용을 수용하여, 진정한 법은 자연에서 유래하는 올바른 이성과 일치하고 보편적으로 적용될 수 있으며, 따라서 자체로서 정의로운 '자연법'(ius naturae)임을 주장한다. 더 나아가 그는 자연법을 신법이자 이성의 법이자 정의의 법이라고 말하며, 모든 실정법은 이 신성하고 영원한 자연법에 토대를 두어야 함을 강조하였다.[31]

그런데 법의 근거가 되는 자연은 더 이상 어떤 외부 세계 혹은 외부의 객체적인 것이 아니라 인간의 본성 중 최고단계(이성)에 내재하는 것이며, 따라서 참된 인간이 되고자 한다면 누구든 이성 능력에 근거한, 다시 말해서 인간이 자신에게 부여한 '자연의 법'을 존중하고 따라야 한다. 자연법의 준수는 인간이 신과 자연의 존재를 긍정하는 것이며, 또한 이성 능력을 통해 부여받은 규범을 따름으로써 스스로 자율적인 인간으로 거듭나는 과정이다.

> "실제로 진정한 법(vera lex)은 올바른 이성(recta ratio)이며, 자연에 부합하는 것이며, 만민에게 확산되는 것이며, 늘 변함없고, 영구히 지속되는 것입니다. 의무에 대해서는 행하라고 명하면서 부르는 것이며, 속임수에 대해서는 금하면서 하지 않도록 하며, 그렇지만 성실한 자에게는 이유 없이 명하거나 금지하지 않고, 불성실한 자에 대해서는 명하거나 금하면서 움직이지 않게 하지요. 이 법에는 수정되는 것이 허용되지 않으며, 또 이 법으로부터는 어떤 완화도 가해질 수 없으며, 더욱이 전부 폐지될 수는 없고, 사실상 원로원이나 인민을 통해서도 이 법의 적용에서 우리가 면제받을 수도 없습니다. 또한 법의 설명자요 해석자로서 섹스투스 아일리우스를 찾아서는 안 되고, 로마와 아테네에서 각각 다른 것도 아니며, 지금도 앞으로도 달라지는 것이 아니라, 모든 민족을 모든 시기에 하나의 영구적이며 불변적인 법이 통제할 것이며, 이는 유일하고도 보편적이어서 만인의 스승이요 사령관인 신과 같습니다. 신이야말로 이 법의 발명자요, 고안자요, 제안자입니다. 여기에 복종하지 않는 자는 스스로 소멸되며, 인간의 본성을 경멸한 자는 바로 그 자체에 의해서 비록 가해지는 기타의 처벌을 모면한다고 하더라도 그 대가를 가장 큰 벌로 치릅니다."(『국가론』, III. 33).

---

31 근대의 스피노자가 '신 즉 자연'이라고 하는 사상은 바로 스토아사상에서 유래하는 개념이 된다.

도시국가인 폴리스 정치체제를 기반으로 활동했던 플라톤이나 아리스토텔레스에 따르면 인간은 가치의 차원에서 태생적으로 구별된다. 플라톤은 『국가-정체』편 4권(434d-445b)에서 인간의 영혼을 '이성적인 부분(to logistikon)'과 '격정적인 부분(to thymoeides)' 그리고 '욕구적인 부분(to epithymētikon)'으로 삼등분한 후, 각 부분의 영혼 내 우위 여부에 따라 인간 존재의 인격적 가치를 구분하고 현실적 역할도 차별화하였다. 또한 아리스토텔레스도 『정치학』에서 시민권을 지닌 자유민을 그 외의 폴리스내 거주민들 즉 이방인과 노예, 그리고 여성과 본질적으로 구별되는 존재로 간주하였으며, 따라서 시민권은 자격을 갖춘 사람들에게 제한해야 한다고 주장하였다.

이에 반해, 키케로는 모든 인간은 본성적으로 이성을 지니고 있기에 도덕적으로 평등하다는 스토아의 입장을 원칙적으로 수용한다. 인간이 본질적으로 동등한 가치를 지닐 수 있는 이유는 누구나 이성 능력을 가지고 있기 때문인데, 이성은 자연에서 유래하고 신과 더불어 공유하는 것이며 앞에서 논의된 바와 같이 법과 정의의 원천이기도 하다. 나아가 그는 이성에서 기원하는 인격적·도덕적 평등의 관념으로부터 인간은 법적으로도 평등하다는 관념을 도출하였다. 모든 인간은 자연에서 유래하는 이성을 공유하며, 나아가 이성으로부터 도출되는 법의 지배를 받고 있기 때문에 평등할 수 있다는 것이다. 이러한 사유는 플라톤이나 아리스토텔레스의 사상에서 벗어나 인류가 원칙적으로 하나의 공동체를 이루며 살아갈 수 있는 가능성을 열어 놓았던 스토아의 세계시민주의(cosmopolitanism)를 정교하게 다듬어 발전시킨 것으로서, 근대의 만민 평등사상 형성에 영향을 준 것으로 평가되고 있다.

> "우리가 인간이라고 일컫는 동물로 말하자면, 예측을 하고 재치 있고 복잡다단하며 명민하고 기억력이 있고 이성과 분별력이 넘치는 동물일세. 이 동물로 말하자면 최고신(最高神)에 의해서 탁월한 여건 아래 태어났다는 것일세. 저 숱한 생물들의 종류와 형태 가운데 유독 이 동물만 이성과 사고(思考)를 나누어받고 있단 말일세. 그 밖의 것들은 모조리 그것을 결하고 있는데

말이지. 인간에게서만 그렇다고 얘기하지 않겠네. 하늘과 땅에서 이성보다 신성한 것이 무엇이던가? 그것이 피어나고 완성된다면 의당히 지혜라고 일컫는 것이지.

그러므로 인간에게 신과 연합된 점이 있다면 그 첫째는 이성의 연합일세. 이성보다 훌륭한 것이 아무것도 없고 인간에게도 신에게도 이성이 있어서 하는 말일세. 그들 사이에는 이성이, 아니 둘 사이에는 바른 이성이 공통되네. 그것이 법률이기도 하다면 우리 인간들은 법률로도 신들과 결속되어 있다고 생각해야 할 것일세. 따라서 둘 사이에는 법률의 공유가 있고 정의의 공유가 있네. 둘 사이에 이것들이 공유된다는 점에서 그들은 동일한 국가에 소속되어 있다고 여길 만하네. 그런데 만일 신과 인간이 같은 통치권과 권력에 복종한다면 더 말할 나위가 없네. 실제로 신과 인간이 바로 이 천상 질서에 순종하고 신적 지성에 순종하며 전능한 신에게 순종하고 있네. 그래서 이전 세계를 신들과 인간들의 단일하고 공통된 국가라고 여겨야 하네. 그리고 국가마다 가문들의 친족관계에 의해서 법적 신분이 구분되는 법이네. 이것은 그럴 만한 명분이 있어서이고 내가 적절한 자리에서 그에 관해 이야기하겠네. 여하튼 인간들이 신들과 친족관계를 맺고 있고, 한 족속에 든다고 간주되는 것은 대자연에서 더할 나위 없이 훌륭하고 탁월한 일일세." (『법률론』, II. 22-23).

사실 이러한 키케로의 자연법사상은 현실적으로 전쟁을 통하여 이루어진 주인과 노예의 관계를 전제한 로마의 공화정 정체와는 서로 모순되는 갈등의 관계에 있다. 더욱이 스토아 사상에서 말하는 자연과 인간 이성의 일치는 현실성이 없는 것이다. 왜냐하면 플라톤의 이데아 사상을 관조(theoria) 사상으로 변화시킨 아리스토텔레스에 따르면, 자연적 질료를 지닌 인간 이성의 관조는 플라톤에 따르면 신의 관조의 모방물에 불과하기 때문이다. 달리 말하자면, 인간 이성의 관조는 신성으로 고양되어야할 자연친화적인 내용을 우연성으로 간직하고 있기 때문이다. 서구 철학자들은 이러한 플라톤의 이데아 사상이나 아리스토텔레스의 관조사상을 기독교 사상으로 승화시키기도 하지만 역설적으로 신성을 부정하는 근대철학자들이 말하는 인간의 이성은 뉴턴이 말하는 자연철학적 이성인데 이 이성이 뉴턴의 역학과 더불어 자연을 정복하는 도구 제작적 이성으로 변모하기 때문이다. 말하자면 키케로가 말하는 스토아적 이성이란 이처럼 아리스토텔레스가 말한 관조사상에서 유래하는 것으로서 플라톤이나 아리스토텔레스가 열어놓은 인간의 진리를 탐구하는 철학자들의 사유공간을 상징하고 학문세계를 상징하는 소위 관조 사상을 인간성의 자연적인 이성으로 변모시켜 그가 말하는 활동적인 삶으로서의 정치활동에 제약을 가하는 자연법사상으로 승화시키는 동일성과 차이성의 변증법적 갈등을 노출하고 있기 때문이다. 이러한 변증법적 갈등은 국가의 통치자의 군대를 통한 지배 권력과 지배받는 인민 사이에서도 발생한다. 즉 통치자와 지배받는 인민 사이의 관계는 사실 고대에서는 인민이 군인으로 종사했기 때문에 권력을 지배자에게 준 셈이다. 이것이 일종에 동의로 작용한 셈이다. 이 때문에 우리는 로마사회의 정치적 핵심 조직을 앞에 폴리비우스가 묘사한 로마군대의 조직과 비교해보아야 한다.

키케로에 따르면, 이러한 군대 체제의 구성방식에 따르는 로마법에 의한 시민권의 부여는 역으로 지도자는 이미 시민의 동의를 받은 것으로 인정된다. 이 때문에 극소수의 통치자를 제외한 나머지 국가 구성원의 참여와 동의가 없는(정무관과 원로원만에 의한) 법률 제정이나 법 집행은 무의미하며 따라서 용인될 수 없다. 사실 공화주의 이념 속에는 "국가의 통치자들도 법에 따라야 할 뿐만 아니라 덕이 있어야 한다. 그래서 타인에게 명령을 내리는 자가 탐욕(자기자신만의 이익에 몰두하여 권력을 남용하는 것)에 빠지지 않고, 시민이 국가를 위해서 제정하고 요구한 것을 파악하면서 자신이 복종하지 않을 법률을 제시하지 않고, 오히려 하나의 규범으로서 자신의 생활을 자국의 시민에게 드러내야 한다."(『국가론』, 1. 52). 즉 자신이 발하는 명령의 형식으로 된 법률에 자신도 복종할 의무가 있다는 '법의 지배'를 말하는 것이다. 그래야 주인과 노예의 관계는 자연의 보편법, 즉 이성의 지배 아래에서는 평등한 관계로 해소됨을 말하고 법적 권위의 정당성을 표명하고 있는 것이다.

그럼에도 불구하고 로마 공화정은 현실적으로 그리스와 같이 근본적으로 노예제를 허용하고 있다. 즉 로마의 현실적 정체가 공화정의 정신과 제국주의적 행태를 혼합한 것임이 아우구스티누스(『신국론』, 19:21)가 키케로의 『공화국론』 3권에서 불의에 반하고 정의를 위한 주장이 분명하고 힘차게 그리고 가장 강하게 제기되었다고 요약하고 있는 데에서도 나타나고 있다.

> "그런데 불의의 부분을 옹호하기 위하여 정의에 반하는 주장이 제기되어되었는데, 불의를 통하지 않는다면, 국가는 유지될 수 없고 확장될 수 없다고 이야기 되었다. 만약에 인간이 지배하는 인간에게 종속되는 것은 불의한 것이고 큰 국가를 가진 제국적인 나라가 이런 불의를 따르지 않는다면, 그 나라는 속주들에게 명령을 내릴 수도 없다는 주장이 가장 설득력을 지닌 것으로 인정되었다. 반면에 정의를 옹호하는 편에서는 다음과 같이 응수했다. 즉 노예 제도는 특정한 종류의 사람들에게 유익하기 때문에 타인의 지배를 받는 것은 정의롭다. 또 그것이 올바르게 이루어질 때, 다시 말해 불성실한 자들에게서 불의하고자 하는 방종이 제거되고 오히려 그들이 길들여져서 행동하게 될 때, 그들의 유익을 위한 것이라고 주장했다. 왜냐하면 길들여지지 않은 상태에서는 더욱 열등하게 처신하기 때문이다. ... 그래서 다음과 같이 선언되었다. 최선량들에게 지배받는 것은 미천한 자들에게 최고의 유익함으로써 그리고 바로 자연 그 자체에 의해서 인정된 것임을 우리가 깨닫지 못하는가? 따라서 왜 신이 인간에게, 정신이 육체에, 이성이 정욕과 분노 같은 정신의 사악한 부분들에게 명령을 내리는가?(『국가론』, 3:36).

그러나 공화정의 정신에만 집중하고 있는 키케로에 따르면, 설혹 실정법이 대중의 동의와 승인을 얻었고 공동체 의식을 형성했다 하더라도 자연법에 토대를 갖지 않으면 안 된다. 그래서 그것이 자연의 법칙, 즉 이성의 법칙에 어긋나는 경우에는 결코 정당화될 수 없다고 말한다. 키케로의 이러한 법률관은 그의 공화주의 정치사상과 맥을 같이하는 것으로 볼 수도 있다. 앞에서 살펴본 바와 같이, 키케로는 국가의 본질을 국가 구성원(인민)의 이익추구와 더불어 법률과 정책의 입안 및 시행에 대한 구성원의 동의에서 찾고자 하였다. 따라서 법률에 관한 인민의 충실한 이해는, 현실적인 이익 배분의 문제를 넘어서 공화주의의 근본이념인 '이성적 합의'에 의한 국정운영과 이를 통해 보편적 정의에 도달하기 위한 기반이 되기 때문이다.

　　"여하튼 백성들의 제도나 법률로 제정되어 있는 것이라면 모두가 정당하다고 여기는 생각은 어리석기 짝이 없네. (...) 법은 하나요, 그것으로 인간 사회가 결속되어 있다네. 유일한 법률이 그 법을 제정했으니, 그것은 바른 이성, 명령하고 금지하는 이성일세. 그것을 인정하지 않는 사람이 불의한 인간이네. 언젠가 그 법을 문자화하든 결코 문자화하는 일이 없든 상관없이 말일세. 만일 정의(正義)라는 것이 인민들이 성문화한 법률이나 제도에 대한 복종이라면, 또 혹자들이 이야기하듯이 모든 것을 효용에 의거해서 측정해야 한다면, 누구라도 법률을 소홀히 대할 것이며, 가능하기만 하다면 법률을 위반할 것이네. 그러면서 그 행동이 자기한테 이득을 가져다준다고 여길 것이네. 그러면 정의라는 것은 도무지 찾아볼 수 없는 결과가 오네. 그것이 자연본성에서 유래하지 않는다면, 그리고 효용 때문에 정의가 설정되고 효용에 의해서 폐기된다면 말일세. 자연본성이 확정해 주지 않는 한 법은 존재하지 않을 것이며 일체의 덕성은 제거되고 말 것일세. 그렇다면 어디에 관용이 있고 어디에 애국심이 있으며 어디에 충효가 있고 타인에게 선을 베풀려는 의지나 감사를 표하려는 의지가 어디에 존재할 수 있겠는가? 자연본성에서 우러나 인간을 사랑하고 싶은 경향이 있다는 사실에서 이 모든 것이 생겨나며, 이것이 법의 토대일세. 그런 것이 없다면 사람에 대한 도리뿐만 아니라 신들에 대한 의례와 종교 또한 없어져버리네. 종교심은 두려움에서가 아니라 인간을 신과 묶는 연대에 의해서 보전되어야 한다고 생각하네.

　　인민의 명령으로, 제일시민들의 칙령으로, 판관들의 판결로 법이 제정된다면 강도짓을 하는 것도 법이요, 간통을 저지르는 것도 법이요, 거짓 증언을 행하는 것도 법이 될 것이네. 이런 것들이 다수의 투표나 의결(議決)로 승인되기만 하면 말일세. 어리석은 자들의 판결이나 법령에 그만한 위력이 있어서 그들의 투표만으로도 사물의 자연본성이 뒤집힌다면, 왜 사람들은 악하고 해로운 것들이라도 법률로 재가해 선하고 유익한 것처럼 간주하지 않겠는가? 그리하여 법률이 불의해서 정의를 만들어낼 때, 악에서 선을 만들어내는 일은 어째서 못하겠는가? 하지만 나쁜 법률에서 좋은 법률을 구분하는 일은 자연본성의 규범 외에 다른 무엇으로도 할 수가 없네. 정의와 불의만 자연본성이 판별하는 것이 아니고 도덕적 선함과 도덕적 추함도 모조리 자연본성이 판별하는 법일세. 그 이유는 우리에게 공통된 인지력이 우리에게 있어서 사물들을 우리에게 인식시키고 우리 지성에 그 지식들을 개시하며, 도덕적으로 선한 것은 덕에다 편성하고 도덕적으로 추한 것은 악덕에다 편성하는 까닭이네." (『법률론』, I. 42-44).

이처럼 법은, 자연에서 유래하며 인간의 영혼 안에서 가장 중요하고 높은 위치에 있는 '최고 이성'(summa ratio)이 명령하거나 금지하는 것이다.[32] 자연의 법으로 불리는 이 '최고법'(summa lex)은 어느 시대에나 동일하며 일체의 성문법이나 국가체제가 형성되기 이전부터 존재하였다. 따라서 실정법을 구성하는 구체적인 법률 조항은 최고법에 부응하지 않으면 안 되고, 이를 확인하는 과정이나 중간 단계의 것일 따름이다. 이러한 키케로의 법에 관한 사상은 역설적으로 자연법과 인위적인 법의 차이를 노정한다. 왜냐하면 인위적인 법은 이 법에 지배받는 사람들의 이익을 위한 것이지만 사물과 자연의 존재를 가능하게 하는 자연의 질서에 어긋나는 것일 수 있기 때문이다. 특히 법제정의 주체가 인민들이 아니라 권력을 지닌 지배자층일 경우 지배자의 편익을 위해 법제정을 한 나쁜 법률은 인민 대중을 노예상태로 있을 수 있게 한다. 이 때문에 법률을 제정하는 자는 자연법을 인식하리만큼 철학자이거나 박식해야 한다고 말한다.

"지극히 박식한 인사들은 법률에서 논의를 출발시키는 것이 마음에 들었고, 그들이 정의하듯이 '법률이란 자연본성에 새겨진 최고의 이치(理致)라고 한다면, 그리고 '그 이치가 행해야 할 것은 명(命)하고 상반되는 것은 금(禁)한다'라고 한다면, 그 말이 옳았는지도 모르지. 동일한 그 이치가 인간의 지성 안에서 확인되고 연역될 경우 법률이 되네. 그래서 사람들은 법률을 현려(賢慮)라고도 하는데, 현려의 능력은 올바로 행하라고 명령하고 악행을 하지 못하게 금하기 때문이지. 따라서 동일한 대상이 그리스 말로는, '각자에게 자기 것을 돌려주는'데서 오는 것이라고 여겨지고, 우리말로는 '선택하는'데서 오는 것으로 간주된다네. 말하자면 저 사람들은 법률에 공정(公正)의 힘을 부여하고 우리는 선택(選擇)의 힘을 강조하는 것인데, 실은 둘 다 법률의 고유

---

32 법철학 형성과정에서 키케로에게 적지 않은 영향을 주었던 플라톤 역시 법을 현실에서 덕을 인식하고 실천할 수 있는 능력인 "지성(nous)의 배분(dianomē)"(플라톤, 『법률』, 713e)으로 규정하고 있다.

한 특성이기도 하지. 나도 대강 그렇게 보기는 하지만 만일 이런 주장이 옳다면, 법에서 정의의 출발을 이끌어내야 할 것일세. 무릇 법률이란 자연본성(自然本性)의 위력이고, 현명한 인간의 지성(知性)이자 이성(理性)이며, 정의와 불의의 척도네. 그렇지만 우리는 모든 언어를 인민의 지성 수준에 맞추어 구사해야 할 것이고, 대중이 일컫는 대로 명하거나 금지함으로써 일단 문자로 기록해 승인한 것을 법률이라고 불러야 할 것이네. 여하튼 우리는 법이 성립하는 출처를 저 최고법에서 포착해야 할 것이니, 최고법은 여하한 성문법도 생기기 이전에, 심지어 어떤 도시국가도 성립되기 이전에 아주 오랜 세월 전에 먼저 생겨났네." (『법률론』, I. 18-19).

그래서 키케로에 따르면, 로마의 공화정의 통치권만큼 자연의 법도에 맞는 것이 없다. 그리고 정무직의 권력이 바르게 행사된다면 모든 인민에 유익하기에, 정무직(magistratus)은 법률에 관련된 바를 모든 인민이 수행하도록 규정하고 이를 감독하는 것이라 한다면, 역으로 법률이 정무직에 있는 인간을 감독하듯이 법에 따른 정무직은 인민을 감독한다. 그런데 법률을 부과하는 것은 어디까지나 이성을 지닌 자유로운 인민에게 강제로 부과하는 것이기 때문에, 인민은 이를 동의한 한에 있어서 이 법의 지배를 받을 수 있다. 그리고 이러한 인민의 동의 또한 이성적 판단에서 기원하기 때문에 인민이 주체성을 지니고 자유롭게 판단한 것으로서 인민의 입장에서는 선택한 것이 된다. 이러한 의미에서 지배를 받을 수 있는 사람이 혹은 법의 지배를 받았던 사람이 역으로 이 법을 통하여 통솔할 수 있다고 한다.(3권 2, 3, 4). 이는 통치행위자가 법을 통해 지배하면서 역으로 자신도 이 법의 지배를 받는 것을 의미하는 것으로 법치주의의 이념을 표명한 것이다. 아리스토텔레스가 인간은 '이성적 동물'이라 정의하고, 이러한 이성을 지닌 자유시민만이 통치할 수 있고 통치 받을 수 있다고 말한 대목을 상기케 하는 것이다. 그리고 이러한 법은 자연의 법이 항구적이듯이 항구성을 지니기 위해서 성문법으로 고정되어야 한다.

잘 알려져 있듯이, 키케로는 자신의 법과 정치철학 형성과정에서 스토아 사상의 영향을 받은 것 외에도, 플라톤과 아리스토텔레스를 비롯한 고전기 그리스 철학자들의 사상을 높이 평가하고 핵심내용을 수용하였다.[33] 국가철학과 관련해서, 키케로와 아리스토텔레스는 선과 정의의 추구가 원칙적으로 국가를 하나의 이익공동체로 보고 이러한 국가의 공공의 일을 수행함에 있어서, 즉 국정운영의 대전제가 되어야 하며, 국가공동체의 구성원은 누구나 국정운영에 관심을 기울일 수 있고 또한 경우에 따라서는 직접 참여할 수도 있다는 점에 의견의 일치를 보이고 있다.[34] 이러한 공화정의 법치주의적 사상은 그리스 신화에서는 사실 아테네 여신의 탄생 신화에서 이미 상징되고 암시된 바 있다.

또한 키케로는 국가와 법의 상관성에 관한 아리스토텔레스의 논의를 모범으로 삼아, 국가의 특징을 논함에 있어서 단순히 이 개념의 윤리적인 본성을 논하는데 그치지 않고, 국가는 '법적인 동의'를 본질로 하며, 법을 바탕으로 구성원들 사이에서 평등한 권리가 존재하는 공동체임을 강조하였다. 그래서 키케로가 말하는 통치권의 구성요소인 군왕통치권과 원로원, 정무관과 관리관, 호민관과 민회, 그리고 조점관과 인민 사이에는 법에 따라서 서로 규제하고 규제받는 상호 견제와 균형이 존재한다. 만일 권력을 법에 따라 수행하지 않고, 법에 복종하지 않으면 서로 비판하고 비난할 권리는 물론 강제력이 발동해야 한다. 권력으로부터는 형벌이, 인민으로부터는 항의가 균형을 잡기 위해서 상호성을 유지해야 하는데, 이러한 상대성은 전쟁 때와 같은 위급한 상황이 아니면, 최고의 권력마저도 존재하지 않은 상태로 자율적인 상대적인 것으로 변하기에 자신에 이율배반을 함축하고 있다. 즉 스토아학파가 말하는 만물 평등이나 만인 평등의 자연법에 준하는 보편법은 한편에서는 절대성을 지니면서도 다른 한편으로는 변화하는 현실에서 시간적으로도 적합해야 하기에 상대적인 것으로 변화하여야 하는 즉, 항구성을 지니지 못하는 변증법

---

33 플라톤과 아리스토텔레스의 철학에 대한 키케로의 비판과 수용을 다룬 글로는 다음을 참고. A. A. Long, "Cicero's Plato and Aristotle", in, *J.G.F. Powell*(ed.)(1995), pp.37-61.

34 아리스토텔레스, 『정치학』 1권 1-3장.

적 상황 속에 존재하는 이중적 성격의 것이다. 이 때문에 신에서 유래하고 영혼의 자발성에서 유래하는 이성적 질서에 따르는 권력으로서의 자연법은 권력을 분권화하고 그러면서도 권력에 임기를 정하며 연임이나 승계, 혹은 세습[35]은 물론 금한다. 여기에서는 이러한 이성에서 기원하는 법의 이중적 성격은 플라톤이 이미 『정치가』편이나 『법률』편에서 말한 바 있다. 이 때문에 로마 공화정의 법에 의한 관직체계를 플라톤의 마그네시아에서 말한 것과 비교해보기 위해 여기에서는 키케로가 말하는 것을 그대로 인용한다.

"통치권은 적법한 것이어야 할 것이다. 통치권에는 시민들이 공손하고 핑계 없이 복종해야 한다. 관(官)은 불복종하고 유해한 시민을 벌금(罰金), 금고(禁錮), 태형(笞刑)으로 징계한다. 동등한 권한이나 상위 권한이나 인민이 이러한 징계를 제지하지 않는 한에서 말이다. 다만 인민에게 상소(上訴)할 권리를 보전한다. 관이 형벌을 판결하고 부과할 때 인민 앞에서 벌금과 형량의 타당성에 대한 쟁론이 있으면 이를 심의에 붙이도록 할 것이다. 전장에서는 통수권이 있는 자(Dictator-Tribuni)에 대항해 상소할 권리를 부여하지 말아야 한다. 전쟁을 수행하는 자가 명령하는 바는 적법하고 유효한 것으로 간주해야 한다. 하급 정무직의 분할된 권한은 권한의 숫자만큼 다수의 정무직이 있도록 해야 한다. 전장에서 하급 정무직은 지휘권이 있는 부하들에 대해서 지휘권을 가질 것이며, 그 부하들에 대해 천부장들이(tribuni) 될 것이다. 국내에서 하급 정무직은 국고를 관리할 것이며 범인들의 구금을 관장할 것이며, 극형(極刑)을 집행할 것이며, 공식으로 동전과 은전과 금전을 주조할 것이며, 제소된 분쟁을 판결할 것이며, 무엇이든지 원로원이 의결하면 집행해야 한다.

관리관(管理官:Aedilis)들은 수도(首都)와 양곡(糧穀)과 장엄축전을 관장하는 감독관이 된다. 그들에게는 이 직책이 상위 공직의 직급으로 오르는 첫째 관문이 될 것이다. 호구조사관(Censor)은 인민의 연령, 자손, 가족 그리고 재산을 등기(登記)하고, 도성의 신전과 도로와 수도(水道)와 국고와 세금을 관장하고, 인민의 무리를 지역구로 분류하고, 그것에 준해서 재산과 연령과 위계를 구분하고, 기병(騎兵)과 보병(步兵)의 신병(新兵)들을 배당해 등록해야 한다. 독신

---

35 세습은 사실 지배하고 지배받고 자유의 정신에 가장 어긋남은 물론 키케로가 말하는 공화정의 정신에 어긋난다. 그러나 현실적으로 로마에서는 귀족 자신이 부가 부를 낳듯이 세습이 이루어지는 것으로서 귀족에 의한 공화정을 주장하는 키케로 자신이 부의 기원이나 역사를 간과한 점에 아이러니가 존재한다.

자들은 금하고, 인민의 풍습을 다스리고, 원로원에 오점을 남기지 않도록 할지어다. 호구조사관은 2명으로 하고 5년의 정무직을 맡으며 그 밖의 정무직들의 임기는 1년으로 할지어다. 그 권한은 영구히 존속토록 해야 한다.

법의 재정인(裁定人)이 되어 사인(私人)들의 사건을 공판하거나 공판이 열리게 명하는 일은 법무관(Praetor)이 할지어다. 그는 시민법을 수호해야 한다. 원로원이 의결하거나 인민이 명령해 이 직책에 몇 사람을 둘 것인지 정하며 그들 사이에는 권한이 동등하다.

군왕통치권을 가진 자는 두 사람으로 한다. 통솔하고 재판하고 협의하는 임무가 그들에게 속하므로 그들을 법무관이요 재판관이요 통령(Consul)이라고 부를 것이다. 전장에서 그들은 최고통수권을 장악하고 아무에게도 복종하지 말아야 한다. 그들에게는 인민의 안녕이 최고법이 되어야 한다.

10년의 간격이 경과하지 않는 한, 동일한 직책을 다시 차지하지 말지어다. 직책을 맡는 연령에 관해서는 연령법을 준수할지어다. 좀 더 위험한 전쟁이나 시민내란이 발생한 경우에는, 원로원의 의결이 있으면, 6개월이 넘지 않는 범위 내에서 2인 통령이 장악하는 동일한 권한을 1인이 장악한다. 다만 조점관에 의해서 조점이 길조(吉兆)임이 공언된 다음이라야 하고, 그에게는 인민총사령관이라는 칭호가 부여될지어다. 이렇게 통치하는 자는 직속 기병대장을 임명하며, 기병대장이 누구든지 간에 법의 재정인과 동등한 권한을 가질 것이다. 총사령관과 기병대장이 선출되면 그 밖의 정무직은 정지된다. 통령들도 총사령관도 궐위될 때는 군대의 최고통수권은 원로원 의원들이 가질 것이다. 원로원 의원들은 자기들 가운데서 사람을 선정해 민회에 의해서 통령이 합법적으로 선출되게 조처할 수 있어야 할지어다. 통수권을 가진 자와 공권력을 가진 자와 사절(使節)들은 원로원이 의결하거나 인민이 명령할 때 도성 밖으로 나갈 것이며, 합법한 전쟁을 합법하게 수행할 것이며, 동맹국들의 생명과 재산을 보전해줄 것이며, 자신과 부하들을 통솔하도록 할 것이며, 자기 인민의 영광을 선양할 것이며, 승리해 귀국함으로써 칭송을 받도록 한다.

누구든지 자기 사익을 도모하기 위해 국가의 사절이 되는 일이 없도록 해야 한다. 평민들이 자기를 보호하고 횡포로부터 자위(自衛)하기 위해 선출한 10인은 평민에 대해서 호민관이 된다. 무엇이든지 그들이 거부권을 행사하거나, 평민회에 의결을 요구해 통과시키거나 한 것은 법적인 효력을 발생할지어다. 호민관(Tribunus plebis)들은 불가침할지어다. 평민은 호민관 없이 남겨두지 말아야 한다.

모든 정무직(Magistratus)은 조점권과 재판권을 가질지어다. 원로원은 전직 정무직 관료들로 구성된다. 원로원의 결의는 법적인 효력을 발생한다. 다만 원로원과 동등하거나 상위의 권한은 필요하다면 거부권을 행사할 수 있다. 원로원 결의는 문서로 작성해 보관할지어다. 원로원 의원 신분은 결함이 없어야 하며 다른 이들에게 귀감이 되어야 한다. 만일 정규 정무직 이외에 비정규 정무직에 의해서 주관되어야 할 업무가 발생해 그럴 필요가 있을 적에는 인민이 그 업무를 주관할 인물을 선출하도록 할 것이며, 그에게 이를 주관할 권한을 부여한다.

인민회와 원로들의 회의를 소집해 안건을 회부하는 권한은 통령, 법무관, 총사령관과 기병대장, 그리고 원로원 의원들이 통령을 선출하기 위해 지명한 인물에게 있을지어다. 평민들이 자기네 권익을 위해 호민관들을 선출했을 경우 호민관들에게는 원로원 회의를 소집해 안건을 회부하는 권한이 있을지어다. 호민관들은 필요하다면 평민회에 무슨 의사(議事)든지 회부할 것이다.

인민회(Comitia-Concilium)에 회부하거나 원로들의 회의에 제의(提議)하는 안건들은 절도가 있어야 한다.

원로원 회의에 출석하지 않은 원로원 의원은 사유를 제출하거나 견책을 당하거나 한다. 원로원 의원은 자기 차례에서 절도 있게 발언해야 한다. 그는 인민의 현안문제를 파악하고 있어야 한다.

인민회에서는 폭력이 있어서는 안 될 것이다. 회의에서는 동등하거나 상위의 권한이 (회의를 사회하는 자의 권한보다) 우월하다. 그러나 의사를 진행하다가 소란이 발생할 경우의 과실은 회의를 사회하는 당사자가 짊어져야 한다. 좋지 않은 사안에 거부권을 행사하는 자는 국가의 안녕에 이바지 하는 시민으로 간주된다.

인민회나 원로원 회의를 소집하는 자는 조점을 존중할 것이며, 공식 조점관에 순종해야 한다. 의안(議案)은 공지되고 상정되고 문서고(文書庫)에 기록되어 보존되고 심의되도록 할 것이다. 한 의제에 한 번 이상은 의결을 행하지 말아야 한다. 상정된 의안에 관해서는 인민에게 계도(啓導)할 것이며, 계도활동은 관에 의해서든 사인들에 의해서든 허용된다.

인민회에 특정인을 상대로 하는 사인법(私人法)을 상정하지 말아야 한다. 시민의 기본권에 관한 법안은 인민회의 총회에 의하지 않고는, 또 호구조사관이 인민의 구획에 등재한 사람들의 표결을 거치지 아니하고는 의결하지 않아야 한다.

권좌(權座)에 출마한 동안도, 수행하는 동안도, 수행한 후에도 선물은 받지도 말고 주지도 말아야 한다. 누가 만일 이러한 조항들 가운데 어느 하나라도 위반했을 경우에 그 징벌은 죄에 상응할 것이다.

호구조사관들은 법률의 원본을 보존할지어다. 정무직에서 이직한 사인들은 호구조사관에게 봉직 기간의 업무에 대한 기록부를 제출할지어다. 그렇다고 법률로부터 더 면책되어서는 안 된다." (『법률론』, III. 6-12).

키케로와 플라톤-아리스토텔레스, 두(세) 사상가 모두 최선의 정체로서 국정 운영에서 구성원 상호간의 견제와 균형 및 역할배분이 전제되는 '혼합정체'를 제시하였다. 그러나 앞에서 살펴본 바대로 키케로의 혼합정체에는 플라톤보다는 아리스토텔레스가 말한 권력의 배분이 기능적으로 배분된 것이 아니라 사회적 계급에 따르는 권력 주체의 배분과 이들의 조화로운 구성에 의한 인치의 개념이 숨어 있다. 즉 그의 혼합정의 통치의 개념도 근대 민주주의 토대가 된 입법과 사법, 행정의 권력의 기능상의 분립이나 상호 견제는 존재하지 않는다. 그럼에도 불구하고 키케로의 혼합정에서 기원하는 공화정 사상에는 스토아의 자연법에서 기원하는 일반적이고 보편적인 법치 개념이 공존하고 있어서 근대 민주주의의 간접적인 정체구성과 유사한 측면이 존재한다. 달리 말하자면 키케로의 공화정 사상에는 플라톤이 강조한 법치 사상이 함께 공존하고 있는 것으로서 공화와 법치 개념이 보편적인 이성에 기초하는 있는 것이다. 더 나아가 아리스토텔레스는 자신의 윤리이론의 전제인 중용(mesotes) 사상을 토대로, 정치적 안정과 지속성을 유지할 수 있는 혼합정은 지나치게 부유하거나 가난하지 않기에 당파성에 빠지지도 품위를 잃지도 않는 중간 계층이 다수를 형성한 상태이며, 또한 정치체제는 이 중간계층의 지지를 기반으로 유지되어야 한다고 주장한 반면, 키케로의 공화정 사상에는 원로원으로 대변되는 소수 귀족의 중심적인 역할을 강조하며 보수적인 입장을 취하고 있다.

사실 키케로와 아리스토텔레스, 두 사상가의 국가관에는 명시적인 차이점도 존재하는 것으로 보인다. 즉 키케로는 국가의 존재이유를 일차적으로 구성원들의 실질적인 권리 증진과 이익 창출에서 찾았으며 따라서 사유 재산의 보호를 매우 중시하였다. 이에 반해 아리스토텔레스는 플라톤의 『국가-정체』

편에 등장하는 재산과 처자공유제 같은 다소간 비현실적인 제도에 대해 비판하고 개인의 삶에서 사유재산이 차지하는 의미와 역할을 소개하기도 했지만, 국가의 근본적인 존립목적을 인간성의 완성에서, 따라서 인간의 사회성을 형성하는 덕성 창출에는 긍정적이지만 근대철학자들이 경제적인 이익 창출에서 찾는 관점에 대해서는 전반적으로 부정적인 입장을 견지하였다. 그런데 두 사상가 사이의 이론상의 각각의 차이점은, 아리스토텔레스와 키케로의 정치사상이 이율배반적으로 한편으로는 근대적 사유와 연결되어 있음을 보여주는 것으로 해석할 여지를 제공한다. 특히 키케로가 자신의 국가철학의 전개과정에서 지속적으로 강조했던 사유재산 보호, 개인의 자유보장, 혼합정체를 토대로 한 구성원 다수가 만족하는 안정적 정치상황, 공화주의적 국가관과 애국심의 강조 등은 마키아벨리(Nicoló Machiavelli, 1469-1527)가 이른바 '이익' 개념에 방점을 둔 '정치적 현실주의'(political realism)를 주장한 이후, 새롭게 등장한 다수의 근대 사상가들이 고대나 중세의 정치형이상학과 대비되는 새로운 개념적·사상적 발견으로 자평했던 내용들(자유, 재산권, 인권 등 천부적 자연권, 공화주의, 국가이성 etc.)을 이미 상당 부분 선취한 것으로 볼 수도 있을 것이다.[36]

다른 한편, 키케로의 『공화국론』이 플라톤의 『국가-정체』편을 모델로 하여 저술되었던 것과 마찬가지로, 『법률론』도 플라톤의 말년의 대작인 『법률(Nomoi)』의 서술방식을 따르고 있으며 적지 않은 부분에서 의견의 일치를 보이고 있다. 즉 키케로의 『법률론』은 이러한 플라톤의 법사상을 그가 어떻게 충분히 검토하고 발전적으로 수용하였는지 다양한 방식으로 보여주고 있다. 한 가지 예로 플라톤이 『법률』편에서 (아마도 서양 역사상 최초로) 주장한 '법의 전문'(legis proemium)의 중요성에 대한 키케로의 수용을 들 수 있다. 플라톤에 따르면, 법의 세부 규정 앞에 반드시 전문을 두어야 하는 이유는, 궁극적으로 합리적 설

---

36 키케로 정치사상이 근대와 현대에 끼친 영향에 관한 논의로는, N. Wood, *Cicero's Social & Political Thought*, University of California Press, 1988, p.11 ff.; R.T. Radford, *Cicero : A Study in the Origins of Republican Philosophy*, Rodopi, 2002, pp. 71-85.

득에 의한 국민의 '덕성 함양'을 목표로 하는 법의 목적에 비추어 볼 때, 전문을 통해 법률에 대한 국민의 자발적인 복종을 유도할 수 있기 때문이다.[37] 법률의 전문은 국가 구성원들이 법을 올바로 이해하고 적용할 수 있도록 돕는 조력자이자 입법자의 지식과 의도를 적절히 표현해 주는 대변인 역할을 하는 것이다.[38] 마찬가지로 키케로는 전문이 법을 입안한 사람의 지식과 의도를 적절히 표현해 주는 대변인 역할을 하는 것으로 규정하였다. 입법자는 전문을 통해 법률의 목적과 취지를 설명함으로써 인민들이 법을 올바로 이해하고 적용할 수 있도록 도와주게 된다는 것이다. 그리고 이러한 전문의 역할과 중요성에 대한 강조는, 인민의 참여와 합의를 지향하는 키케로의 공화주의 정치이념에 잘 부합하는 것으로 볼 수 있다.

키케로와 플라톤은 법이 궁극적으로는 인간의 본성에 어긋나지 않는 것이어야 하며, 법률의 구체적인 내용(조항)들은 통치계층을 중심으로 자신의 지성과 경험에서 우러나온 통찰력을 최대한 발휘하는 가운데, 사안별로 적절한 판단을 내린 후 이를 국민에게 설득하고 경우에 따라서는 강제함으로써만 올바로 실현될 수 있다는 점 등에서 의견의 일치를 보이고 있다. 그렇지만 두 사상가의 법률 인식 내용에는 차이점도 분명히 존재한다. 예컨대 플라톤은 국정 운영 과정에서 법이 제공하는 실제적인 기능의 중요성을 강조하였지만, '최선'의 통치방식은 결국 법치가 아닌 지성과 덕에 의한 인치적 통치임을 적시하고 있다. 이것은 플라톤에게 있어서 법의 제정과 시행 및 범법자의 감시와 처벌 같은 일련의 행위들은, 인식과 실천에서 한계가 분명한 인간이 현실 통치에서 필연적으로 선택할 수밖에 없는 '차선의 방법'(deuteros plous) 이상을 넘어서지 않음을 뜻한다. 그의 이러한 관점은 현실 속의 법규 제정은 최소화하는 것이 바람직하다는 주장으로 이어진다.[39] 그러나 이러한 주장은 역설적

---

37 플라톤, 『법률』, 688ab, 705d, 862d 등.
38 플라톤, 『법률』, 630c, 705d-706a, 722c-724a, 962b-963a 등.
39 플라톤, 『법률』, 822d f, 853b.

으로 신의 법을 모방한 것이기에 인간들의 현실 적용에서는 다양한 해석이 수행되어야 하기 때문에, 그럼에도 불구하고 인간의 지력이 신의 뜻을 잘못 해석할 수 있기 때문에, 현실에서 법제정의 정신은 법률을 구체적으로 다양한 경우에 맞게 명시할 필요가 있기에 법전을 두껍게 마련해야 한다는 역설이 존재한다. 그리고 로마에서는 실제로 역사적으로 제정된 법들이 전부 기록되면서 이러한 일이 이루어졌다. 어쨌든 플라톤은 현실에서 가능한 차선의 국가를 수립하기 위해 법치주의 이념을 제창하였던데 반해, 키케로는 이상적인 사회의 건설이 법의 제정과 법치이념의 구현을 통해 실제로 가능하다는 전제 하에 인민은 물론 인류의 보편법에 관한 논의를 전개하였던 것이다. 즉 '인간은 정치적 동물'이라고 말한 아리스토텔레스와 마찬가지로 법치만이 인간성을 자연의 법칙에 맞게 그래서 세계시민으로 개발할 수 있다는 것이다. 그래서 키케로의 정치철학은 로마공화정의 실정법과는 다른 자연법을 모델로 하는 법치가 인치를 넘어설 수 있다는 것을 이상으로 말하고 있는 것이다.

참고문헌

제1장. 플라톤의 정치철학과 법의 정신

1) 플라톤의 일차문헌

Platon. *Platonis opera.* ed. J. Burnet. Oxford, 1900-1907.

Platon. *Oevres complètes.* Paris : Société d'édition <<Les Belles Lettres>> 1985.

Platon. Werke in acht Bänden. hrsg. v. G. Eigler, übers. v. F. Schleiermacher, H. Müller u. a., 2. Aufl., Darmstadt, 1990.

Plato. *The Collected Dialogues of Plato.* ed. E.Hamiltonand & H.Cairns. Princeton1982.

플라톤. 박종현 역.『에우티프론, 소크라테스의 변론, 크리톤, 파이돈』. 서광사, 2003.

플라톤. 박종현 역.『국가·정체』. 서광사, 2004.

플라톤. 김태경 역.『정치가』. 한길사, 2005.

플라톤. 강철웅·김주일·이정호 역.『편지들』. 이제이북스, 2009.

플라톤.『법률』. 박종현 역. 서광사, 2009.

2) 플라톤의 이차문헌

김비환. 『플라톤과 아리스토텔레스의 정치철학과 변증법적 법치주의』. 성균관대 출판부, 2011.

김비환, "플라톤 정치사상에서 철인지배와 법치의 상보적 통합성- 좋은 법질서(eunomia)를 향한 철학적 충동", 『법철학연구』, 13-3(2010).

김영균, '플라톤의 철인정치론', 『동서철학연구』, 제 58호, 한국 동서철학회, 2010.

김태경, "플라톤의 『정치가』에서 정치체제와 법률", 『철학연구』, 96(2005).

나정원, "플라톤의 정치체제이론", 『한국정치학회보』, 22(1988).

맥퍼슨, C. B. (C. B. Macpherson), 황경식 강유원 공역. 『홉스와 로크의 사회철학』(The Political Theory of Possessive Individualism). 박영사, 1990.

박동천. 『플라톤 정치철학의 해체』. 모티브 북, 2012.

박성래. 『레오 스트라우스-NEO CON)』. 김영사, 2005.

박성우. 『영혼 돌봄의 정치』 인간사랑, 2014.

스트라우스, L. (Leo Strauss).· 크랍시 .(Cropsey, Joseph)편. 김영수 외 역. 『서양 정치철학사』. 1. 인간사랑, 1992.

서중현, "『법률』편에 나타난 플라톤 국가관의 변화", 『철학연구』, 55(1995).

양승태. 『소크라테스의 앎과 잘남』. 이화여대출판부, 2013.

자클린 보르드(Jacqueline Bordes). 나정원 역. 『폴리테이아』. 아르케, 2000.

장준호, "플라톤의 인치와 법치 :철인통치의 법치화", 『OUGHTOPIA』, 25-1(2010).

전경옥 외. 『서양고대중세 정치사상사』. 책 세상, 2011.

최자영, "플라톤의 이상적 사회 구상의 변화 : 철학자-통치자와 법률, 용기와 온유.화목, 공유제와 사유제의 관계를 중심으로", 『서양고대사연구』, 17(2005).

콜라이아코, J. A.(J. A. Colaiaco). 김승욱 역. 『소크라테스 재판』. 작가정신, 2005.

플루타르코스. 천병희 편역. 『그리스를 만든 영웅들』. 도서출판-숲, 2006.

한상수, "플라톤의 법치국가론 - 법률을 중심으로", 『법철학연구』, 2(1999).

The Oxford Classical Dictionary. 3d. ed. Simon Hornblower and Anthony Spawforth. Oxford University Press, 1996.

Annas, Julia, "Law in Plato's Political Thought", 5th *International Symposium of the Korean Society of Greco-Roman Studies* - Seoul. 22.10(Sat.), 2011. Subject : Paideia et

Humanitas - The Tradition of Greek and Roman Education.

Backhaus, Jürgen Georg (ed.). *The state as Utopia : continental approaches*. New York: Springer, 2011.

Benardete, Seth. *Plato's "Laws" - the discovery of being*. Univ. of Chicago Press, 2000.

Bobonich, Christopher. *Plato's Utopia Recast*. Oxford University Press, 2002.

Bobonich, Christopher. *Plato's "Laws" : a critical guide*. Cambridge Univ. Press, 2010.

Bobonich, Christopher, "Plato's Theory of Goods in the <Laws> and <Philebus>", *Proceedings of the Boston Area Colloquium in Ancient Philosophy*. 11(1995).

Cohen, David, "Law, Autonomy, and Political Community in Plato's Laws", *Classical Theology*, 88(1983).

Davis, M., "On the imputed possibilities of Callipolis and Magnesia", *American Journal of Philology*, 85(1964).

Dusanic, S. *History and Politics in Plato's Laws*. Beograd: 1990.

Ferrari, G.R.F.(ed.) *The Cambridge Companion to Plato's Republic*. Cambridge University Press, 2007.

Junker, K.W., "Reading nature through culture in Plato and Aristotle's Works on Law", *Phroniomon,* 7-1(1999).

Kahn, Charles, "Plato's Cretan City", *Journal of the History of Ideas*, 22(1961).

Klosko, George, "Knowledge and Law in Plato's Laws", *Political Studies*, 56(2008).

Klosko, George. *The Development of Plato's Political Theory*. Oxford: Oxford University Press, 2006.

Kochin, M.S., "The Unity of Virtue and the Limitations of Magnesia", *History of Political Thought*, 19-2(1998).

Laks, Andre, "Legislation and Demiurgy: On the Relationship Between Plato' Republic and Laws", *Classical Antiquity*, 9(1990).

Laks, Andre, "Freedom, liberality, and liberty in Plato's "Laws"", *Social philosophy & policy*, 24-2(2007).

Lear, J., "Plato's Politic of Narcissism", *Apeiron*, 26(1993).

Lee, B. *Die politische Philosophie in Platons Nomoi*. Frankfurt a.M., 2002.

Moore, Kenneth Royce. *Plato, politics, and a practical utopia - social constructivism and civic planning in the "Laws"*. London : Continuum, 2011.

Morrow, Glenn R. *Plato's Cretan City*. Princeton University Press, second edition, 1993.

Nightingale, A.W. , "Plato's Law code in Context: Rule by written law in Athens and Magnesia", *Classical Quarterly*, 49(1999), pp.100-122.

Pappas, N. *Routledge Philosophy Guidebook to Plato and the Republic*. London and New York; 2006.

Patt, W., "Zur Formierung der platonischen Staatsethik", *Hermes,* 128(2000), pp.164-180.

Planinc, Z. *Plato's Political Philosophy: Prudence in the Republic and the Laws*. Duckworth; Columbia, 1991.

Pradeau, J. F. *Plato and the City. A new introduction to Plato's Political thought*. University of Exeter Press, Exeter; 2002.

Roberts, J., "Plato on the causes of wrongdoing in the Laws", *Ancient Philosophy,* 7(1987),

Rosen, S. *Plato's Republic*. Yale University Press, 2005.

Rosen, S. *Plato's Statesman, the web of politics*. Yale, New Haven and London; 1995.

Rowe, C. J. and Schofield, M. (eds.). *Cambridge History of Ancient Greek and Roman Political Thoughts*. Cambridge: Cambridge University Press, 2000.

Rubin, Leslie G. *Justice v. law in Greek political thought*. Lanham, Md. : Rowman & Littlefield, 1997.

Silverthrone, M.J. (1975), "Laws, Preambles and the Legislator in Plato", *Humanities Association Review*, 26(1975).

Seubert, Harald. *Polis und Nomos. Untersuchungen zu Platons Rechtslehre,* Berlin : Duncker & Humblot , 2005.

Seung, T. K. *Platon rediscovered*. Rowmann & Littlefield Press, 1996.

Strauss, L. *Natural Right and History*. Chicago University Press, 1953.

Stalley, R. F. *An Introduction to Plato' Laws*. Indianapolis: Hackett Publishing Company, 1983.

Welton, W.A., "Divine Inspiration and the Origins of the Laws in Plato's Laws", *Polis*, 14-1/2(1995),

제2장. 아리스토텔레스의 윤리학과 혼합정체

1) 아리스토텔레스 일차문헌

Aristoteles. *The Works of Aristotle*. The Loeb Classical Library. London: Harvard University Press, 1957.

Aristotle. *Nichomachean Ethics*. tr. by S. Broadie and Ch. Rowe. Oxford: 2002.

Aristotle. *Politics*. tr. by H. Rackham. Cambridge/London: 1926.

Aristoteles. *Nikomachische Ethik*. übersetzt von E. Rolfes und herausgegeben von G. Bien. 4te. Auflage. Hamburg: 1985.

아리스토텔레스.『니코마코스 윤리학』. 이창우 · 김재홍 · 강상진 공역. 이제이북스, 2001.

아리스토텔레스.『정치학』. 천병희 역. 숲, 2009.

2) 아리스토텔레스 이차문헌

강희원, '아리스토텔레스의 정의론에 비추어본 법이념으로서의 정의'『법철학 연구』, 제 6 권 제 2호 한국 법철학회, 2003.

김남두 · 김재홍 · 강상진 · 이창우.『아리스토텔레스 니코마코스 윤리학』. 서울대학교 철학사상연구소, 2004.

김동하, "아리스토텔레스 - '좋은' 정치는 왜 윤리를 필요로 하는가?", 전경옥 편,『서양 고대 · 중세 정치사상사』, 책 세상, 2011, pp.177-216.

남경희.『서구정신의 원형』. 아카넷, 2016.

박성우, "행복의 정치: "아리스토텔레스의『니코마코스윤리학』과『정치학』에 나타난 철학적 삶과 정치적 삶의 의미",『한국정치학회보』, 39-5(2005), pp.111-131.

박성우, "윤리와 정치의 통합으로서의 법의 지배: 〈니코마코스윤리학〉과 〈정치학〉에 나타난 아리스토텔레스의 법의 지배",『21세기정치학회보』, 19-3(2009), pp.23-49.

보나르 A. (Andre Bonnard). 김희균(1), 양영란(2, 3) 역.『그리스인이야기』. 책과 함께, 2011.

송영진.『미와 비평』. 충남대 출판문화원, 2013.

엄슨, J. O. (J. O. Umson). 장영란 역.『아리스토텔레스의 윤리학』. 서울: 서광사, 1996.

유원기,『아리스토텔레스의 정치학, 행복의 조건을 묻다』, 사계절, 2009.

한상수, "아리스토텔레스의 법의 지배론",『공법연구』, 34-2(2005), pp.169-186.

한석환, "법, 정의, 덕 - 아리스토텔레스의 정의론", 『서양고전학연구』, 34(1990), pp.157-174.

R. Taylor. 엄정식 역. 『형이상학』. Princeton University Press, 1988.

W. D. 로스(W. D. Ross). 김진성 역. 『아리스토텔레스』. SNAPS, 2012.

김철중, 생노병사, 조선일보 2015년 3월 17일자 A29면.

최재천, 「자연과 문화」- '인성교육의 자가당착', 조선일보 2015년 3월 17일자, A30.

Ambler, W., "Aristotle on nature and politics: the case of slavery", Political Theory, 15(1987), pp.390-410.

Bates, C. A. Aristotle's Best Regime : Kingship, Democracy, and the Rule of Law. Louisiana State University Press, 2003.

Backhaus, Jürgen Georg (ed.). The state as Utopia : continental approaches. New York: Springer, 2011.

Bernard, Y. The Problems of a Political Animal: Community, Justice, and Conflict in Aristotelian Political Thought. Berkeley: University Press, 1993.

Bodéüs, R. The Political Dimensions of Aristotle's Ethics. Trans. Jan Edward Garrett. State University of New York Press, 1993.

Broadie, S. Ethics with Aristotetle. Oxford: Oxford university Press, 1991.

Brooks, R.O. & Murphy, J. B. Aristotle and Modern Law. Burlington: Ashgate, 2003.

Frank, J. A Democracy of Distinction: Aristotle and the Work of Politics. University of Chicago Press, 2005.

Dahl, N. O. Practical Reason, Aristotle, and Weakness of Will. Minneapolis: University of Minnesota Press, 1984.

Junker, K.W., "Reading nature through culture in Plato and Aristotle's Works on Law", Phroniomon, 7-1(1999).

Kraut, R. Aristotle: Political Philosophy. Oxford University Press, 2002.

McCoy, Ch. N .R., "Democracy and the Rule of Law", On the Intelligibility of Political Philosophy, ed. James V. Schall and John J. Schrems, Catholic University of America Press, 1989.

Mele, A. "Choice and virtue in the Nicomachean Ethics", in, Journal of the History of Philosophy, 19(1981).

Miller, F. D. *Nature, Justice, and Rights in Aristotle's Politics.* Oxford, 1995.

Rowe, C. J. and Schofield, M. (eds.) *Cambridge History of Ancient Greek and Roman Political Thoughts.* Cambridge: Cambridge University Press, 2000.

Rubin, Leslie G. *Justice v. law in Greek political thought.* Lanham, Md. : Rowman & Littlefield, 1997.

Simpson, P.L.P. *A philosophical Commentary on the politics of Aristotle.* The University of North Carolina Press, 1998.

제3장. 폴리비우스의 혼합정과 키케로의 공화주의

1) 폴리비우스 일차문헌

Polybius. *The Histories.* with an English tr. by W. A. Paton, in six volumes. London: Harvard University Press, 1954.

Polybius. *The Rise of Roman Empire.* tr. by Ian Scott-Kilvert, with an introduction by Walbank. Penguin Classics. 1979.

2) 폴리비우스 이차문헌

김창성, "폴리비오스의 발전관과 혼합정체 국가들", 『서양 고대사 연구』, 26집, 2010.

배은숙. 『강대국의 비밀』. 글항아리, 2008.

월 뱅크 F. W. (Walbank, F. W.). 김 경헌 역. 『헬레니즘의 세계』. 아카넷, 2002.

최자영, '투키데데스와 폴리비오스의 역사관', 『서양 고전학 연구』, 9권. 1995.

허승일. 『로마 공화정 연구』. 서울대 출판부, 1995.

허승일, "헬레니즘 시대의 스토아사상과 현실 정치", 『서양 고전학 연구』, 31권, 2008.

Mellor, R. *Tacitus.* New York: Routledge & Kegan Paul, Ltd. !993.

Walbank. F. W. "Polybios Sicht der Vergangenheit", *Polybius.* Berkley, London; 1972.

3) 키케로 일차문헌

키케로(Marcus Tullius Cicero). 『국가론』. 김창성 옮김. 한길사 2007.

키케로(Marcus Tullius Cicero).『법률론』. 성염 옮김. 한길사. 2007.

키케로(Marcus Tullius Cicero).『키케로의 의무론-그의 아들에게 보낸 편지』. 허승일 옮김. 서
　　광사, 1989.

키케로(Marcus Tullius Cicero).『키케로의 최고선악론』. 김창성 옮김. 서광사. 1999.

키케로(Marcus Tullius Cicero).『수사학-말하기의 규칙과 체계』. 안재원 엮고 옮김. 길. 2006.

키케로(Marcus Tullius Cicero).『노년에 관하여.우정에 관하여』. 천병희 옮김. 숲. 2005.

4) 키케로 이차문헌

곽준혁, "키케로의 공화주의",『정치사상연구』, 2007.

기도 파소(Guido Fassò), 박동균 역, "로마의 법사상",『법학연구(가톨릭대학교 법학연구
　　소)』, 1(2002)

김덕수, "키케로의『국가에 관하여』과 아우구스투스의『업적록』의 공화주의", 『서양사
　　연구』, 2009.

김수배. 서영식. 이소영 공저.『인문학과 법의 정신』. 충남대 출판문화원, 2013.

김용민, "키케로의 정치철학:『국가에 관하여』와『법률에 관하여』를 중심으로",『한국정
　　치연구』, 16집, 1호, 2007.

김용민, "키케로에 있어서 수사학과 정치",『한국정치연구』, 17집, 1호, 2008.

서영식, "키케론의 국가론과 자연법 사상에 관한 고찰, 동서철학 연구, 73권, 2014, 7월.

이창우, "행복, 욕구, 자아 - 헬레니즘철학의 이해",『철학연구』, 2003.

＿＿＿, "스토아 철학에 있어서 자기지각과 자기애",『철학사상』, 2003.

이수석, "혼합정체의 정치사상사적 연구", 1997, 고려대학교 박사학위 논문.

앤소니 A. 롱.『헬레니즘 철학』. 이경직 옮김. 서광사, 2000.

전경옥 외.『서양 고대 · 중세 정치사상사 - 아테네 민주주의에서 르네상스까지』. 서울:
　　책 세상, 2011.

조천수, "키케로의 自然法思想",『안암법학』, 8집, 1998.

A. 에버릿(A. Everitt). 김복미 역.『키케로』. 서해문집, 2003.

플루타르코스. 천병희 편역.『로마가 만든 영웅들』. 도서출판-숲, 2006.

허승일, "헬레니즘 시대의 스토아 사상과 현실정치", 서양고전학 연구, 31권, 2008.

허승일, "키케로의 공화 정치론과 민주정체관",『서양고전학 연구』, 3권, 1989.

허승일.『로마공화정』. 서울대학교출판부, 1995.

Asmis, E., "The State as a Partnership: Cicero's Definition of *Res publica* in his Work *On the state*", *History of Political Thought*, 2004.

____, "A New Kind of Model: Cicero's Roman Constitution in *De republica*", *American Journal of Philology*, 126, 2005.

Buechner, K. *De Re Publica-Kommentar*. Heidelberg, 1984.

Dyck, A.R. *A commentary on Cicero, De legibus*. Ann Arbor, Mich.: Univ. of Michigan Press. 2004.

Harries, J. *Cicero and the jurists : from citizens' law to the lawful state*. London: Duckworth, 2006.

Horn, Ch., "Gerechtigkeit bei Cicero: kontextualistisch oder naturrechtlich?", Emmanuel Richter(ed.). *Res Publica und Demokratie: die Bedeutung von Cicero für das heutige Staatsverständnis*. Baden-Baden: Nomos Verl.-Ges., 2007.

Johann, H. Th. *Gerechtigkeit und Nutzen: Studien zur ciceronischen und hellenistischen Naturrechts- und Staatslehre*. Heidelberg : Winter, 1981.

Ch.R. Kesler, *Cicero and the natural law*. Cambridge, Mass. : Harvard Univ. Diss., 1985.

Llano, A. F. H., "Cicero and natural law", *Archiv für Rechts-und Sozialphilosophie*, 98-2, 2012.

Long, A.A., "Cicero's Plato and Aristotle", In J. G. F. Powell(ed.), 1995.

MacKendrick, P. *The speeches of Cicero: context, law, rhetoric*. London: Duckworth, 1995.

Nicgorski, W., "Cicero's Focus: From the Best Regime to the Model Statesman", *Political Theory*, 19/2, 1991.

Nótári, T. *Law, religion and rhetoric in Cicero's Pro Murena*. Passau: Schenk-Verl., 2008.

Radford, R.T. *Cicero: A Study in the Origins of Republican Philosophy*. Rodopi. 2002.

Stockton, David. *Cicero: A Political Biography*. Oxford Univ. Press, 1971.

Wood, N. *Cicero's Social & Political Thought*. University of California Press. 1988.